Union européenne
Afrique - Chine

Jeu et enjeux pour la paix

« Diplomatie et stratégie »
Collection dirigée par Emmanuel Caulier

Dernières parutions

Éric POURCEL, *Dronisation et robotisation intelligentes des armées (DRIA)*, 2018.
Bruno MIGNOT, *Le marketing d'influence, Stratégies au quotidien pour le chef d'entreprise,* 2017.
Mohammed BENHAMMOU, *Les services de renseignements. Quelles transformations après le 11 septembre 2001 ?*, 2017.
Olivier LAJOUS, *L'art de l'équilibre*, 2016.
Antonio MAPUA-BAMBISSA, *Transition periods as founding pillars of democracy and peac*e, 2016.
Saoula SAID-SOUFFOU, *Pétrole et différends territoriaux dans l'océan Indien, Un défi pour la France*, 2015.
Fazil ZEYNALOV, *Le conflit du Haut-Karabakh. Une paix juste ou une guerre inévitable ? Approche historique, géopolitique et juridique. 2e édition revue et augmentée*, 2011.
Aristide Briand REBOAS, *Pour une politique de paix en Centrafrique,* 2015.
Bruno MIGNOT, *Mémento de stratégie d'influence à usage des dirigeants d'entreprise*, 2015.
Soula SAID-SOUFFOU, *La départementalisation de Mayotte, La sécurité de tout un peuple*, 2015.
Sékou OUEDRAOGO, *L'agence Spatiale Africaine*, 2015.
Olivier LAJOUS, *L'Art du temps*, 2015.
Chantal-Nina KOUOH, *Diplomates indépendants. Emergence d'un statut. La dynamique des diplomaties non gouvernementales à l'orée du XXIe siècle*, 2015.
Raymond H. A. CARTER, *Comment se défendre verbalement au quotidien. La parole, arme ultime de la « communication psychotactique »*, 2014.
Raymond H. A. CARTER, *Guide pratique de survie en zone urbaine et en campagne*, 2014.
Alain OUDOT DE DAINVILLE, *Faut-il avoir peur de 2030 ?,* 2014.
Lambert ISSAKA, *La grande chute*, 2014.
Abdul Naim ASAS, *Les enjeux stratégiques de l'Afghanistan*, 2013.
Guy SALLAT, *Décider en stratège. La voie de la performance*, 2013.
Arnaud MAILHOS, *Les travailleurs birmans dans le nord de la Thaïlande. Géopolitique d'un pays clandestin*, 2013.
Mehdi LAZAR, *Espace et histoire de l'université américaine, De Bologne à Harvard*, 2013.
Nathalie BORDEAU (dir.), *L'Intelligence Économique à l'épreuve de l'éthique*, 2013.

Séraphin MOUNDOUNGA

Union européenne
Afrique - Chine

Jeu et enjeux pour la paix

L'Harmattan

5-7, rue de l'École-Polytechnique, 75005 Paris
http://www.editions-harmattan.fr
ISBN : 978-2-343-16590-5
EAN : 9782343165905

Devoir de mémoire, remerciements et dédicace.

À la mémoire de Mâ-Nény, de Norine et de leur cadet, Mâ-Katsy ainsi qu'à celle de mon père, Ronde, mes parents à qui je dois mon identité comprenant, notamment les valeurs d'empathie, de bienveillance et d'authenticité, de mérite, d'excellence, d'ambition saine et positive, d'altruisme, je vous dois ces valeurs et je me dois de les diffuser.

Je suis tenu d'assurer la sauvegarde et la promotion autour de moi de ces valeurs, notamment pour leur appropriation par ceux de mes enfants méritants à qui j'adresse mes remerciements ainsi qu'à mon épouse, qui, par l'omniprésence douce et attentionnée de celle-ci et la réussite scolaire, universitaire ou professionnelle de ceux-là et pour leur comportement exemplaire.

Le comportement et la réussite de chacun de vous ont en effet su créer une écologie propice à une production cognitive féconde et à une endurance morale, psychique et physique ainsi qu'à une intelligence émotionnelle, des ingrédients indispensables à la construction du présent ouvrage que je dédie à la jeunesse, à la femme et à la société civile africaines, européennes et chinoises ainsi qu'aux agents publics africains . Il est aussi dédié à tous les épris de paix, partout où ils sont dans le monde.

Puissent tous et chacun participer à la démocratisation et au développement inclusif de l'Afrique en faisant un bon usage du présent outil, pour la paix durable en Afrique, la stabilité et la prospérité de l'Europe, la sécurité internationale et la sécurisation des ressortissants, investissements et autres intérêts européens et chinois ainsi que d'autres ressortissants et intérêts étrangers, en Afrique.

Sommaire

PRÉFACE

« Nous sommes de l'étoffe dont sont faits les rêves »
Shakespeare

Ce livre essentiel parle de cette Afrique qui demeure un mystère pour elle-même, tout en faisant des progrès prodigieux. C'est ainsi que l'ancien Ministre et ancien parlementaire, le Docteur Séraphin MOUNDOUNGA vise on ne peut plus haut, pour revisiter d'une façon inattendue, la trinité dont toute l'Afrique bruisse.

Il refuse, en effet, de réduire l'Afrique à sa seule individualité quand il magnifie le monde qui l'entoure comme étant son continuum. Car, il le fait en mobilisant conjointement trois regards, un sur l'Europe dont il connaît par cœur à la suite de son Doctorat préparé et soutenu à l'université de Grenoble 2, à la suite d'un master II en Sécurité internationale et défense dans la même université, les arcanes institutionnelles et politiques, un sur la Chine dont il est familier de par ses recherches doctorales et de son expérience gouvernementale, ajoutée à celle de parlementaire gabonais et panafricain, sur l'Afrique dont il est sujet intime.

Il constate combien chacun de ces trois acteurs sont aujourd'hui imbriqués, sans, pourtant, être intégrés les uns dans les autres. Il constate l'avènement de leur inséparabilité. Il nous révèle que leurs antagonismes latents ne peuvent plus ignorer leurs complémentarités.

L'auteur cherche ainsi à dégager une trinité, de façon à ce qu'aucun de ces trois acteurs politiques et économiques ne se chassent les uns les autres. Pour lui l'Afrique est un terme de cette trinité, à l'instant où chacun des autres termes se contiennent les uns les autres. L'appropriation et la revendication des valeurs démocratiques par l'Union africaine ne vont pas sans l'action de l'Union européenne qui en a insufflé l'inspiration. La stabilité du continent européen ne va pas sans l'unité africaine ancrée dans le respect des droits de l'homme. La sécurité des ressortissants chinois en Afrique passe par la stabilité politique du grand continent. Ainsi la paix et le développement des intérêts propres de ces trois acteurs majeurs sont le produit d'un processus de démocratisation, dès lors que ce processus est lui-même produit par les trois acteurs.

Pour l'auteur ce sont, donc, les interactions entre ces trois influences qui produisent une part notable de la réalité de la société africaine, celle-ci rejaillissant sur les identités politiques pour rétroagir sur les individus, et notamment ceux politique ainsi que sur la société civile.

Le travail puissamment étayé par presque deux mille références, notamment avec le Burundi, le Gabon, le Togo, le Soudan, le Zimbabwe, le Kenya, l'Afrique australe, l'Afrique du nord, l'Ethiopie, la RDC, la Libye, évoque avec érudition, tour à tour, divers exemples concrets en Afrique de l'ouest, la Corne de l'Afrique et le reste de l'Afrique de l'est, et bien évidemment l'Afrique centrale qui sont toujours présents en filigrane.

Si pour Platon, déjà, un champ de bataille habitait notre psychisme travaillé conjointement par le rationnel, l'affectivité et l'impulsivité, c'est toujours aux scènes de guerre que pense l'auteur quand il cherche la voie qui éloignera le Continent de la « poudre » et de la barbarie qui se déploie trop souvent encore, loin de la bonne gouvernance.

Il veut contredire Ricœur qui affirmait que l'État est cette réalité maintenue et instaurée par la violence meurtrière. En pensant des pouvoirs séparés ou du moins équilibrés, pluralité des opinions, conflits des idées, alternance, le Docteur MOUNDOUNGA rappelle l'antidote à l'omnipotence du pouvoir des États et surtout à la folie du pouvoir personnel. Il dénonce la basse complexité des pouvoirs en dérives autoritaires, leurs renfermements sur l'hypercentralisation, leurs ramifications démentes sur les individus et montre du doigt la haute complexité de la démocratie.

Ce livre souffle sur la petite flamme de la conscience. Il plaide le dialogue dans l'unité, comme stratégie de paix dans une période de crise, qui affaiblit, mais aussi renforce et transforme l'Union africaine.

Le rapport de l'Union africaine à l'Europe et à la Chine est désormais modifié, ce qui imposait de scruter cette relation et de s'interroger sur son avenir. Comme l'écrivait PATOCKA, « le devenir est désormais problématisé, et le sera à jamais ».

EMMANUEL CAULIER
Avocat à la cour d'appel de Paris et
à la Cour pénale internationale

Principaux sigles utilisés

A.C.D.C. : Accord sur le commerce, le développement et la coopération

A.P.G. : Accord politique global du dialogue inter-togolais

AA : Accord d'association euro-méditerranéen

AAG : Architecture africaine de gouvernance

AAPS : Architecture africaine de paix et de sécurité

ACP : Afrique, Caraïbes et Pacifique

AID : Aide publique au développement

ALECA : Accord de libre-échange complet et approfondi

AMISOM : Mission de l'Union africaine pour la Somalie

APE : Accord de partenariat économique

AQMI : Al Qaïda au Maghreb islamique

AREI : Initiative africaine pour les énergies renouvelables

BAD : Banque africaine de développement

BEI : Banque européenne d'investissement

BM : Banque mondiale

BRICS : Brésil, Russie, Inde, Chine et Afrique du Sud

C.A.J.D.H. : Cour africaine de justice et des droits de l'homme

C.E.D.H. : Cour européenne des droits de l'homme

C.I.A.D.H : Cour interaméricaine des droits de l'homme

C.I.J. : Cour internationale de justice

C.P.I. : Cour pénale internationale

C.S. : Conseil de sécurité des Nations unies

CDE : Centre de développement de l'entreprise

CEDEAO : Communauté économique des États de l'Afrique de l'Ouest

CEE : Communauté économique européenne

CEEAC : Communauté économique des États de l'Afrique centrale

CEMAC : Communauté économique et monétaire de l'Afrique centrale

CENAP : Commission électorale nationale autonome et permanente (Gabon)

CENI : Commission électorale nationale indépendante (RDC)

CER : Communauté économique régionale

CJCE : Cour de justice des Communautés européennes

CJUE : Cour de justice de l'Union européenne

CNT : Conseil national de transition

COPS : Comité politique et de sécurité

COREPER : Comité des représentants permanents

CPIJ : Cour permanente internationale de justice

CPS : Conseil de paix et de sécurité de l'Union africaine

CTA : Centre technique agricole

CUA : Commission de l'Union africaine

DSP : Document stratégie pays

DSR : Document stratégie région

DTS : Droit des tirages spéciaux

DUDH : Déclaration universelle des droits de l'homme

E.I. : État islamique

EAMA : États d'Afrique et Malgache associés

FCA sud-sud : Fonds de coopération et d'assistance sud-sud

FDCA : Fonds de développement Chine-Afrique

FED : Fonds européen de développement

FEDD : Fonds européen de développement durable

FEDEM : Fonds européen pour la démocratie

FCSA : Forum de coopération Sino-africaine

FMI : Fonds monétaire international

HCR : Haut-commissariat aux réfugiés

I.E.D.D.H. : Instrument européen pour la démocratie et les droits de l'homme

I.G. : Indication géographique

ICD : Instrument de coopération au développement

IDE : Investissement direct étranger

IRDCC : Centre de coordination des secours maritimes italien

IRENA : Agence internationale pour les énergies renouvelables

IVE : Instrument européen de voisinage

MINUAD : Mission des Nations unies au Darfour

MINUS : Mission des Nations unies au Soudan

MOE UE : Mission d'observation électorale de l'Union européenne

MOE : Mission d'observation électorale

N.D.I. : National democratic institut for international affairs

NEPAD : Nouveau partenariat pour le développement de l'Afrique

O.C.T. : Observateurs (électoraux) de court terme

O.I.F. : Organisation internationale de la francophonie

O.L.T. : Observateurs (électoraux) de long terme

O.M.C. : Organisation mondiale du commerce

O.N.U. : Organisation des Nations unies

O.R.D. : Organe de règlement des différends (OMC)

OBOR : On belt on road (nouvelle route de la soie)

ODD : Objectif de développement durable

OIM : Organisation internationale sur les migrations

OIT : Organisation internationale du travail

OMP : Opération de maintien de la paix

OSCE : Organisation pour la sécurité et la coopération en Europe

P.E.I.E. : Plan européen d'investissement extérieur

PAP : Parlement panafricain

PAPED : Programme de l'Accord de partenariat économique pour le développement

PDES : Plan de développement économique et social (Niger)

PE : Parlement européen

PED : Pays en développement

PIP : Programme indicatif pays

PIR : Programme indicatif région

PMA : Pays les moins avancés

PNUE : Programme des Nations unies pour l'environnement

PPP : Partenariat public privé

R.P.C. : République populaire de Chine

RCA : République centrafricaine

RDC : République démocratique du Congo

SEAE : Service européen pour l'action extérieure

SPG : Système des préférences généralisées

T.S.A. : Tout sauf les armes

TEC : Tarif extérieur commun

TFUE : Traité sur le fonctionnement de l'Union européenne

TIC : Technologie de l'information et de la communication

TUE : Traité sur l'Union européenne (Traité de Lisbonne)

U.A. : Union africaine

UE : Union européenne

ZLEC : Zone de libre-échange continental

ZES : Zone économique spéciale

Introduction

À l'invocation la relation UE-Afrique, en matière de paix et de sécurité, la pensée s'oriente généralement vers les opérations militaires et missions d'assistance civile, civilo-militaire ou d'aide humanitaire.

Pourtant, cet investissement européen, pour la paix, au moyen des capacités militaires, civiles et civilo-militaires, n'est que très récent, car remontant seulement au lancement de la Politique européenne de sécurité et de défense (PESD), à la suite des Déclarations de Cologne (Allemagne, 3-4 juin 1999)[1] et celle d'Helsinki (Finlande, 10-11 décembre 1999)[2].

En effet, la Déclaration de Cologne exprimant la volonté des dirigeants européens de doter l'UE des « moyens et capacités nécessaires » en matière de défense[3], a été suivie par celle d'Helsinki, qui formula l'objectif global à atteindre à l'horizon 2003 ; le tout, en application du Traité de Maastricht de 1992, entré vigueur en 1993 et dont le titre V était consacré à la Politique étrangère et de sécurité commune (PESC).[4]

D'ailleurs, ce n'est qu'en 2003 que l'UE a déployé sa toute première opération militaire en Afrique, autorisée par la Résolution 1484 du Conseil de Sécurité des Nations Unies, du 20 mai 2003[5]. L'UE a ainsi adopté l'Action commune 2003/423/PESC du 5 juin 2003[6], pour le lancement de l'opération « Artémis », en Ituri, à l'est de la République Démocratique du Congo (RDC). Cette opération a inauguré la mise en œuvre des Missions de Petersburg[7] sur le sol africain, et également la toute première opération autonome de l'UE, car celle qui a eu lieu, un peu plus tôt la même année, l'opération « Concordia » en ex-République yougoslave, Macédoine, s'est

[1] Moundounga Séraphin, L'Union européenne et la paix en Afrique subsaharienne, Thèse de Doctorat de Droit Public, non-éditée, soutenue le 20 décembre 2012, Université de Grenoble 2, pp 8 -11, 844 pp tel.archives-ouvertes.fr, consulté le 08 décembre 2017.
[2] Ibid.
[3] Ibid, p. 96.
[4] Ibid, p. 94.
[5] Ibid, p.152.
[6] Ibid.
[7] Ibid, pp. 94 et 95.

déroulée en relation avec l'Alliance atlantique (OTAN), en application « des Accords de Berlin et de Berlin Plus » de mars 2003[8].

Cette action extérieure européenne, en matière de paix, dans le cadre de la PESD, puis de la Politique de sécurité et de défense commune (PSDC) conformément au Traité de Lisbonne de 2007, entré en vigueur en 2009[9], notamment les dispositions sur l'application de la Politique européenne de sécurité commune (PESC), fait l'objet d'une autre grille d'analyse à paraître.

Aussi, le présent ouvrage est-il consacré aux instruments européens de coopération, visant à atteindre les objectifs de paix par le développement et la démocratisation de l'Afrique, pour démontrer leur niveau de participation à la stabilisation de l'Afrique et leurs interactions avec le Droit international, leur articulation avec le Droit de l'Union africaine ainsi que leur coexistence avec une dynamique se positionnant en alternative, le Forum de coopération Sino-africaine, le FCSA [infra].

Pour une appropriation aisée du jeu et des enjeux de ce triangle Europe-Afrique-Chine, il est nécessaire d'appréhender quelques prérequis portant sur les grandes lignes des principales institutions et principaux organes de l'Union européenne, de l'Union africaine et du Forum de Coopération Sino-africaine, impliqués dans ce triangle.

Pour ce qui est de l'Union européenne (27 États, suite au référendum ayant décidé de la sortie du Royaume-Uni), ses principales institutions et principaux organes, impliqués dans son action extérieure sont :

---

[8] Ibid, p.9.

[9] « Première partie - Il était une fois... Les prémices, les soubresauts et les avancées.
Mise en place formellement par le Traité de Nice (2001, entré en vigueur en 2002), après les sommets de Cologne et d'Helsinki (1999), la Politique européenne de sécurité et de défense (PESD) s'inscrit dans la droite ligne du renforcement de la politique étrangère et de sécurité commune (PESC) définie par le Traité de Maastricht (1992, entré en vigueur en 1993) et surtout le Traité d'Amsterdam (1997, entré en vigueur en 1999). Elle a été renommée Politique de sécurité et défense commune (PSDC) après l'entrée en vigueur du Traité de Lisbonne en 2009. Elle est intrinsèquement liée à la volonté de créer une Europe politique et de porter une voix de l'Europe dans le monde. La crise des Balkans a servi en particulier de ''déclencheur'' démontrant l'obligation pour les Européens de se donner les moyens d'assurer le maintien de la paix en dehors de l'espace politique européen et d'avoir une politique de défense ».
Source : club.bruxelles2.eu, consulté le 8 décembre 2017.

- le Conseil européen, présidé par une éminente personnalité élue à la majorité qualifiée, pour un mandat de 2 ans et demi, renouvelable une fois, par ledit Conseil européen (Président interdit d'exercice de tout mandat national parallèlement), réunit les Chefs d'État et de Gouvernement des parties, au minimum 2 fois par semestre, ainsi que le Président de la Commission européenne, pour fixer les priorités, en termes d'orientations stratégiques[10] ;

- le Conseil de l'Union européenne ou Conseil, qui est le Conseil des Ministres regroupant les Ministres compétents des Gouvernements des États membres, pour y garantir les intérêts de chaque pays ; chacun présidant ledit Conseil de façon tournante, tous les 6 mois, à l'exception de la présidence du Conseil Affaires étrangères, qui est assurée, de façon permanente, par le Haut Représentant pour les Affaires étrangères et la politique de sécurité, Vice-président de la Commission[11] ;

- Le Comité des Représentants permanents, le Coreper, objet de l'article 240 du TFUE, composé des Représentants avec rang d'Ambassadeur de chaque État membre auprès de l'UE et des Représentants adjoints, est un organe de dialogue entre Représentants et chacun avec son État ainsi que de contrôle politique en orientant et en supervisant les travaux des groupes d'experts et subdivisé en Coreper II réunissant les Ambassadeurs pour un examen préalable, avant le Conseil de l'UE, des affaires proposées par la Commission et portant sur les questions institutionnelles ; en Coreper I, réunissant les adjoints, pour l'examen préalable des affaires relevant d'autres domaines ; l'ordre du jour de chaque Conseil des Ministres étant arrêté en fonction de l'avancement des travaux du Coreper, cet ordre du jour classant les affaires dans un panier A dont l'adoption par le Conseil est sans débat, signifiant que les Coreper se sont accordés ; et en panier B contenant des affaires à débattre en Conseil, faute d'accord des Coreper[12] ;

- la Commission européenne dont le siège est à Bruxelles, en Belgique et qui est une institution permanente et garante des intérêts de l'Union,

---

[10] Institutions et autres organes de l'UE, europa.eu, consulté le 29/04/2018.

[11] Ibid.

[12] Coreper, eur-lex.europa.eu , consulté le 29/04/2018.

tout en étant composée d'autant de Commissaires qu'il y a d'États parties, mais chargés, chacun, d'un domaine précis des compétences[13] ;

- le Parlement européen, une institution également permanente, dont le siège est à Strasbourg, en France, et qui est composé de 751 Députés (dont le Président) élus pour 5 ans, au suffrage universel direct, aux fins d'assurer la représentation des citoyens européens au sein du système de l'Union[14] ;

- le Service européen pour l'action extérieure, basé à Bruxelles, la cheville ouvrière du Haut Représentant pour les Affaires étrangères et la Politique de sécurité, Vice-Président de la Commission, dans l'exercice de ses prérogatives[15] ;

- la Banque centrale européenne (BCE) siégeant à Francfort, en Allemagne, l'équivalent de la Banque centrale américaine, la FED, mais avec une indépendance plus prononcée que cette dernière, dans sa mission d'élaboration et de mise en œuvre de la politique monétaire de l'Union européenne, tout en assurant la gestion de l'Euro ; quoique 8 États UE n'appartiennent pas à la Zone Euro, et que le Danemark bénéficie d'une clause de non-participation, à l'instar de celle du Royaume-Uni, mais sans l'Irlande qui a adhéré à la monnaie unique européenne[16];

- la Banque européenne d'investissement (BEI) dont le siège est à Luxembourg qui, tout en finançant les investissements européens, participe à l'action extérieure de l'Union,[17] notamment, pour l'Afrique, dans la mise en œuvre du Fonds européen de développement, le FED [infra].

---

[13] Institutions et autres organes de l'UE, op.cit.
[14] Ibid.
[15] Ibid.
[16] Qu'est –ce que la zone euro ? ec.europa.eu, consulté le 29/04/2018.
[17] Banque européenne d'investissement (BEI), europa.eu, consulté le 29/04/2018.

Les mesures législatives européennes sont principalement prises en procédure ordinaire (ancienne codécision) par le Conseil européen et le Parlement européen, sur proposition de la Commission européenne[18].

S'agissant de l'Union africaine (tous les 54 États africains), son organisation institutionnelle est quasi identique à celle de l'UE d'avant le Traité de Lisbonne de 2007, avec :

- la Conférence des Chefs d'État et de Gouvernement, dont la présidence est annuellement tournante, se réunit en 2 sessions ordinaires, par an, pour définir les politiques de l'UA, fixer ses priorités, adopter son programme et exercer sa fonction de contrôle ainsi que pour prendre des décisions dans des domaines précis[19].

- le Conseil exécutif est la réunion des Ministres des États membres, pour assister la Conférence, prendre des décisions dans les domaines d'intérêt commun et suivre « la mise en œuvre des politiques arrêtées par la Conférence » ; sa présidence étant assurée par le Ministre de l'État présidant la Conférence, avec, toutefois, une co-présidence du Conseil exécutif, à partager avec un Ministre du pays hôte d'un Conseil exécutif extra-siège (siège de l'UA, à Addis-Abeba en Éthiopie), les sessions ordinaires se tenant 2 fois par an[20] ;

- la Commission de l'Union africaine, installée à Addis-Abeba, est « le secrétariat de l'Union africaine »[21] pour, notamment « représenter l'UA et défendre ses positions, sous l'autorité et sur mandat de la Conférence et du Conseil exécutif »[22] ; « élaborer des projets des positions communes »[23] ; assister les États membres, dans la mise en œuvre des programmes communs et la coordination de ceux-ci, à l'instar des missions confiées, à ladite Commission, par les Chartes de l'Architecture africaine de gouvernance, pour une unification africaine par des valeurs à partager et règles communes [infra]; des prérogatives d'une Commission de l'UA, assurées par un Président et un Vice-président, élus

[18] Institutions et autres organes de l'UE, europa.eu, op.cit

[19] Guide de l'Union africaine 2018, 5e édition.2018, au.int, consulté le 29/04/2018.

[20] Ibid.

[21] Ibid.

[22] Ibid.

[23] Ibid.

par la Conférence, ainsi que par 9 Commissaires élus par le Conseil exécutif, pour un mandat de 4 ans, renouvelable une fois[24] ;

- le Comité des Représentants permanents, composé d'un Représentant par État membre (à l'image du Coreper de l'UE), et siégeant à Addis-Abeba, en Éthiopie, pour garantir les intérêts de chaque État au sein de l'Union, au nom de la Conférence et du Conseil Exécutif ; sa présidence étant assurée par le Représentant de l'État présidant la Conférence et le Conseil exécutif[25] ;

- le Parlement Panafricain (PAP), composé de 5 parlementaires nationaux de chacun des 55 États membres, se regroupant en 2 sessions annuelles, à son siège à Mindrand, en Afrique du Sud, mais dont le rôle consultatif évoluera vers des prérogatives législatives, dès l'entrée en vigueur du Protocole adopté en 2014[26] ;

- le Conseil de paix et de sécurité (CPS), créé par le Protocole de 2002, entré en vigueur en 2003, composé de 15 membres confirmés par la Conférence, après leur élection par le Conseil exécutif, dont 5 élus pour un mandat de 3 ans, et 10 pour un mandat de 2 ans[27]. Le CPS a pour mission, sous la présidence tournante dans l'ordre alphabétique de l'État de chaque membre, d'assurer la permanence de la prévention, de la gestion et du règlement des conflits, en tant que pilier central de l'Architecture africaine de paix et de sécurité (AAPS)[28], mais aussi l'un des organes clefs d'un des principaux instruments de l'Architecture africaine de gouvernance, la Charte africaine pour la démocratie, les élections et la gouvernance [infra].

S'agissant du Forum de coopération Sino-africaine (FCSA), institué depuis 2000, il ne s'agit pas d'une organisation intergouvernementale, mais d'un cadre de concertation stratégique pour des positions communes à l'international, ainsi que de coopération au développement entre la Chine et les États africains. Cette coopération est régie par une Déclaration commune engageant les parties tous les 3 ans [infra], ainsi que par des Plans d'action

24 Ibid.
25 Ibid.
26 Ibid.
27 Ibid.
28 Ibid.

triennaux portant sur le commerce, la coopération économique et le développement [infra].

Ce Forum se réunit en formats divers comprenant des Sommets des Chefs d'État et de Gouvernement [infra], des forums ministériels [infra] et des fora, notamment d'experts et/ou d'universitaires, d'opérateurs économiques, des jeunes, ainsi que ceux des femmes, alternativement en Chine et en Afrique [infra].

Pour assurer un suivi du partenariat sino-africain, l'Union africaine a, sur sa table, un projet d'ouverture d'un bureau à Pékin, en Chine, pour renforcer ce que fait déjà le groupe des Ambassadeurs africains à Beijing ; la Chine ayant déjà accrédité un Ambassadeur auprès l'UA, comme l'a aussi fait l'UE depuis 2008[29], dans le cadre du partenariat Afrique-UE, lancé en 2000 [infra].

Poursuivant initialement des objectifs de paix par le développement, l'action extérieure de l'Union européenne en Afrique dans le cadre d'instruments internationaux conclus avec les États d'Afrique, des Caraïbes et du Pacifique communément appelé les ACP [infra]. Cette action extérieure européenne a donné lieu au déploiement d'instruments économiques et commerciaux qui sont passés, dans une quête permanente d'équilibre des échanges, du libre-échange préférentiel des Conventions de Yaoundé I et II [infra], au système tarifaire des préférences généralisées, les SPG asymétriques et discriminatoires des Conventions de Lomé I, II, III, IV et IV bis [infra], ainsi que de l'Accord de Cotonou de 2000, révisé en 2005 et 2010 [infra]; SPG en voie d'extinction pour être remplacés par le libre-échange graduel des nouveaux Accords de partenariat économique (APE) [infra].

Alors que ces échanges commerciaux sont soutenus, depuis Yaoundé I, par le principal instrument financier de coopération au développement européen, le Fonds européen de développement [infra], le FED hérité de la coopération avec les États africains et malgaches associés (EAMA) [infra], le passage au libre-échange graduel des APE continue à bénéficier du FED ainsi que d'un financement innovant, le Fonds européen de développement durable [infra], le FEDD, qui est le premier instrument de mise en œuvre du Plan d'investissement extérieur européen (PIE) [infra]. Le FEDD est de nature à accélérer la concrétisation de la Stratégie commune Afrique-UE ou Stratégie

[29] La Délégation de l'UE auprès de l'Union africaine célèbre ses 10 ans ! africa-eu-partnership.org, 19/03/2018, consulté le 29/04/2018.

de Lisbonne, lancée en 2007 par le 2e Sommet entre l'Union européenne et l'Afrique [infra], à la suite du Sommet de 2000 [infra]. Cette Stratégie de Lisbonne a fait l'objet d'un réajustement à l'occasion du 5e Sommet Afrique-UE tenu à Abidjan, en Côte d'Ivoire, en novembre 2017, en engageant les parties européennes et africaines à la mise en œuvre de 19 programmes phares dont 11 à caractère économique et social et 8 à caractère politique et sécuritaire [infra], pour la paix durable et le développement inclusif en Afrique ainsi que pour la stabilité et la prospérité de l'Europe, de même que pour la sécurité internationale.

Toutefois, si la coopération économique et commerciale ne suscite pas beaucoup de débats quoique le développement attendu tarde à se concrétiser pour des raisons multiformes, la coopération politique suscite d'importantes controverses notamment depuis l'adoption des clauses politiques subordonnant la coopération économique et commerciale et l'aide européenne au développement au respect et à la promotion des Droits de l'Homme et autres valeurs démocratiques, pour la démocratisation de la gouvernance des ACP en général et de l'Afrique en particulier [infra]. Pour ce qui est de l'Afrique subsaharienne, la clause politique remonte à la Convention de Lomé IV qui l'a instituée, mais sans lui conférer une portée contraignante, car le respect des Droits de l'Homme n'y était qu'une clause élément fondamental [infra] et non une clause élément essentiel [infra], au sens donné par le Droit des traités [infra]. C'est la Convention de Lomé IV bis qui va conférer le caractère contraignant à la clause respect des Droits de l'Homme tout en introduisant 2 autres valeurs démocratiques au même rang d'élément essentiel, les principes démocratiques et l'État de droit [infra], sans toutefois parvenir au même résultat s'agissant de la valeur bonne gestion des affaires publiques qui n'a été acceptée par les parties qu'en la limitant au rang inférieur et non contraignant d'élément fondamental [infra]. Cette conditionnalité politique a été héritée et précisée par l'Accord de Cotonou ACP-UE et communément appelée la conditionnalité politique de Cotonou [infra].

En ce qui concerne les États du Maghreb cette conditionnalité politique de portée contraignante fait l'objet des stipulations des Accords d'Association Euro-méditerranéens UE-Tunisie, [infra] UE-Maroc, [infra] UE-Egypte [infra] et UE-Algérie [infra].

Visant la démocratisation de la gouvernance africaine, notamment au moyen du dialogue politique, des consultations, de l'assistance et de l'observation électorales ainsi que de l'assistance multiforme dont l'assistance normative, la coopération politique UE-Afrique suscite d'importantes controverses pour instrumentaliser l'opinion publique en faisant croire que la mise en œuvre d'accords internationaux, pourtant volontairement consentis, serait du néo-colonialisme attentatoire aux souverainetés des États [infra].

La diatribe anti-néocolonialiste s'envenime lorsque l'UE, invitée pour l'observation électorale, pose le constat des déficits démocratiques assorti des recommandations, pour contribuer à l'amélioration des processus électoraux, [infra] en application de son Manuel d'observation d'élections [infra] et d'accords électoraux bilatéraux [infra] conformes au Droit international en général et, au Droit des traités [infra] ainsi qu'à la Déclaration des principes onusiens de 2005, pour l'observation internationale d'élections [infra].

Mais, l'UE pour répondre à des impératifs sécuritaires en Europe et de ses intérêts et ressortissants en Afrique [infra] ainsi qu'obligé par son Droit interne [infra], est tenue d'appliquer la théorie de la paix démocratique, telle qu'elle procède d'Emmanuel Kant [infra] et élucidée par les professeurs américains, Michael Doyle [infra] et Bruce Russet [infra], en externalisant la démocratie et autres valeurs démocratiques en Afrique, certes pour le développement et la paix durable dans ce continent [infra], mais aussi pour enrayer les conséquences des déficits démocratiques africains parmi lesquels les migrations massives perçues comme invasives et le terrorisme qui se vascularise en s'attaquant à des ressortissants et intérêts étrangers en Afrique dont ceux européens.

Pendant que l'UE, pour sa sécurité et stabilité interne ainsi que pour la paix en Afrique et le développement inclusif de ce continent ou prospérité pour tous, œuvre à promouvoir les Droits de l'Homme, tel qu'ils résultent du Droit international, en contribuant à la démocratisation de la gouvernance africaine, la Chine a proposé et obtenu de l'Afrique, quelques mois, après l'Accord de Cotonou ACP-UE en 2000, la signature d'un partenariat alternatif stigmatisant et condamnant tout autre partenariat économique conditionnant l'aide au développement à la promotion des Droits de l'Homme [infra]. Ce partenariat appelé Forum de coopération Sino-africaine, le FCSA (en anglais FOCAC) met en œuvre d'importants Plans d'action triennaux dont les financements sont d'un niveau jusque-là inégalé et couvrant tous les domaines dont notamment des infrastructures, l'industrialisation et la formation des compétences nécessaires à une production de qualité et à opérer le transfert de technologies [infra]; ce qui rend très attractif le FCSA [infra].

Toutefois, le caractère alternatif du FCSA au regard des Droits de l'Homme est de nature à compromettre sinon à retarder l'amélioration de la gouvernance africaine et hypothéquer ainsi des objectifs de paix durable en Afrique tout en ne permettant pas un développement qui soit inclusif ou prospérité pour tous dans tous les États africains [infra].

En effet, le caractère alternatif du Forum de coopération Sino-africaine est instrumentalisé pour en faire un refuge pour régimes politiques autocratiques cherchant à échapper aux engagements pris avec l'UE et/ou aux sanctions internationales prises en faveur des Droits de l'Homme, de l'État de droit et/ou des principes démocratiques [infra].

Cette instrumentalisation du caractère alternatif du Forum de coopération Sino-africaine, pour retarder la démocratisation de l'Afrique, n'affecte pas la seule action extérieure de l'Union européenne, mais aussi la mise en œuvre des objectifs de l'Union africaine, depuis que cette dernière s'est appropriée les valeurs démocratiques, en se dotant d'une Architecture de gouvernance démocratique ambitieuse, comprenant, principalement, 4 Chartes sur les Droits de l'Homme [infra]; la Démocratie et les élections [infra]; la décentralisation et l'administration publique [infra].

En effet, agissant comme puissance normative, faisant œuvre d'approche constructiviste, l'Union européenne a fortement inspiré et assiste l'Union africaine qui a bâti et est en train de mettre en œuvre une ambitieuse Charte africaine de gouvernance pacifique, aux fins d'une paix durable et de la prospérité pour tous.

Dans cette perspective, l'Union africaine, pour relever cet ambitieux défi, a besoin du soutien de l'ensemble de ses partenaires, pour l'aider à unir l'Afrique à travers des règles communes et des valeurs à partager.

Mais, lorsqu'en 2000, la conditionnalité politique de Cotonou voit le jour, pour renforcer la subordination du commerce et de l'aide au développement UE, au respect des Droits de l'Homme, des principes démocratiques et de l'État de droit, l'Afrique et la Chine se réunissent à Beijing (Pékin), en Chine, la même année, pour lancer un partenariat stratégique, commercial et de coopération au développement, condamnant la politisation des Droits de l'Homme dans un partenariat économique tout en positionnant, en alternative, le Forum de coopération Sino-africaine (FCSA) infra.

Ainsi, alors que la conditionnalité politique de Cotonou et le Forum de coopération Sino-africaine, ont atteint l'âge de la majorité civile de 18 ans en 2018, la même période qui s'est écoulée également après le 1er Sommet Afrique-UE de 2000, peut-on valablement se poser la question de savoir où en est l'action extérieure de l'Union européenne, pour la paix par le développement et par la démocratisation de l'Afrique et quels sont les défis et perspectives de cette coopération, au regard de ce contexte ?

Pour répondre à cette question, cet ouvrage se focalise sur un angle essentiellement juridique, politiste et stratégique, pour dégager le résultat auquel est parvenu le déploiement des instruments européens, pour la paix par le développement et la démocratisation de l'Afrique, et envisager les défis et perspectives, dans un nouveau contexte marqué, à la fois, par le changement de paradigme qu'opère l'appropriation des valeurs démocratiques par l'Union africaine et par la controverse autour des dénonciations néo-colonialistes, qui sont aggravées par l'instrumentalisation du caractère alternatif du pourtant très attractif Forum de coopération Sino-africaine.

Comme réponse à la question centrale, il est envisagé une hypothèse matricielle démontrant que l'action extérieure européenne est réciproquement nécessaire quoique controversée, pour la paix par le développement et par la démocratisation de l'Afrique, ainsi que pour la stabilité et la prospérité de l'Europe, et qu'il y a un changement de paradigme depuis l'appropriation des valeurs démocratiques par l'Union africaine, dont il est nécessaire de capitaliser dans un contexte de coexistence avec le partenariat alternatif Chine-Afrique.

L'intérêt d'une telle démonstration est d'abord scientifique, en offrant une grille d'analyse de l'œuvre constructiviste de la puissance normative qu'est l'UE, dans son action extérieure, au bénéfice de l'Union africaine et de ses États membres, ainsi que des Communautés économiques régionales, en application du droit de l'Union européenne et des accords commerciaux et de coopération politique et au développement. Cette coopération est mise en œuvre conformément au Droit international et en articulation avec le Droit de l'Union africaine. Ladite coopération est soutenue par des instruments financiers européens, dans un contexte de coexistence avec une dynamique alternative, le Forum de coopération Sino-africaine.

À ce titre, cet ouvrage s'adresse, aux enseignants-chercheurs et chercheurs ainsi qu'à leurs étudiants, en Droit international, en Droit de l'Union européenne, en Droit de l'Union africaine, en Relations internationales, en Commerce international, en Science politique et en Géopolitique ainsi que les professionnels de ces différents domaines scientifiques.

Cet ouvrage peut fournir aussi des précieuses données aux opérateurs économiques notamment européens et africains ainsi qu'à tous ceux qui échangent ou sont installés en Afrique et tous ceux qui sont intéressés par l'Afrique, en leur permettant de s'approprier les Accords de partenariat économique, les APE nouvellement conclus entre l'UE et les zones économiques africaines, notamment dans un contexte économique et commercial marqué par la conclusion, en 2018, d'une Zone économique de libre-échange continental, la ZELEC, visant faire de toute l'Afrique un marché unique [infra].

Les acteurs politiques, les gouvernants comme les oppositions politiques, en Afrique, en Europe, et dans le monde, trouveront dans cet ouvrage, d'utiles données en matière de coopération internationale ainsi que les motifs pour lesquels les uns et les autres, doivent œuvrer à la pleine et entière participation de l'ensemble des États membres de l'UA à l'Architecture africaine de gouvernance.

Aux agents publics africains (fonctionnaires et agents sous contrat), cet ouvrage leur offre l'opportunité de mieux s'enquérir de leurs droits tels qu'ils sont notamment déclinés dans la Charte africaine des valeurs et des principes de l'administration et du service public, pour une pleine jouissance, si leur État est amené à adhérer pleinement à cette dernière.

Les collectivités locales et les populations locales, si elles obtiennent, à la suite de la lecture de cet ouvrage, la transposition en droit national, de la Charte africaine des valeurs et principes de la décentralisation, de la gouvernance locale et du développement local, la mise en œuvre de cette

Charte, il y aurait un gage d'une décentralisation effective, inclusive et efficace, pour un développement local garantissant un mieux-être collectif et individuel.

Pour la Chine, cet ouvrage renseigne que si elle n'est pas directement menacée par la crise migratoire, à laquelle est confrontée l'Europe et résultant en partie des déficits démocratiques africains, la contribution chinoise à l'unification africaine par des règles communes et valeurs à partager, dans tout le continent africain, est un gage d'une paix durable certes en Afrique, mais aussi une garantie importante pour la sécurité des intérêts de plus en plus croissants de la Chine en Afrique ainsi que de ses ressortissants de plus en plus nombreux, au regard des conflits qui se multiplient et du terrorisme qui se vascularise.

D'ailleurs, cet ouvrage, démontre à tous les partenaires de l'Afrique (USA, Canada, Brésil, Inde, Japon, Qatar, Émirats arabes unis, Arabie saoudite, Koweït, Turquie, Israël...), que l'unification africaine par les valeurs et règles communes, tel que projeté par l'UA et soutenu par l'UE, est le meilleur gage de la sécurité durable, physique, politique et économique, des investissements et ressortissants étrangers en Afrique.

Pour la société civile, comme pour les ONG en Afrique et en Europe ainsi que dans le reste du monde, cet ouvrage enseigne qu'il est attendu leur contribution multiforme par un soutien entre elles et par un appui à l'Union africaine et aux Communautés économiques régionales dans le processus engagé d'adhésion aux instruments de l'Architecture africaine de gouvernance et de leur pleine et entière mise en œuvre.

Enfin, cet ouvrage est d'un intérêt particulier pour les citoyens de l'Union européenne et pour les peuples africains, en leur démontrant combien il est indispensable, et de leurs intérêts sécuritaires réciproques ainsi que, pour le développement inclusif en Afrique et la stabilité en Europe, de soutenir l'action extérieure de l'Union européenne sur le continent africain et de participer au processus engagé par l'Union africaine pour l'unification de l'Afrique par les valeurs à partager et des règles communes.

En effet, pour les citoyens européens dont certains peuvent s'interroger pourquoi doivent-ils consentir des sacrifices humains, matériels et, en tant que contribuables, pourquoi leurs impôts sont en partie distraits au détriment de leur mieux-être et au profit de l'Afrique, cet ouvrage leur démontre que la stabilité en Europe et la sécurisation des ressortissants et intérêts européens en Afrique, sont tributaires de l'action extérieure de l'Union européenne, que celle-ci soit économique, commerciale, financière, politique ou sécuritaire.

À l'endroit des peuples africains, dont certains sont souvent victimes d'une instrumentalisation présentant l'action extérieure européenne en Afrique comme étant une ingérence portant atteinte au principe de la souveraineté des États, pour être regardée comme étant du néo-colonialisme, cet ouvrage démontre que ladite action extérieure européenne résulte des accords conclus librement et qu'il y a changement de paradigme de nature à transformer cette action extérieure en un soutien à l'Union africaine ou à une complémentarité avec elle, pour qu'elle relève d'importants défis et atteigne, rapidement et avec efficacité, son objectif d'unification de l'Afrique par des règles communes et valeurs à partager, aux fins d'un développement inclusif ou prospérité pour tous ainsi que de la paix durable.

Aussi, l'Union européenne, dans la mise en œuvre de ses partenariats économiques, commerciaux, politiques et de coopération au développement, avec l'Afrique, poursuit-elle des objectifs de paix par le développement et la démocratisation de ce continent, mutuellement profitables, quoique controversés (première partie) ; ce processus pouvant être mené aisément en capitalisant le changement de paradigme opéré par l'appropriation des valeurs démocratiques par l'Union africaine, dans un contexte contraint par une réversible instrumentalisation du caractère alternatif du Forum de coopération Sino-africaine (deuxième partie).

Première partie

Une action extérieure européenne pour la paix par le développement et la démocratisation de l'Afrique, réciproquement bénéfique, quoique controversée

Dans sa relation avec l'Afrique, l'Union européenne coopère avec sa partie subsaharienne dans le cadre contractuel amorcé avec les Conventions de Yaoundé jusqu'aux nouveaux Accords de partenariat économique de libre-échange (APE) qui mettent un terme aux systèmes des préférences généralisées (SPG) hérités, des Conventions de Lomé I, II, III, IV et IV bis, par l'Accord de Cotonou.

Avec l'Afrique du Nord, l'Union européenne coopère dans le cadre de sa politique de voisinage, à travers des Accords bilatéraux Euro-méditerranéens d'Association (AA), avec la Tunisie, l'Algérie, l'Égypte et le Maroc.

Les États d'Afrique du Nord étant en négociations bilatérales avec l'Union européenne, pour des accords de libre-échange complet et approfondi (ALECA), les Accords d'Association ne peuvent être mieux examinés qu'en les mettant en parallèle avec les futurs ALECA. Aussi, ces AA ne sont abordés que sous leurs aspects politiques, les aspects économiques et commerciaux étant réservés à une autre grille de lecture.

L'Afrique subsaharienne ayant déjà conclu 3 accords de partenariat économique avec l'Union européenne, ainsi qu'un autre avec le Cameroun ayant vocation à couvrir toute l'Afrique centrale, les aspects commerciaux de ces accords sont abordés en lien avec les anciens mécanismes pour mesurer leur pertinence quant au développement de l'Afrique ainsi que l'ampleur de leur accompagnement par le principal instrument financier, le Fonds européen de développement (FED), qui vient d'être renforcé par le Fonds européen de développement durable (FEDD), pour accélérer la cadence de la Stratégie commune Afrique-UE ou Stratégie de Lisbonne.

Si la coopération économique et commerciale est régie par des instruments commerciaux, ceux-ci sont soutenus par des financements aux fins de garantir des profits réciproques (titre premier) alors que la coopération politique engendre des controverses tout en demeurant indispensable à la paix et au développement de l'Afrique comme pour la stabilité et la prospérité de l'Europe ainsi que pour la sécurité internationale (titre II).

TITRE PREMIER : Une coopération économique et commerciale, régie par des instruments UE-Afrique bénéficiant des financements européens pour des profits mutuels.

Si pour atteindre les objectifs de paix par le commerce et le développement, l'Union européenne met en œuvre en Afrique des instruments financiers et commerciaux, ceux-ci sont opportunément adaptés pour faire face aux nouveaux défis.

En effet, après les Conventions de Yaoundé I (1963) et II (1969), entre la Communauté économique européenne (CEE) et les États africains et malgache associés (EAMA) [infra], qui étaient basées sur un libre-échange préférentiel, les Conventions de Lomé ont institué des systèmes généralisés des préférences tarifaires (SPG) non réciproques et discriminatoires, au regard des règles du GATT puis de l'OMC [infra]. Ces SPG, perçus comme étant le meilleur moyen d'une plus grande insertion africaine dans l'économie mondiale, ont été repris par l'Accord de Cotonou ACP-UE, en 2000[infra], qui a toutefois prévu une clause rendez-vous engageant les parties à négocier et conclure des Accords de libre-échange, aux fins de se conformer aux règles de l'OMC dont la dérogation obtenue expirait en 2007[infra].

Cette quête d'une meilleure présence de l'Afrique dans l'économie mondiale, est également avancée comme étant l'objectif à atteindre par les Accords de partenariats économiques, les APE UE-Afrique de l'Ouest, UE-Afrique de l'Est, UE-Afrique australe et UE-Cameroun pour l'Afrique Centrale qui n'est pas encore parvenue à un accord zonal avec l'UE [infra].

Avec des modalités commerciales basées initialement sur le libre-échange préférentiel, qui ont mutés vers des préférences tarifaires généralisées, la quête d'un commerce équitable UE-Afrique a conduit à la mise en place d'un libre-échange graduel régi par les nouveaux Accords de partenariat économique (chapitre premier), l'accompagnement de ces échanges commerciaux étant assuré par des instruments financiers principalement le FED qui est désormais renforcé par un instrument innovant, le FEDD qui parait susceptible d'accélérer la mise en œuvre de la Stratégie commune Afrique-UE (chapitre II).

Chapitre premier : Une quête de commerce équitable justifiant l'abandon de mécanismes de libre-échange préférentiel puis des préférences tarifaires, pour un libre-échange graduel.

Organisées sur la base d'un libre-échange préférentiel, la coopération entre la Communauté économique européenne (CEE) et les États africains et malgache associés, les EAMA, les Conventions de Yaoundé I et de Yaoundé II ont été abrogées par la Convention de Lomé I qui a adopté les systèmes de préférences généralisées (SPG) discriminatoires et non réciproques, qui ont été perpétués par les 4 autres Conventions de Lomé puis par l'Accord de Cotonou (section 1) avant d'abandonner ces SPG pour passer au libre-échange graduel et contrôlé des nouveaux Accords de partenariat économique, les APE (section 2).

Section 1 : Une abolition du libre-échange préférentiel pour des préférences tarifaires asymétriques et discriminatoires.

Considéré comme l'un des pères fondateurs de la construction européenne, avec Jean Monnet, Jean-Baptiste Nicolas Robert Schuman[30], né au Luxembourg, de nationalité allemande à sa naissance, en 1886 jusqu'à 1918, puis de nationalité française après 1918, proposait, en sa qualité de Ministre français des Affaires étrangères, de prendre en compte l'Afrique dans le projet européen en 1950.

En effet, dans sa déclaration, au moment où il proposait la création de la Communauté européenne du charbon et de l'acier, la CECA à 6 membres[31], pour une mise en commun de leur production, il affirmait le 9 mai 1950 : « cette production sera offerte à l'ensemble du monde [...], pour contribuer au relèvement du niveau de vie et au développement des valeurs de

[30] Biographie Robert Schuman, wikipedia.org, consulté le 22/12/2017.

[31] Les 6 États européens fondateurs de la CEE sont : Allemagne fédérale, Belgique, France, Italie, Luxembourg et Pays-Bas.

Source : Une Europe en paix : les débuts de la coopération, europa.eu, consulté le 22/12/2017.

paix »[32]. Il ajoutait : « L'Europe pourra, avec des moyens accrus poursuivre la réalisation de l'une de ses tâches essentielles : le développement du continent africain »[33] ; avant de conclure : « Ainsi sera réalisée [...] la fusion d'intérêts indispensables à l'établissement d'une communauté économique qui introduit le ferment d'une communauté plus large et plus profonde entre des pays longtemps opposés par des divisions sanglantes »[34].

C'est dans ce contexte, qu'au moment de la création de la Communauté économique européenne (CEE) par le traité de Rome, en 1957, le FED est institué pour financer le développement et l'assistance technique des pays et territoires d'outre-mer, et est mis en œuvre par le premier FED (1958-1963)[35], conformément à la 4e partie, du Traité CEE, consacrée à « L'association des pays et territoires d'outre-mer » (article 131 à 136) et prévoyant la création de ce Fonds de développement[36].

Après les premières indépendances de certaines colonies françaises, en Afrique, la Convention de Yaoundé I, conclue le 2 juillet 1963 au Cameroun, a pris en compte les stipulations des relations commerciales d'avant les indépendances avec 18 nouveaux États africains[37], en termes d'avantages commerciaux et d'aide financière dans le cadre du 2e FED (1964-1969)[38].

Aussi, la Convention de Yaoundé I lia ainsi la CEE aux États africains et malgache associés (AEMA), dans le cadre d'un libre-échange préférentiel perpétué par la Convention de Yaoundé II (I) avant l'abrogation de cette modalité commerciale, pour faire place aux systèmes de préférences généralisées non réciproques, à l'égard de l'Europe ainsi que discriminatoires, au détriment des tiers ACP, depuis la Convention de Lomé I jusqu'à l'Accord de Cotonou (II).

---

[32] La déclaration Schuman du 9 mai 1950, europa.eu, consulté le 22/12/2017.
[33] Ibid.
[34] Ibid.
[35] La coopération avant Lomé, ec.europa.ue, juin 2006, consulté le 22/12/2017.
[36] Ibid.
[37] Les 18 États africains de Yaoundé I en 1963 sont le Burundi, le Cameroun, la République centrafricaine (RCA), la République du Congo (Brazzaville), la République du Congo (Capitale Léopoldville avant de devenir Kinshasa sous l'État du Zaïre et désormais transformé en République Démocratique du Congo, RDC), la Côte d'Ivoire, le Dahomey devenu le Benin, le Gabon, la Haute-Volta devenue le Burkina Faso, Madagascar, le Mali, la Mauritanie, le Niger, le Rwanda, le Sénégal, le Tchad et le Togo.
Source : La Convention de Yaoundé, 20 juillet 1963, cvce.eu, consulté le 22/12/2017.
[38] Ibid.

I – Des échanges CEE-Afrique initialement régis par des mécanismes de libre-échange préférentiel.

Les échanges commerciaux entre l'UE (CEE) et l'Afrique, dans le cadre des Conventions de Yaoundé I (1963-1969) et Yaoundé II (1969-1975), étaient régis par un libre-échange préférentiel, hérité de la quatrième partie du Traité CEE, de Rome de 1957, dont les stipulations des articles 131 à 136, étaient consacrées à « L'association des pays et territoires d'outre-mer »[39] et « non européens entretenant avec la Belgique, la France, l'Italie et les Pays-Bas des relations particulières », et dont « la liste fai[sait] l'objet de l'annexe IV du Traité »[40].

Si conformément à l'article 131 du TCEE, cette association visait le « développement des pays et territoires associés [ainsi que la] prospérité [des peuples de ces territoires] », les échanges commerciaux étaient principalement régis par les articles 132 et 133[41].

À ce titre, les États CEE s'engageaient à appliquer aux pays et territoires de la liste de l'annexe IV, le régime tarifaire qu'ils s'appliquaient entre eux[42].

Chaque pays et territoire de la liste était tenu d'appliquer aux États CEE et autres entités figurant sur la liste, les tarifs qu'il applique à l'État CEE avec lequel il avait une relation particulière[43].

Les États CEE s'engageaient à une élimination totale des droits de douane sur les produits provenant des pays et territoires de la liste, mais de façon progressive[44].

Réciproquement, les pays et territoires de la liste étaient engagés par la CEE à un démantèlement tarifaire également progressif assorti d'une clause de sauvegarde autorisant ces pays et territoires à augmenter un tarif douanier

---

39 Traité instituant la Communauté économique européenne (Rome, 25 mars 1957), cvce.eu, consulté le 29/10/2017.

40 Ibid.

41 Ibid.

42 Ibid.

43 Ibid.

44 Ibid.

ou à en instituer et /ou à prendre des mesures fiscales, pour des nécessités budgétaires ou pour une industrialisation[45].

Ce démantèlement tarifaire progressif, par les pays et territoires de la liste, se faisait conformément au rythme, aux modalités et mesures de sauvegarde, tel que cela était régi par les articles 12 à 17 consacrés à l'élimination entre, États CEE, des droits de douane et autres taxes d'effet équivalent[46].

C'est ce régime de libre-échange préférentiel, qui a été transposé dans la Convention de Yaoundé I, de 1963, entre la CEE et les 18 États d'Afrique et Malgaches associés (EAMA), États africains nouvellement indépendants et dits associés [infra]. Le mécanisme est confirmé, le 29 juillet 1969, par la Convention de Yaoundé II à laquelle adhère le Royaume-Uni avant même qu'il soit membre des Communautés européennes [infra].

Ce mécanisme va alors être étendu à 3 autres États africains, mais francophones, le 24 septembre 1969, avec la signature de l'Accord d'Arusha en Tanzanie [infra].

Ces 3 États sont le Kenya, l'Ouganda et la Tanzanie [infra].

Le fonctionnement pratique de ce libre-échange préférentiel peut être illustré en prenant en compte 3 catégories de produits suivants :

- les produits « ni tropicaux ni agricoles »[47] africains, pour lesquels il était appliqué un « régime de droit commun [parce que ces produits étaient] assimilés aux produits échangés à l'intérieur du marché de la communauté »[48] ;
- les « produits agricoles [qui étaient placés sous] le régime du marché commun [à l'instar de] la banane »[49] ;
- les produits africains rentrant en concurrence avec ceux de la CEE et qui, de ce fait, étaient « exclus de l'organisation européenne des marchés agricoles [à l'instar] du sucre »,[50] ainsi que du riz quoique ce dernier produit n'ait pas été totalement exclu, mais a donné lieu à des « quotas

[45] Ibid.
[46] Ibid.
[47] La Convention de Yaoundé 20 juillet 1963, op.cit.
[48] Ibid.
[49] Ibid.
[50] Ibid.

équivalant à la moyenne du riz importé pendant les années 1961 à 1963 »[51].

Ce système a prévalu dans la Convention qui a suivi, celle de Yaoundé II, du 27 juillet 1969 et qui a vu l'arrivée du Royaume-Uni de Grande-Bretagne dans ce mécanisme d'échanges commerciaux entre les deux continents avant même que ce dernier ne soit admis au sein des Communautés européennes (CECA, EURATOM et CEE)[52].

En effet, lorsque le Royaume-Uni, qui n'est pas encore membre des Communautés européennes, signe la Convention de Yaoundé II, du 29 juillet 1969, il est projeté d'augmenter l'enveloppe du FED pour un financement plus accru des projets. Le FED augmenté, à l'occasion du 3e FED (1970-1975)[53], va alors être étendu à 3 États africains anglophones, membres du Commonwealth, avec la signature de l'Accord d'Arusha, en Tanzanie, le 24 septembre 1969[54]. Ces 3 États nouveaux venus sont : le Kenya, l'Ouganda et la Tanzanie[55].

Avec, enfin, l'adhésion du Royaume-Uni aux Communautés européennes, le 1er janvier 1973, et dont la candidature déposée le 28 février 1962 pour la CECA et Euratom puis le 9 août de la même année, pour la CEE et une seconde demande le 11 mai 1967, était bloquée par l'opposition du Général Charles de Gaulle à qui le Brexit donne raison à titre posthume, l'atlantisme du Royaume-Uni ayant par ailleurs empêché le développement des aspects militaires de la CEE/UE confinée par la règle des 3D (non-Découplement, non-Discrimination et non-Duplication), les autres pays anglophones africains vont bénéficier de l'élargissement de Yaoundé II, de même que ceux des Caraïbes et du Pacifique[56]. Le partenariat CEE-EAMA se mua alors en partenariat ACP-CEE, devenu ACP-UE avec la création de l'Union européenne.

---

[51] Ibid.

[52] De 1957 à 2000 : histoire des Conventions avec les pays ACP, Europa, Commission européenne : direction générale du développement, 2001, cité par La Documentation française, ladocumentationfrancaise.fr, 01/06/2005, consulté le 22/12/2017.

[53] Ibid.

[54] Ibid.

[55] Ibid.

[56] Adhésion du Royaume-Uni à la Communauté économique européenne, fr.m.wikipedia.org, consulté le 22/12/2017.

Le système de libre-échange préférentiel, des Conventions de Yaoundé I et II, n'ayant pas permis une réelle insertion de l'Afrique, en particulier, et des ACP, en général, dans l'économie mondiale, ce système va être abandonné, par les 5 Conventions de Lomé, à partir de 1975 jusqu'en 1999[infra], pour être remplacé par le système tarifaire de préférences généralisées (SPG), dont a hérité l'Accord de Cotonou en 2000[infra]. Ce SPG ACP-UE a, notamment pour particularité, d'octroyer aux États ACP des avantages tarifaires sans réciprocité avec l'UE [infra].

Ces Préférences tarifaires asymétriques, entre l'UE et les ACP, étaient par ailleurs discriminatoires, car inaccessibles aux États tiers ACP.

II - Des préférences tarifaires généralisées, non réciproques et discriminatoires ACP-UE.

À partir de 1975, la relation de coopération commerciale et au développement ACP-UE rentre dans les cycles des Conventions de Lomé I (1975), Lomé II (1979), Lomé III (1984), Lomé IV (1989) et Lomé IV bis (1995). Ces cycles ont transformé la relation commerciale ACP-UE, initialement fondée sur le libre-échange préférentiel [supra], en abrogeant celui-ci et en introduisant des préférences tarifaires favorables à l'entrée sur le marché européen des produits ACP, sans réciprocité pour les produits européens soumis aux droits de douane à leur entrée sur le marché ACP.

Cet avantage n'étant pas extensible aux tiers ACP en développement, entre en conflit avec la règle du GATT puis de l'OMC, la « clause de la nation la plus favorisée » [infra], ce qui a un caractère discriminatoire dont il a fallu user d'une exception en sollicitant et en obtenant une dérogation de la part de l'OMC.

Les Conventions de Lomé avaient aussi institué un mécanisme de stabilisation des recettes d'exportation des produits agricoles ACP (STABEX) et celui de stabilisation des produits minéraux (SYSMIN) ; le tout financé par le FED.

Ainsi, les pays ACP bénéficiaient des facilités d'exportation de leurs produits en UE, sans que, réciproquement, les exportations européennes ne puissent bénéficier du même régime de faveur au moment de leur entrée dans un Etat ACP.

Il y avait aussi un régime de quota obligeant l'UE d'acheter, de façon préalablement convenue, un volume ou un tonnage précis des produits ACP, à un prix qui était souvent supérieur à celui du marché international. Ce prix pouvait, par ailleurs, être supérieur à celui pratiqué entre l'UE et les Etats non ACP même lorsque ces derniers étaient du même niveau de sous-développement. Ce traitement discriminatoire était contraire aux règles de l'Organisation mondiale du Commerce (OMC) héritées du GATT[57], en particulier la « clause de la nation la plus favorisée ».

Ce régime de faveur, contraire à la « clause de la nation la plus favorisée », va être perpétué par l'Accord de Cotonou qui a envisagé, toutefois, dans le cadre d'une clause rendez-vous, de se conformer aux règles de l'OMC, en négociant des accords de libre-échange sous la dénomination d'Accord de partenariat économique avec les sous-régions africaines, les APE.

La « clause de la nation la plus favorisée » (clause NPF), de l'article premier du GATT, sauvegardée dans l'OMC[58], exige que si un État, dans ses échanges commerciaux, accorde un régime de faveur à un autre État, qu'il s'agisse des facilités douanières ou d'un régime des quotas et des prix, cet État généreux doit étendre ledit régime à tous les autres États membres de l'OMC (164 États membres en 2016).

Toutefois, la règle de la « clause de la nation la plus favorisée » n'est pas violée lorsque des préférences tarifaires sont accordées en faveur d'États engagés dans un processus de libéralisation progressive ou de libre-échange graduel.

La même clause NPF de l'article premier du GATT puis de l'OMC est reprise à l'article 2 de l'Accord général sur le commerce des services (AGCS) ainsi qu'à l'article 4 de l'Accord sur les aspects des droits de propriété intellectuelle qui touchent au commerce (ADPIC)[59]. Mais, la clause NPF ne doit pas être confondue à la clause de traitement national, signifiant

---

[57] L'OMC a succédé au GATT (General Agreement on Tarifs and Trade ou Accord général sur les tarifs douaniers et le commerce) conclu en octobre 1947 par 47 pays.

Source : Accord général sur les tarifs douaniers et le commerce, wikipedia.org, consulté le 22/12/2017.

[58] Les principes qui inspirent le système commercial, wto.org, consulté le 22/12/2017.

[59] Ibid.

que les produits d'importation ainsi que les services et les éléments de propriété intellectuelle venant de l'étranger doivent, une fois entrés sur le marché d'un État membre, bénéficier du même traitement que les produits, services ou éléments de propriété intellectuelle de cet État membre, sans possibilité de discrimination[60].

La violation de la « clause de la nation la plus favorisée », exposait son auteur à des poursuites devant le GATT ; poursuites qui se font désormais devant l'Organe de règlement des différends de l'OMC (ORD).

Ce droit de recours est ouvert à tout État qui s'estime lésé par cette violation et ouvre droit à des sanctions donnant lieu à réparations du préjudice causé.

Pour prévenir toute action devant l'ORD, les États et les organisations internationales comme l'UE, doivent négocier des dérogations. C'est ce que fit l'UE au profit des ACP.

Si la « clause de la nation la plus favorisée » peut être ainsi contournée en négociant une dérogation, il est aussi possible de s'appuyer sur la « clause d'habilitation », comme fondement juridique du système des préférences généralisées (SPG), au profit des pays en développement.

Toutefois, sur ce fondement, le SPG ne peut discriminer, entre pays en développement, que sur la base des critères objectifs définis par la Conférence des Nations Unies sur le commerce et le développement (CNUCED)[61].

Dans ce cadre, l'UE, depuis 1971, s'est dotée des 3 niveaux de préférences tarifaires,[62] auquel il faut ajouter les spécificités du SPG-ACP.

Le premier niveau, s'adresse aux pays les moins avancés (PMA) avec lesquels l'UE a conclu l'initiative appelée « Tout sauf les armes » (TSA)[63],

---

[60] Ibid.

[61] La CNUCED a recommandé, en 1968, aux pays développés d'accorder aux pays en développement (PED), un système généralisé de préférence tarifaire.

Source : système de préférence généralisée (SPG). Le dico du commerce international, glossaire-international.com, consulté le 22/12/2017.

[62] Ibid.

[63] Les Accords de partenariat économique: des accompagnements nécessaires, Document de travail 36, afd.fr, janvier 2007, consulté le 22/12/2017.

au bénéfice de 49 PMA (48 PMA depuis mars 2018) sans les discriminer entre eux, en leur accordant un régime de faveur comprenant :

- des droits de douane nuls ;
- l'absence de quota sur l'ensemble des exportations autres que les armes.

Mais, dans cette initiative européenne, TSA, le SPG-TSA soumet certains produits comme le sucre et la banane à des restrictions[64].

Le SPG-TSA, pour les PMA, bénéficie d'une clause d'habilitation à l'OMC, conformément au règlement 2501 de 2001 confirmé en 2006[65].

En tenant compte des critères de la CNUCED, l'Accord de Cotonou ACP-UE définit les PMA à l'article 1er de son Annexe VI,[66] et dresse une liste desdits PMA tout en précisant que cette liste peut faire l'objet d'ajouts ou de retraits.

Le deuxième niveau du système des préférences généralisées est celui des SPG spécialisés, appelés SPG+, qui remontent à 1998 en ouvrant droit à des réductions tarifaires aux pays engagés dans des processus internationaux :

- de protection de l'environnement ;
- d'interdiction du travail des enfants ;
- d'interdiction du travail forcé ;
- de lutte contre les stupéfiants, SPG ''drogue''[67].

Le troisième niveau des SPG est celui de la relation commerciale avec les pays en développement (PED) qui ne sont pas admis comme PMA. C'est le régime général peu favorable des préférences tarifaires. Aussi, ce régime ne prend en compte qu'une liste très limitée des produits d'exportation, négociée, bilatéralement, avec chaque pays, au point où les marges préférentielles admissibles sont très faibles.

---

64 Ibid.

65 Ibid.

66 Ibid.

67 Le SPG+ « drogue », concerne des pays andins (Amérique du sud), certains pays d'Amérique centrale et le Pakistan.

Source : afd.fr, op.cit.

Dans le cadre des SPG-ACP, non seulement l'Union européenne accorde des préférences tarifaires, mais aussi l'espace ACP était considéré, avant les APE, comme étant un territoire unique offrant un avantage important quant à l'application de la règle de pays d'origine [infra], étant donné que la relation ACP-UE était régie par la règle du cumul total [infra] bien que ce cumul total soit quelque peu limité [infra].

En effet, l'intérêt de la règle de pays d'origine est notamment de prévenir toute fraude, consistant à importer, d'un pays, un produit à réexporter vers un autre État, sous un régime de préférence tarifaire.

L'application de la règle de pays d'origine est atténuée par celle du cumul se subdivisant en cumul total, en cumul bilatéral, en cumul diagonal et en cumul régional.

En effet, c'est avec la règle de pays d'origine qu'on identifie le produit pouvant bénéficier ou pas de la préférence commerciale. Pour un produit agricole, il doit être entièrement obtenu dans le pays bénéficiaire. Pour un produit industriel, il faut que la transformation soit suffisante dans le pays de production. Toutefois, cette rigueur est atténuée pour les produits industriels par la règle du cumul.

S'il s'agit d'un produit industriel, la transformation doit être entière. Si les composants du produit industriel sont non originaires du pays de transformation, ce produit manufacturé doit être « suffisamment œuvré ou transformé [c'est-à-dire être conforme aux] règles de liste »[68]. Les règles de liste sont des régimes déterminant chacune « la liste des ouvraisons ou transformations qui doivent être effectuées sur des matières non originaires pour que le produit manufacturé puisse obtenir le caractère originaire »[69].

Toutefois, en application de la règle du cumul, l'obligation d' « ouvraison ou transformation suffisante » n'est pas nécessairement appliquée entre 2 ou plusieurs partenaires qui en ont ainsi convenu.

Lorsqu'il y a cumul bilatéral, dans le cadre d'un libre-échange entre 2 pays, ou dans tout autre accord, ce sont exclusivement les produits ou

---

[68] Fiscalité et Union douanière, Dispositions communes, ec.europa.eu, consulté le 6 juin 2017.
[69] Fiscalité et Union douanière, Règles de liste, ec.europa.eu, consulté le 6 juin 2017.

matières des 2 pays partenaires qui sont bénéficiaires de la non-application de la règle d' « ouvraison ou transformation suffisante ».

Quant au cumul diagonal, il fait bénéficier de l'atténuation de la règle d' « ouvraison ou de transformation suffisante » exclusivement au produit concernant plus de 2 pays qui en ont convenu ainsi dans le cadre d'un accord de libre-échange.

Pour ce qui est du cumul régional, il s'agit d'une variante du cumul diagonal, mais ne s'appliquant exclusivement que dans le cadre des SPG, et seulement à l'intérieur d'une même région géographique.

S'agissant du cumul total, il permet notamment aux pays n'ayant pas encore des compétences industrielles suffisantes pour organiser une chaîne de production, permettant à chaque pays de se positionner sur un segment de spécialisation, au regard des atouts comparatifs de chacun, en termes de capital humain approprié et des coûts de facteur ; ce qui engendre des économies d'échelle.

En effet, la règle du « cumul total exige simplement que toute les ouvraisons ou transformations figurant dans les règles de liste, soient effectuées sur des matières non originaires afin que le produit final obtienne l'origine »[70].

C'est cette règle de cumul total qui prévaut dans la relation commerciale UE-Afrique du Nord et UE-ACP, ainsi que dans les nouveaux APE signés avec les zones africaines.

Quid du régime applicable aux pays en développement (PED) qui ne sont pas des PMA et qui ne sont pas régis par un SPG+ ainsi que ceux qui ne sont pas dans un APE ?

À ces PED est appliqué le régime général du SPG caractérisé notamment par des exclusions sectorielles du bénéfice de préférence tarifaire de certains produits industriels et agricoles, une prise en compte insuffisante des intérêts des exportateurs, ainsi qu'une « graduation en fonction de la part de marché préférentielle (''lion share'') »[71]. Est par ailleurs appliqué à tout PED régi

---

70 Fiscalité et Union douanière, Dispositions communes, op.cit.

71 Annexe 2, Les accords de partenariat économique : des accompagnements nécessaires, op.cit.

par ce cadre, les rigueurs de l'obligation de transformation suffisante pour ces produits industriels ainsi que le tout premier niveau de cumul, le cumul bilatéral supra.

Ainsi, comme l'Accord de Cotonou conclu en 2000 et révisé en 2005 et 2010, limitait le régime de faveur, accordé par l'UE aux États ACP, au 31 décembre 2007, conformément à la dérogation du Conseil général pour les aspects tarifaires, en application de l'article 9 du GATT, les pays ACP qui n'avaient pas encore signé un Accord de partenariat économique avec l'UE, comme prévu aux articles 36 et 37 de l'Accord de Cotonou, sont passés, dès le 1er janvier 2008, soit au SPG-TSA pour les PMA supra, soit au SPG+ supra soit au SPG régime général supra.

Les pays comme la Mauritanie sont passés au SPG-TSA.

Ont alors notamment migré vers le SPG peu généreux, dès la date du 1er janvier 2008, le Gabon et le Congo Brazzaville.

Mais, suite à la révision par l'UE, de son SPG, par le règlement numéro 978/2012, du 25 octobre 2012, ouvrant le droit aux SPG aux seuls « pays à ''faibles revenus'' et à ''revenu intermédiaire tranche inférieure'', conformément au classement de la banque mondiale », le Gabon n'est plus éligible aux avantages du nouveau SPG depuis le 1er janvier 2014, car la Banque mondiale situe désormais, ce pays, au rang de « pays à revenu intermédiaire tranche supérieure [quoique le Gabon soit] classé 111e sur 189 pays dans l'indice de développement humain (IDH 2014 des Nations unies) »[72].

Toutefois, les exportations gabonaises des « feuilles de placage à base d'Okoumé » bénéficient d'une dérogation expirant en 2018[73].

Aussi, en application de la clause rendez-vous, des articles 36 et 37 de l'Accord de Cotonou, l'UE a négocié et conclu des Accords de libre-échange, graduel et contrôlé, avec les zones Afrique de l'Ouest, Afrique de l'Est et Afrique australe ; l'Afrique centrale étant encore en négociations à l'exception du Cameroun qui a fait preuve de célérité en signant un Accord intérimaire ouvert à toute l'Afrique centrale

---

[72] Le Gabon et l'UE, eeas.europa.eu, 11/5/2016, consulté le 6 juin 2017.
[73] Ibid.

Section 2 – Des Accords de partenariats économiques UE-Afrique pour un libre-échange graduel et contrôlé.

L'Accord de Cotonou, conclu en 2000 puis révisé en 2005 et 2010, prévoit la négociation des nouveaux Accords de partenariat économique (APE) dont les modalités de cette négociation sont définies par l'article 36 paragraphe 1, en ces termes : « [...] les parties conviennent de prendre toutes les mesures nécessaires pour conclure de nouveaux accords de partenariat économique compatibles avec les règles de l'OMC, en supprimant progressivement les entraves aux échanges entre elles [...] »[74].

Au paragraphe 2 de cet article 36, l'objectif de ces APE, est de permettre « une intégration graduelle et harmonieuse de tous les États ACP à l'économie mondiale »[75].

À cette fin, l'Union européenne et ses États membres, d'une part et, d'autre part, les États ACP, ont convenu que la période de négociation soit capitalisée pour renforcer les capacités du secteur public et du secteur privé ACP tout en soutenant les organisations sous régionales, notamment pour une meilleure intégration commerciale et en apportant une assistance aux États ACP, pour des ajustements budgétaires, des réformes fiscales, la réalisation des infrastructures et la promotion des investissements, tel que stipule l'article 37 de l'Accord de Cotonou[76].

Dans ce cadre, les négociations entre l'Union européenne et les Etats ACP ont été effectuées non plus de façon globale, mais par zone. À cet effet, hors Afrique, l'UE a conclu un APE UE-Cariforum en octobre 2008, qui est en vigueur, et qui a fait l'objet d'une révision en 2015, avec les Etats ACP des Caraïbes.[77] Avec les ACP du pacifique, l'APE a été signé le 30 juillet 2009 d'abord par la Papouasie-Nouvelle-Guinée, puis, le 11 décembre 2009,

[74] Accord de Cotonou et le cadre financier pluriannuel 2014-2020, europarl.europa.ue, consulté le 6 juin 2017.
[75] ibid.
[76] ibid.
[77] Bouyala Imbert Florence, Les régimes commerciaux applicables aux pays en développement, europarl.europa.eu, 02/2018, consulté le 15 février 2018.

par les Fidji.[78] Quant au Samoa et aux îles Salomon, ils sont favorables à une adhésion à cet APE[79].

Pour l'Afrique, s'il demeure que des APE bilatéraux ont été conclus par l'Union européenne avec Madagascar, Maurice, le Zimbabwe et les Seychelles en 2009, ces APE ont un caractère intérimaire, avant d'intégrer leur APE zonal pertinent[80]. Aussi seul l'APE régional est traité dans cet ouvrage, et auquel ils doivent progressivement adhérer tous les États de la zone [infra].

Dans les APE UE-Afrique de l'Ouest et UE-Afrique de l'Est et UE-Afrique australe, les États de chaque accord sont régis de façon quasi égale par les différentes clauses de libre-échange graduel, à l'exception de l'Afrique du Sud qui a fait l'objet d'un protocole annexe.

L'Afrique centrale n'est pas encore parvenue à un APE avec l'UE. Elle est perplexe. Mais le Cameroun a fait preuve de célérité, pour favoriser ses producteurs et/ou exportateurs, en concluant avec l'UE un APE intérimaire à vocation sous régionale.

Si l'Afrique centrale se marginalise parce qu'elle est perplexe, le traitement spécial de l'Afrique du Sud dans l'APE UE-Afrique australe, nécessite un examen de cette singularisation en même temps que l'auto marginalisation de l'Afrique centrale pour en rechercher les mobiles (II) sous l'éclairage des dissemblances et ressemblances des avantages tarifaires et clauses de sauvegarde des APE UE-Afrique de l'Ouest, UE-Afrique de l'Est UE-Afrique australe (I).

I - Une production africaine protégée par des avantages tarifaires et clauses de sauvegarde des APE.

Les APE sont envisagés comme étant des instruments ayant pour objet :

- déterminer les règles tarifaires des produits agricoles et industriels ;
- prendre rendez-vous sur les questions comme les services, la culture et l'audiovisuel ainsi que ce qui est appelé « les sujets de Singapour » (les

[78] Ibid.
[79] Ibid.
[80] Madagascar et l'UE, eeas.europa.eu, 12/05/2016, consulté le 15 février 2018.

investissements, la concurrence, la facilitation au commerce des produits non agricoles et les marchés publics)[81] ;

- favoriser une intégration économique régionale préalable des États de la zone africaine pertinente, car c'est un outil d'une plus grande attractivité de l'environnement des affaires pour capter, au mieux, notamment les investisseurs étrangers, attirés par l'importance d'un marché zonal exempt de cloisons entre États parties ;
- convenir des compensations financières destinées à couvrir les pertes éventuelles des recettes fiscales et douanières, induites par le démantèlement des tarifs douaniers, quoique ce démantèlement soit graduel.

Les clauses de l'APE UE-Afrique de l'Ouest, pour une meilleure insertion de l'Afrique dans l'économie mondiale (A), permettent de constater leur quasi-uniformité avec celles des APE UE-Afrique de l'Est et UE-Afrique australe (B).

A – Un APE UE-Afrique de l'Ouest dont la duplication intelligente dans d'autres zones est un gage d'une meilleure insertion africaine dans l'économie mondiale.

L'intégration économique régionale, comme préalable à la signature d'un APE, a été satisfaite en Afrique de l'Ouest, par la conclusion, le 12 janvier 2006, d'un tarif extérieur commun CEDEAO, le TEC CEDEAO dont l'entrée en vigueur, le 1er janvier 2015 a été facilitée par la décision des Chefs d'État et des Gouvernements de la CEDEAO, du 15 décembre 2014, de lancer sa mise en œuvre[82].

Comprenant une nomenclature tarifaire et statistique (NTS) et un tableau des droits et taxes applicables aux importations dans l'espace CEDEAO, l'on peut notamment relever dans ce tarif extérieur commun les deux principales lignes tarifaires portant sur les produits de grande consommation, dont le tarif applicable à l'entrée dans les États parties est de 35% et de 20%.

---

[81] Cancùn : un nouveau départ pour l'OMC? Rapport d'information n° 2 (2003-2004) de Mrs. Bizet Jean, Bécot Michel et Soulage Daniel, fait au nom de la commission des affaires économiques du Sénat français, déposé le 1 octobre 2003, senat.fr, consulté le 15 février 2018.

[82] L'application du Tarif Extérieur Commun de la CEDEAO déjà effective dans neuf des quinze États membres, ecowas.int, 15/08/2016, consulté le 6 juin 2017.

Les produits entrants sur le marché CEDEAO au taux commun de 35% concernent la viande, la volaille, les œufs, le savon, la pâte de chocolat et le concentré de chocolat ainsi que les tissus imprimés[83].

Les produits taxés au tarif extérieur commun de 20%, portent sur le poisson, les produits laitiers autres que les yaourts, car ceux-ci appartiennent au TEC de 35%. Sont également concernés par le TEC 20%, les légumes, la farine, les spiritueux, le ciment, la peinture, les cosmétiques et les parfums, le textile, les vêtements, les voitures et la papeterie[84].

Le préalable de l'intégration économique ouest-africaine a été facilité par le fait que cette zone était déjà une union douanière et monétaire, l'Union monétaire ouest-africaine (UMOA) qui regroupait déjà 8 des 16 pays de la sous-région à savoir : le Bénin, le Burkina Faso, la Côte d'Ivoire, la Guinée-Bissau, le Mali, le Niger, le Sénégal et le Togo[85].

Conformément à l'objectif de renforcement de l'intégration régionale, pour l'APE Afrique de l'Ouest-UE, les États ouest-africains, signataires, ainsi que la CEDEAO et l'UMOA, ont fait corps, ensemble, pour négocier avec l'UE, sauf le Nigéria, la Gambie et la Mauritanie.

Cet APE UE-Afrique de l'Ouest a été conclu le 30 juin 2014, à Ouagadougou, au Burkina Faso, puis signé par l'UE le 12 décembre de la même année ainsi que par la quasi-totalité des États ouest-africains durant ce même mois de décembre 2014, à l'exception des 3 États cités ci-dessus [supra].

En effet, s'il est convenu dans l'APE UE-Afrique de l'Ouest que les États parties ouest-africains doivent s'appliquer les mêmes tarifs qu'ils appliquent à l'UE, il a été aussi arrêté que des provisions doivent être faites dans chaque État pour engager des réformes de facilitation des procédures douanières en vue d'une meilleure efficacité.

Par ailleurs, en application de l'engagement européen de l'article 37 paragraphe 1 de l'Accord de Cotonou [supra], d'accompagner les États

---

[83] APE UE-Afrique de l'Ouest : état des lieux, tresor.economie.gouv.fr, consulté le 06 juin 2017.

[84] Ibid.

[85] L'UMOA a été créée le 12 mai 1962 et à son siège à Abidjan en Côte d'Ivoire. L'une de ses institutions est la Banque centrale des États de l'Afrique de l'Ouest (BCEAO).

Source : Union monétaire ouest-africaine, wikipedia.org, consulté le 06 juin 2017.

signataires des APE, en termes d'assistance à l'ajustement budgétaire, il est prévu dans les clauses de l'APE, que l'UE et ses États membres, doivent financer le programme de l'APE pour le développement (PAPED), sous forme d'aide et de prêts, pour un montant total de 6,5 milliards d'euros, sur la période 2015-2020[86].

Quoique ce financement ne soit pas nouveau, car puisé dans le FED, son importance n'est pas à négliger au regard des secteurs concernés par le PAPED qui couvre « 5 axes stratégiques »[87], à savoir :

- « diversification et accroissement des capacités de production »[88], dans les pays ouest-africains parties à l'APE ;
- « développement du commerce interrégional et facilitation de l'accès aux marchés internationaux »[89] ;
- « amélioration des infrastructures nationales et régionales liées au commerce »[90] ;
- « réformes [notamment] fiscales, sociales [et] économiques »[91].

Pour s'assurer que l'APE puisse parvenir à atteindre les objectifs fixés, ce financement couvrira aussi les activités de suivi-évaluation.

Pendant la période d'application provisoire, les produits européens acquitteront le TEC CEDEAO à leur entrée sur ce marché.

Mais, pour les produits des États CEDEAO parties à l'APE UE-Afrique de l'Ouest, ont un libre accès à taux zéro et sans quota, dans le territoire de l'Union européenne.

Lorsque l'APE UE-Afrique de l'Ouest entrera en vigueur, les exportations européennes se verront toujours appliquer le TEC CEDEAO pendant une période de différé de 5 ans, prise à l'intérieur des 20 ans de période intérimaire.

La période intérimaire est comptabilisée à compter de la date d'application provisoire de l'APE et s'arrête à la date d'entrée libre ou accès

[86] APE UE-Afrique de l'Ouest : état des lieux, op.cit.
[87] Ibid.
[88] Ibid.
[89] Ibid.
[90] Ibid.
[91] Ibid.

sans droits de douane ni quota, des produits européens en Afrique de l'Ouest partie à l'APE.

Ce libre accès européen est tenu d'être conduit de façon graduelle à partir de l'expiration du différé, soit à la fin de la cinquième année suivant l'application provisoire de l'accord.

Ce processus graduel, de réduction des taux du TEC CEDEAO, au profil de l'UE et étalé sur la période intérimaire de 20 ans, réduite des 5 années de différé, ne concerne pas toutes les lignes tarifaires.

En effet, alors que l'UE doit recevoir, sans droits de douane ni quota, l'ensemble des produits ouest- africains d'exportation, les États ouest-africains ne soumettront au processus de réduction tarifaire graduelle, puis de libéralisation totale, à terme, que 75% des lignes tarifaires. Donc, 25% des lignes tarifaires ne connaîtront ni réduction graduelle du TEC applicable à chacune de ces lignes ni libéralisation.

Les 25% des lignes tarifaires exemptées du processus de dégrèvement graduel des droits de douane et autres taxes ainsi que de la libéralisation concernent, principalement, les produits qui sont déjà protégés par le TEC Afrique de l'Ouest. Ils comprennent : "43% des produits agricoles comme les viandes, les produits de la pêche, certains légumes, les céréales, le cacao et préparations à base de cacao, les pâtes ..."[92].

Sont également protégés, « les produits industriels, comme le ciment, les textiles et l'habillement »[93].

C'est dans ces produits protégés que les Africains et les opérateurs qui s'intéressent à l'Afrique devraient orienter l'industrialisation africaine et vendre librement vers l'UE.

D'autres mesures de protection éventuelle, en cas de nécessité avérée, peuvent être prises par un État partie de l'Afrique de l'Ouest, de façon unilatérale ou par négociations bilatérales.

De façon bilatérale, il est convenu, dans l'APE UE-Afrique de l'Ouest, de négocier des mesures de sauvegarde :

---

92 Ibid.
93 Ibid.

- pour des ''besoins spécifiques des revenus'', en prouvant la nécessité d'instaurer ou d'augmenter « des droits et taxes à l'exportation » ainsi que pour la « promotion d'industrie naissante, ou de protection de l'environnement »[94] ;
- pour protéger un produit, durant une période de 4 ans, renouvelable une fois, « en cas de dommage grave de l'industrie domestique, de perturbation d'un secteur de l'économie ou [...] des marchés agricoles »[95] ; en suspendant la libéralisation ou en augmentant le tarif douanier d'un produit spécifique ;
- pour protéger une industrie naissante durant une période de 8 ans, renouvelable, si des menaces pèsent sur l'établissement de cette industrie naissante ou si le marché de celle-ci est perturbé.

De façon unilatérale, des telles mesures de sauvegarde peuvent être prises, sans consultation de l'UE, s'il y a une circonstance exceptionnelle. Mais, dans ce cas, la mesure de sauvegarde doit être d'une courte durée :

- de 240 jours, soit 8 mois de suspension de la libéralisation ou d'augmentation d'un tarif douanier, d'un produit précis, en cas de dommage grave de l'industrie ou si un secteur économique donné est perturbé ou encore si les marchés agricoles sont perturbés ; ce qui peut précéder la procédure bilatérale de sauvegarde [supra] ;
- de 200 jours, soit un peu plus de 6 mois de suspension de la libéralisation du tarif douanier sur un produit précis, lorsque la survenance d'une circonstance exceptionnelle menace l'établissement d'une nouvelle industrie ou perturbe le marché d'une industrie naissante.

Mais pour l'efficacité de ces mesures de sauvegarde, négociées ou celles unilatérales, il est indispensable que les producteurs africains soient accompagnés par une veille technique de qualité et que ces producteurs sollicitent utilement des juristes maitrisant les rouages de l'APE et du Droit international ainsi que du Droit de l'Union européenne.

Autre avantage offert par l'APE UE-Afrique de l'Ouest, c'est le bénéfice de l'atténuation de la règle de pays d'origine par la règle du cumul, qui passe du cumul bilatéral des SPG avec les PED [supra] et SPG-PMA (TSA), [supra] à la règle du cumul total [supra].

---

[94] Ibid.
[95] Ibid.

Certes, pour les États ACP, jusqu'à l'expiration du régime de faveur de l'Accord de Cotonou en fin 2007, l'Union européenne leur faisait bénéficier de la règle du cumul total, mais celle-ci était moins généreuse que le cumul total des APE [supra].

L'APE UE-Afrique de l'Ouest entrera en vigueur, pour une application intégrale de toutes ses stipulations, après ratification par toutes les parties européennes et africaines. Côté européen, ce sont les 27 États membres UE qui doivent chacun le ratifier, après approbation par le Parlement européen.

Cette ratification, là où c'est ainsi prévu, se fera par les Exécutifs des États européens et africains, sur autorisation des Parlements nationaux.

Toutefois, avant cette ratification intégrale, dès qu'il y aura des ratifications par 2/3 d'États parties ouest-africains et approbation par le Parlement européen, l'APE pourra être appliquée à titre provisoire.

La Côte d'Ivoire et le Ghana, ont conclu et ratifié, chacun, un APE intérimaire avec l'UE en 2016[96], dans l'attente de l'entrée en vigueur UE-Afrique de l'Ouest ou, du moins, de son application provisoire. L'application de ces deux APE intérimaires, intervenue, pour la Côte d'Ivoire le 4 septembre 2016 et, pour le Ghana, en août 2016, ouvre droit d'accès, au marché européen, des produits ivoiriens et ghanéens, dans les mêmes conditions que celles prévues par l'APE sous régional UE- Afrique de l'Ouest[97].

Toutefois, la libéralisation graduelle se fait sur une période de 15 ans à l'issue de laquelle la Côte d'Ivoire aura libéralisé 89% de ses lignes tarifaires et, pour le Ghana, 80% des siennes[98].

Quant aux États ouest-africains non parties à l'APE, dans l'intervalle de leur adhésion à celle-ci, la Gambie et la Mauritanie restent dans le régime SPG-PMA « Tout sauf les armes » (SPG-TSA).[99] Le Nigéria est régi par le

[96] Ibid.
[97] Ibid.
[98] Ibid.
[99] Ibid.

SPG qui exempte, des droits de douane, 1/3 de ses lignes tarifaires. Les 2/3 des lignes tarifaires restantes sont soumises à des taux réduits[100].

Pour ce qui est de la Mauritanie, elle a conclu avec la CEDEAO, « le 9 août 2017 un accord d'association qui définit [sa] participation à la politique commerciale de la CEDEAO, y compris l'APE[101].

L'UE a également conclu un APE avec l'Afrique de l'Est et un autre avec l'Afrique australe quasi identique à celui avec l'Afrique de l'Ouest en termes de libéralisation d'une partie importante des lignes tarifaires, de protection de certains produits et des clauses de sauvegarde.

B - La quasi-uniformité à l' APE Afrique de l'Ouest, des APE Afrique de l'Est et Afrique australe.

Comme pour l'Afrique de l'Ouest, c'est aussi en 2014 que l'UE a conclu, l'Accord de partenariat économique avec l'Afrique de l'Est et celui d'avec l'Afrique australe.

Pour l'Afrique de l'Est, les parties africaines à l'Accord sont le Kenya, l'Ouganda, le Rwanda, le Burundi et la Tanzanie. Cet APE UE-Afrique de l'Est a été conclu le 16 octobre 2014[102].

Mais, si les États membres de l'UE ont signé cet APE le 20 juin 2016, force est de relever que sur les 5 États parties africains à l'APE Afrique de l'Est, seuls 2 l'ont signé le 1er septembre 2016 : Le Kenya et le Rwanda[103].

Ainsi, côté européen, la procédure requiert que des tels accords soient ratifiés par au moins les 2/3 des parties africaines et l'approbation par le Parlement européen pour que le texte soit appliqué à titre provisoire [supra].

Mais, cette ratification ne peut débuter que si le texte est signé par toutes les parties.

Ainsi, alors qu'en Afrique australe, l'APE compte plus d'États qu'en Afrique de l'Est, le processus d'application provisoire a commencé en

[100] Ibid.
[101] Les régimes commerciaux applicables aux pays en développement, op.cit.
[102] Ibid.
[103] Ibid.

octobre 2016[104]. L'un des États africains, qui était en retard, le Mozambique, l'a ratifié le 28 avril 2017[105].

Les États parties à l'APE UE-Afrique australe sont l'Afrique du Sud, le Botswana, la Namibie, le Swaziland (devenu eSwatini en avril 2018), le Lesotho, qui constituaient déjà, ensemble une Union douanière, la South African Customs Union (SACU) ainsi que le Mozambique[106].

Durant la négociation de cet APE, l'Angola avait le statut d'observateur[107].

Ainsi, comme en Afrique de l'Est, seul le Kenya a ratifié l'APE, celui-ci n'est pas encore approuvé par le Parlement européen ; ce qui fait que le Kenya devrait attendre pour bénéficier de l'application provisoire dudit APE en dépit du fait qu'il l'a déjà signé et ratifié.

Mais, pour ne pas pénaliser un partenaire diligent, l'Union européenne a permis au Kenya, de continuer à bénéficier du dispositif du règlement 1578/2007, d'accès libre au marché européen à droit nul et sans quota[108].

Les autres États d'Afrique de l'Est, le Burundi, le Rwanda, la Tanzanie et l'Ouganda[109], parce que PMA, continuent à être régis par le SPG « Tout sauf les armes »[110] et sa règle du cumul bilatéral [supra].

C'est dans ce contexte que le Parlement tanzanien a refusé, le 11 novembre 2016, d'autoriser la ratification de l'APE UE-Afrique de l'Est[111].

Alors qu'en Afrique de l'Ouest la durée de réduction graduelle des tarifs extérieurs est de 20 ans dont 5 ans de différé avant que l'UE ne bénéficie du libre accès, l'APE UE-Afrique de l'Est protège les Est-africains parties sur 25 ans dont 7 ans de différé, là où en Afrique australe cette durée est de 12 ans avec le même différé de 7 ans.

---

[104] Ibid.

[105] Les régimes commerciaux applicables aux pays en développement, op.cit.

[106] L'accord de partenariat économique (APE) Afrique australe, 13/12/2016, tresor.economie.gouv.fr, consulté le 7 juin 2017.

[107] Ibid.

[108] L'Accord de partenariat économique (APE) avec l'Afrique de l'Est, tresor.economie.gouv.fr, 13/12/2016, consulté le 7 juin 2017.

[109] Ibid.

[110] Ibid.

[111] Les régimes commerciaux applicables aux pays en développement, op.cit.

Si en Afrique de l'Est, la libéralisation graduelle concerne 74% des lignes tarifaires et 26% des lignes non libéralisables, en Afrique australe, c'est seulement 2,3% des lignes qui ne sont pas libéralisables ; soit la plus grande libéralisation (97,7% de lignes tarifaires) jusque-là signée par l'UE avec l'Afrique dans le cadre des APE, puisqu'en Afrique de l'Ouest, ce sont 75% des lignes tarifaires qui sont ouvertes à la libéralisation graduelle et 25% restent protégées [supra].

De façon quantitative, les 2,3% des lignes tarifaires protégées en Afrique australe couvrent 181 lignes tarifaires[112].

De ces 181 lignes tarifaires, 60% sont des produits agricoles[113] et 40% des produits industriels[114].

En Afrique de l'Est, les 26% des lignes protégées représentent 1432 lignes tarifaires parmi lesquelles 31% des produits agricoles[115] et 69% des produits industriels[116].

Comme pour l'Afrique de l'Ouest, des stipulations de l'APE Afrique de l'Est et Afrique australe organisent aussi un accompagnement pour consolider l'intégration économique de chaque zone, ainsi que pour compenser l'impact financier des réductions et libéralisations tarifaires, quoique celles-ci soient graduelles. C'est notamment l'objet de l'article 100 de l'APE Afrique de l'Est[117] et de l'article 14 de l'APE Afrique australe[118],

---

[112] L'accord de partenariat économique (APE) Afrique australe, op.cit.

[113] Les produits agricoles protégés sont notamment : « viandes, produits laitiers, certaines céréales dont le blé et le maïs, sucre ».

Source : L'Accord de partenariat économique (APE) Afrique australe, tresor.economie.gouv.fr, 13/12/2016, consulté le 7 juin 2017.

[114] Les produits industriels protégés sont : « huile de pétrole ou minéraux bitumineux, paraffine, fibre textile dont la jute, articles de friperie, certains véhicules motorisés, certains équipements industriels, etc. », ibid.

[115] Les 31% des produits agricoles protégés sont notamment : « les filets de poisson, les viandes surgelées, les produits laitiers (lait, beurre, fromages sauf le lait en poudre), légumes et fruits frais (tomates, aubergines, asperges, champignons frais, etc. ».

Source : L'Accord de partenariat économique (APE) avec l'Afrique de l'Est, tresor.economie.gouv.fr, 13/12/2016, consulté le 7 juin 2017.

[116] Les 69 % des produits industriels protégés sont notamment : « les parfums de toilette, savon, certains matériaux plastique, articles en cuir, ouvrages en cellulose, tissu en coton, tissus de fibre synthétique, tous vêtements ou articles confectionnés, miroirs, etc ». ibid.

[117] Ibid.

[118] L'accord de partenariat économique (APE) Afrique australe, op.cit.

qui prévoient chacun, un engagement pour la mise en place d'un Fonds, sans toutefois déterminer son importance financière.

Les périodes de différés, de 7 ans peuvent alors être capitalisées pour réfléchir sur un tel mécanisme, l'installer et l'éprouver.

Des clauses de sauvegarde bilatérale et celles de sauvegarde unilatérale, sont prévues notamment dans les stipulations des articles 14 et 50 de l'APE UE-Afrique de l'Est[119], ainsi que dans les articles 26 et 34 à 38 de l'APE UE-Afrique australe[120], mais avec d'importantes nuances relativement à l'Afrique du Sud dont la relation avec l'UE est spécialement traitée dans un protocole bilatéral singularisant ainsi la relation UE-Afrique du Sud, alors que pour l'Afrique centrale, elle s'est marginalisée par perplexité au point d'être en situation de négocier une adhésion à l'Accord UE-Cameroun pour l'Afrique centrale.

II – Un APE Afrique australe prenant en compte les spécificités sud-africaines alors que l'Afrique centrale se marginalise.

Si le niveau avancé de l'économie sud-africaine justifie la précaution prise par l'Union européenne en concluant un Protocole spécifique réciproquement bénéfique (A), l'Afrique centrale se marginalise en demeurant la seule sous-région n'ayant pas encore un APE avec l'UE en raison de sa perplexité même si l'APE UE-Cameroun a vocation sous régionale (B).

A – Un Protocole annexe à l'APE UE-Afrique australe mutuellement profitable à l'UE et à l'Afrique du Sud.

L'Afrique du Sud, depuis le début de l'application provisoire de l'APE UE- Afrique australe, ne bénéficie pas d'un libre accès total de l'ensemble de ses produits sur le marché européen, contrairement aux autres États de cette zone, tel que régi par un Protocole spécifique qui réduit l'asymétrie du processus de libre-échange graduel et l'exercice du droit aux mesures de sauvegarde (1) tout en anticipant sur le régime applicable aux indications géographiques, les IG (2).

---

[119] L'Accord de partenariat économique (APE) avec l'Afrique de l'Est, op.cit.
[120] L'accord de partenariat économique (APE) Afrique australe, op.cit.

1 – Une asymétrie réduite des échanges commerciaux UE-Afrique du Sud et un exercice limité des mesures de sauvegarde protégeant la production UE.

Certes, l'APE UE-Afrique australe permet un plus important accès des produits sud-africains sur le marché européen, en comparaison avec l'Accord sur le commerce, le développement et la coopération (ACDC) conclu en 1999 et entré en vigueur le 1er janvier 2004[121]. Toutefois, alors que les autres parties africaines à l'APE UE-Afrique australe bénéficient du libre accès total pour l'ensemble de leurs produits au marché européen, certains produits sud-africains sont exclus de ce libre accès total ; l'Afrique du Sud ne pouvant, par ailleurs, exercer son droit aux mesures de sauvegarde que sous certaines conditions restrictives.

En effet, si l'article 26, de l'APE UE-Afrique australe, ouvre droit aux États parties à l'accord, s'ils démontrent qu'ils ont un besoin spécifique de financement, de créer une taxe et des droits à l'exportation, ou d'en augmenter, ainsi que lorsqu'ils veulent promouvoir une nouvelle industrie, l'Afrique du Sud ne peut le faire que de façon particulièrement restrictive[122]. Aussi, alors que les autres pays d'Afrique australe, parties à l'APE, sont autorisés par l'article 38 de suspendre la libéralisation d'un produit, pendant une période de 8 ans renouvelable, ou augmenter son tarif douanier, une fois le comité conjoint consulté, pour protéger une industrie naissante, ce droit n'est pas autorisé à l'Afrique du Sud[123].

Il en est de même lorsque des telles mesures sont indispensables à protéger « l'établissement d'une industrie naissante ou [pour protéger contre la] perturbation du marché d'une industrie naissante »[124].

Par ailleurs, en plus de ce droit, aux mesures de sauvegarde unilatérale ou bilatérale, 2,1% des lignes tarifaires de ces produits n'ont pas un droit

121 Accord sur le commerce, le développement et la coopération (ACDC), eur-lex.europa.eu, 10/03/2009, consulté le 7 juin 2017.
122 Accord de Partenariat économique ((APE) entre l'UE et l'Afrique australe, trésor.economie.gouv.fr, op.cit.
123 Ibid.
124 Ibid.

d'accès libre en Union européenne, pour protéger les producteurs européens[125].

Les produits faisant partie de ces lignes tarifaires, sont notamment : « bananes fraîches, sucre, riz, rhum, chocolat, viande bovine, tomates, maïs, eaux minérales, café et thé, confitures et pâtes de fruits, amidon »[126].

Pour les produits sud-africains qui rentrent dans le processus de libéralisation, ce dernier est mise en œuvre en distinguant les produits en 4 catégories A, B, C et D.

Pour les produits de la catégorie A, 94,5% d'entre eux bénéficient du libre accès immédiat en UE[127].

Les produits de pêche se subdivisent en 2 catégories pour constituer d'une part, la catégorie B qui concerne le colin du Cap et la catégorie C composée de tous les autres produits de pêche.

Le démantèlement tarifaire des produits de ces catégories B et C est étalé sur « une période de 4 à 9 ans »[128].

La catégorie D concerne les oranges. Leur accès libre à droit de douane nul sur le marché européen est échelonné sur 10 ans[129].

Enfin, d'autres produits pour lesquels l'Afrique du Sud a un droit d'accès libre et immédiat en Union européenne, n'ont pas été classés dans la catégorie A ni dans les catégories B, C et D, car leur libre accès à droit nul est contingenté, donc quantitativement limité. C'est notamment le cas du vin limité à une quantité annuelle de 110 millions de litres [130] ; de 150 mille tonnes pour le sucre[131] et de 80 mille tonnes pour l'éthanol[132]. Par ce contingentement, les exportateurs sud-africains bénéficient du libre accès immédiat, autrement dit sans droits de douane, mais exclusivement pour les

---

[125] Ibid.
[126] Ibid.
[127] Ibid.
[128] Ibid.
[129] Ibid.
[130] Ibid.
[131] Ibid.
[132] Ibid.

quantités et les volumes convenus. Au-delà de ces contingents, le surplus est soumis aux tarifs applicables.

En effet, pour ces produits plafonnés quantitativement, tout surplus éventuel n'est pas interdit d'accès en Europe. Mais ne peut l'être qu'en acquittant le tarif extérieur européen ; une double protection qui rend des tels surplus peu concurrentiels sur le marché européen à la fois par rapport à la production européenne qui ne pourra pas être affectée ainsi que par rapport à la rentabilité des telles importations.

L'Union européenne a aussi protégé sa production interne et ses producteurs, notamment la production agricole rurale en anticipant sur les indications géographiques (IG) alors que les questions de propriété intellectuelle font l'objet de clause rendez-vous dans les 3 APE UE-Afrique.

2 – Un traitement anticipé des indications géographiques sécurisant réciproquement les terroirs européens et sud-africains.

Il est nécessaire de rappeler que les 3 APE que l'UE a signés avec les 3 premières sous régions africaines n'ont porté que sur les marchandises.

Les biens immatériels comme les services et d'autres biens matériels et immatériels ressortant de la propriété intellectuelle ont fait l'objet de clauses rendez-vous ; leur examen étant ainsi différé d'accord parties.

Mais, la question de l'indication géographique des produits est particulièrement importante qu'elle met en valeur les produits du terroir.

Il est ainsi apparu nécessaire à l'UE et à l'Afrique du Sud de conclure un Protocole bilatéral, le Protocole 3 qui fait un rappel de :

- l'accord sur les vins entre l'Afrique du Sud et la communauté européenne et ses États membres, du 28 janvier 2002[133] ;
- l'accord entre les mêmes parties, signé le même jour, en 2002, mais portant cette fois-ci sur les boissons spiritueuses[134] ;

---

[133] Protocole 3 UE-Afrique du Sud. Paragraphe 3, data.consilium.europa.eu, 27/01/2016, consulté le 7 juin 2017.
[134] Ibid.

- l'accord plus vaste, sur le commerce, le développement et la coopération (ACDC), conclu à Pretoria, en Afrique du Sud, le 11 octobre 1999, entre les mêmes parties[135].

L'objectif affiché par les parties contractantes était de « promouvoir le développement des indications géographiques (IG) comme étant des indications qui servent à identifier un produit originaire du territoire d'une partie, ou d'une région ou encore d'une localité de ce territoire, dans le cas où une qualité, réputation ou autre caractéristique déterminée du produit peut être attribuée essentiellement à cette origine géographique »[136].

Au regard de l'importance économique des produits vitivinicoles et des boissons spiritueuses, le but du Protocole est de faciliter leur commercialisation entre les parties. Les États d'Afrique australe, parties à L'APE, ont la possibilité d'adhérer à ce Protocole 3.

La première partie du Protocole 3 détermine son champ d'application en termes de reconnaissance et de protection réciproques, entre les parties, des indications géographiques des produits convenus à l'annexe I dudit Protocole[137].

Ce Protocole détermine le droit d'utilisation des IG ainsi que la portée de leur protection. Les administrations de chaque partie sont ainsi engagées à assurer sur leur sol la protection des IG de toutes les autres parties par des initiatives unilatérales ou sur sollicitation d'une partie concernée.

La deuxième partie du Protocole fixe les modalités de commercialisation, des vins et spiritueux, entre les parties, en conformité avec la Convention internationale sur le système harmonisé de désignation et de codification des marchandises, signée à Bruxelles le 14 juin 1983 et dite « système harmonisé »[138].

[135] Ibid.
[136] Ibid.
[137] Ibid.
[138] Ibid.

Cette deuxième partie du Protocole fixe également les pratiques œnologiques et limite la certification réciproque aux éléments convenus dans l'annexe II du Protocole[139].

La troisième partie, outre qu'elle fixe la validité du Protocole 3 pour une durée illimitée, elle met aussi en place un point de contact, d'échanges et de suivi dudit Protocole, appelé Comité spécial[140].

C'est dans ce cadre fixé par le Protocole et ses annexes I et II, que l'Afrique du Sud et l'Union européenne ont amélioré la protection de leur IG, de façon quantitative.

Ainsi, alors que l'accord du 28 janvier 2002 supra, protégeait 64 IG d'Afrique du Sud et 93 IG de l'UE, le Protocole 3 et ses annexes I et II les font passer à 102 IG pour l'Afrique du Sud et 141 IG pour l'UE[141]. S'agissant des IG alimentaires, l'annexe y relatif, du Protocole 3, protège 105 IG supplémentaires européennes et l'Afrique du Sud y a ajouté 3 IG[142].

Toutes ces complexités exigeant une minutie particulière peuvent-elles expliquer la perplexité de l'Afrique centrale qui se marginalise en ne parvenant pas à un APE avec l'Union européenne, alors même que le Cameroun a montré la voie à suivre ?

B - Une marginalisation de l'Afrique centrale en dépit de l'APE UE-Cameroun.

Si les APE offrent des avantages tarifaires et non tarifaires aux exportateurs d'États parties africains, ainsi qu'une libéralisation graduelle et des lignes tarifaires non libéralisables, il n'en demeure pas moins que ce libre-échange est soumis à des exigences plus protectrices que les barrières douanières à l'instar des principes de précaution et règles d'esthétique, de qualité et de sécurité.

Ces barrières non tarifaires sont d'autant des mesures de protection d'un marché que côté Afrique de l'Ouest le Nigéria qui est un grand producteur

139 Ibid.
140 Ibid.
141 Accord de Partenariat économique ((APE) entre l'UE et l'Afrique australe, trésor.economie.gouv.fr, op.cit.
142 Ibid.

de la zone, et dont le marché intérieur est particulièrement important en raison de sa démographie, n'est pas encore partie à l'APE de la zone [supra].

Ces craintes sont l'une des raisons essentielles de la perplexité de l'Afrique centrale qui exige un plus important accompagnement de l'APE zonal (1) ; ce qui a amené le Cameroun à faire preuve de célérité pour protéger ses exportations en UE par un APE, mais à vocation régionale (2).

1 - Des barrières non tarifaires UE redoutées par les Etats de l'Afrique centrale.

L'Afrique centrale est la seule zone subsaharienne où l'intégration économique est moins visible faute d'interconnexion notamment routière suffisante.

Mais cette raison ne suffit pas à justifier cette situation étant entendu que les échanges commerciaux ne sont pas développés entre les États d'Afrique centrale pourtant partageant une très importante façade maritime, à savoir : le Cameroun, le Congo-Brazzaville, le Gabon, la Guinée équatoriale et Sao Tomé-et-Principe, qui sont pourtant tous membre de la Communauté économique de l'Afrique centrale (CEEAC) [infra], même si le dernier cité n'est pas membre de la Communauté économique et monétaire de l'Afrique centrale (CEMAC) [infra].

Le projet d'APE UE-Afrique centrale concerne, outre le Cameroun, les 5 autres de la CEMAC (Congo-Brazzaville, Gabon, Guinée équatoriale, République centrafricaine et Tchad) plus 2 États de la CEEAC (République démocratique du Congo, Sao Tomé-et-Principe), car le Burundi et le Rwanda, bien que membre de la CEEAC, sont dans l'APE Afrique de l'Est et que l'autre État CEEAC, l'Angola est observateur à l'APE Afrique australe.

L'Afrique centrale qui ne parvient pas à conclure un APE avec l'UE se trouve aujourd'hui rattrapée par une volonté africaine plus ambitieuse d'intégration de l'ensemble du continent, par le commerce, en concluant au premier trimestre 2018, dans le cadre de l'Union africaine, un accord pour une Zone de libre-échange continental (ZLEC)[143] ; l'un des programmes du premier Plan décennal de l'Agenda 2063 [infra].

Ce retard accusé par l'Afrique centrale est notamment lié à sa perplexité eu égard notamment aux barrières non tarifaires pour l'accès de la production africaine en Union européenne, notamment en raison des mesures de précaution.

En effet, même si, dans les accords d'échanges commerciaux, on ne mentionne pas forcément le principe de précaution, le droit à réguler, pour chaque État partie à un tel accord, se fonde sur les références, faites dans le texte de l'accord, aux droits et obligations des parties au regard des règles du commerce international.

En l'espèce, les règles du commerce international étant celles de l'OMC, le principe de précaution y est régi par l'Accord sur l'application des mesures sanitaires et phytosanitaires (SPS)[144].

Dans ce cadre, et au regard du caractère large de la définition des mesures sanitaires et phytosanitaires, par l'annexe A[145] de l'Accord, l'usage des mesures SPS peut cacher des restrictions déguisées pouvant affecter les exportations des pays ne disposant pas d'une expertise de haute qualité, en matière de contre-évaluation des risques invoqués et du niveau de protection décidée par un État de destination ou d'importation en application de l'article de l'Accord[146].

En effet, en dépit des exigences de transparence régie par l'article 7 de cet Accord, et son annexe B, cette transparence est limitée par le point 11, alinéa b de ladite annexe B qui n'oblige pas à divulguer « de renseignements confidentiels [si cette divulgation est de nature à faire] obstacle à la législation sanitaire ou phytosanitaire ou porterait préjudice aux intérêts commerciaux légitimes d'entreprises »[147].

---

143 44 des 54 États africains ont signé le mercredi 21/03/2018 à Kigali au Rwanda un accord de lancement d'un important projet de l'Agenda 2063, pour un créer un marché commun de 1,2 milliard d'habitants, l'accord ZLEC, rfi.fr, 21/03/2018, consulté le 22/03/2018.
144 Accord sur l'application des mesures sanitaires et phytosanitaires, wto.org, consulté le 22/03/2018.
145 Ibid.
146 Ibid.
147 Ibid.

Par ailleurs, même si l'article 12 de cet Accord mesures SPS institue un Comité chargé d'administrer lesdites mesures SPS notamment en faisant faire des évaluations des risques, dans le cadre du règlement d'un différend, le paragraphe 3 n'interdit pas de recourir à d'autres mécanismes internationaux de règlement des litiges commerciaux[148].

Aussi cet Accord dit "mesures SPS" qui ouvre droit à tout État partie, de prendre toute mesure, au titre du principe de précaution, pour protéger la santé publique, la santé animale et les végétaux, si les données scientifiques ne sont pas suffisantes, au regard d'un potentiel risque, confère un pouvoir d'autoprotection quasi discrétionnaire.

Mais un tel pouvoir, bien que quasi discrétionnaire, conféré à chaque État, pour protéger préventivement sa population humaine et animale ainsi que sa production et ses végétaux, peut cependant être paralysé, à dessein, par une expertise scientifique financée par un grand exportateur dont le produit est frappé par une mesure de précaution, en obtenant que les résultats de l'expertise soient volontairement biaisés, si l'État d'importation ne dispose pas d'organismes publics ou privés et d'experts capables d'une contre-expertise de haute qualité.

Une telle éventualité, non seulement ferait obstacle à la mesure de précaution, en obtenant son abrogation, mais aussi exposerait, gravement, les populations, les animaux et les végétaux, tout en offrant à l'exportateur un motif d'une action contentieuse qui exposerait l'État auteur de la mesure de précaution à payer des lourds dommages et intérêts.

Cette indemnisation aurait non seulement des conséquences financières sur le budget de l'État auteur de ladite mesure, mais aussi aurait un effet dissuasif pour des telles nouvelles initiatives de cet État.

Cet effet dissuasif peut se diffuser dans d'autres États à faible expertise scientifique et, ainsi, exposer une population humaine, animale et végétale, numériquement plus importante.

Des règles de qualité et de sécurité constituent aussi des exceptions au libre accès des marchandises. Ces règles peuvent être communautaires ou nationales. On y trouve notamment :

---

148 Ibid.

- les produits soumis à l'obligation de porter la mention ''conformité CE'', signifiant ainsi que les modalités de production et la qualité du produit sont conformes aux standards UE[149] ;

- les produits non soumis à marquage, comme le bois, les plantes, les matériaux d'emballage et les déchets de matériel électrique et électronique[150] ;

- les palettes qui sont refusées à l'entrée à l'UE si elles ne sont pas arrimées au standard CE 120 cm X 80 cm[151] ;

- les produits soumis à une double conformité européenne et nationale et ainsi assujettis à une homologation administrative nationale (voitures, camions, remorques, téléphones, sièges-bébé et lits pour enfants, engrais...)[152] ;

- les produits soumis à un contrôle préalable dans un centre antipollution et d'un centre de toxicovigilance, tel que les cosmétiques[153] ;

- les produits soumis à une certification préalable par un laboratoire spécialisé à l'instar du centre des industries électriques, ou bien à la certification par un organisme spécialisé comme la Commission européenne[154] ;

- les produits qui doivent faire l'objet d'une déclaration nationale, à l'instar des compléments alimentaires[155];

- les produits dont l'importation en UE doit être agréée par l'État concerné, comme c'est le cas pour le tabac et les boissons alcoolisées en France[156] ;

- les produits dont l'établissement de provenance doit être préalablement agréé par l'UE à l'instar d'établissements de provenance des produits animaux[157].

---

149 Réglementation sur les importations-France, deleguescommerciaux.gc.ca, septembre 2015, consulté le 22/03/2018.
150 Ibid.
151 Ibid.
152 Ibid.
153 Ibid.
154 Ibid.
155 Ibid.
156 Ibid.
157 Ibid.

Toutefois si la mise en œuvre aisée des APE, a des exigences, notamment une parfaite appropriation des normes UE, elle offre aussi des opportunités à saisir.

En effet l'appropriation africaine d'une norme UE peut donner lieu à la formation des exportateurs et producteurs africains. Il peut aussi s'agir, pour ces derniers, de solliciter l'expertise nationale, si elle existe, de façon ad hoc ou à titre permanent.

Dans les deux cas, il y a un coût, mais c'est le prix d'accompagnement d'un investissement porteur, si l'État n'offre pas l'expertise nécessaire notamment en encourageant les partenariats avec la recherche scientifique nationale ou régionale.

Les APE, offrent aussi des opportunités à l'Afrique, au-delà des objectifs explicites comme les parts de marché en Europe et dans l'économie mondiale, l'intégration régionale ainsi que les gains financiers et économiques, l'amélioration de l'attractivité des marchés régionaux pour les investisseurs étrangers, la croissance économique, le potentiel de création d'entreprises et d'emplois ainsi que la réduction de la pauvreté.

En effet, des opportunités implicites peuvent être la capitalisation d'un APE par les Africains, pour investir massivement dans la formation des compétences nécessaires à être, soit des producteurs et/ou des exportateurs dynamiques, soit des experts accompagnant les producteurs et les exportateurs, en interne dans l'entreprise, par le conseil comme par la recherche appliquée et l'innovation. Cet accompagnement peut aussi se faire en externe, grâce aux laboratoires d'expertises et de recherche ou organes de conseil, qu'il faut ouvrir, ou faire moderniser, notamment dans le cadre des partenariats « public-privé » (PPP), nationaux ou régionaux, avec une ouverture aux participations d'investisseurs étrangers.

Cet indispensable investissement dans les compétences devra être l'occasion des partenariats à l'international avec des laboratoires de grande renommée pour un arrimage efficace et rapide de l'expertise africaine aux meilleurs standards internationaux.

L'investissement dans les compétences porterait également sur la priorité à accorder aux offres de formation à vocation professionnalisant aussi bien pour former la main-d'œuvre qualifiée que le capital humain de conception, d'expertise et de haut niveau managérial.

Cela pourrait se faire dans une synergie d'ensemble impliquant l'État, les collectivités locales, la société civile, les universitaires et autres experts ainsi que les investisseurs nationaux et/ou étrangers, les communautés locales, tout en mutualisant avec les entités analogues sous régionales, continentales et internationales.

Dans une telle perspective, les investisseurs trouveraient, localement, le capital humain, qualifié, pour le développement de leur investissement.

Ils auraient, par ailleurs, localement, une offre d'expertise de haute qualité qu'ils pourraient opportunément interroger pour répondre à leurs objectifs de développement d'un produit ou d'innovation, à forte valeur ajoutée, sur un produit existant. L'interrogation de l'expertise locale de haute qualité, peut aussi profiter à un investisseur qui ambitionne vendre la qualité particulière d'un produit ou encore celui qui, dans un contentieux local ou international, est confronté aux critères, de conformité d'un produit, aux règles de qualité et de sécurité.

Les laboratoires africains, d'expertises et de recherche scientifique, gagneraient en se modernisant et en autofinançant leur fonctionnement, leur développement et leurs honoraires de recherche et d'expertises, grâce aux financements générés par la commande privée comme par la commande publique.

La commande publique, celle de l'État, des collectivités et leurs établissements spécialisés, trouverait, localement, une offre de recherche et d'expertise de qualité, tout en répondant à la demande sociale, notamment celle de sa jeunesse avide d'une offre de formation à la fois massive et diversifiée et de qualité et qui soit en adéquation avec le potentiel et les perspectives économiques.

Cette adéquation est un gage d'employabilité et/ou d'auto-employabilité.

Les producteurs locaux, notamment agricoles et d'élevage ainsi que ceux de la filière pêche, seraient accompagnés par la recherche scientifique et l'expertise nationales, en même temps qu'ils trouveraient des débouchés à leurs produits, pour produire davantage et tirer des gains financiers plus importants qu'ils peuvent investir pour améliorer leur cadre et qualité de vie, ainsi que pour diversifier leurs activités productrices notamment dans des produits innovants.

Les communautés locales africaines profiteraient de la dynamique pour s'auto-enrichir si on les organise et les accompagne en favorisant le développement des sociétés commerciales familiales, dans les villages et quartiers, pour la production et la valorisation des produits du terroir et dont les unités, de commercialisation-distribution et de transformation semi-industrielle et industrielle, pourraient fédérer, lesdites sociétés commerciales familiales, autour de coopératives ouvertes ou impulsées par les moyennes et grandes entreprises locales, nationales ou multinationales ainsi que par les collectivités locales et les sociétés d'État.

Les consommateurs auraient l'avantage de trouver une offre des produits de qualité ainsi qu'abondante, comme gage des prix peu prohibitifs et de sécurité garantie.

2 - Une célérité camerounaise sécurisant ses exportations par un APE intérimaire dans une Afrique centrale perplexe.

Il ressort des échanges de courriers entre l'UE et l'Afrique centrale que les négociations de l'APE achoppent sur « le taux d'ouverture du marché [...], la clause de non-exécution, la clause de la nation la plus favorisée, la demande d'un engagement additionnel chiffré de l'UE sur la dimension développement »[158].

Il y a donc 4 principaux points d'achoppement.

Le premier point d'achoppement porte sur une règle substantielle de l'OMC, la clause de la nation la plus favorisée [supra]. Elle ne peut donc pas être négociable dans un cadre autre que celui de l'OMC.

Le deuxième point d'achoppement au motif de retard, c'est le taux de lignes tarifaires à ouvrir à la libéralisation graduelle, pour une entrée libre, à terme, des produits européens, en Afrique centrale à droits de douane nuls.

---

[158] Accord économique avec l'UE : l'Afrique centrale au pied du mur ? lepoint.fr, 02/08/2016, consulté le 8 juin 2017.

Le 3e point de blocage est la demande africaine de renforcement de l'enveloppe européenne, au titre de la coopération au développement, inscrite au programme pluriannuel 2014-2020, le 11e FED [infra].

La 4e difficulté, c'est la clause de non-exécution qui ouvre droit à la suspension de l'accord si un élément essentiel est violé, conformément au droit international des traités [infra], pour sauvegarder l'acquis de Cotonou ou conditionnalité politique de Cotonou régissant le dialogue politique permanent, le dialogue politique intensifié, les consultations et, la suspension de l'Accord en cas d'échec de ce processus ou encore des sanctions ciblées contre les auteurs des violations des Droits de l'Homme et en cas de déficit démocratique ou d'atteintes à l'État de droit, ainsi qu'en cas de grave corruption [infra].

L'acquis de Cotonou ne peut qu'être sauvegardé dans le futur APE UE-Afrique centrale, comme il l'est déjà avec les APE d'Afrique de l'Ouest, de l'Est et australe [supra] ainsi que dans l'APE intérimaire avec le Cameroun [infra]. Par ailleurs, le réajustement de la Stratégie commune Afrique-UE de 2007, a fait l'objet d'un réajustement au Sommet Union européenne-Union africaine de novembre 2017 [infra]. Ces réajustements portaient notamment sur des programmes phares en matière à caractère économique et social à déployer en même temps que des programmes à caractère politique dont, la démocratie, les Droits de l'Homme, l'État de droit et la bonne gouvernance [infra].

Les négociations pour une APE UE-Afrique centrale, amorcées depuis octobre 2003,[159] se tenaient dans un contexte où en fin 2007, était prévu l'expiration de la dérogation accordée par l'OMC et permettant aux États ACP de bénéficier de la part de l'UE du SPG discriminant les tiers ACP au regard du principe de la clause de la nation la plus favorisée [supra].

Ainsi dès le 1er janvier 2008, les États ACP qui n'avaient pas conclu un APE avec l'UE, ont basculé dans le SPG-TSA [supra], pour les PMA ou le SPG standard et peu généreux, pour les PED non PMA [supra]; les deux groupes perdant, en même temps, le bénéfice du cumul total ACP [supra], en passant au cumul bilatéral [supra].

---

[159] UE- Afrique centrale (Cameroun), trade.ec.europa.eu, 06/2017, consulté le 8 juin 2017.

Le Cameroun étant le premier partenaire de l'UE en Afrique centrale, en matière d'échanges commerciaux, avec un ¼ des échanges totaux en 2016[160] et une balance commerciale excédentaire[161], les exportations camerounaises, notamment les produits agricoles, courraient le risque de cesser d'être concurrentiels à l'entrée sur le marché européen.

Le Cameroun fit alors preuve de célérité pour protéger sa production et ses producteurs et/ou exportateurs, en concluant un APE intérimaire avec l'UE le 17 décembre 2007[162].

Cette diligence sera rapidement payante, car dès le 1er janvier 2008, l'UE accorda, par anticipation, le bénéfice du Règlement UE 1528/2007 supra, remplacé désormais par le Règlement 2016/1076, d'accès libre des exportations camerounaises en UE[163].

Lorsque le Cameroun signe l'APE intérimaire, le 15 janvier 2009,[164] le Parlement européen l'approuve le 13 juin 2013[165].

Après l'autorisation de ratification accordée par le Parlement camerounais en juin 2014[166], l'APE est ratifié par le Cameroun le 22 juillet 2014[167] et est entré en vigueur le 04 août 2016[168].

Avec cet APE, le Cameroun continue à bénéficier du libre accès amorcé en janvier 2008 supra, de l'ensemble de ses produits, à taux nul et sans contingentement, sur le marché européen[169].

Il bénéficie également de la règle de pays d'origine de la directive 2016/1076, car les négociations sur cette thématique se poursuivent[170].

Alors que toutes ses marchandises entrent en franchise de douane en UE, l'APE a permis au Cameroun de protéger 20% de ses lignes tarifaires[171]. À

---

160 Ibid.
161 Ibid.
162 Ibid.
163 Ibid.
164 Ibid.
165 L'APE avec l'UE entre en vigueur ce 4 août 2016, sans démantèlement tarifaire immédiat côté camerounais, investiraucameroun.com, 04/08/2016, consulté le 8 juin 2017.
166 Ibid.
167 UE-Afrique centrale (Cameroun), op.cit.
168 Ibid.
169 Ibid.
170 Ibid.

cet effet, ces 20% de lignes tarifaires ne sont pas concernés par la libéralisation graduelle.

Les 80% des lignes tarifaires libéralisables le sont de façon graduelle, car cette libéralisation est étalée sur une période de 15 ans dont 5 ans de différé, à compter de 2008[172].

Le processus de libéralisation graduelle de 80% de lignes tarifaires camerounaises distingue 3 groupes de produits.

Pour le groupe 1, celui concerné par le premier démantèlement tarifaire lancé le 4 août 2016, les droits de douane concernant ces produits seront réduits progressivement de 25% chaque année, pendant 4 ans[173], soit de 2016 à août 2020.

Une lecture de la liste de la Douane camerounaise permet d'identifier dans ce groupe 1 :

- des intrants des produits agricoles notamment les semences des céréales, des patates douces et des pommes de terre[174] ;
- les surgelés des produits agricoles[175] ;
- des biens de consommation des ménages[176] ;
- des produits de déchets notamment des brasseries et sucreries ainsi des déchets végétaux[177] ;
- des biens d'équipement[178] ;
- les médicaments, les produits chimiques et les appareils médicaux[179] ;
- les turbines, les grues et les machines à coudre, les machines à scier et les ordinateurs[180] ;
- les produits chimiques de base[181] ;

---

171 Ibid.
172 Ibid.
173 L'APE avec l'UE entre en vigueur ce 4 août 2016, sans démantèlement tarifaire immédiat côté camerounais, op.cit.
174 Liste des produits concernés par le démantèlement tarifaire. Groupe 1, douanes.com, consulté le 8 juin 2017.
175 Ibid.
176 Ibid.
177 Ibid.
178 Ibid.
179 Ibid.
180 Ibid.

- les matières premières[182].

En commençant le démantèlement tarifaire par ces produits du groupe 1, les autorités camerounaises ont recherché un impact positif immédiat sur l'amélioration du pouvoir d'achat des ménages, tout en permettant une augmentation des revenus des agriculteurs, grâce à des coûts réduits d'acquisition des intrants agricoles ; la réduction des coûts d'acquisition des produits étant l'un des objectifs de toute libéralisation du commerce, en raison de la concurrence induite par une offre abondante et d'origine diversifiée.

Relativement au Groupe 2, on y trouve : « des véhicules pour le transport des marchandises, des remorques, des tracteurs, d'autres machines et appareils industriels et électriques, des produits en fer ou en acier et d'autres matériaux bruts ou semi-finis […] Certains papiers et cartons, des produits en caoutchouc semi-fini »[183]. Les produits de ce groupe 2 sont en processus de libéralisation graduelle amorcée depuis le 4 août 2017 jusqu'au 3 août 2018[184].

La liste du groupe 3 comprend les produits dont la libération totale n'aboutira qu'à l'échéance 2023, terme des 15 années de libéralisation graduelle. On y trouve : « principalement des machines et véhicules à usage privé, des produits agroalimentaires non produits et non transformés au Cameroun et de consommation de diverses natures »[185].

Quant aux 20% des lignes tarifaires camerounaises dont les produits continueront à bénéficier du libre accès en UE, mais dont l'entrée au Cameroun des mêmes produits, venant de l'UE, n'est pas libéralisable, ce sont principalement les produits d'élevage et agricoles, bruts ou transformés, dont il est établi que la production est suffisante localement.

Sont notamment exclus de la libéralisation :

---

181 Ibid.
182 Ibid.
183 L'APE avec l'UE entre en vigueur ce 4 août 2016, sans démantèlement tarifaire immédiat côté camerounais, op.cit.
184 Deuxième phase de démantèlement tarifaire : 04/08/2017 au 03/08/2018, douanes.com
185L'APE avec l'UE entre en vigueur ce 4 août 2016, sans démantèlement tarifaire immédiat côté camerounais, op.cit.

- certains produits alimentaires comme « les chocolats, les pâtes alimentaires, les confitures, les jus, les eaux minérales [...], les viandes, le lait et les produits laitiers »[186] ainsi que les produits des industries du tabac, du café et des boissons alcoolisées, car le Cameroun a des industriels implantés dans ces secteurs ;

- plusieurs produits issus de la transformation du bois[187] ;

- les produits industriels comme « les cosmétiques, les peintures, les savons et les allumettes »[188] ;

- du côté textile, il y a « le coton, et les laines [...] ainsi que la plupart des vêtements »[189] ;

- l'aluminium[190] ;

- les produits issus de la transformation des métaux précieux ainsi que ceux de l'industrie bijoutière[191] ;

- « [...] plusieurs [produits] minéraux [...] comme le marbre et le travertin [... une roche sédimentaire calcaire] »[192].

Si l'APE intérimaire UE-Cameroun comme les 3 APE zonaux, contient des clauses ''Rendez-vous'' supra, pour les investissements, les services et les marchés publics, ainsi que des clauses de sauvegarde protégeant notamment les industries naissantes, par des mesures bilatérales et unilatérales supra, l'acquis de Cotonou y est sauvegardé par des clauses de « Droits de l'Homme et de droit social » au titre d'éléments essentiels infra.

D'autres clauses en rapport avec la protection de l'environnement, le développement durable et les changements climatiques, font de ces questions des éléments fondamentaux infra, mais pas des éléments essentiels.

L'UE s'est obligée, avec ses États membres, à accompagner le Cameroun en matière de « compétitivité [pour] aider les exportateurs à satisfaire aux normes d'importation de l'UE (mesures sanitaires et phytosanitaires) [...], de procédures douanières plus efficaces ainsi que sur l'ajustement fiscal, afin de

[186] Ibid.
[187] Ibid.
[188] Ibid.
[189] Ibid.
[190] Ibid.
[191] Ibid.
[192] Ibid.

garantir que la suppression des droits de douane ne déstabilisera pas les finances publiques »[193].

Les aspects financiers de l'accompagnement européen des APE sont pris en charge par le Fonds européen de développement (FED) qui est désormais renforcé par le Fonds européen de développement durable (FEDD), offrant ainsi la possibilité d'accélérer la cadence de la mise en œuvre de la Stratégie commune Afrique-UE.

[193] Le Cameroun et l'Union européenne, eeas.europa.ue, 11/05/2016, consulté le 8 juin 2017.

Chapitre II : Un renforcement du FED par le FEDD susceptible d'accélérer la mise en œuvre de la Stratégie commune Afrique-UE.

Faisant partie des 3 instruments à déploiement géographique d'externalisation de la paix par le développement, aux côtés de ceux destinés à financer le développement en zone Asie et Amérique latine plus l'Afrique du Sud, *a*insi que celui de la zone du pourtour méditerranéen, dans le cadre de la politique européenne du voisinage, le Fonds européen de développement (FED) est le principal instrument européen de financement du développement de 79 pays ACP et des pays et territoires d'outre-mer (PTOM) ainsi que des départements français d'outre-mer (DOM).

Même s'il couvre l'Afrique dans sa partie nord pour accompagner financièrement les Accords Euro-méditerranéens d'Association, l'Instrument européen de voisinage (IEV) ne sera pas abordé qu'au moment de la mise en œuvre des Accords de libre-échange complet et approfondi (ALECA) [supra] en cours de négociation.

De même, l'instrument européen de coopération au développement (ICD) dans lequel est prise en compte l'Afrique du Sud n'est pas abordé, car ce pays africain y reste à titre dérogatoire, sur décision conjointe du Conseil et du Parlement européen ; dérogation profitant aussi à la Colombie, à Cuba, au Pérou, et à l'Équateur, 5 des 16 pays à revenus intermédiaires et qui ne remplissent donc plus les critères d'admission à l'aide européenne[194].

Le 1er FED a été instituée pour la période 1958-1963, dans le cadre des territoires coloniaux pris en compte par les articles 131 et 136 du Traité de Rome de 1957 instituant la Communauté économique européenne (CEE)[195].

Avec la Convention de Yaoundé I, conclue en 1963, le 2e FED va prendre en compte les 18 États africains et malgaches associés (EAMA) [supra], pour la période 1964-1970.

---

194 Aperçu général de la politique de développement, europarl.europa.eu, 01/2018, consulté le 6 juin 2017.

195 La coopération avant Lomé, ec.europa.ue, juin 2006, consulté le 6 juin 2017.

Le 3e FED, pour la période 1970-1975, sera l'instrument financier pluriannuel d'accompagnement du développement des ACP pour accompagner les échanges commerciaux et financer les programmes de développement dans le cadre de la Convention de Yaoundé II de 1969[196].

Les Conventions de Lomé I, II, III, IV et IV bis ont été accompagnées par les 4e, 5e, 6e, 7e et 8e FED pour les périodes 1975-1980 ; 1980-1985 ; 1985-1990 ; 1990-1995 ; 1995-2000[197].

Alors que les 9e et 10e FED vont accompagner l'Accord de Cotonou, pour les périodes 2000-2007 et 2008-2013, le 11e FED[198], se place à la charnière de cet Accord de Cotonou et des APE pour financer les derniers programmes de l'Accord finissant en 2020, tout en prenant en compte les engagements européens au titre des nouveaux Accords de Partenariat économique [supra].

Pour ce 11e FED, qui couvre la période 2014-2020[199], comme ses prédécesseurs, il ne fait pas encore partie intégrante du budget général de l'Union européenne. Il ne le sera qu'à partir de 2020 après l'expiration de l'Accord de Cotonou.

Aussi, le FED est-il financé par des contributions volontaires des États membres de l'Union européenne, indépendamment de ce que l'État peut allouer, en plus, au titre de l'aide publique au développement, au plan bilatéral.

Demeuré le principal instrument européen de financement du développement, le FED est désormais impliqué dans l'accompagnement des APE notamment ceux UE- Afrique (Section 1), en même temps qu'il est renforcé, depuis le 5e Sommet Afrique-UE des 29-30 novembre 2017, par le Fonds européen de développement durable, le FEDD, pour accélérer la mise en œuvre des programmes phares de la Stratégie commune Afrique-UE (Section 2).

---

196 Fonds européen de développement (FED), eur-lex.europa.ue, consulté le 6 juin 2017.
197 Ibid.
198 Ibid.
199 Ibid.

Section 1 – Un Fonds européen de développement pour atténuer les déséquilibres et risques commerciaux et financer le développement de l'Afrique.

Résultant de contributions volontaires des États membres et ne faisant pas encore partie du budget général de l'UE, ce mode de financement du FED influence les modalités de son fonctionnement (I) dans le cadre pluriannuel régi par une procédure administrative lourde affectant son attractivité en dépit de quelques dérogations (II).

I – Des contributions volontaires au FED, mais influençant son fonctionnement dans des financements multi domaines.

Le niveau de participation au budget du FED est proportionnel à l'influence conférée aux États dans la prise de décisions au sein des organes de gestion (A) chargés d'instruire et de financer des projets de coopération au développement dans les domaines arrêtés par les Annexes I c, II et III de l'Accord de Cotonou (B).

A – Une influence des États dans la gestion du FED proportionnelle à leurs contributions.

Alors que la France est demeurée le principal contributeur du FED, elle est devancée désormais par l'Allemagne.

En effet, dans le 11e FED, l'Allemagne, contribue à hauteur de 20,57% du montant total ; la France, 17,81% ; l'Italie, 12,53%[200]. Ils sont devenus, depuis le processus en cours du Brexit, les 3 principaux contributeurs au FED, suivis par l'Espagne, 7,93% ; les Pays-Bas, 4,77% et la Belgique, 3,24%[201] ; le Royaume-Uni ne participant plus aux délibérations européennes, quoique sa sortie n'intervienne qu'en 2019, tout en demeurant redevable des engagements pris au titre du FED conformément à l'article 70 paragraphe 1b et paragraphe 2 de la Convention de Vienne de 1969 sur le droit des traités entre États[202].

---

[200] Annexe décret n° 2015-1393 du 30 octobre, portant publication de l'accord interne entre les représentants, legifrance.gouv.fr, consulté le 6 juin 2017.
[201] Ibid.
[202] Convention de Vienne sur le droit des traités (avec annexe), conclue à Vienne le 23 mai 1969, traities.un.org, consulté le 6 juin 2017.

Aussi, est- il institué, pour la gestion du FED, un Comité des représentants des États membres, auprès de la Commission européenne, appelé Comité FED[203].

Lors de la prise des décisions au Comité FED, chaque représentant d'un État membre, compte pour un nombre de voix en rapport avec la part de contribution de son État, quoique ce Comité soit présidé par un représentant de la Commission, et ses travaux regardés par un observateur de la Banque européenne d'investissement, la BEI[204].

Dans ce cadre, le représentant de l'Allemagne au 11e FED pèse 206 voix ; suivi de la France, 178 voix ; de l'Italie, 125 voix ; de l'Espagne, 79 voix ; des Pays-Bas, 48 voix et de la Belgique, 33 voix[205].

Les décisions au sein du Comité Fed sont prises à la majorité qualifiée, de 720 voix[206] sur 998, soit un peu plus de 72%[207]. Mais il y a une minorité de blocage de 279 voix[208], soit quasiment 28%[209].

Les ACP en général, et les pays africains en particulier, doivent donc compter, à la fois, avec les grands contributeurs capables de fédérer les autres États. Ils doivent aussi compter avec les contributeurs modestes parce que ces derniers sont susceptibles de se coaliser pour atteindre la minorité de blocage de 279 voix [supra]; les principaux contributeurs n'atteignant pas, par ailleurs, à eux seuls, la majorité qualifiée requise de 720 voix [supra].

Une fraction du FED est mise à disposition de la Banque européenne d'investissement (BEI) au titre d'une facilité d'investissement[210].

À ce titre, et pour la gestion de cette facilité d'investissement, sont désignés au FED, des représentants des Gouvernements des États membres

---

203 Annexe décret n° 2015-1393 du 30 octobre, portant publication de l'accord interne entre les représentants, op.cit.
204 Ibid.
205 Ibid.
206 Ibid.
207 Ibid.
208 Ibid.
209 Ibid.
210 Ibid.

et un représentant de la Commission, pour former, ensemble, le Comité de la Facilité d'investissement[211].

Le Président du Comité de la Facilité d'investissement est élu par ses paires[212]. Ce Comité prend ses décisions à la majorité qualifiée et susmentionnée, pour le FED [supra].

Avec ces financements de la facilité d'investissement, ajoutés à ceux provenant des Fonds propres de la BEI [infra], ainsi que ceux gérés par le Comité FED [supra], permettent de couvrir un large spectre des projets de coopération au développement.

B –Le FED, principal instrument européen de financement du développement multi domaine de l'Afrique.

Le 11e FED s'élève à 29,089 milliards d'euros pour la période 2014-2020[213] et est affecté comme suit par l'Annexe I c de l'Accord de Cotonou :

- une enveloppe de 24,365 milliards d'euros destinée aux programmes indicatifs régionaux établis par chaque région ou sous-région ACP pour une meilleure intégration ainsi que pour financer les programmes indicatifs nationaux qui doivent être élaborés par chaque État partie qui sollicite le FED[214] ;
- une enveloppe de 3,590 milliards d'euros, destinée aux programmes intra-ACP et à ceux interrégionaux ainsi que pour des dépenses des organes conjoints ACP-UE et du secrétariat ACP[215] ;
- une enveloppe de 1,134 milliard d'Euros, affectée à la Facilité européenne d'investissement et mise à la disposition de la BEI[216], pour financer les domaines relevant de sa compétence.

La BEI, en plus de cette enveloppe reçue du 11e FED par le biais de la Commission, peut sur fonds propres, consentir des prêts aux pays ACP

---

211 Ibid.
212 Ibid.
213 Accord de Cotonou ACP-UE, et le cadre financier pluriannuel 2014-2020, op.cit.
214 Ibid.
215 Ibid.
216 Ibid.

jusqu'à hauteur 2,5 milliards d'euros au plus, sur la période pluriannuelle 2014-2020[217].

La répartition de l'enveloppe de 29,08 milliards d'euros telle qu'elle est prévue ci-dessus et ainsi arrêtée par le paragraphe 2 de l'Annexe I c de l'Accord de Cotonou, relatif au cadre financier pluriannuel 2014-2020[218], n'est pas, pour autant, inflexible.

Il est en effet prévu au paragraphe 6 de la même Annexe I c, de l'Accord de Cotonou, que des pouvoirs sont conférés au Comité des Ambassadeurs ACP-UE, agissant au nom du Conseil des Ministres, pour procéder à des réaménagements pertinents[219].

Les financements du FED peuvent, conformément à l'Annexe II (Modes et conditions de financement) de l'Accord de Cotonou[220], être sollicités, par les Etats ACP, leurs collectivités locales, leurs entreprises publiques ou privées ainsi que par la société civile ACP.

Les projets admissibles aux financements FED sont ceux portant sur :

- les investissements, notamment en ce qui concerne la Facilité d'investissement, aux fins de financer des projets d'infrastructures économiques et technologiques[221] ;
- l'apport des capitaux risques, notamment sous forme de participation minoritaire dans une entreprise ou une institution financière ACP[222] ;
- des accords de prêts[223] ;
- les concours en quasi-fonds propres, sous forme d'avance d'actionnaires, d'obligations, des prêts conditionnels…[224] ;
- le financement des pertes, liées aux fluctuations des exportations, les FLEX[225] (auparavant financés par deux Fonds, mais qui étaient toutefois alimentés par le FED : le Fonds STABEX pour les pertes agricoles [supra] et le Fonds SYSMIN pour les produits minéraux [supra], avant que ces deux

[217] Ibid.
[218] Ibid.
[219] Ibid.
[220] Ibid.
[221] Ibid.
[222] Ibid.
[223] Ibid.
[224] Ibid.
[225] Ibid.

Fonds ne soient remplacés par le mécanisme de financement des pertes liées aux chocs exogènes supra ; mécanisme que remplace désormais le FLEX) ;

- le fonctionnement de la Commission ainsi que celui du secrétariat ACP, pour la préparation et le suivi des stratégies et programmes indicatifs[226].

Le Fed couvre aussi l'assistance technique de l'UE par un accompagnement destiné à la promotion du secteur privé ACP, grâce à son Centre de Développement de l'Entreprise, le CDE[227]. Cette assistance se fait aussi par le biais de son Centre Technique Agricole, le CTA[228], pour le renforcement des capacités des ACP, en promouvant le développement rural ainsi que l'accès à l'information nécessaire à capitaliser les nouvelles technologies[229]. Il est ainsi visé d'améliorer, quantitativement et qualitativement, la production agricole locale, faciliter la commercialisation locale et internationale des produits, notamment dans le volet accès au marché européen ainsi que sur la sécurité alimentaire ; tel qu'il résulte de l'Annexe III (Appui institutionnel – CDE et CTA) de l'Accord de Cotonou[230].

Mais, il faut que les investissements étrangers, dans les pays ACP, soient garantis.

À cette fin, le chapitre 5, de l'Annexe II, de l'Accord de Cotonou, renvoie à des accords bilatéraux de protection réciproque des investissements[231]. Toutefois, il est fixé au paragraphe 2, de l'article 15, de cette annexe II, un noyau dur de clauses à retrouver dans les accords bilatéraux de protection des investissements et portant sur :

- des garanties juridiques quant au traitement juste et équitable ainsi que relativement à la protection des investisseurs[232] ;

---

226 Ibid.
227 Ibid.
228 Ibid.
229 Ibid.
230 Ibid.
231 Ibid.
232 Ibid.

- une clause de l'investisseur le plus favorisé, signifiant qu'il faut appliquer ou accorder à tous les investisseurs, tout régime de faveur qu'on accorderait à tout autre investisseur du même secteur[233] ;

- une protection contre toute expropriation ou à toute nationalisation notamment par une juste indemnisation[234] ;

- des droits et facilités de transfert des capitaux et des bénéfices[235] ;

- l'arbitrage international en cas de différend entre l'État hôte et l'investisseur étranger[236].

Alors qu'elle est la procédure à suivre pour accéder aux financements du FED ?

II – Une attractivité du FED affectée par une lourdeur procédurale en dépit de quelques assouplissements.

La procédure à suivre pour obtenir un financement d'un projet par le FED est régie par l'annexe IV de l'Accord de Cotonou qui met en lumière une lourdeur administrative en dépit de quelques solutions palliatives (A), mais sans régler l'inadéquation entre les agendas politiques nationaux et les Documents Stratégie pays ainsi que les Programmes indicatifs pays (B).

A - Un assouplissement de la procédure d'accès aux financements FED par 2 mesures palliatives.

Les financements gérés par la BEI, sont régis par les règles internes à cet établissement et tiennent compte, pour la part mise à disposition par la Commission, des modes de délibération du Comité FED, quant au poids de chaque État participant, en proportion de sa contribution, pour déterminer la majorité qualifiée requise [supra] et, éventuellement, la minorité de blocage [supra].

Les financements gérés par la Commission obéissent à la procédure des stipulations de l'annexe IV de l'Accord de Cotonou (Procédures de mise en œuvre et de gestion), qui distinguent les situations, en appliquant des modalités différentes, suivant qu'il s'agit du financement :

- d'un projet d'un Etat ACP ;

---

233 Ibid.
234 Ibid.
235 Ibid.
236 Ibid.

- d'un projet d'une sous-région ;
- d'un projet intra-ACP ou inter-régions.

Pour un Etat, il faut que celui-ci s'accorde, avec la Commission européenne, à deux niveaux :

- d'abord sur un Document Stratégie Pays (DSP) qui doit résulter d'une large consultation des acteurs locaux (Gouvernement, Parlement et même société civile)[237] ;
- ensuite, l'État et la Commission, sur présentation du projet de Programme indicatif pays (PIP), adoptent celui-ci, bilatéralement[238].

Pour les projets régionaux ou sous régionaux, la Commission européenne a pour interlocuteur l'organe compétent de l'organisation sous régionale ACP, avec possibilités de consultation des États concernés, pendant le processus d'examen et d'adoption :

- d'abord, du Document Stratégie régionale (DSR)[239] ;
- ensuite, du Programme indicatif régional (PIR)[240].

Pour les projets intra-ACP ou interrégionaux, le processus est le suivant :

- préparation, conjointe, du projet de Document Stratégie intra-ACP par les services de la Commission européenne et le Secrétariat ACP[241] ;
- échanges de vues entre la Commission et le Comité des Ambassadeurs ACP[242] ;
- identification et évaluation, par échanges entre la Commission européenne et le Secrétariat ACP, des actions du Programme indicatif ; actions sur lesquelles doivent s'appuyer les services de la Commission et le Secrétariat ACP, pour préparer, conjointement, ledit Programme indicatif intra-ACP, avant qu'il ne soit adopté par la Commission et par le Comité des Ambassadeurs ACP[243].

[237] Ibid.
[238] Ibid.
[239] Ibid.
[240] Ibid.
[241] Ibid.
[242] Ibid.
[243] Ibid.

Mais, les demandes de financements des tels programmes indicatifs intra-ACP doivent être soumises, selon les cas :

- par le Conseil des Ministres ACP ou le Comité des Ambassadeurs ACP[244] ;
- par un minimum d'organisations régionales appartenant à des espaces géographiques différents, à l'instar de la CEDEAO et de la CEMAC[245].

Sous réserve de l'approbation préalable, par le Comité des Ambassadeurs, l'organisation continentale, qu'est l'Union africaine (UA) est éligible aux financements du FED pour les projets panafricains comme ceux envisagés dans le cadre du NEPAD, le Nouveau Partenariat pour le développement de l'Afrique[246], programmes qui sont intégrés dans l'Agenda 2063 de l'UA[247].

---

244 Ibid.

245 Ibid.

246 Créé en juillet 2001, à Lusaka, en Zambie, en marge de la 37e Conférence des Chefs d'État et de Gouvernement de l'Organisation de l'Unité africaine, OUA (aujourd'hui Union africaine, UA), par l'Afrique du Sud, le Nigéria, l'Algérie, l'Egypte et le Sénégal, le Nouveau partenariat pour le développement de l'Afrique (NEPAD), est une fusion du Partenariat du millénium pour le programme de redressement de l'Afrique (le MAP des Présidents Thabo Mbeki, d'Afrique du Sud, Olusegun Obasandjo, du Nigéria et Abdel Aziz Bouteflika, d'Algérie) avec le Plan Oméga (du Président Abdoulaye Wade, du Sénégal), pour que l'Afrique œuvre de façon concertée et coordonnée, à rattraper son retard en matière de développement et de croissance économique, tout en visant une plus grande part de présence dans l'économie mondiale au sein de laquelle l'ensemble du continent ne représentait que 1.7% du commerce international. Lorsque l'OUA est remplacée par l'UA, cette dernière décida, lors de sa première Conférence, en 2002, de faire du NEPAD son programme. Doté en février 2010 d'une Agence de planification et de coordination (Agence du NEPAD à Midrand en Afrique du Sud), celle-ci est un organe technique de l'UA « pour faciliter et coordonner l'élaboration des programmes et projets [.....], à l'échelle continentale », à l'instar de ceux de l'Agenda 2063.

Source : A propos du [NEPAD], au.nepad.org, consulté le 6 juin 2017.

247 L'Agenda 2063 de l'UA est une vision partagée et un Plan d'action sur 50 ans, déclinable tous les dix ans, pour la transformation de l'Afrique, dans une approche globale visant la satisfaction de 7 aspirations des peuples africains, à savoir :

Aspiration 1 : « Une Afrique prospère fondée sur la croissance inclusive et le développement durable ».

Aspiration 2 : « Un continent intégré, uni sur le plan politique et ancré dans les idéaux du Panafricanisme et de la vision de la Renaissance africaine ».

Aspiration 3 : « Une Afrique où bonne gouvernance, démocratie, respect des droits de l'homme, justice et État de droit sont à l'ordre du jour ».

Aspiration 4 : « Une Afrique vivant dans la paix et la sécurité ».

Dans tous les cas, des conventions de financement ne sont signées que lorsqu'un programme est conclu[248].

Les marchés, quant à eux, ne sont signés qu'après un appel d'offres.[249] La signature d'un marché ouvre droit à l'octroi du financement[250].

Les financements gérés par la Commission peuvent l'être de façon centralisée ou, plus souvent, de façon décentralisée[251].

Aspiration 5 : « Une Afrique dotée d'une forte identité, d'un patrimoine commun, des valeurs et d'éthique partagées ».

Aspiration 6 : « Une Afrique dont le développement est axé sur les populations, qui s'appuie sur le potentiel de ses populations, notamment celle des femmes et des jeunes, qui se soucie du bien-être de ses enfants ».

Aspiration 7 : « Une Afrique qui agit en tant qu'acteur et partenaire forts, unie et influente sur la scène internationale ».

Cet Agenda 2063 a été adopté par la Conférence des Chefs d'Etat et de Gouvernement de l'UA, à Addis-Abeba, en Ethiopie, réunie les 30 et 31 janvier 2015, à la suite du constat fait sur les succès et défis de l'Afrique, à l'occasion de l'organisation du 50ème anniversaire de l'UA, en 2013 (UA dont l'ancêtre, OUA avait été créé en 1963).

Le premier Plan décennal de mise en œuvre de l'Agenda 2063 a été adopté en 2015, en même temps que cet Agenda et comprend 12 programmes phares, à savoir :

1 – « Réseau ferroviaire intégré, des trains à grande vitesse ».

2 – « Une Université virtuelle africaine ».

3 – « Formulation d'une Stratégie [.....] » pour une valeur ajoutée des ressources naturelles.

4 – Créer un Forum conjoint, annuel, des dirigeants politiques avec ceux du secteur privé, des universités et de la société civile.

5 – « Mise en place de la zone de libre-échange continentale », la ZLEC objet déjà d'un accord adopté en mars 2018 et ouvert à adhésion et ratification ». supra

6 – Promouvoir « le passeport africain et la libre circulation » continentale.

7 – « Mise en œuvre du projet du barrage grand Inga [en RDC, pour] générer 43.200 MW d'électricité », aux fins d'interconnections électriques dans tout le continent.

8 – Mettre en place un E-réseau panafricain.

9 – « Faire taire les armes en 2020 » en mettant fin aux conflits et violences et en prévenant leur survenance.

10 – Mettre en place « une Stratégie spatiale africaine [pour développer un] marché régional de produits de l'espace ».

11 – « Mise en place d'un marché unique du transport aérien en Afrique ».

12 – « Mise en place d'institutions financières africaines » de dimension continentale.

Source : Agenda 2063. L'Afrique Que Nous Voulons, au.int, avril 2015, consulté le 6 juin 2017.

[248] Accord de Cotonou ACP-UE, et le cadre financier pluriannuel 2014-2020, op.cit.

[249] Ibid.

[250] Ibid.

[251] Ibid.

Lorsque la gestion est décentralisée, la Commission européenne s'appuie sur le Chef de la Délégation de l'UE auprès de l'État bénéficiaire ou de l'organisation régionale pertinente[252], car la Délégation permanente représente, chaque Etat de l'UE dans les domaines de l'UE, tout en étant la représentation de la Commission et du Service extérieur de l'action européenne, le SEAE qui est la cheville ouvrière du Haut représentant de l'Union européenne pour les Affaires étrangères et la politique européenne de sécurité [infra].

Dans ce cadre de gestion décentralisée, l'État concerné doit désigner un Ordonnateur national.

Dans les cas supranationaux, l'Ordonnateur régional ou intra-ACP est désigné par :

- l'organisation régionale, pour les projets régionaux[253] ;
- le Comité des Ambassadeurs ACP pour les projets intra-ACP ou interrégionaux[254].

Un coordonnateur national, régional ou intra-ACP, peut se désigner un suppléant[255]. Il doit, à chaque fois, le notifier à la Commission européenne[256].

Les paiements sont effectués sur les fonds du FED transférés par la Commission européenne, dans une institution financière publique ou parapublique, établie dans le pays bénéficiaire ACP, et convenue avec la Commission[257].

Le gestionnaire de cette institution financière devient alors le payeur délégué national[258]. Mais, il n'est pas rémunéré pour cela comme n'est pas non plus rémunérée l'institution financière[259].

---

252 Ibid.
253 Ibid.
254 Ibid.
255 Ibid.
256 Ibid.
257 Ibid.
258 Ibid.
259 Ibid.

Cette non-rémunération est, ainsi, une forme indirecte de participation de l'État bénéficiaire du FED à titre de contrepartie implicite.

Cette procédure étant apparue particulièrement longue, la mise en œuvre d'un programme financier pluriannuel est souvent demeurée partielle. Mais cette exécution partielle des FED est constamment imputée aux capacités insuffisantes d'absorption budgétaire des Etats ACP au regard du volume, en chiffres absolus, de chaque FED.

Pourtant, cet argument est très vite écarté lorsqu'on sait que les mêmes pays ACP en général, et les États africains en particulier, absorbent en temps requis, des financements plus importants provenant d'autres partenariats internationaux, à l'instar des enveloppes triennales du Forum de Coopération Sino-africaine (FCSA) [infra].

Aussi, pour atténuer ces lourdeurs administratives, 2 solutions sont envisagées par l'annexe IV de l'Accord de Cotonou, régissant les procédures de mise en œuvre et de gestion.

La première solution pour accélérer la mise en œuvre d'un projet, l'Etat ou l'organisation régionale, peut préfinancer, si « l'instruction du projet est terminée », mais que la décision de financement n'est pas encore prise par l'UE, en application du paragraphe 1 de l'article 19 de l'annexe IV de l'Accord de Cotonou[260]. Mais, si ce préfinancement doit être pris en compte par la décision de financement, il « ne préjuge pas, ladite décision de financement [que doit prendre] la Commission [européenne] », en toute souveraineté, au regard des stipulations combinées des paragraphes 2 et 3 du même article 19 de l'annexe IV de l'Accord de Cotonou[261].

La deuxième solution palliative des lourdeurs administratives consiste en une anticipation du lancement de l'appel d'offres au moment des négociations de la Convention de financement, si la Commission européenne l'accepte, conformément à l'article 19 b de l'annexe IV de l'Accord de Cotonou[262].

---

260 Ibid.
261 Ibid.
262 Ibid.

Mais, il demeure d'importants obstacles, en dépit de ces 2 palliatifs, notamment en raison de l'inadéquation entre les agendas politiques nationaux et les Documents Stratégies Pays et Programmes indicatifs pays.

B – Une inadéquation entre agendas politiques nationaux et Documents Stratégies Pays / Programmes indicatifs Pays.

Si le Document Stratégie Pays (DSP) et le Programme indicatif pays (PIP), doivent être le fruit d'une indispensable et large consultation, entre la Commission européenne et les institutions nationales, les collectivités locales et la société civile, dans un État africain antidémocratique, cela l'est moins dans les pays où l'alternance démocratique est devenue une tradition, car cela peut être ressenti par le peuple comme étant une remise en cause des programmes politiques ayant permis une telle alternance démocratique.

En effet, tout dirigeant élu, véritablement démocratiquement, verrait de tels DSP et PIP comme étant une remise en cause de la volonté souveraine de son peuple qui a choisi, par des suffrages majoritaires, en sa faveur, son programme politique.

Modifié ledit programme politique, serait perçu ainsi comme étant une trahison du suffrage universel.

Par ailleurs, tout le temps consacré à la négociation d' un DSP, d' un PIP, d'une convention de financement puis, pour lancer les appels d'offres, et signer les marchés, le début des travaux, notamment d'un projet d'infrastructure, ne permet pas d'avoir des résultats visibles, pour impacter sur l'opinion publique, en faveur de l'image de tout dirigeant politique avide d'un bilan positif à la fin d'un mandat électif de 4 ou 5 ans, que ce dernier soit ou pas, candidat à sa propre succession.

Il est en effet rare de voir un nouveau dirigeant politique, dans une grande démocratie comme dans les pays en déficit démocratique, invité son prédécesseur venir inaugurer, en ses lieu et place, une infrastructure dont les travaux ont été négociés et lancés à l'époque de la mandature dudit prédécesseur, mais dont la livraison intervient au moment où celui-ci a cessé, provisoirement ou définitivement, d'être aux affaires.

Enfin, dans ces États africains où la démocratie est ancrée, chaque alternance emporte, nécessairement, l'ouverture d'un nouveau cycle de négociations des DSP, des PIP et des nouvelles conventions de financement, avant de lancer de nouveaux appels d'offres, en mettant, ainsi, le pays dans une sorte de spirale de négociations sans fin avec l'Union européenne.

Aussi, rares sont des dirigeants politiques qui seraient très enthousiastes de solliciter, en âme et conscience, des financements dont ils sont convaincus que ce sont leurs successeurs qui tireront les dividendes politiques qu'offre la satisfaction du peuple, à la suite des cérémonies d'inauguration d'ouvrages publics dont ils n'auront même pas vu le lancement des travaux.

En comparant avec les financements notamment chinois, ceux-ci sont mis en œuvre avec une célérité sans commune mesure.

En effet, citant le directeur du département des Affaires africaines, du Ministère chinois des Affaires étrangères, Mr Ling Songtian, qui fait le bilan d'étape, de la mise en œuvre du 6e Plan d'action du Forum de Coopération Sino-africaine, French-China écrit :« Rien que dans les sept premiers mois après la clôture du Sommet de Johannesburg [décembre 2015], la Chine et l'Afrique ont signé 245 accords dans presque tous les domaines, d'un montant atteignant 50,8 milliards de dollars, dont 46,6 milliards de dollars d'investissements directs et des prêts bancaires »[263]. Il ajoute : « La première tranche des prêts en faveur des PME africaines, dont le montant atteint 5 milliards de dollars, a été décaissée »[264].

Une telle performance, en seulement 7 mois, porte sur une enveloppe globale de 60 milliards de dollars destinée par la Chine à l'Afrique pour la période triennale 2016-2018 à l'issue du 6e Forum de coopération Sino-africaine [infra].

Mais, comme les instruments européens de coopération au développement en particulier, et d'actions extérieures en général, s'adaptent toujours aux nouveaux défis mondiaux, l'on peut être porté à croire que les Européens vont surmonter les obstacles qui obèrent la procédure d'accès au FED qui, du reste, se trouve renforcé par un nouveau fonds, le Fonds

---

263 (Regards de Chine) Les trois tendances de la coopération sino-africaine depuis le Sommet de Johannesburg, french.china.org.cn, 27/04/2017, consulté le 8 juin 2017.
264 Ibid.

européen de développement durable (FEDD), pouvant accélérer la mise en œuvre de la Stratégie commune Afrique-UE.

Section 2 - Un Fonds européen de développement durable pouvant accélérer la Stratégie commune Afrique-UE.

La Stratégie commune Afrique-UE ou Stratégie de Lisbonne, est une vision à long terme de stabilisation par le développement inclusif et une gouvernance apaisée, de l'Afrique (II) dont l'accélération de la mise en œuvre est assurée par le Fonds européen de développement durable qui est, à la fois, un instrument de financement et de garantie des investissements (I).

I – Le Fonds développement durable, instrument de financement du développement et de sécurisation des investisseurs et investissements.

Le Fonds européen de développement durable, est un instrument d'application du Plan européen d'investissement extérieur, le PIE (A) et dont les objectifs et modalités de fonctionnement résultent de sa triple fonction d'être un mécanisme de financement, de garantie de financements et de fonds de garantie (B).

A – Le Fonds européen de développement durable, premier instrument de financement innovant du développement en application du Plan d'investissement extérieur de l'UE.

Après avoir constaté les premiers succès de l'important Plan d'investissement pour l'Europe, lancé en novembre 2014, pour la période 2015-2018, aux fins de booster la croissance économique européenne et fournir une offre d'emploi plus importante, notamment au bénéfice de sa jeunesse, l'Union européenne a décidé, le 14 septembre 2016, à l'occasion du discours sur l'État de l'Union, à Strasbourg en France, de prendre une importante mesure pour l'Europe et, le même jour, une mesure au bénéfice de son voisinage et de l'Afrique.

Aussi, l'UE a-t-elle décidé :

1- Doubler la durée et le montant du principal instrument de financement du Plan d'investissement pour l'Europe, le Fonds européen pour les investissements stratégiques (FEIS) qui, initialement fixé à 315 milliards d'euros, pour la période 2015-2018, est désormais étendu jusqu'à 2020, pour des investissements de 500 milliards d'euros au titre du cadre financier pluriannuel courant[265].

2- Lancer un Plan d'investissement extérieur européen (PIE) pour son voisinage et pour l'Afrique[266], dans un contexte d'une insécurité grandissante en Afrique, et quelques mois avant un contexte européen fortement marqué par une migration qui devient massive, invasive et déstabilisante à partir de 2015 [infra]. Côté africain, s'ajoute une présence grandissante d'un partenariat de coopération au développement qui s'est annoncé, dès le départ, de venir en concurrence, en alternative de toute coopération économique avec l'Afrique, obligeant à une promotion contraignante du respect des Droits de l'Homme ; le Forum de coopération Sino-africaine (FCSA) [infra].

En faisant constater que « lorsqu'on regarde le Moyen-Orient et l'Afrique [...] leur énorme potentiel est bridé par la guerre, la pauvreté, le manque d'infrastructures et la mauvaise gouvernance »[267], dans son intervention à l'occasion du discours du Président de la Commission européenne sur l'État de l'union en 2016, la Haute Représentante de l'Union pour les Affaires étrangères et la politique de sécurité, Vice-Présidente de la Commission, Mme Federica Mogherini, résumait certes le bilan de la relation cinquantenaire UE-Afrique, et une quasi-décennie de la Stratégie commune Afrique-UE lancée à Lisbonne en 2007, mais, en même temps, doigtait la cause endogène de ce désastre, qu'est la mauvaise gouvernance qui gangrène l'Afrique, faute de démocratie dans plusieurs pays, et du fait du déni des Droits de l'Homme et de l'État de droit.

Pour contribuer à juguler cette situation préoccupante, qui menace la sécurité et la stabilité de l'Europe, tout en déstabilisant l'Afrique, l'UE a lancé un Programme d'investissement extérieur, le PIE, qui prend aussi en compte ses voisins et vise « favoriser le développement des infrastructures

---

265 État de l'Union 2016 : Renforcer les instruments européens pour créer de l'emploi et de la croissance, europa.eu, 14 septembre 2016, consulté 10/10/2017.

266 Ibid.

267 Ibid.

sociales et économiques [ainsi que les] PME, en levant les obstacles à l'investissement privé »[268].

De façon opérationnelle, le PIE agit par des actions :

- d'amélioration de l'attractivité de l'environnement des affaires dans les États partenaires, grâce à une assistance de nature à promouvoir « la bonne gouvernance, la lutte contre la corruption et la suppression des obstacles à l'investissement et des distorsions de marché »[269] ;
- d' « assistance technique [...] aux pouvoirs publics et aux entreprises [des] pays partenaires [...pour] les aider à mieux préparer et promouvoir des projets [...] » publics ou privés[270] ;
- de « mobilisation [plus accrue], de l'investissement »[271] d'origine européenne, en ajoutant aux instruments européens existants, de coopération au développement, notamment le FED [supra], l'IEV [supra], et l'ICD [supra], un nouvel instrument de financement du développement, le Fonds européen de développement durable, le FEDD [infra].

En effet, dans la perspective d'une vision à long terme, ainsi que d'un travail d'ensemble renforcé, entre les institutions et organes de l'UE et ses États membres, il a été cosigné, sur proposition de la Commission, le 07 juin 2017, un Plan stratégique dénommé « Nouveau consensus européen pour le développement »[272]. Les cosignataires du Nouveau consensus européen pour le développement, sont le Premier Ministre de Malte, Mr Joseph Muscat, au nom du Conseil et des États membres, le Président de la Commission européenne, Mr Jean-Claude Juncker, la Haute Représentante/Vice-Présidente de la Commission, Mme Frederica Mogherini et le Président du Parlement européen, Mr Antonio Tajani[273].

Le Nouveau consensus européen pour le développement est la nouvelle stratégie européenne d'éradication de la pauvreté, au moyen du développement durable, dans le cadre de la mise en œuvre du Plan onusien

---

[268] Ibid.
[269] Ibid.
[270] Ibid.
[271] Ibid.
[272] Nouveau consensus européen pour le développement: l'UE et ses États membres signent une stratégie commune pour éliminer la pauvreté, consilium.europa.eu, 07/06/2017, consulté le 10/10/2017.
[273] Ibid.

de développement durable à l'horizon 2030, l'ODD[274] et du programme d'action d'Addis-Abeba[275], car ce nouveau consensus européen intègre « les dimensions économiques, sociales et environnementales »[276].

---

[274] Les ODD au nombre de 17, dits Agenda 2030, envisagent le développement durable au moyen d' « un ensemble de décisions qui améliore les conditions de vie du présent, sans mettre en danger les ressources pour les générations futures ». Des 17 objectifs, 3 en sont de premier ordre :

- mettre fin à l'extrême pauvreté ;
- lutter contre les inégalités et l'injustice ;
- régler le problème du dérèglement climatique.

Les 17 ODD, dans leur ordre chronologique, adoptés le 25 septembre 2015 par 193 dirigeants de la planète, sont :

1- l'éradication de la pauvreté ;
2- la lutte contre la faim ;
3- l'accès à la santé ;
4- l'accès à une éducation de qualité ;
5- égalité entre les sexes ;
6- l'accès à l'eau salubre et à l'assainissement ;
7- le recours aux énergies renouvelables ;
8- l'accès à des emplois décents ;
9- l'innovation et les infrastructures par le soutien et le développement des petites entreprises respectant l'environnement et permettant l'accès à tous aux nouvelles technologies ;
10- la réduction des inégalités entre pays et au sein de chaque pays ;
11- les villes et communautés durables en créant des villes, logements et moyen de transport accessibles à tous et sécurisés ;
12- la consommation responsable ;
13- la lutte contre le changement climatique ;
14- la protection de la faune et de la flore aquatiques par une exploitation durable des océans et des mers ;
15- la protection de la faune et de la flore terrestres en préservant et en restaurant les écosystèmes terrestres et exploiter et gérer durablement les forêts ;
16- la justice et la paix en promouvant la paix et en assurant à tous l'accès à la justice ;
17- les partenariats pour les objectifs mondiaux en réactivant les partenariats mondiaux existants et qui sont au service du développement durable.

Source : Les objectifs de développement durable (ODD), unicef.fr, consulté le 6 juin 2017.

[275] Le Plan d'action d'Addis-Abeba a été adopté par l'Assemblée générale des Nations unies (AG /11663) du 27 juillet 2015 sur le financement des 17 objectifs de développement durable pour la période 2015-2030, en prenant en compte les dimensions économique, sociale et environnementale. Les Pays développés ont, à cette occasion, réaffirmé « leurs engagements [.....de] consacrer 0,7% de revenus national brut à l'aide publique au développement et de 0,15 à 0,2 pour les pays les moins avancés ».

Source : L'Assemblée générale approuve le programme d'action d'Addis-Abeba sur le financement du développement, un.org, 27 juillet 2015, consulté le 6 juin 2017.

À cette fin, les institutions, les organes de l'Union européenne et ses États membres, s'engagent, non seulement à opérer davantage conjointement, mais aussi, leur coopération au développement décloisonne les domaines d'interventions en en faisant un tout, intrinsèquement inséparable et comprenant notamment :

- le développement[277] ;
- la paix et la sécurité[278] ;
- l'aide humanitaire[279] ;
- la migration et la mobilité des jeunes[280] ;
- l'environnement et le climat[281] ;
- l'égalité entre les sexes[282] ;
- l'énergie durable et le changement climatique[283] ;
- l'investissement et le commerce[284] ;
- la bonne gouvernance, la démocratie, l'État de droit et les Droits de l'Homme[285].

Pour y parvenir, ils se sont engagés à combiner, aux instruments classiques de coopération au développement, des financements innovants, grâce notamment à la mobilisation des apports privés et un accroissement des contributions nationales, tout en tenant compte des efforts déjà consentis par les pays partenaires dans les domaines, ci-haut, pris dans leur globalité.

Aussi, il est envisagé que les partenariats soient davantage adaptés et que les acteurs soient élargis, notamment en améliorant le rôle de la société civile.

Le premier instrument financier innovant à combiner son mode d'action avec celui d'anciens instruments est le Fonds européen pour le développement durable, le FEDD.

---

[276] Nouveau consensus européen pour le développement: l'UE et ses États membres signent une stratégie commune pour éliminer la pauvreté, op.cit.
[277] Ibid.
[278] Ibid.
[279] Ibid.
[280] Ibid.
[281] Ibid.
[282] Ibid.
[283] Ibid.
[284] Ibid.
[285] Ibid.

B – Un FEDD jouant la triple fonction d'instrument de financement, de garantie des financements et de fonds de garantie.

Certes, l'Union européenne a lancé en 2014 un instrument de financement du Partenariat Stratégique Afrique-UE, appelé le « Programme panafricain »[286], ce qui lui a permis de doter celui-ci d'un budget de 845 millions d'euros pour la période 2014-2020[287] et dont le premier déploiement, à hauteur de 415 millions d'euros a couvert la période 2014-2017[288], pour la mise en œuvre des Plans d'action annuels portant notamment sur une « contribution [...], à la facilité africaine de soutien juridique » en 2017[289], le renforcement du « système africain des droits de l'homme [un] appui de la société civile dans les questions panafricaines »[290], en 2015 et, en 2014, le « renforcement de la capacité de l'UA en matière d'observation électorale [le soutien au] Programme panafricain de gouvernance financière »[291].

Mais, le budget de cet instrument dédié au financement de la Stratégie commune Afrique- UE, aussi important soit-il, combiné au FED [supra], et à l'IEV [supra], ne permettent pas de faire face à l'offensive du Partenariat Chine-Afrique, dont les Plans d'action triennaux bénéficient des financements colossaux [infra]. Ce déséquilibre abyssal entre les volumes des financements européens pour le développement de l'Afrique et ceux proposés par la Chine, sont de nature à freiner le processus de l'UA, avec le soutien de l'UE, d'unification africaine par des règles communes à transposer dans les législations nationales et locales pour les partager [infra], étant donné que dès son lancement, en 2000, le FCSA s'est proclamé, être une alternative, à tout partenariat économique assurant une promotion contraignante des Droits de l'Homme entre les parties [infra].

---

286 Programme panafricain, africa-eu-partnership.org, consulté le 10/10/2017.
287 Ibid.
288 Ibid.
289 Ibid.
290 Ibid.
291 Ibid.

L'instrument financier du Plan d'investissement extérieur, lancé par l'UE, le Fonds européen de développement durable (FEDD) apparaît comme étant un puissant levier qui s'ajouterait à tous les instruments européens de coopération au développement pour contribuer, relativement à tout le continent africain, à l'accélération des Programmes phares de la Stratégie commune Afrique-UE [infra], en essayant d'atteindre les niveaux des financements chinois, tel qu'on peut lire entre les lignes, les déclarations du Président rwandais Mr Paul Kagamé qui est cité par le média français, Le Monde, en ces termes : « [...] Ceux qui critiquent la Chine sur la dette [en Afrique] donnent trop peu »[292] ; un constat que confirme le sinologue Jean Pierre Cabestan qui estime que les États africains, pour le financement de leur développement, ne souhaitent « pas mettre tous les œufs dans le même panier, ce qui n'est toujours possible vu la faiblesse des offres occidentales de financement »[293].

Le FEDD est en effet, un « Guichet unique » qui a fait l'objet, le 28 juin 2017[294], d'une approbation conjointe par les représentants permanents des États membres, et le Parlement européen[295], de la proposition de Règlement y relative.

Cette approbation conjointe a ouvert la voie à l'adoption du « Règlement (UE) 2017/1601, par le Parlement européen et le Conseil, le 26 septembre 2017 ; règlement instituant le Fonds européen pour le développement durable, le FEDD[296], tel que cela était projeté, dans le PIE, le 14 septembre 2016, en même temps que le renforcement du Plan d'investissement pour l'Europe lancé le même jour en 2014 [supra].

Ce Règlement, instituant le FEDD[297], crée, en même temps, en son article premier, un Fonds de financement, une garantie FEDD et un Fonds de garantie FEDD[298] ; le tout, pour permettre à l'UE de s'attaquer aux causes profondes des migrations, notamment la pauvreté, en investissant dans les

---

292 Afrique : « Pékin n'est pas néocolonialiste, mais hégémonique », lemonde.fr, 03/09/2018, consulté le 04 /09/2018.
293 Au Forum Chine-Afrique, Pékin célèbre ses « nouvelles routes de la soie », Jean Pierre Cabestan, lemonde.fr, 03/09/2018, consulté le 04 /09/2018.
294 Règlement (UE) 2017/1601 du Parlement européen et du Conseil du 26 septembre 2017, eur-lex. europa.eu, consulté le 10/10/2017.
295 Ibid.
296 Ibid.
297 Ibid.
298 Ibid.

infrastructures pour générer une offre d'emplois locaux abondants et décents, comme indiqué au préambule dudit Règlement[299].

Voulu dans son objet défini à l'article 3, comme étant un « dispositif financier intégré »,[300] le FEDD, vise octroyer à des partenaires éligibles 3 services suivants:

- des subventions ;
- des garanties ;
- d'autres instruments financiers.

Pour fédérer des financements publics et privés, le FEDD démarre avec un budget initial de 3,5 milliards d'euros permettant de générer des investissements jusqu'à hauteur de 44 milliards[301] ; ce montant pouvant doubler, pour atteindre 88 milliards d'euros[302].

À ces fins, et fonctionnant sous forme de « Guichet unique », géré par la Commission européenne, le FEDD se subdivise en plateformes régionales d'investissement, formées à partir « des mécanismes de mixages existants », conformément aux dispositions de l'art. 4 du Règlement (UE) 2017/1601 du 26 septembre 2017[303].

Conformément à l'article 5, la Commission européenne « est conseillée [en matière] d'orientation stratégique[304] [et des] priorités d'investissement »[305], par un Conseil stratégique qui, par ailleurs, l'aide à « fixer les grands objectifs d'investissement pour ce qui est du recours à la garantie FEDD, et veille à ce que les fenêtres d'investissement aient une couverture géographique et thématique adéquate et diversifiée, tout en portant une attention particulière aux pays considérés comme étant fragiles ou en situation de conflits, aux PMA et aux pays [à la fois] pauvres et lourdement endettés »[306].

---

299 Ibid.
300 Ibid.
301 Le Conseil donne son feu vert à la création du Fonds européen de développement durable, consilium.europa.eu ; 25/09/2017, consulté le 10/10/2017.
302 Ibid.
303 Règlement (UE) 2017/1601, op.cit.
304 Ibid.
305 Ibid.
306 Ibid.

Le Conseil Stratégique a, en outre, des prérogatives de soutien à « la coordination, la complémentarité et la cohérence globales entre les plateformes régionales d'investissement, entre les trois piliers du PIE, entre le PIE et les autres actions […], en matière de migration et de mise en œuvre de l'Agenda 2030, ainsi qu'avec les instruments de financement extérieur et les fonds fiduciaires pertinents […], de même qu'avec les opérations gérées par le BIE en vertu de son mandat extérieur »[307].

Le Conseil stratégique, coprésidé par la Commission et le Haut représentant, comprend des représentants :

- de la Commission ;
- du Haut représentant ;
- de tous les États membres ;
- de la Banque européenne d'investissement (BIE).

Sont présents au Conseil stratégique, avec statut d'observateur :

- les représentants du Parlement européen ;
- et, s'il y'a lieu, les contributeurs, les pays partenaires, les organisations régionales concernées, les contreparties éligibles et toute autre partie prenante[308].

Convoqué en raison de 2 sessions annuelles ordinaires, mais aussi à tout moment à la demande de la présidence ou d'1/3 de ses membres, le Conseil stratégique délibère en donnant des avis adoptés par consensus ou, faute de ce dernier, par un vote, dont l'importance du suffrage de chaque votant est définie par le Règlement intérieur dudit Conseil stratégique, en tenant compte des sources de financement[309].

Au niveau de chaque plateforme, il est institué un Conseil opérationnel régional chargé d'aider la Commission européenne, dans la définition :

- des objectifs d'investissement pour la région concernée ;
- des fenêtres d'investissement.

---

307 Ibid.
308 Ibid.
309 Ibid.

Chaque Conseil opérationnel régional donne aussi des avis « sur les opérations de mixage et sur le recours à la garantie FEDD »[310].

En son article 7, le Règlement institue une garantie FEDD, pour soutenir des opérations de financement et faciliter, ainsi, des levées de fonds, tout comme pour des opérations d'investissement ainsi que pour apporter des garanties contre les risques[311].

Relativement à la garantie FEDD, il s'agit d'une « garantie irrévocable et inconditionnelle à première demande »[312], au profit des contreparties dites éligibles, parce que remplissant les critères et procédures fixés, en 5 points, à l'article 9, et dont il faut retenir qu'il doit s'agir des opérations de financement ou d'investissement, qui cadrent, à la fois, avec les politiques de l'Union européenne en matière de coopération au développement et de voisinage, et avec les stratégies et politiques des États partenaires[313].

Les demandes à présenter par tout aspirant à la garantie FEDD doivent, en application de l'article 10 du Règlement[314], porter sur :

- les prêts, même en monnaie locale ;
- les garanties ;
- les contre-garanties ;
- les instruments du marché des capitaux ;
- toute autre forme de financement ou de rehaussement de crédit, les assurances et les participations sous forme de fonds propres ou de quasi-fonds propres.

Au sens de l'article 11 du Règlement[315], les contre parties susceptibles d'être éligibles à la garantie FEDD, donc appelés à la solliciter, sont :

- la Banque européenne d'investissement (BEI) ;
- le Fonds européen d'investissement ;
- les organisations internationales et leurs agences ;

[310] Ibid.
[311] Ibid.
[312] Ibid.
[313] Ibid.
[314] Ibid.
[315] Ibid.

- les organismes de droit privé, mais à la condition qu'ils présentent des garanties financières suffisantes.

Une fois déclarée éligible, la contrepartie doit conclure, avec la Commission, un accord de garantie FEDD dont la période initiale va jusqu'à 2020, conformément à l'article 8 du Règlement[316].

Le contenu de cet accord de garantie FEDD est fixé par le point 3 de l'article 13 du Règlement[317], portant notamment sur les règles et les objectifs de l'octroi de la garantie FEDD, à savoir :

- la rémunération de cette garantie FEDD, au regard notamment des pays en conflit et ceux fragiles ainsi que des PMA et des pays enclavés visés à l'article 9 du Règlement ;
- les conditions de paiement ;
- les clauses de suivi et d'évaluation ;
- les procédures des plaintes ;
- les ressources propres à la contrepartie.

Pour financer la garantie FEDD, il est institué, par l'article 14 du Règlement, un Fonds de garantie FEDD[318], qui est une « réserve de liquidités » destinée à répondre aux sollicitations, à première demande, des contreparties élues à la garantie FEDD.

Cette réserve de liquidités est financée par :

- les contributions du budget général de l'Union ;
- les contributions volontaires des États membres ;
- d'autres contributeurs ;
- les revenus des placements du Fonds de garantie FEDD ;
- les fonds recouvrés auprès des débiteurs défaillants.

Comme la disponibilité de la garantie FEDD est conditionnée par celle d'au moins 400 millions d'euros de réserves de liquidités, au Fonds de garantie FEDD, conformément au paragraphe 3 de l'article 12[319], le

---

[316] Ibid.
[317] Ibid.
[318] Ibid.
[319] Ibid.

Règlement, en son article 15, fixe à 350 millions d'euros, la contribution du budget général de l'Union[320].

Mais, comme le FEDD, en tant que « Guichet unique », est appelé à mobiliser des fonds publics et privés et à les investir, pour financer les investissements ou pour en garantir, dans le voisinage européen et en Afrique, l'UE et les pays contributeurs ainsi que les contributeurs privés, sont tenus de le faire dans une complémentarité, certes rentable, mais « sans distorsion du marché » et en partageant les coûts et les risques, dans le respect des principes édictés au paragraphe 9 du préambule du Règlement, à savoir :

- « les principes de l'investissement responsable »[321] ;
- les principes directeurs des Nations unies relatifs aux entreprises et aux Droits de l'Homme[322] ;
- « les principes directeurs de l'Organisation de coopération et de développement économique (OCDE) à l'intention des multinationales »[323].

Dans le cadre de la mise en œuvre du Plan d'investissement extérieur (PIE), le Conseil stratégique du Fonds européen de développement durable (FEDD) a décidé, le 10 juillet 2018, d'autoriser la mobilisation de ce pilier financier du PIE, pour la signature des premiers « accords de garantie avec les institutions financières partenaires admissibles »[324].

Ces institutions financières utilisent la garantie UE pour « financer de nouveaux projets de développement et attirer des investissements privés »[325], en additionnalité avec l'aide publique européenne au développement ainsi qu'avec celle de ses États membres.

Le financement du PIE étant ouvert aux tiers contributeurs, la Fondation Bill Melinda Gates, a déjà apporté en 2018, un don de 62 millions d'euros[326].

---

320 Ibid.
321 Ibid.
322 Ibid.
323 Ibid.
324 Le Plan d'investissement extérieur de l'UE : premiers projets en Afrique et dans le voisinage de l'Union, europa.eu, 11/07/2018.
325 Ibid.
326 Ibid.

Les pays de destination des investissements financés par le FEDD ou garantis par celui-ci, pouvant aussi comprendre des États fragiles ou ceux en conflits, et même ceux peu soucieux de la gouvernance démocratique, la Commission européenne et le Haut Représentant/Vice-Président, sont engagés par le paragraphe 13 du préambule du Règlement 2017/1601, institutif du FEDD, à mener des dialogues politiques avec les pays partenaires « pour développer des cadres juridiques, des politiques et des institutions » [327] en vue d'assurer :

- la stabilité économique ;
- l'investissement durable ;
- la croissance inclusive.

Ce dialogue politique doit porter notamment sur les questions :

- de corruption ;
- de criminalité organisée ;
- de flux financiers illicites ;
- de bonne gouvernance ;
- d'intégration des marchés locaux ;
- de promotion de l'entrepreneuriat et de l'environnement économique local ;
- des Droits de l'Homme ;
- de l'État de droit ;
- de l'égalité homme / femme.

C'est dans ce cadre, et sur le fondement de ce renfort apporté notamment au FED, à l'IVE[328] et à l'instrument de coopération au développement (ICD)[329], par le FEDD, que le Sommet Afrique-UE tenu à Abidjan, en Côte d'Ivoire, du 29 au 30 novembre 2017 a adopté, des réajustements ambitieux

---

[327] Ibid.

[328] L'IVE est l'instrument géographique européen de financement du développement dans le voisinage de l'UE dont les pays d'Afrique du Nord. Il dispose d'un budget de 15,4 milliards d'euros pour la période 2014-2020.

Source : Aperçu général de la politique de développement, europarl.europa.eu, janvier 2016.

[329] L'ICD est à la fois un instrument géographique et thématique européen de coopération au développement avec des pays pertinents de l'Amérique latine, d'Asie, de la région du Golfe, et l'Afrique du Sud. Pour la période 2014-2020, l'ICD est doté d'un budget de 19,7 milliards d'euros.

Source : Ibid.

dans la Stratégie commune Afrique-UE, avec 19 initiatives phares, d'accélération de ladite Stratégie commune ; une vision à long terme pour la stabilité de l'Afrique, par son développement inclusif et une gouvernance apaisée, ainsi que pour la sécurité de l'Europe.

II – Un réajustement de la Stratégie Afrique-UE, pour la réalisation de 19 initiatives phares, aux fins d'un développement inclusif et d'une gouvernance pacifique.

Si l'Union européenne coopère avec l'Afrique, sur la base des Stratégies UE-Régions africaines[330], elle s'est accordée avec tout le continent, sur une Stratégie commune Afrique-UE en 2007, qui a été réajustée en fin novembre 2017.

En effet, à la suite du tout premier Sommet Afrique-Europe, tenu les 3 et 4 avril 2000 au Caire, en Égypte[331], marqué par une Déclaration commune et un Programme d'action, le deuxième Sommet UE-Afrique, réuni à Lisbonne, au Portugal, le 9 décembre 2007, va lancer, en plus des engagements pris dans la Déclaration commune de 2007 et un programme d'action 2008-2010

---

[330] La Stratégie régionale UE-Corne de l'Afrique de 2011, qui a donné lieu à 3 actions communes, à savoir :

- l'initiative « appui à la capacité de la résistance de la Corne de l'Afrique (Share) », en 2012 ;
- le Plan d'action sur la lutte contre le terrorisme qui a été étendu au Yémen en 2013 ;
- le Plan d'action en faveur de la Corne de l'Afrique pour la période 2015-2020, portant notamment sur la radicalisation et la migration.

La Stratégie UE-Golfe de Guinée pour renforcer les capacités de sécurisation maritime, l'Etat de droit et la gouvernance en lien avec la criminalité organisée transnationale en Océan atlantique (pêche illicite, traite des êtres humains, trafic de drogues, d'armes, de médicaments et des déchets ainsi que le trafic du pétrole) et la piraterie maritime.

La Stratégie UE-Sahel portant sur :

- le développement ;
- la gouvernance et le règlement des conflits internes ;
- la sécurité politique et diplomatique et l'Etat de droit ;
- la prévention et la lutte contre la radicalisation ;
- les conditions appropriées pour les jeunes ;
- les migrations ;
- la criminalité transnationale organisée ;

Source : Relations UE-Afrique, consilium.europa.eu, 14/03/2018, consulté le 05/04/2018.

[331] Le partenariat Afrique-UE. africa-ue-partnership.org, consulté le 8 octobre 2017.

Après le 2ème Sommet 2007 à Lisbonne au Portugal, le 3ème Sommet a eu lieu en 2010 à Tripoli en Lybie, le 4ème Sommet en 2014 à Bruxelles en Belgique, avant le 5ème Sommet, celui d'Abidjan en Côte d'Ivoire le 29 et 30 novembre 2017.

Source : sommetuaue2017.ci, consulté le 8 décembre 2017.

et une Stratégie commune Afrique-UE, la Stratégie de Lisbonne[332], qui est une vision à long terme pour la paix et le développement en Afrique et la sécurité en Europe.

A – Une Stratégie commune Afrique-UE, vision à long terme pour la paix et le développement de l'Afrique et la sécurité de l'Europe.

La Stratégie commune Afrique-UE s'inscrit, depuis son adoption au Sommet de Lisbonne, le 9 décembre 2007, dans une perspective de long terme fondée sur :

- la défense de valeurs partagées ;
- la défense d'intérêts communs ;
- la défense d'objectifs stratégiques ;
- une coopération entre partenaires égaux.

Dans ce cadre stratégique, volontaire et global, il est convenu d'établir des stratégies spécifiques, à l'instar des Stratégies régionales [supra], des APE [supra], dans les domaines :

- de la paix et de la sécurité ;
- de la gouvernance et des Droits de l'Homme ;
- du commerce et de l'intégration régionale ;
- du développement.

De même, en plus des Sommets des dirigeants d'États UE et d'Afrique, des fora spécifiques sont organisés et réunissent des participants africains, et leurs homologues européens pour échanger et mettre en place des dynamiques, à savoir :

- Forum des affaires réunissant les acteurs et actrices économiques, dont le 6e Forum a eu lieu le 27 novembre, à Abidjan, en Côte d'Ivoire[333] ;
- le Forum de la jeunesse, dont le 4e Forum qui a réuni, à Abidjan, du « 9 au 11 octobre 2017 […], 120 jeunes animateurs de jeunesse » pour

---

[332] Ibid.

[333] 5e Sommet Union africaine-UE, 29-30/11/2017, consilium.europa.eu, 17/01/28, consulté le 06/04/2018.

s'accorder sur des recommandations à adresser au Sommet des dirigeants étatiques[334] ;

- le Forum de la société civile, dont la 3e édition, en prélude au Sommet d'Abidjan, avait été réuni à Tunis, en Tunisie, du 11 au 13 juillet 2017[335].

Dans le cadre de la mise en œuvre de la Stratégie commune Afrique-UE, l'Union européenne a mis en place un instrument spécifique de financement de ladite Stratégie, dénommé le Programme panafricain (PANAF), dont les financements proviennent de l'Instrument de coopération au développement (ICD) supra, et doté d'un budget de 845 millions pour la période 2014-2020[336]. La première phase de mise en œuvre du PANAF a couvert la période 2014-2017, avec une enveloppe de 415 millions d'euros[337].

Le PANAF a permis le financement de projets suivant en 2014 :

- la formation d'observateurs internationaux d'élections de l'Union africaine, pour un montant de 6,5 millions d'euros[338] ;
- du « Programme de bourses de recherche de l'Union africaine [pour] répondre aux problèmes rencontrés par les pays africains et contribuer à leur développement durable [ainsi que pour] développer la capacité de la CUA [(Commission de l'Union africaine)] à concevoir, mettre en œuvre et suivre les programmes de financement de la [recherche et innovation] R&I » pour un montant de 10 millions d'euros[339] ;
- du « Programme d'harmonisation de l'enseignement supérieur », d'un montant de 5 millions d'euros, pour créer un espace unique africain d'enseignement supérieur[340] ;
- du « Consortium panafricain pour un master en interprétation et traduction », pour un montant de 4,7 millions d'euros destinés à contribuer à la formation du capital humain hautement qualifié en matière

---

334 Ibid.
335 Ibid.
336 Programme panafricain, africa-eu-partnershio.org, consulté le 06/04/2018.
337 Programme panafricain. Le Plan d'action 2014, africa-eu-partnershio.org, consulté le 06/04/2018.
338 Ibid.
339 Ibid.
340 Ibid.

de traduction et d'interprétation pendant les conférences ainsi que d'interprétation au sein des services publics[341] ;

- du « Programme Africa Connect II », pour un montant de 20 millions d'euros, aux fins de mettre en place et opérationnaliser un réseau régional de recherche et d'enseignement disposant d'une connexion internet haut débit[342] ;

- du « Dialogue Afrique-UE sur la migration et la mobilité », à hauteur de 17,5 millions d'euros, pour une meilleure gouvernance intra-africaine et entre l'Afrique et l'Union européenne de ces deux thématiques[343] ;

- du programme « Statistiques panafricaines », pour 10 millions d'euros[344] ;

- du programme « Facilité africaine de soutien juridique », à hauteur de 5 millions d'euros[345] ;

- du « Programme panafricain de gouvernance financière », à hauteur de 5 millions d'euros, pour améliorer cette dernière[346] ;

- du « Programme UE-Afrique de soutien aux infrastructures », pour la mise en place à hauteur de 6 millions d'euros, d' « Un guichet unique [...visant] garantir [la] coordination horizontale et sectorielle du programme de la stratégie commune Afrique-UE 2014-2017 relatif aux infrastructures dans les domaines de l'eau, de l'énergie, du changement climatique, du transport et des technologies de l'information et de la communication (TIC) »[347] ;

- du « Programme de politique de transport en Afrique (SSATP-DP3) », à hauteur de 8 millions d'euros, pour contribuer, dans le cadre de ce partenariat créer en 1987 entre 40 pays africains et 8 CER ainsi que des organisations du secteur public et privé et les organisations internationales du développement. Ce financement étalé sur 2014-2018 vise à aider les pays africains et les CER « à renforcer leurs politiques et leurs stratégies afin de promouvoir un transport durable pour stimuler la croissance économique et réduire la pauvreté »[348].

[341] Ibid.
[342] Ibid.
[343] Ibid.
[344] Ibid.
[345] Ibid.
[346] Ibid.
[347] Ibid.
[348] Ibid.

Pour le Plan d'action 2015, un montant total de 146,35 millions d'euros a été destiné par le PANAF, notamment au Programme de lutte contre la criminalité transnationale organisée, au renforcement du système des Droits de l'Homme en Afrique, à la lutte contre les mutilations génitales féminines, dans le cadre du FNUAP-UNICEF, au soutien à la société civile, aux échanges interuniversitaires intra-africains[349].

Le PANAF a contribué, à hauteur de 30 millions, en 2016, à nouveau aux échanges interuniversitaires intra-africains et au programme panafricain d'élevage dénommé UA-BIRA[350].

Pour l'année 2017, le PANAF a financé :

- « la facilité d'investissement pour l'Afrique à l'appui de l'intégration économique continentale [...] », à hauteur de 70 millions d'euros[351] ;
- la « Classification des marchandises pour le commerce africain », pour 5 millions d'euros[352] ;
- « la facilité africaine de soutien juridique », à hauteur de 5 millions d'euros aussi[353] ;
- également à hauteur de 5 millions d'euros, le programme « Sécurité UE-Afrique dans l'aviation »[354] ;
- le programme « Initiative de politique et de régulation pour l'Afrique numérique (PRIDA) », pour un montant de 7,5 millions d'euros[355].

L'année 2018, qui est la première année de déploiement de la deuxième phase du PANAF (2018-2020), a été marquée par un réajustement de la Stratégie de Lisbonne Afrique-Union européenne, par le 5e Sommet Afrique-UE qui a adopté et décidé de mettre en œuvre 19 initiatives phares pour un développement inclusif et une gouvernance apaisée en Afrique, ainsi que pour la stabilité et le mieux-être en Europe.

349 Programme panafricain, Le Plan d'action 2015, ibid.
350 Programme panafricain, Le Plan d'action 2016, ibid.
351 Programme panafricain, Le Plan d'action 2017, ibid.
352 Ibid.
353 Ibid.
354 Ibid.
355 Ibid.

B – Des initiatives phares pour un développement et la paix en Afrique et la stabilité et le mieux-être en Europe.

Dans la perspective du 5e Sommet Afrique-UE, des 29 et 30 novembre 2017, à Abidjan, en Côte d'Ivoire, la Haute Représentante pour les Affaires étrangères et la politique de sécurité, Mme Federica Mogherini, a fait une communication, au Parlement européen et au Conseil, suggérant d'apporter à la Stratégie commune Afrique-UE, un approfondissement qui puisse prendre en compte :

- les mutations rapides du monde[356] ;
- les changements économiques, politiques et sociaux[357] de l'Afrique ;
- l'importance de l'Afrique pour la sécurité intérieure et extérieure de l'Europe[358] ;
- l'importance de l'Afrique, « de plus en plus évidente », pour la prospérité de l'Europe[359].

Aussi, la Haute Représentante/Vice-Président propose-t-elle, dans sa communication, que la feuille de route 2018-2020 puisse prendre en compte l'agenda 2063 de l'Afrique, défini et adopté par l'UA supra, dans la « première série d'initiatives concrètes »[360], de mise en œuvre de la Stratégie globale pour la politique étrangère et de sécurité de l'UE[361].

Analysant la situation des relations UE-Afrique, la Haute Représentante indique que l'UE est le principal investisseur, et le principal partenaire commercial de l'Afrique, avec notamment 32 milliards d'euros d'IDE en 2015, soit 33% du total des IDE en Afrique et 33,5% d'importations africaines en provenance de l'UE, en 2016, contre 41% des exportations africaines vers l'UE sur la même année 2016[362].

---

356 Communication conjointe : un nouvel élan pour le partenariat Afrique-UE, eeas.europa.eu 04/05/2017, consulté le 08/10/2017.
357 Ibid.
358 Ibid.
359 Ibid.
360 Ibid.
361 Ibid.
362 Ibid.

Aussi, a-t-elle estimé qu'avec la pression ou boom démographique projetant à 2,4 milliards d'habitants, la population africaine à l'horizon 2050, il faut créer, en Afrique, 18 millions d'emplois par an jusqu'en 2035[363].

Mais, le constat qu'elle fait, en 2017, est que cette capacité de création d'emplois nouveaux, ne serait que de 3 millions d'emplois par an[364], dans une Afrique marquée par des conflits violents internes, quelques progrès démocratiques dans certaines sous-régions, mais aussi des situations préoccupantes de régression de la gouvernance politique et de la paix sociale, dans plusieurs zones.

Aussi, la communication conjointe de la Haute représentante, en son point 5, a-t-elle demandé que la Stratégie commune Afrique-UE, à l'issue du Sommet d'Abidjan, des 29 et 30 novembre 2017, prenne en compte la nécessité de « traduire les objectifs stratégiques en 2 grands domaines d'actions »[365] portant sur :

1- La construction d'États et sociétés africains plus résilients, par la « prévention des conflits, gestion de crises et consolidation de la paix »[366], comme par la gestion des migrations, ainsi que par « le renforcement du système de gouvernance »[367], grâce à des « dialogues politiques structurels » de l'Accord de Cotonou et des accords d'association avec les Africains non ACP[368].

2- Contribuer à une offre d'emploi abondante et de qualité, en Afrique, au profit de la jeunesse africaine, notamment par des mesures d'attractivité renforcée de l'environnement des affaires et des conditions et cadre de vie[369], tout en relevant les défis d'une production énergétique à rendre suffisante et durable, pour son utilisation domestique et industrielle, dans les villes comme en milieu rural, à des coûts abordables et d'une fiabilité capable de résister aux épreuves du temps et des intempéries. Cette production énergétique serait démultipliée, grâce aux interconnexions permettant le développement de l'agriculture industrielle et la fourniture d'énergie aux industries de transformation

363 Ibid.
364 Ibid.
365 Ibid.
366 Ibid.
367 Ibid.
368 Ibid.
369 Ibid.

agroalimentaire capitalisant l'économie bleue[370] et les produits forestiers non ligneux. Dans cette perspective, la communication envisage de faire « progresser les compétences et les connaissances en associant éducation, innovation et recherche, pour renforcer l'éducation à l'emploi et au développement durable »[371] et, ainsi, participer à l'un des objectifs de l'Agenda 2063 [supra] qui vise, en Afrique : « catalyser la révolution de l'éducation et des compétences et promouvoir [...] les sciences, la technologie, la recherche et l'innovation [...] »[372].

Pour la concrétisation de ces deux grands domaines d'actions, la Communication propose 11 initiatives phares à caractère économique et social et 8 initiatives à caractère politiques et sécuritaires.

Toutes ces 19 initiatives ont été adoptées par l'Union européenne et ont été intégrées dans la Stratégie commune Afrique-UE réajustée à l'occasion du tout premier Sommet Union africaine-Union européenne, à Abidjan, en Côte d'Ivoire, les 29 et 30 novembre 2017 [supra], les précédents Sommets étant intitulés à chaque fois Sommet Afrique-Union européenne ; le passage aux Sommets entre 2 organisations régionales étant facilité par le retour du Royaume du Maroc au sein de l'UA, depuis le 30 janvier de la même année 2017[373].

Les 11 initiatives phares à caractère économique et social sont :

1- « Étendre le programme Erasmus+, à la jeunesse africaine[374].

2- Créer une facilité européenne pour l'enseignement et la formation professionnelle[375].

3- « Générer des investissements [...] pour soutenir la recherche et l'innovation » dans les domaines de l'agriculture, de l'agriculture durable, de la sécurité alimentaire et nutritionnelle, ainsi que pour permettre aux populations locales d'accéder aux nouvelles technologies[376].

---

370 Ibid.
371 Ibid.
372 Ibid.
373 Retour du Maroc au sein de l'Union africaine : quels enjeux ? Abderrahim Kader, iris-France.org, 02/02/2017, consulté le 06/04/2018.
374 Communication conjointe : un nouvel élan pour le partenariat Afrique-UE, op.cit.
375 Ibid.
376 Ibid.

4- Étendre « le réseau d'accords [...] de pêche durable »[377].

5- « Favoriser [...], des chaînes de valeur [...] par des investissements en agro-industrie et en économie bleue »[378].

6- « Mettre en place une plateforme UE-Afrique de la recherche et de l'innovation [sur le] changement climatique et l'énergie durable »[379].

7- Créer une plateforme de haut niveau EU-Afrique pour « faciliter la coopération public-privé [afin] de réduire les risques liés aux investissements privés » en matière d'énergie durable[380].

8- Contribuer à l'Initiative africaine pour les énergies renouvelables (AREI) visant l'objectif de 5 GW d'ici 2020 afin d'offrir à 30 millions d'Africains de l'énergie durable et d'économiser 11 millions de tonnes de CO_2/an[381] ; Initiative AREI menée par la Commission de l'Union africaine, l'Agence du NEPAD, le Groupe des négociateurs africains, la Banque africaine de développement (BAD), le Programme des Nations unies pour l'environnement (PNUE) et l'Agence internationale pour les énergies renouvelables (IRENA)[382].

9- Apporter un soutien à la stratégie numérique de l'Afrique[383].

10- Renforcer la prévisibilité des investissements européens en Afrique, grâce à des principes directeurs communs[384].

11- Mettre en œuvre le Plan d'investissement extérieur [supra] massif, de l'UE, visant à mobiliser, d'ici 2020, 44 milliards d'euros « soutenu par un dialogue structurel, le secteur privé européen et africain dans le cadre de la plateforme SB4A »[385], grâce aux mécanismes du FEDD [supra].

---

377 Ibid.

378 Ibid.

379 Ibid.

380 Ibid.

381 Ibid.

382 Initiative africaine pour les énergies renouvelables - Increasing Renewable Energy Capacity on the African Continent, unfccc.int, 7 déc. 2015, consulté le 8 décembre 2017.

383 Communication conjointe : un nouvel élan pour le partenariat Afrique-UE, op.cit.

384 Ibid.

385 Le SB4A, en anglais Sustainable Business for Africa, est une plateforme mise en place dans le cadre de la mise en œuvre du Plan européen d'investissement extérieur (PIE ou, en anglais EIP) pour appuyer et coordonner le dialogue structuré avec le secteur privé européen en Afrique.

Les 8 initiatives phares à caractère politique et sécuritaire sont :

1- « Mettre en place une plateforme de coopération » ONU-UE-Afrique et autres partenaires internationaux, « pour intensifier le dialogue politique, les discussions stratégiques et les actions communes, dans le domaine de la prévention des conflits, de la pacification et du développement »[386] ; objectif ayant donné lieu à la création, en marge du Sommet UA-UE, du Groupe de travail UA-UE-ONU et qui est déjà opérationnel en Libye le cadre de la lutte contre les migrations [infra].

2- Apporter un tout premier financement européen au nouveau Fonds de l'UA pour la paix[387].

3- « Soutenir les initiatives africaines dans le domaine de la sécurité maritime »[388], en particulier le Code de conduite de Yaoundé, la Charte de Lomé et le Code de conduite de Djibouti ; domaines dans lesquels l'UE est engagée dans le cadre de la

---

Source : Interview de Mr Neven Mimica, Commissaire européen en charge de la coopération internationale et du développement, 26 novembre 2017. cio-mag.com, consulté le 8 décembre 2017.

[386] Communication conjointe : un nouvel élan pour le partenariat Afrique-UE, op.cit.

[387] L'Union africaine s'est dotée à l'occasion de son 27e Sommet de juillet 2016, à Kigali au Rwanda, d'un mécanisme d'autofinancement provenant des contributions des Etats membres qui sont engagés, chacun, de taxer, à hauteur de 0,2%, les importations de chaque pays.
Cet autofinancement est destiné à prendre en charge, 3 postes de dépenses, à savoir :

1 – le budget de fonctionnement et d'investissement ainsi que pour honorer les prestations reçues, de l'ensemble des institutions, organes et organismes de l'UA ;

2 – le budget programme, pour prendre en charge, les programmes continentaux, comme ceux de l'Agenda 2063 dont procède la ZLEC [supra], ainsi que pour répondre aux situations d'urgence sécuritaire ou d'urgence sociale ou humanitaire ainsi que pour financer les activités de coordination continentale, face aux défis mondiaux tels que les changements climatiques ;

3 – le Fonds pour la paix, décidé en application de l'article 21 du Protocole de création du Conseil de paix et de sécurité (CPS), pour la prise en charge des opérations de soutien à la paix (OSP) de l'UA, et missions préventives des Communautés économiques régionales (CER) et des Mécanismes régionaux.

Mais comme l'UA et ses Etats membres, sont désormais conscients que les actions menées pour la paix en Afrique, participent à la paix et à la sécurité internationales, ainsi qu'à la sécurité intérieure d'Etats et espaces communautaires tiers, le Fonds pour la paix de l'UA, d'un montant de 400 millions d'euros à l'horizon 2020, a déjà été doté de 325 millions en 2017. Pour le reste, il faut partager la charge avec l'ONU tout en restant ouvert aux contributions tierces.

Source : Foires aux questions sur le financement de l'Union, au.net, consulté le 8 décembre 2017.

[388] Communication conjointe : un nouvel élan pour le partenariat Afrique-UE, op.cit.

Stratégie pour le golfe de Guinée supra et de la Stratégie pour la Corne de l'Afrique supra.

4- Initier « une Conférence conjointe de haut niveau, UE-UA, sur les processus électoraux, la démocratie et la gouvernance, en Afrique et en Europe, avec la participation du Parlement panafricain, du Parlement européen, de la société civile et des universitaires »[389] ; un tel dialogue UA-UE existant déjà depuis 2008, relativement aux Droits de l'Homme et est alimenté par des rencontres préalables entre experts.[390]

5- Multiplier, par 2, l'aide européenne « à la mobilisation des ressources nationales » africaines[391], pour notamment une optimisation des recettes fiscales et, ainsi, accélérer le processus de compensation de la réduction des recettes douanières, inhérente à la libéralisation graduelle des échanges, dans les pays africains partis aux APE supra. Cette optimisation fiscale que l'UE doit soutenir dans chaque État africain partie à un APE doit se faire en conformité avec « l'initiative fiscale d'Addis-Abeba »[392].

6- Élaborer « une Charte commune UE-Afrique », pour une « gestion durable des ressources naturelles »[393].

7- Apporter un soutien aux « initiatives africaines sur la migration et la mobilité »[394] notamment pour :

- « l'élaboration du Protocole sur la libre circulation des personnes en Afrique et [celui relatif au] droit spécifique à la nationalité et à l'éradication de l'apatridie en Afrique »[395] ;

- « soutenir les régimes de protection sociale [quant à] la transférabilité des droits sociaux »[396] ;

---

389 Ibid.

390 Ibid.

391 Ibid.

392 L'initiative fiscale d'Addis-Abeba s'inscrit dans le cadre général du financement de l'Objectif de développement durable (ODD) supra en aidant les pays en développement à mobiliser efficacement les ressources nationales notamment par le renforcement des capacités dans le domaine de l'imposition et de la mobilisation des recettes nationales en améliorant la collecte des impôts, grâce à l'élargissement et à la protection de la base d'imposition tout en luttant contre la fraude et l'évasion fiscale

393 Communication conjointe : un nouvel élan pour le partenariat Afrique-UE, op.cit.

394 Ibid.

395 Ibid.

396 Ibid.

- soutenir les « les mécanismes de transférabilité des compétences et qualifications »[397].

- Renforcer la « lutte [conjointe] contre les réseaux de passeurs et trafiquants »[398], en matière d'immigration, notamment par l'adhésion et la mise en œuvre, par les États africains, de « la Convention des Nations unies sur la criminalité transfrontalière organisée et ses protocoles additionnels »[399].

Mais, en dépit de cet investissement multidimensionnel de l'Union européenne, elle s'est aperçue, depuis le tournant notamment des années 1990, que la paix escomptée, par la mise en œuvre de ses instruments de coopération économique et au développement et d'échanges commerciaux, n'était pas au rendez-vous. Au contraire, la conflictualité africaine s'aggrave dans les années 1990 avec notamment des guerres civiles dévastatrices en Sierra Leone et au Liberia ; au Burundi, en République démocratique du Congo (RDC), en République centrafricaine (RCA) et en Angola ; en Somalie et au Soudan, ainsi qu'un génocide au Rwanda.

Il faut alors greffer, à l'objectif initial, de paix par le développement, celui de paix par la démocratisation de l'Afrique tel que l'Europe a pu le réussir pour se pacifier en interne, depuis la fin de la Deuxième Guerre.

Cette volonté européenne d'externalisation de la paix par la démocratisation est aussi imposée à l'UE par des impératifs de stabilité et de sécurité intérieures ainsi que par son droit interne.

---

[397] Ibid.

[398] Ibid.

[399] Entrée en vigueur le 29 septembre 2003, la Convention des Nations unies contre la criminalité transnationale organisée dite Convention de Palerme, conclue à Palerme, en Italie, en décembre 2000, est le premier instrument international de droit pénal destiné à lutter contre cette criminalité multiforme, qui a donné lieu à 3 Protocoles additionnels respectivement relatifs :

- à la traite des personnes ;
- au blanchiment d'argent ;
- au trafic illicite d'armes à feu.

Source : Convention des Nations Unies contre la criminalité transnationale organisée et protocoles s'y rapportant, unodc.org, consulté le 8 décembre 2017.

Aussi, si la coopération politique entre l'Union européenne et l'Afrique est controversée, celle-ci demeure indispensable à la paix et au développement de l'Afrique ainsi qu'à la stabilité et la prospérité de l'Europe ainsi qu'à la sécurité internationale.

Titre II : Une coopération politique UE-Afrique controversée, mais indispensable à la paix durable et au développement inclusif de l'Afrique, à la prospérité de l'Europe et à la sécurité internationale.

Assurant la promotion du concept de « pérennisation de la paix » le Secrétaire général des Nations unies, Mr Antonio Guterres, estime que « Le développement inclusif [...] c'est [...] le meilleur outil du monde contre les conflits violents et l'instabilité »[400] ; tout en ajoutant que les « racines des conflits [et] des crises [sont] souvent la pauvreté, l'exclusion, l'inégalité, la discrimination et les violations des droits de l'homme »[401].

Par ce diagnostic assez large des facteurs de conflits, l'idéal de « pérennisation de la paix » a donné lieu, dans le cadre de l'Agenda 2030 des Nations unies poursuivant 17 Objectifs de développement durable, les ODD ou Objectifs mondiaux, l'une des plus grandes différences entre ces ODD et l'Objectif mondial pour le développement (OMD) est qu'il est pris en compte 3 nouveaux objectifs : « les changements climatiques, la paix et la justice »[402].

Les Nations unies rejoignent ainsi l'approche globale de l'Union européenne dans son partenariat avec l'Afrique qui lui permet en même temps de poursuivre les objectifs de paix par le développement et ceux de paix par la démocratisation de l'Afrique, comme elle le fait aussi avec d'autres partenaires dans le cadre de sa coopération au développement. Cet objectif de paix par la démocratisation apporte cette valeur certes au pays partenaire, mais la paix intérieure européenne en est tributaire.

La paix interne par la démocratisation du voisinage, une vieille théorie qui remonte à Emmanuel Kant, la paix kantienne, qui est promue par ses

400 Le Conseil de sécurité examine le dispositif de consolidation de la paix de l'ONU et réfléchit avec le Secrétaire général à la pérennisation de la paix ; reliefweb.int, 28/04/2018, consulté le 09/06/2018.

401 Ibid.

402 Quels sont les objectifs de développement durable ? undp.org, consulté le 29/10/2017.

continuateurs, après une longue controverse doctrinale ; une paix kantienne confirmée par l'insécurisation de l'Union européenne, résultant des effets des déficits démocratiques extérieurs générant des migrations massives, ressenties comme invasives ainsi qu'un terrorisme vascularisé, qui sont des impératifs de sécurité interne à l'UE et de sécurité internationale, justifiant un Droit européen obligeant à externaliser les valeurs démocratiques (chapitre premier) ; cette externalisation de la gouvernance démocratique étant par ailleurs indispensable au développement inclusif et à la paix durable en Afrique (chapitre II).

Chapitre premier : Un impératif sécuritaire interne et international et une obligation juridique européenne justifiant l'externalisation de la gouvernance démocratique.

L'idéal européen, de paix par la démocratisation du voisinage, a suscité une longue controverse doctrinale ayant isolé son pionner, Emmanuel Kant, avant qu'il ne soit réhabilité par le postulat « les démocraties ne se font pas la guerre et seulement entre elles ». Aussi, la volonté européenne d'externalisation des valeurs démocratiques est-elle un impératif sécuritaire interne et international (section 1), la corrélation externalisation de la démocratie/sécurité européenne et internationale étant confirmée par les effets négatifs, sur la stabilité de l'Europe et la sécurité internationale, des migrations « invasives » et un terrorisme vascularisé, résultant des déficits démocratiques africains (section 2)

Section 1 : Une sécurité interne européenne et internationale tributaire de l'externalisation de la démocratie en application de la théorie de la paix démocratique.

La paix interne au territoire d'un État est tributaire, d'une externalisation de la démocratie, dans les États souverains du voisinage et même ceux lointains, selon une doctrine émise par Emmanuel Kant, mais qui a suscité une longue controverse l'ayant isolé pendant longtemps (I) avant sa réhabilitation par le postulat selon lequel « les démocraties ne se font pas la guerre et seulement entre-elles », justifiant une quête perpétuelle de sécurité interne et internationale, par des actions d'externalisation de la gouvernance démocratique (II).

I – Une théorie de la paix démocratique ayant isolé Emmanuel Kant.

Il est admis, depuis Emmanuel Kant, jusqu'à Michael Doyle et Bruce Russet que « les démocraties ne se font pas la guerre et seulement entre elles »[403], dans les études de la paix démocratique. En raison de la déstabilisation de la paix par la guerre, la sécurité en est affectée ; d'où il est nécessaire d'offrir une préalable grille d'analyse des concepts de paix et de sécurité qui, sans être semblables, sont indissociables (A), pour mieux appréhender l'isolement d'Emmanuel Kant par les réalistes dans leur définition du concept de paix (B).

A – Paix et sécurité, deux concepts dissemblables, mais inséparables.

Paix et sécurité sont deux concepts essentiellement contestables, comme le sont, d'ailleurs, toutes les notions des relations internationales (puissance, intérêt national, équilibre des puissances ...) ainsi que celles de la science politique (démocratie, totalitarisme, liberté, pouvoir, égalité, justice…)[404].

Pour Dario Battistella, une notion essentiellement contestable se caractérise par le fait que :

- elle est soumise à des usages concurrents ;
- son ambiguïté donne lieu à des usages et des interprétations discutables ;
- le concept n'a pas d'existence propre sans ses usages concurrents.

Le concept de sécurité, vu sous un tel angle, est qualifié, par Steve Smith, d'être « un champ de bataille en soi pour soi »[405], quoique Arnold Wolfers ait, dès 1952, apporté une définition globalement acceptée par tous, en ces termes : « La sécurité, dans un sens objectif, mesure l'absence de menaces sur les valeurs centrales ou, dans un sens subjectif, l'absence de peur que ces valeurs centrales ne fassent l'objet d'une attaque »[406].

---

403 Michael Doyle et Bruce Russet cité par Battistella Dario, Théories des relations internationales, Paris, Presses de Sciences-Po, Coll. « Références inédites », 3e édition. août 2009, 694 pp.pp.545-565.
404 Op.cit. p.507.
405 Smith Steve et Wolfers, cités par Battistella Dario, ibid., p.510.
406 Wolfers Arnold, cité par Battistella Dario, ibid.

Mais, en dépit de ce quasi-consensus, Barry Buzan a « complexifié » la situation, estimant que la sécurité est la « poursuite de la liberté de toute menace »[407].

De là, va s'ouvrir une très importante controverse doctrinale portant à la fois sur :

- le sujet de la sécurité ou unité de référence dont on doit protéger les valeurs centrales (un État, l'humanité, un individu, une communauté identitaire, une autre collectivité ou groupe public ou privé) ;
- quel type de menace doit- elle être absente ou que l'on ne doit pas redouter ou encore dont on doit se préserver (militaire, non militaire, économique, environnementale, identitaire), réelle ou potentielle ;
- les valeurs centrales réellement ou potentiellement menacées (survie de l'État, souveraineté, intégrité territoriale, bien-être, identité culturelle, libertés fondamentales) ;
- les moyens multiformes d'actions réactives ou proactives à mettre en œuvre (discours politique, instruments militaires ou civils, leviers économiques et financiers).

Si dans une approche stato-centrée, dite aussi stratégique, la menace est de type militaire et que l'unité de référence est l'État, un élargissement a fait émerger des menaces non militaires ainsi que des unités de référence autres que l'État.

En effet, selon Dario Battistella, il se dégage chez les réalistes un consensus dont la notion de sécurité est le maître-mot pour qui, depuis Thomas Hobbes, « la rivalité, la méfiance et la fierté »[408], sont les trois motifs de guerre qui font prendre aux hommes l'offensive pour des raisons de « profit, sécurité et réputation »[409].

Mais, la priorisation de la sécurité, comme maître-mot de cette approche réaliste, a ouvert une nouvelle controverse, quant au rang à accorder à d'autres objectifs, comme la puissance, la richesse et la gloire.

---

407 Ibid.

408 Hobbes Thomas, cité par Battistella Dario, p.510, ibid.

409 Ibid.

D'un côté, Arnold Wolfers doute que « les nations subordonnent toutes leurs valeurs à la maximalisation de leur sécurité »[410].

De l'autre côté, Kenneth Waltz estime que « l'objectif premier [c'est la sécurité, car] ce n'est qu'à condition que leur survie soit assurée que les États cherchent à satisfaire d'autres buts tels que la tranquillité, le profit ou la puissance »[411].

Il est rejoint en cela tout récemment, en 2016, par le Professeur Mireille Couston qui estime « que la fonction essentielle d'un État est la sécurité de sa population, sa tranquillité »[412]. Elle ajoute qu'à cet effet, l'État use de « la police et de la justice [pour assurer la sécurité interne, ainsi que des] forces armées et [de] la diplomatie [pour] faire face aux menaces extérieures »[413].

La conception réaliste se cristallise autour de ce qu'Herbert Butterfield dénomme « la peur hobbesienne » et que John Hertz appelle « dilemme de la sécurité »[414].

Prenant à son compte le concept de dilemme de la sécurité, Barry Buzan propose une grille d'analyse mettant en exergue « une dimension régionale de la sécurité [avec] la notion de complexe de sécurité »[415].

Il définit le complexe de sécurité comme étant « un groupe d'États dont les soucis primordiaux de sécurité sont si étroitement liés que la sécurité d'aucun d'entre eux ne saurait être séparée de celles des autres »[416].

Cette notion est ensuite redéfinie à l'école de Copenhague (qu'a quittée Barry Bouzan pour l'école anglaise), par O. Woevers, en ces termes : « un ensemble d'unités dont les processus primordiaux de sécurisation et/ou de désécurisation sont si étroitement liés que leurs problèmes de sécurité ne sauraient être analysés ou résolus les uns sans les autres »[417].

---

[410] Wolfers Arnold, cité par Battistella Dario, p.510, ibid.
[411] Waltz Kenneth, cite par Battistella Dario, p.511, ibid.
[412] Couston Mireille. Droit de la sécurité internationale. Ed. Larcier, Coll. Paradigme, 1re édition, pp. 20 et 21, 345 pp. Bruxelles 2016.
[413] Ibid.
[414] Butterfield Herbert et Hertz John, cités par Dario Battistella, p.512, ibid.
[415] Buzen Barry, cité par Dario Battistella, op.cit. p.523.
[416] Ibid.
[417] O. Woevers, cité par Battistella Dario, ibid.

Cette course entre l'épée et le bouclier, qu'est le dilemme de la sécurité, est une spirale sans fin, sauf quelques atténuations dans le temps.

Partant de ce constat d'impasse, Deutsch pense aux communautés de sécurité[418] comme solution à cet état de guerre permanente ou redoutée, tel que lesdites communautés ont été forgées par R. Van Wagenen en 1952[419], bien après Emmanuel Kant, avec son idée de « Fédération d'États libres »[420].

Il s'en dégage quatre types de communautés de sécurité, à savoir :

1- les communautés de sécurité unifiées, comme les États-Unis ;

2- les communautés de sécurité pluralistes, États-Unis et Canada ;

3- les non-communautés de sécurité unifiées (les États-Unis avant et pendant la guerre de Sécession, et la Yougoslavie au moment de son effondrement) ;

4- la non-communauté de sécurité pluraliste (États-Unis et URSS)[421].

Si seule une entité politique unifiée est de nature à assurer la sécurité de ses membres, et que le dilemme de la sécurité peut offrir une pause, ou une paix par l'équilibre des puissances entre l'offensive et la défensive, Karl Deutsch estime que la sécurité est « envisageable entre [...] États souverains, c'est-à-dire en état d'anarchie »[422], à l'instar de la Norvège et de la Suède.

Mais ici, seule la sécurité militaire est prise en compte comme condition de survie de l'unique unité de référence qu'est l'État.

Aussi, Barry Buzan va-t-il dégager d'autres dimensions de la sécurité qui vont faire l'objet, après qu'il soit parti à l'école anglaise, d'une sectorisation par l'école de Copenhague qui distingue quatre nouvelles dimensions de la sécurité, à savoir :

- la sécurité politique ;
- la sécurité économique ;

[418] Deutsch Karl, cité par Battistella Dario, ibid.
[419] Wagenen R. Van, cité par Battistella Dario, ibid.
[420] Ibid.
[421] Ibid.
[422] Deustch Karl, cité par Battistella Dario, op.cit. p.522-526.

- la sécurité environnementale ;
- la sécurité sociétale.

La sécurité politique concerne la stabilité institutionnelle des États, leurs systèmes de gouvernement et la légitimité de leurs idéologies.

La sécurité économique est relative à l'accès aux ressources, marchés et finances, nécessaires pour maintenir, de façon durable, des niveaux acceptables de bien-être et de pouvoir étatique.

La sécurité environnementale, porte sur la sauvegarde de la biosphère locale et planétaire.

La sécurité sociétale ou « permanence à l'intérieur de conditions acceptables d'évolution, des schémas traditionnels de langage et de culture ainsi que l'identité et des pratiques nationales et religieuses »[423], est une notion en rupture avec toutes les approches ayant pour unique réfèrent ou unité de référence, l'État, à l'exception, toutefois, de la sécurité environnementale. En effet, la sécurité sociétale met en exergue d'autres référents de la sécurité, notamment une nation, une ethnie, une communauté religieuse, ou tout autre groupe identitaire dont l'instinct de survie développe un « nous »[424] antagoniste à l'autre ou « aux autres »[425].

Cet antagonisme est exacerbé par des menaces identitaires que peuvent constituer des flux migratoires, l'importation des biens culturels étrangers, la prise de contrôle des richesses nationales par des intérêts étrangers, l'intégration dans des entités plus vastes.

Si en prenant pour référent unique l'État, le concept de sécurité offre, relativement à la paix, soit une impasse, soit une pause précaire, soit encore un équilibre « offensive-défensive », ou même un résultat forgé par des communautés de sécurité unifiées ou pluralistes, l'on peut se demander quelle définition apporter au concept de paix, pour mieux appréhender l'objectif de paix par la démocratisation de l'Afrique tel qu'il est visé par l'action extérieure européenne ?

---

423 Buzen Barry, cité par Dario Battistella, op.cit, pp.525-526
424 Ibid.
425 Ibid.

Estimant que « la sécurité se définit de façon positive [mais qu'il s'agit d'une notion] subjective »[426], un sentiment d'être ou pas en sécurité, de percevoir ou pas une menace ou encore d'en redouter ou de ne pas en redouter, le Professeur Mireille Couston indique que la paix « est souvent présentée comme valeur suprême, qui transcende d'autres valeurs [et qu'elle] est une notion objective qui se vérifie aisément »[427]. Pour elle, « La paix se définit [...] de manière négative, résiduelle [...elle] vient en soustraction du phénomène de conflits »[428].

Le Professeur Serge Sur, après avoir rappelé que les concepts de paix et de sécurité n'ont pas fait l'objet de définition dans la Charte des Nations unies, confirme le caractère résiduel de la notion de paix en ces termes : « La paix, l'objectif poursuivi, est une résultante de la sécurité »[429].

Le débat sur le caractère résiduel ou accessoire de la notion de paix par rapport à celle de sécurité, a engendré une importante controverse doctrinale, autour des notions de paix et de guerre, au point où, l'approche dominante, celle libérale, qui prévaut désormais, avait été longtemps abandonnée ; isolant, ainsi, pendant longtemps, son pionner, Emmanuel Kant.

B – La paix démocratique, une doctrine ayant entrainé un long isolement de son auteur, Emmanuel Kant.

Le concept de paix fait l'objet d'une tentative de définition, dans une perspective historique, alimentée par une importante controverse doctrinale, ayant envisagé le couple guerre et paix, depuis l'approche pessimiste des réalistes comme Carl Von Clausewitz, Geoffrey Blainey, Raymond Aron, Kenneth Waltz, Jean-Jacques Rousseau, Thomas Hobbes, Hans Morgenthau..., jusqu'au père de la « renaissance » de la théorie de la paix démocratique, l'Américain Dean Babst, dans les années 1960 [infra].

En effet, dans l'approche historique, la paix est négativement définie comme l'absence de guerre.

---

426 Couston Mireille, op.cit.
427 Ibid.
428 Ibid.
429 Combacau Jean et Sur Serge. Droit public international, éd. LGDJ, Coll. Précis Domat, 12e édition. p.621, Paris, 2016. 832, pp.

La paix n'a donc pas de définition autonome qui ne puisse invoquer la guerre.

Pour Héraclite, « guerre [polemos], de tout est père, et de tout est roi »[430], comme chez Carl Von Clausewitz, dans « De la guerre », la guerre est définie comme « un acte de violence destiné à contraindre notre adversaire à exécuter notre volonté »[431].

L'on est alors tenté de croire qu'une fois cette volonté faite, la parenthèse de la guerre se referme pour que revienne la période de paix ; la paix prise alors comme un ordre établi que la guerre est venue troubler pour atteindre des objectifs ponctuels.

Il n'en est rien, car pour le fondateur du réalisme moderne, Thomas Hobbes, la guerre « ne consiste pas seulement dans la bataille et dans les combats effectifs, mais dans un espace de temps où la volonté de s'affronter en des batailles est suffisamment avérée »[432].

Pour lui, la paix serait le temps où il n'y a ni combat établi, ni combat imminent ou potentiel, et pourquoi pas imaginaire, quand on sait le subjectivisme de l'être humain et son sens prononcé de l'instrumentalisation ?

La paix redevient une parenthèse dans la logique de tous les réalistes. La guerre c'est la permanence.

Ainsi, comme le dit Raymond Aron, les relations internationales « se déroulent à l'ombre de la guerre »[433], « de tous les temps historiques et de toutes les civilisations »[434] ; la paix étant envisagée comme une simple « suspension, plus ou moins durable, des modalités violentes de la rivalité entre unités politiques [...] à l'ombre des batailles passées et dans la crainte ou l'attente des batailles futures »[435].

Ainsi, dans la lignée de Jean-Jacques Rousseau, Kenneth Waltz préconise un gouvernement international, comme condition de la paix, parce

---

430 Héraclite, cité par, Battistella Dario, op.cit. p.543.
431 Carl Von Clausewitz, cité par Battistella Dario, ibid.
432 Thomas Hobbes, cité par, Dario Battistella, ibid.
433 Raymond Aron, cité par Battistella Dario, op.cit. p.544
434 Ibid.
435 Ibid.

qu'un tel gouvernement international serait un instrument structurant, dont la supranationalité serait génératrice de paix, un abolitionniste de l'anarchie internationale induite par la coexistence d'États-nations jaloux de leur souveraineté et avides de puissance, de richesse et de bien-être[436].

Mais, comme lui-même Kenneth Waltz[437] est convaincu que l'idée d'un « gouvernement mondial » est illusoire, tous les réalistes sont de même avis avec Hans Morgenthau, qui assène en ces termes : « l'histoire montre que les nations sont en permanence en train de se préparer à la forme de violence organisée qu'est la guerre, de s'y engager activement, ou d'en récupérer »[438].

En l'espèce, les réalistes ponctuent la vie internationale en trois périodes :

- un temps consacré aux préparatifs de la guerre ;
- un temps pendant lequel la guerre a lieu ;
- un temps pendant lequel on récupère, dans la perspective d'une autre guerre.

En effet, pour les réalistes, la paix n'existe pas sans Gouvernement mondial qui est, lui-même, une utopie ; d'où il faut envisager la paix comme étant l'entre-deux-guerres.

Cette approche réaliste va rendre illusoire l'idée de paix kantienne dans l'approche d'unification développée par Emmanuel Kant qui dégageait, dans son essaie « Vers la paix perpétuelle »[439], 3 principales conceptions libérales de la paix, à savoir :

---

[436] Kenneth Waltz, cité par Battistella Dario, ibid.
[437] Ibid.
[438] Hans Morgenthau, cité par Battistella Dario, ibid.
[439] Emmanuel Kant, cité par Battistella Dario, op.cit. pp.547 et 548.

Certes, le concept de paix perpétuelle a été envisagé par Jean-Jacques Rousseau dans « Projet de Paix perpétuelle » en 1761 et qu'avant lui, l'Abbé Charles-Irénée Castel de Saint-Pierre avait publié « Projet pour rendre la paix perpétuelle en Europe », mais c'est Emmanuel Kant qui est le premier libéral à avoir formulé les principaux principes de cette paix, dans un essaie philosophique de 1795.

Sources : - Vers la paix perpétuelle, wikipedia.org, consulté le 8 décembre 2017.
- Chaline Olivier, Publication du projet pour rendre la paix perpétuelle en Europe de l'Abbé Saint-Pierre, in Recueil des Commémorations nationales 2013, francearchives.fr, 2014-2015, consulté le 8 décembre 2017.

Bien avant, l'idée de paix perpétuelle avait fait l'objet des Traités dits de paix perpétuelle, notamment en 1495 pour interdire les guerres privées dans le Saint-Empire romain germanique ; en 1502 entre l'Angleterre et l'Ecosse ; en 1516 entre la France et la

- un régime républicain ;
- une alliance institutionnelle permanente ;
- une hospitalité universelle.

Le régime républicain est vu, ici, dans le sens donné à la notion de République, au 18e siècle, à savoir, une « démocratie représentative ». L'usage isolé du substantif « démocratie » signifiait alors « démocratie directe » assimilée, à l'époque, au despotisme.

L'institution d'une sorte d'alliance permanente se ferait dans l'optique, non pas d'une République mondiale, illusoire et liberticide, mais dans celle de la paix par des institutions où le Droit international assure et promeut un fédéralisme d'États libres, une sorte de multilatéralisme efficace.

La promotion des conditions d'hospitalité universelle est l'idée d'un cadre organisant un droit cosmopolitique des relations commerciales, entre nations ou Droit du commerce international ; ce Droit du commerce international ayant le pouvoir de générer une paix par l'interdépendance économique.

Mais, Emmanuel Kant est isolé, car il a affaire aussi bien aux réalistes qu'il contredit, qu'aux libéraux, allant de Montesquieu à Mill[440], car ce dernier préfère la paix démocratique à la paix par le « doux commerce ».

Plus grave, la Thèse de Kant s'oppose aux théorisations des pionniers de la pensée politique comme Thucydide et Machiavel.

Ces derniers, en effet, nourris par la démocratie d'Athènes et par la République de Rome, dont l'impérialisme était expansif, avaient déjà conclu que les démocraties étaient, par nature, « intrinsèquement belliqueuses »[441].

Thucydide et Machiavel sont d'ailleurs soutenus par Alexander Hamilton, défenseur du fédéralisme, qui estime que « le comportement extérieur des Républiques n'a rien à envier à celui des monarchies »[442].

Suisse, le Traité de Friburg qui est à la base de la neutralité militaire suisse ; en 1686 entre la Russie et la Pologne.

Source : wikipedia.org, consulté le 8 décembre 2017.

440 Montesquieu et Mill, cités par, Battistella Dario, op.cit. p.549

441 Thucydide et Machiavel, cités par, Battistella Dario, ibid.

442 Alexander Hamilton, cité par Battistella Dario, ibid.

Le postulat de la paix démocratique va alors être délaissé pendant un temps.

En vain, le Président américain, le libéral Woodrow Wilson, tirant expérience de la Première Guerre mondiale, qui a marqué son époque et, sollicitant un deuxième mandat sous le slogan « Il nous a épargné de la guerre », propose, dans ses quatorze points de programme politique, de « convertir le monde à la démocratie dans l'espoir de le rendre plus pacifique »[443].

Cette tentative est d'autant vaine que Quincy Wright argue qu' « il y a des tendances favorables à la paix et à la guerre à la fois dans les démocraties et dans les autocraties »[444].

Ce postulat va demeurer, malgré les fondements de l'esprit pacifique qui caractérise les démocraties et que Kant justifie par le fait que, ici, l'autorisation d'entrée en guerre est donnée par ceux qui sont censés supporter les horreurs de la guerre et son coût multiforme.

Ainsi, pour Emmanuel Kant, dans les régions ou sociétés non-démocratiques, le dirigeant décide de la guerre, les sujets la subissent et les diplomates s'organisent quant à son issue.

Toutefois, la paix démocratique n'est pas enterrée.

Elle va ressurgir, d'abord de façon inaperçue, grâce à un écrit de Dean Babst [infra], dont le constat posé va ouvrir la voie à des nouvelles études aboutissant au postulat « les démocraties ne se font pas la guerre et seulement entre elles » [infra] ; postulat réhabilitant Emmanuel Kant.

II – « Les démocraties ne se font la guerre [...] » : un postulat réhabilitant Emmanuel Kant.

Sur la base d'un écrit de Dean Babst, la controverse doctrinale entre réalistes et libéraux va connaître une nouvelle phase qui va aboutir à la réhabilitation de la paix kantienne par la formulation du postulat « les démocraties ne se font pas la guerre et seulement entre elles » (A) au point où le dilemme de la sécurité aggravé entre anti-démocraties et États

[443] Woodrow Wilson, cité par Battistella Dario, ibid.
[444] Quincy wright, cité par Battistella Dario, op.cit. p.550.

démocratiques conduisent ces derniers dans un mouvement naissant de protection internationale des Droits de l'Homme par leur droit interne depuis le Magnitsky Act américain de 2012 (B).

A – Le monopole de la violence interétatique, une thématique dont la controverse aboutit à la réhabilitation du libéral Emmanuel Kant.

Pourtant non-internationaliste, Dean Babst dont le constat posé va ouvrir la voie à des nouvelles études aboutissant au postulat « les démocraties ne se font pas la guerre et seulement entre-elles » supra ; postulat réhabilitant Emmanuel Kant, publia un article dans lequel il affirme, au début des années 1960, que depuis 1789, « aucune guerre n'a été menée entre États-nations indépendants dont les gouvernements sont élus démocratiquement [et que] la démocratie devient une implacable force de paix »[445].

Ainsi, dans le cadre des 2 programmes de recherche quantitative, menés, d'une part, par David Singer et Melvin Small et, d'autre part, par Rudolf Joseph Rummel, la théorie de la paix démocratique remise en débat, même si les deux recherches, menées sur deux périodes différentes, l'une pour la période plus longue et plus ancienne de 1815 à 1865 et l'autre seulement de 1976 à 1980, vont aboutir à des conclusions contradictoires.

Les premiers, en effet, David Singer et Melvin Small, vont conclure que « les démocraties n'ont pas été prédisposées à la paix [et que] les Gouvernements non élus n'ont nullement le monopole des guerres inutiles et agressives »[446] ; rejoignant ainsi les thèses constantes des réalistes supra.

Cette absence de corrélation entre démocratie et paix, n'est pas partagée par le politologue américain, le Professeur Rudolph Joseph Rummel, qui démontre, pour sa période étudiée, qu' « il n'y a pas de violence entre États démocratiques [et que] plus un État est démocratique, moins il tend à être impliqué dans un conflit international violent »[447].

Mais, la différence de résultats provient du fait que le Professeur Rudolph Joseph Rummel n'a comparé que les États souverains et s'est privé, ainsi,

---

[445] Dean Babst, cité par, Battistella Dario, op.cit. p.550.
[446] Singer David et Small Melvin, cités par Battistella Dario, ibid, pp.550 et 551.
[447] Rummel Rudolf Joseph, cité par, Battistella Dario, ibid, pp.550 à 552.

des guerres de ceux-ci contre les peuples coloniaux et n'a pas pris en compte les guerres inter-ethniques.

De leur côté, David Singer et Melvin Small, prennent en compte les guerres contre les peuples coloniaux tout en intégrant les comportements des démocraties entre elles, ainsi que celles-ci vis-à-vis des tiers non démocratiques.

C'est le contraire chez le Professeur Rudolph Joseph Rummel qui se soucie de la paix entre démocraties, peu importe si celles-ci sont en guerre avec des non- démocraties.

Ces deux constats vont amener, au début des années 1980, le Professeur, aussi américain, Michael W. Doyle, à conclure que « les démocraties se trouvent en état de paix entre elles et seulement entre elles [...], dans leurs relations avec des États non libéraux, les États libéraux sont tout aussi agressifs et portés au recours à la force que toute autre forme de gouvernement ou de société »[448].

Analysant le « lien de causalité entre la nature libérale d'un régime et le comportement extérieur d'un tel État »[449], le Professeur Michael Doyle, de l'Université de Columbia, est le premier à expliquer cette corrélation en renvoyant aux trois conditions kantiennes de la paix perpétuelle présentées comme conditions de consolidation de la paix entre démocraties, à savoir:

- les contraintes institutionnelles qui encadrent le processus de prise de décision au sein d'une démocratie ;
- le respect mutuel entre démocraties ;
- l'intérêt, pour le maintien de la paix, partagé entre les citoyens d'États démocratiques.

Les contraintes institutionnelles encadrant le processus de prise de décision dans une démocratie, renvoient à l'idée d'Emmanuel Kant des gouvernants élus. Ces derniers sont, ainsi, peu enclins à exposer leur peuple à une guerre dont le coût, que payerait ledit peuple, serait de nature à l'amener, soit à retirer sa confiance aux dirigeants élus, soit à leur refuser ladite confiance le moment venu.

448 Doyle Michael, cité par Dario Battistella, ibid, pp.553 et 554.
449 Ibid.

Le respect mutuel entre des démocraties, découle des valeurs communes qu'elles partagent et qu'Emmanuel Kant envisage en « confédération librement consentie d'États démocratiques » [supra] et non, pas, en gouvernement supranational [supra].

L'intérêt pour le maintien de la paix partagé entre les citoyens d'États démocratiques résulte des « liens d'interdépendances commerciales transnationales »[450] ; ces liens qu'Emmanuel Kant appelle sous le vocable d' « hospitalité universelle [ou] droit cosmopolitique organisant les relations commerciales entre nations » [supra].

Le Professeur Michael Doyle est ainsi d'avis avec Emmanuel Kant qui prophétisait, longtemps à l'avance, que le monde « est arrivé au point où toute atteinte au droit en un seul lieu de la terre est ressentie en tous »[451].

Emmanuel Kant a-t-il, ainsi, prophétisé le thème de la « Responsabilité internationale de protéger » résultant des principes d'universalité et d'indivisibilité des Droits de l'Homme ?

Il n'y a qu'un pas, pour répondre par l'affirmative, car l'on est porté à croire que la prophétie se réalise avec la demande, de plus en plus internationalisée, d'universalisation de la démocratie comme gage de paix et de pleine jouissance, de tous les droits, par les peuples de toutes les nations.

En effet, les grandes démocraties sont engagées dans un interventionnisme promoteur des valeurs démocratiques ; ce qui ressemble à une volonté de se conformer aux conditions qui se dégagent des explications du Professeur Michael W. Doyle pour construire la paix internationale, en distinguant les républiques de Kant de celles de Machiavel ainsi que les démocraties capitalistes de Schumpeter, de la république de Kant[452].

---

450 Ibid.

451 Kant Emmanuel, cité par Battistella Dario, ibid. P.554.

452 Dario Battistella cite le Professeur Michael W. Doyle en ces termes : « contrairement aux républiques de Machiavel, les républiques de Kant sont capables de sauvegarder la paix entre elles, parce qu'elles pratiquent la modération démocratique et parce qu'elles sont capables d'apprécier les droits internationaux des républiques étrangères [... dérivant] de la conception que se font les républiques des habitants des autres républiques, considérés comme leurs équivalents moraux. Contrairement aux démocraties capitalistes de Schumpeter, les républiques de Kant demeurent en état de guerre avec les États non républicains. Elles se sentent menacées dans leur sécurité auprès des États qui ne connaissent pas de mécanismes

Ainsi, selon le Professeur Michael W. Doyle, les non-démocraties, par le fait qu'elles ne respectent pas les Droits de l'Homme, ne peuvent pas « se voir appliquer le principe de non-ingérence »[453].

Aussi, en reprenant les corrélations élaborées par le Professeur Michael Doyle, un autre grand théoricien de la paix démocratique, le Professeur Bruce Russett[454], en 1993, recule, au 19e siècle, le curseur du constat de la paix démocratique, grâce à deux illustrations ci-après :

- l'accord trouvé entre les États-Unis et la Grande-Bretagne, en 1894 et 1895 ;
- la résolution pacifique du conflit colonial, en Afrique, entre la France et la Grande-Bretagne.

En effet, un accord avait été trouvé entre les États-Unis et la Grande-Bretagne, en 1894 et 1895, alors que la crise vénézuélienne avait réuni toutes les conditions d'un affrontement militaire[455], Cet accord sera la base de la relation privilégiée États-Unis/Grande-Bretagne et le socle du lien transatlantique.

La résolution pacifique du conflit colonial en Afrique, entre la France et la Grande-Bretagne, va fonder leur « entente cordiale » au lendemain de la crise de Fachoda en 1898[456], au Soudan, dans la zone Soudan du Sud.

Grâce à ces deux situations prouvant la réalité de la paix démocratique, le Professeur Bruce Russett apporte deux explications au comportement pacifiste observé entre les démocraties.

D'abord, pour lui, ce pacifisme résulte des valeurs internes à une démocratie en ce qu'elles assurent la promotion de la culture du compromis, dans les compétitions nationales, entre partis politiques et entre hommes

---

modérateurs. Car, même si ces guerres leur coûtent souvent davantage qu'elles ne leur rapportent, en termes économiques, elles sont disposées à promouvoir, y compris par la force donc, la démocratie, la propriété privée et les droits individuels à l'étranger contre les États non républicains qui parce qu'ils ne représentent pas de façon authentique les droits individuels, ne sauraient se voir appliquer le principe de non-ingérence dans leurs affaires intérieures ». Op.cit. p.554.

[453] Doyle W. Michael, cité par Battistella Dario, ibid.

[454] Russet Bruce, cité par Battistella Dario, ibid.

[455] Ibid.

[456] Ibid.

et/ou femmes politiques, pour le contrôle du pouvoir. Les partis et les hommes et/ou femmes politiques ont alors des prédispositions, acquises du fait de la pratique constante des négociations, pour régler les conflits internes, politiques, économiques ou sociaux ; créditant, ainsi, un sentiment réciproque de confiance entre deux États démocratiques.

Cette confiance résulte du fait que, de part et d'autre, chacun privilégie la négociation et le compromis, qu'il a les atouts et la volonté pour un règlement pacifique de tout conflit, et qu'il cherchera à épuiser, d'abord, toutes les voies pacifiques, dans son comportement extérieur, face à l'autre démocratie.

Mais, ce ne sera pas le cas vis-à-vis d'un État non démocratique dont il redoute, faute de culture de compromis et de la négociation, une aversion au dialogue, pour préférer la force. C'est face à ce potentiel recours à la force que la démocratie va alors se prémunir par des actes offensifs et même par des actions préventives et, parfois, des actions préemptives, sans que cela, toutefois ne puisse se fonder sur le Droit international relatif aux recours à la force dans les relations internationales.

Il s'ajoute à l'élément culturel, l'existence, dans les démocraties, des contraintes institutionnelles qui obligent leurs dirigeants à la transparence avant toute action guerrière. Ces contraintes sont notamment l'information de l'opinion publique, se soumettre aux critiques, expliquer devant les médias les options envisagées, solliciter, si ce n'est l'autorisation parlementaire, du moins le budget nécessaire. Il y a là un ensemble des préalables qui proscrivent, en principe, les attaques-surprises.

Par conséquent, les démocraties ne peuvent être redoutées par une autre démocratie.

Par contre, les États non démocratiques n'ont ni autorisation préalable à requérir, ni des explications à donner à une presse bâillonnée ou aux ordres. Plus grave, ils ne sont pas tenus d'une obligation de reddition de comptes à un peuple souvent asservi, contrairement au peuple d'une démocratie.

Il en résulte une crainte, pour toute démocratie, d'être victime, à tout moment, d'une attaque d'un État non démocratique et contre laquelle il faut, au minimum, se prémunir.

Il est également envisagé par les démocraties une autre modalité de prévention de la paix, celle de forcer la non-démocratie à exécuter la volonté de l'État démocratique, qui peut user de tous les moyens, notamment par des actions multiformes, mais licites d'appropriation des valeurs démocratiques ou prendre des sanctions économiques et/ou commerciales à l'encontre d'une anti-démocratie, si un traité bilatéral ou multilatéral l'autorise ainsi que des sanctions intelligentes ciblant des personnes dont il est établi qu'elles sont au centre des comportements antidémocratiques parmi lesquels les cas des violations des Droits de l'Homme, d'accession ou de maintien au pouvoir en usant de la force militaire, ou les cas de grave corruption. Ces sanctions ciblées ont donné lieu à l'éclosion récente d'un droit interne assurant la protection internationale des Droits de l'Homme.

B – Une naissante protection internationale des Droits de l'Homme par le Droit interne.

Les sanctions ciblées résultent désormais de certaines législations nationales assurant la protection internationale des Droits de l'Homme, depuis que, en 2012, les États-Unis d'Amérique ont fait œuvre de pionnier en adoptant le Magnitsky Act.

La protection internationale, encore embryonnaire, des Droits de l'Homme par le droit national, résulte du militantisme de l'Américain Bill Browder.

En effet, Mr Bill Browder, du fonds d'investissement Hermitage Capital Management, a obtenu la signature, en 2012, par le Président Barack Obama, du Magnitsky Act, pour sanctionner, aux USA, la violation des Droits de l'Homme en Russie, ayant conduit à la mort d'un détenu russe, pourtant en Russie, l'Avocat Sergueï Magnitski, décédé, dans sa cellule, le 16 novembre 2009, au bout de 11 mois de détention préventive[457].

Il était allégué dans cette affaire, comme cause de la mort du Russe, l'Avocat Sergeï Magnitski, « Des conditions de détention inhumaines, l'isolation de sa famille, le manque régulier d'accès à ses avocats et le refus intentionnel de lui fournir une assistance médicale adéquate [...] »[458], selon

[457] Peniguet Maxence, Droits de l'homme : l'histoire du Magnitsky Act et sa possible adoption en France, dalloz-actualite.fr, consulté le 29/05/2018.
[458] Ibid.

le Washington Post, qui cite Redress, une « ONG britannique de défense des droits de l'homme »[459].

Un des clients de l'Avocat décédé, était le dirigeant du fonds américain d'investissement, Hermitage Capital Management, dirigé par l'Américain Bill Browder[460].

Parce que ce dirigeant de Hermitage Capital Management dénonçait « les irrégularités dans les sociétés dans lesquelles la filiale russe du fonds américain investissait [...] »[461], en Russie, il est tombé en disgrâce en subissant :

- une interdiction d'entrée en Russie, en 2005[462] ;
- une saisie forcée ou prise de contrôle de la filiale russe de Hermitage Capital Menagement, au profit d'un nouveau propriétaire[463].

Son Avocat, le Russe Maître Sergeï Magnitski doit défendre son client.

Puisque le nouveau propriétaire de la filiale russe de Hermitage Capital Management aurait manipulé les comptes hérités pour y afficher une fausse dette de 1 milliard de dollars américains, aux fins de se faire indument rembourser les impôts payés par son prédécesseur à l'État russe, Maître Sergeï Magnitski, croyant se rendre utile pour son pays comme pour son client, dénonça ce montage financier, aux autorités russes[464].

En effet, cette dette que le nouveau propriétaire de l'entreprise aurait déclarée, alors qu'elle n'existerait pas, lui aurait servi d'alibi pour démontrer que les impôts payés, par son prédécesseur, à l'État russe, d'un montant de 230 millions de dollars américains, étaient indus, car la société n'aurait pas fait de bénéfice, mais qu'elle serait plutôt criblée de dettes.

---

459 Ibid.
460 Ibid.
461 Ibid.
462 Ibid.
463 Ibid.
464 Ibid.

L'État russe aurait accepté l'existence de cette dette, qui serait pourtant imaginaire, et aurait estimé que c'était une erreur et aurait remboursé les 230 millions de dollars au nouveau propriétaire[465].

Cette manipulation des comptes, suivie d'un tour de passe-passe, serait arrivée aux oreilles de l'Avocat Sergeï Magnitski qui doit alors en user pour dénoncer ce nouveau propriétaire afin que les sommes récupérées soient restituées à l'État russe et que justice soit rendue pour fraude fiscale[466].

Mais, au lieu que le nouveau propriétaire soit inquiété, c'est plutôt Maître Sergeï Magnitski qui est mis aux arrêts par la justice russe puis placé en détention préventive, pour chef de « complicité d'évasion fiscale »[467].

Même mort, au bout de 11 mois de détention préventive, en 2009, son procès aura lieu en 2013 et il sera jugé « coupable de façon posthume » de complicité d'évasion fiscale[468].

Son ancien client, Bill Browder, avait décidé, dès sa mort, d'obtenir justice pour le défunt, en sollicitant et en obtenant, aux USA, en 2012, le Magnitsky Act, signé par le Président Barack Obama, une « loi [qui] établit une liste noire des Russes impliqués dans la mort de Magnitski et dans d'autres violations des droits de l'homme »[469].

Cette loi, disposait que les Russes qui y sont, sont interdits « d'entrer aux États-Unis et d'utiliser son système bancaire »[470].

Pour conférer à Magnitsky Act, un caractère impersonnel et une portée générale, et ainsi contribuer à combattre « l'impunité internationale » des violations des Droits de l'Homme dans le monde, « le Congrès américain a adopté le Global Magnitsky Act, signé en décembre 2016 par Obama [autorisant] l'exécutif [de] mettre en place des interdictions de Visa et des sanctions ciblées sur des individus suspectés d'être responsables de violations des droits de l'homme ou d'actes importants de corruption »[471].

---

[465] Ibid.
[466] Ibid.
[467] Ibid.
[468] Ibid.
[469] Ibid.
[470] Ibid.
[471] Ibid.

À l'image du Global Magnitsky Act, l'Estonie a légiféré en fin 2016[472].

En mai 2017, le Royaume-Uni en a fait de même, d'abord sans « l'interdiction des Visas », avant finalement d'insérer cette dernière en mai 2018[473].

La croisade de Bill Browder, pour cette protection internationale des Droits de l'Homme, par le droit interne, s'est poursuivie avec le Canada et Gibraltar qui en ont aussi légiféré[474].

En France, la réflexion est amorcée à l'Assemblée nationale, de même que l'UE en est saisie de la question et les pays scandinaves s'en intéressent[475].

En légiférant sur cette protection internationale des Droits de l'Homme par des normes nationales, les législateurs nationaux sont en droit de consacrer, dans le corps de chaque texte, son caractère rétroactif.

Avec ces progrès sur le chemin de la protection internationale et interne des Droits de l'Homme, la réalisation de la paix démocratique envisagée par le libéral Emmanuel Kant, se consolide.

Ainsi, aussi convaincants qu'aient pu paraître, dans la définition de la notion de paix, les réalistes ne sont toutefois pas vainqueurs dans cette guerre d'approches.

En effet, il leur est opposé un postulat, que depuis la fin de la Deuxième Guerre mondiale, seuls quelques États, et principalement les puissances internationales, qui sont engagées dans des guerres, pour la plupart, par les États non démocratiques interposés ou par des communautés multiformes, notamment identitaires, instrumentalisées.

Par ailleurs, ces guerres opposent soit une démocratie contre un régime non- démocratique, soit celui-ci contre un autre régime non démocratique.

Davantage intéressant, les démocraties ne se font pas la guerre depuis la fin de la Deuxième Guerre mondiale. Cela s'est même vérifié à l'occasion et

---

[472] Ibid.
[473] Ibid.
[474] Ibid.
[475] Ibid.

à la suite de la deuxième crise financière et économique internationale, qui a secoué les puissances historiques, depuis la crise économique de 1929, la crise de 2008-2009 dont les conséquences, sur l'économie virtuelle et réelle, auraient été de nature à faire basculer les puissances internationales démocratiques, dans des guerres entre elles ; ce qui n'a pas été le cas.

Ainsi, la Thèse de la paix démocratique demeure encore défendable telle qu'elle est envisagée par Emmanuel Kant [supra].

Toutefois, de la paix démocratique, il faut écarter l'idée naïve de la paix par la démocratie qui sous-tendrait que les démocraties seraient pacifistes même vis-à-vis des non-démocraties.

En effet, si les démocraties ne se font pas la guerre, ce n'est pas parce que leurs peuples seraient exclusivement pacifistes ou qu'ils n'auraient pas les moyens de la guerre. Ce n'est pas aussi le fait que les procédures institutionnelles de recours à la force seraient paralysantes. Les raisons sont autres.

À cet égard, entre démocraties, le dilemme de la sécurité est désamorcé ou neutralisé par l'entente réciproque ou confiance partagée que l'autre ne fera pas, en premier, usage de la force ; ce qui garantit, de facto, une marge certaine pour l'action diplomatique.

La paix démocratique est dyadique en ce sens que « les démocraties ne se font pas la guerre entre elles et seulement entre elles » [supra].

La raison en est que, entre démocraties de force égale, il y a, en plus de l'équilibre « offensive-défensive », le mécanisme de l'entente réciproque ou de la confiance mutuelle, inhérent à la transparence dans le processus des décisions d'actions extérieures.

Les valeurs démocratiques y sont réciproquement promues et sauvegardées par chaque démocratie. Ainsi, il n'est plus nécessaire, entre deux démocraties de force inégale, que la plus forte puisse avoir des velléités à violer le principe de non-ingérence pour exporter lesdites valeurs vers la démocratie de force inférieure. D'où les trois axiomes ci-après :

1 – entre une démocratie et une non-démocratie ainsi qu'entre deux non-démocraties, l'état de guerre est prégnant ;

2 – entre un État démocratique et un État non démocratique de force égale, l'état de guerre résulte de l'inéluctable dilemme de la sécurité ;

3 – entre un État démocratique et un État non démocratique de force inégale, l'état de guerre procède du non-respect par l'État fort du principe de non-ingérence, dans les affaires intérieures de l'État moins fort.

C'est sur le fondement de ces idéaux sécuritaires qui ont été confirmés par des recherches scientifiques ayant nourri la doctrine que l'Union européenne a bâti son espace de paix, de liberté et de sécurité ayant fait de l'UE le Prix Nobel de la Paix 2012. Cette dernière œuvre, par ailleurs, à externaliser la paix démocratique, certes pour la paix et la sécurité internationales, mais aussi parce que sa propre sécurité interne en dépend comme cela se vérifie par l'insécurité qui déstabilise l'Europe et qui résulte des conséquences des déficits démocratiques extérieurs, notamment les conséquences néfastes des anti-démocraties qui génèrent une migration perçue comme massive et invasive ainsi qu'un terrorisme vascularisé ; ce qui confirme la doctrine de la paix interne par l'externalisation de la démocratie ou paix démocratique.

Section 2 – Une stabilité/sécurité européenne et internationale affectée par des migrations et un terrorisme, résultant des déficits démocratiques africains.

Confirmant implicitement la théorie de la sécurité démocratique, la Haute représentante pour les Affaires étrangères et la politique de sécurité, Vice-Président de la Commission a suggéré, dans sa communication au Parlement et au Conseil, que le réajustement du Partenariat Stratégique Afrique-UE, au Sommet d'Abidjan des 29 et 30 novembre 2017, puisse prendre en compte l'importance de l'Afrique pour la sécurité intérieure et extérieure de l'Europe ainsi que l'importance de l'Afrique, « de plus en plus évidente », pour la prospérité de l'Europe [supra].

En effet, des déficits démocratiques extérieurs à l'UE affectent sa sécurité et sa stabilité en raison des migrations invasives qu'elles génèrent (I) et de la vascularisation du terrorisme qui en résulte (II).

I – Un ressentiment d'une immigration massive déstabilisant l'Europe.

Spécialiste des processus électoraux en Afrique, Régis Marzin estime, en début d'année 2018, que ce continent compte « 22 dictatures stables, 11 transitions démocratiques complexes intermédiaires et indéterminées [ainsi que] 22 démocraties [sur 55 États] »[476].

Les carences démocratiques africaines sont la principale cause des vagues migratoires des jeunes Africains vers l'Europe, car lesdites carences démocratiques paupérisent les populations et alimentent des conflits violents ; les deux principales causes des migrations invasives depuis 2015 vers l'UE (A) où lesdites migrations affectent la solidarité européenne et déstabilisent les courants politiques dominants au profit des extrêmes (B).

A – Les carences démocratiques africaines : la principale cause des migrations « invasives » affectant l'Europe.

Le contrôle du pouvoir politique dans une démocratie est une aspiration noble pour quiconque s'organise à s'y maintenir, dans les limites de la loi, ou pour y accéder légalement.

En effet, en démocratie, l'exercice du pouvoir politique a pour objectif de se mettre au service de la nation pour œuvrer en faveur du bien-être du peuple et de la prospérité de tous et de chacun, ainsi que du rayonnement international de l'État.

Mais, dans une dictature, l'objectif c'est le contrôle du pouvoir politique, pour monopoliser la richesse nationale, organiser la fuite des capitaux vers les paradis fiscaux, et obligeant à la fuite des cerveaux et de la jeunesse, en raison de l'asservissement du peuple qui, à terme, n'a d'autre choix, pour se sortir de cette servitude imposée, que celui de la révolution, pacifique dans l'idéal, mais souvent des révolutions violentes.

Les révolutions violentes se traduisent principalement en coup d'État militaire, en rébellion armée ou en guerres entre les communautés d'un même pays.

À cet égard, en 2015, El Hadj Coly, dans un article dont les statistiques sont révélatrices, même si l'aspect dénonciateur des instigateurs interroge le principe du droit à la présomption d'innocence, reconnu par le Droit international des Droits de l'Homme, ainsi que par les législations pénales d'États de droit, révèle : « Si l'on dresse le bilan des 50 dernières années, il est choquant, voir désastreux. 89 coups d'État depuis 1953 ; 22 Présidents assassinés et 75 conflits armés depuis 1945. Des millions de morts et

[476] Marzin Régis, Les processus électoraux dans la démocratisation de l'Afrique, Synthèse technique et politique p5, 53pp, regardexentrique.files.wordpress.com, 04 février 2018, consulté le 31 mars 2018.

déplacés, mais surtout des génocides oubliés ou avoués sur le bout des lèvres »[477].

Sur les 89 coups d'État, le Nigéria, quoique désormais dans une posture d'alternances démocratiques et pacifiques, est en tête de peloton, pour avoir subi 8 coups d'État entre 1966 et 1993[478].

Deux pays qui sont toujours en situation de guerre endémique, le Soudan et la République centrafricaine (RCA), sont au deuxième rang avec 5 coups d'Etat chacun[479].

Le Ghana, bien qu'ayant connu 5 coups d'État aussi, a su se ressaisir, en étant aujourd'hui l'un des pays africains inscrits dans une tradition d'alternances pacifiques qui rendent optimistes les épris de paix, quant à la démocratisation de toute l'Afrique.

Autres exemples d'enracinement progressif dans les alternances pacifiques, le « Botswana, Ile Maurice, Cap-Vert, Sao Tomé-et-Principe, Afrique du Sud, Malawi, Namibie, Seychelles, Comores, Sénégal, Bénin, Nigéria, Libéria [qui vient de réussir en fin 2017, sa première alternance pacifique], Sierra Leone, Lesotho »[480].

À ces pays, l'on peut y ajouter : « Mali, Tunisie, Burkina Faso, Zambie, Kenya, Niger, Madagascar »[481].

Les pays qui sont en conflits violents ou en crise politique avec prégnance de conflit sont notamment le Soudan du Sud, le Soudan avec le Darfour, la République centrafricaine, la République démocratique du Congo, la Somalie, le Burundi, et le Gabon.

Les pays luttant contre le terrorisme, du groupe Boko Haram, sont le Nigéria, le Cameroun, le Tchad et le Niger qui est pris en étau, car faisant face, en même temps, aux groupes terroristes sévissant au Sahel où ce pays fait partie de la coalition G5 Sahel, coalition dans laquelle le Tchad s'y positionne en renfort et qui est soutenue par la Communauté internationale infra.

---

477 Afrique : 89 coups d'État et 21 présidents assassinés depuis 1945, cameroonvoice.com, 28/07/2015, consulté le 31/02/2018.
478 Ibid.
479 Ibid.
480 Mazarin Régis, op.cit. p.8.
481 Ibid.

La Libye est un État effondré, où se mêlent guerres civiles et guerre contre le terrorisme, mais un pays qu'il faut essayer de sauver, car son effondrement résulte principalement du refus, en 2011, d'opter pour une transition démocratique en préférant une répression particulièrement sanglante du printemps arabe, contrairement aux autres États du Maghreb qui s'en sont mieux tirés [infra].

C'est pourquoi le processus engagé depuis les accords politiques de Skhirat, au Maroc, le 17 décembre 2015, sous l'égide des Nations Unies[482], doit être soutenu en prenant en compte les compromis obtenus par la Conférence de Paris sur la Libye, présidée, le 29 mai 2018 par le Président français Emmanuel Macron, avec la participation du Président du Comité de haut niveau de l'Union africaine pour la Libye, le Président congolais Denis Sassou N'guesso[483].

Le Maroc et l'Algérie luttent également contre le terrorisme, ainsi que la Tunisie et l'Égypte.

Les pays ayant connu des guerres civiles dévastatrices, mais qui ont heureusement pris fin, sont notamment le Rwanda avec le génocide de 1994, la Sierra Leone, le Libéria, le sud du Nigéria avec la guerre du Biafra, le Tchad, l'Afrique du Sud en raison du régime ségrégationniste Apartheid , l'Angola pour la libération nationale puis entre le MPLA et l'UNITA de Jonas Savimbi.

L'instabilité de l'Afrique, du fait des violations des Droits de l'Homme, d'une gouvernance non démocratique, de ses conflits et crises, causant l'insécurité et la paupérisation des populations, suite à la prédation des richesses nationales dans les anti-démocraties, par des dynasties qui organisent, à la fois, évasion fiscale et fuite des capitaux, est la cause des migrations irrégulières massives des jeunes et dont la perception qu'elles sont invasives, stresse et inquiète, les peuples d'Europe.

---

[482] Libye : Deux ans après sa signature à Skhirat, l'Accord politique demeure le « seul cadre viable » pour mettre fin à la crise politique, affirme le Conseil de sécurité, un.org, 14/12/2017 consulté le 30/05/2018.

[483] Denis Sassou N'guesso à la conférence sur la crise libyenne à Paris, portail242.info, 29/05/2018, consulté le 31/03/2018.

A cette conférence de Paris, sur la Libye, y ont également participé, le Représentant spécial du Secrétaire général des Nations Unies, le politologue Ghassan Salamé, un représentant de l'Union européenne, celui de la Ligue arabe ainsi que ceux de la Turquie, du Maroc, de l'Algérie, de l'Egypte et du Tchad. 3 groupes rivaux libyens y étaient représentés, à savoir : le Chef du Gouvernement de transition, reconnu par l'Onu, Mr Fayez al-Sarraj, accompagné du Président du Haut Conseil d'Etat, Mr Khaled al-Mechri ; le Maréchal Khalifa Haftar, qui contrôle l'est libyen, ainsi que le Président de la Chambre des Représentants, Mr Aguila Salah. Source : Ibid.

En Effet, si en interne, en Afrique, le Tchad, tout seul, du fait du groupe terroriste, Boko Haram, a enregistré entre 2015 et 2017, « plus de 100.000 déplacés [parmi les Tchadiens de la zone impactée] et 7000 réfugiés [fuyant leur pays pour le Tchad] »[484], la ruée migratoire vers l'extérieur, notamment en direction de l'Europe, a déclenché, principalement à partir de cette même année 2015, une crise sécuritaire au sein de l'Union européenne, car ses États membres ont enregistré 1,3 million de demandes d'asile[485], d'immigrés venant de tous les continents.

Indiquant les données migratoires en UE, la Commission européenne indique que pour l'année 2016 « plus de 1 100 000 décisions de première instance concernant des demandes d'asile ont été prises dans les États membres de l'UE et 221 000 décisions définitives à la suite d'un recours »[486].

Il est ajouté, s'agissant des décisions en première instance, que « près de 673 000 personnes se sont vu reconnaître un statut protecteur, tandis que 38 000 personnes supplémentaires ont bénéficié d'un statut protecteur en appel »[487].

Ce résultat amène à la conclusion qu'il y a eu un « taux de reconnaissance, autrement dit la part des décisions positives dans le nombre total de décisions [...s'élevant] à 61% pour les décisions de première instance dans l'UE »[488]. Il est ajouté que pour les « [...] décisions définitives en appel, le taux de reconnaissance a été de 17%. »[489].

Avec 673 000 décisions positives en première instance et 38 000 décisions également positives en appel, il résulte qu'il y a eu un total de 711 000 décisions positives sur un total de 1.100 000 décisions, soit quasiment 2/3 de personnes dont l'immigration est occasionnée par des motifs ouvrant droit au statut de réfugié, notamment les persécutions sécuritaires et politiques, et que le reste, soit 1/3 immigrerait pour d'autres motifs n'ouvrant pas droit audit statut de réfugié, notamment les motifs

---

[484] Boko Haram au Tchad : au-delà de la réponse sécuritaire. Rapport n° 246, crisisgroup.org, mars 2017, consulté le 31/03/2018.
[485] La crise des migrants en chiffres, europarl.europa.eu, 13/07/2017, consulté le 31/03/2018.
[486] Les États membres de l'UE ont accordé en 2016 la protection à plus de 700 000 demandeurs d'asile, ec.europa.eu, 26 avril 2017, consulté le 31/03/2018.
[487] Ibid.
[488] Ibid.
[489] Ibid.

économiques, au regard de la Convention de Genève du 28 juillet 1951, relative au statut de réfugiés, entré en vigueur en 1954[supra].

En dépit des mesures prises pour freiner l'immigration aux frontières européennes, il ressort que plusieurs tentatives d'entrées illégales aux Europe, tel que le constate le Parlement européen citant l'Agence européenne de gestion des frontières extérieures (Frontex) en ces termes : « Entre 2015 et 2016, plus de 2,3 millions de franchissements illégaux ont été détectés »[490].

Par ailleurs, si les repérages ont permis d'identifier « en 2015, 2,2 millions de personnes [...] en situation irrégulière dans l'Union européenne »[491], les efforts fournis par les autorités ont permis de faire baisser cette présence irrégulière de plus de la moitié, car elle « est tombée à 984000 »[492] en 2016 ; ce qui reste tout de même préoccupant puisque c'est environ 1 million de personnes.

Des pays comme la Tunisie, devraient bénéficier d'un accompagnement multiforme international pour l'aider à réussir sa transition démocratique, notamment en investissant massivement dans les zones pauvres ainsi que dans les zones de forte concentration de la jeunesse pour une offre d'emploi abondante et de qualité ainsi que pour créer de la richesse et améliorer le cadre et condition de vie.

En effet, alors qu'après la vague migratoire des jeunes Tunisiens, en raison du Printemps arabe de 2011 (environ 30.000 migrants tunisiens), une décrue progressive était observée, la courbe est redevenue ascendante entre 2016 et 2017, car, seulement à destination de l'Italie, il y a eu en 2017 « 6150 personnes, soit 7,5 fois plus qu'en 2016 [dont...] 5900 illégaux [Tunisiens] » et le reste des Subsahariens[493].

À ce nombre d'immigrés tunisiens arrivés en Italie, il faut ajouter ceux qui ont été interceptés et au nombre de 3178 au cours de la même année 2017, ce qui augmente la pression migratoire d'un seul pays africain, la Tunisie, vers une seule porte européenne, l'Italie, soit « 9078 tentatives, réussies ou échouées »[494].

---

490 La crise des migrants en chiffres, europarl.europa.eu, op.cit.

491 Ibid.

492 Ibid.

493 En Tunisie, au moins 48 migrants sont morts dans un naufrage au large de Sfax, lemonde.fr, 03/06/2018, consulté le 05/06/2018.

494 Ibid.

La question migratoire est d'autant un sujet qui doit davantage préoccuper l'Europe, au regard des prévisions démographiques qui indiquent que d'ici l'horizon 2050, la population africaine va plus que doubler, en passant de 1 186 milliards d'habitants, en 2015, à 2,478 milliards en 2050, tel que la Fondation Robert Schuman résume, dans son rapport sur l'État de l'Union 2017, le rapport de l'ONU sur la population mondiale[495].

Cette poussée migratoire est d'autant préoccupante qu'elle suscite en Europe des craintes qui font ressurgir le nationalisme en affectant la solidarité au sein de l'Union européenne et en favorisant les idéologies extrémistes au détriment des courants politiques traditionnels, en passe de déstabilisation.

B – Une stabilité européenne affectée par la crise migratoire.

Les migrations invasives soumettent à rudes épreuves la solidarité entre les États de l'Union européenne où ressurgit le nationalisme dans certains États membres, en favorisant les idéologies extrémistes, au détriment des principaux courants politiques traditionnellement dominants.

En ce qui concerne la désolidarisation de certains États membres de l'UE, face à la pression migratoire que subit l'Italie et la Grèce, qui sont aux portes d'entrée de l'Afrique vers l'Europe, la Hongrie et la Slovaquie refusent de recevoir, chacun, son quota dans la répartition des 160.000 demandeurs d'asile, venant d'Afrique et d'Asie, notamment de Syrie, et présents en 2015 en Italie et en Grèce ; tel que prévu par deux décisions du Conseil de l'Union européenne de septembre 2015[496].

Saisie de cette affaire, la Cour de Justice de l'UE (CJUE) a rendu, début septembre 2017, un arrêt, salué par l'Agence des Nations Unies pour les réfugiés (HCR), en ces termes ; « L'arrêt rendu aujourd'hui par la cour de justice de l'UE sur le mécanisme de relocalisation envoie un message très fort quant à l'importance de la solidarité et du partage de responsabilité au sein des États membres de l'Union »[497].

En effet, face à la pression migratoire, sans précédent, subie par l'Italie et la Grèce, le Conseil de l'Union européenne, a d'abord pris la Décision (UE)

---

[495]Boussemart Jean-Michel et Godet Michel, Europe 2050 : suicide démographique et croissance molle, in Rapport Schuman sur l'Europe, État de l'Union 2017, 315 pp, éd. Lignes de repères, 2017 p.78

[496] Europe : Le HCR salue l'arrêt de la Cour de Justice de l'UE sur les quotas d'accueil de réfugiés ; Onu Info, news.un.org, 7septembre 2017, consulté le 31/03/2018.

[497] Ibid.

2015/ 1523, le 14/09/ 2015, sur la mise en œuvre du principe de solidarité posé par l'article 78 paragraphe 3 du Traité sur le fonctionnement de l'Union européenne (TFUE), pour une prise en charge, par chaque État membre, sur la base du volontariat, de 40.000 demandeurs d'asile, en 2015,[498] par dérogation au Règlement de Dublin III, du 26 juin 2013[499].

Ce volontariat ne pouvant pas suffire pour des pressions migratoires de plus en plus importantes, une deuxième décision, la Décision (UE) 2015/1601, de relocalisation des demandes d'asile, est prise par le Conseil en fixant un quota par État membre, en application du même article 78 paragraphe 3 TFUE qui dispose : « Au cas où un ou plusieurs États membres se trouvent dans une situation d'urgence caractérisée par un afflux soudain de ressortissants de pays tiers, le Conseil, sur proposition de la Commission, peut adopter des mesures provisoires au profit du ou des États membres concernés. Il statue après consultation du Parlement européen »[500].

La Hongrie et la Slovaquie refusèrent d'appliquer cette Décision en saisissant la CJUE, au Luxembourg, par deux recours en annulation.

Chacun des deux États arguait notamment qu'il fallait prendre cette décision dans le cadre de la procédure législative ordinaire, anciennement appelée procédure de codécision, par un vote conjoint du Conseil et du Parlement européen[501].

Aussi, par un Arrêt dans les 2 affaires jointes, C-643/15 et 647/15, Slovaquie et Hongrie/Conseil, la CJUE écarta ce principal argument des requérants et rejeta les deux demandes en annulation, le 6 septembre 2017[502].

En ce qui concerne la montée des extrêmes, induits par le nationalisme, le média français, Le Point, fait un panorama de l'extrémisme en Europe en constatant, en ce qui concerne la Slovaquie que : « Notre Slovaquie (LSNS), parti néonazi lancé en 2012, a tiré profit de la crainte des migrants pour

---

498 La Cour rejette les recours de la Slovaquie et de la Hongrie contre le mécanisme provisoire de relocalisation obligatoire des demandeurs d'asile, curia.europa.eu, 6/09/2017, consulté le 31/03/2018.

499 Règlement (UE) N°604/2013 du Parlement européen et du Conseil du 26 juin 2013, établissant les critères et mécanismes de détermination de l'État membre responsable de l'examen d'une demande de protection internationale introduite dans l'un des Etats membres par un ressortissant de pays tiers ou un apatride (refonte). JO UE L 180/31, eur-lex.europa.eu, consulté le 30/05/2018.

500 Version consolidée du Traité sur le fonctionnement de l'Union de l'Union européenne, eur-lex.europa.eu

501 Arrêt CJUE. Op.cit.

502 Ibid.

entrer au Parlement [slovaque] en mars 2016, avec 14 sièges, sur 150 »[503]. Il ajoute que la Hongrie est placée sous « la ligne dure anti-immigration [...] du Premier Ministre conservateur Viktor Orbàn ».[504]

Analysant les résultats des législatives du 8 avril 2018, en Hongrie, Corinne Deloy, de l'Observation des élections eu Europe, de la Fondation Robert Schuman, constate : « Le Premier Ministre sortant [....] avait centré sa campagne électorale sur l'immigration. [....] ''Voulons-nous devenir un pays d'immigration ?''avait martelé Viktor Orbàn qui avait pris pour slogan ''La Hongrie d'abord''. L'homme se veut le défenseur de l'identité hongroise, qualifie les réfugiés « d'envahisseurs musulmans »[505].

C'est avec ce discours inhospitalier et de désolidarisation au sein de l'UE, que le parti du Premier Ministre hongrois, « l'alliance des jeunes démocratiques-Union civique (FIDESZ-MPP), allié au Parti populaire chrétien-démocrate (KDNP) de Zsolt Semjen [ont] recueilli 48,53% des suffrages et devraient obtenir 133 des 199 sièges de l'Orszaggjules, Chambre unique du Parlement, soit la majorité de 2/3 »[506].

Avec un taux de participation estimé à 69,45%, le Premier Ministre Viktor Orbàn a la preuve que l'idéologie exclusionniste est largement partagée dans son pays, pour davantage refuser de se soumettre, à la fois, à la décision du Conseil de l'UE et à l'Arrêt de la CJUE [supra].

En Allemagne, la pression migratoire a profité à l'extrême droite, au point où, le média français, France info, s'est exclamé : « C'est la fin du tabou. Pour la première fois depuis un demi-siècle, un parti d'extrême droite va siéger au Parlement fédéral allemand »[507] ; avant d'ajouter : « l'extrême droite allemande a fait 13%, soit 94 Députés [et que] L'AFD, '' l'alternative pour l'Allemagne'', a mené campagne de façon agressive contre l'Islam, contre les migrants [....] »[508] ; ce résultat faisant de ce parti « la troisième force du pays »[509] à l'issue des législatives du dimanche 24 septembre 2017.

---

503 Panorama des mouvements d'extrême droite en Europe, lepoint.fr, 17/12/2017, consulté le 31/03/2018.
504 Ibid.
505 Deloy Corinne, Viktor Orbàn s'impose largement pour la 3e fois consécutive aux élections législatives hongroises, robert-schuman.eu, 8 avril 2018, consulté le 10 avril 2018.
506 Ibid.
507 « Nous avons un nouveau problème » : Angela Merkel doit faire face à l'entrée de 94 députés AFD au Bundestag, franceinfo.fr, 25/09/2017, consulté le 31/03/2018.
508 Ibid.
509 Ibid.

En Italie, où le populisme s'est imposé lors des élections du dimanche 4 mars 2018, le média français, BFMTV, mettant en exergue la réaction des autorités françaises, cite le Président Emmanuel Macron, en écrivant : « Je prends note que, dans le monde où nous vivons, on peut défendre des belles idées, mais on ne peut pas les défendre en faisant abstraction de la brutalité du contexte. L'Italie a aujourd'hui indéniablement souffert [...] dans le contexte d'une très forte pression migratoire dans lequel elle vit depuis des mois et des mois »[510].

Citant la Directrice générale de la Fondation Robert Schuman, Mme Pascale Joannin, pour expliquer la percée de 2 partis anti-immigration, en Italie, le Mouvement 5 Etoiles et la Ligue (ex-Ligue du Nord), le média Cnews écrit : « leur succès traduit un rejet de partis politiques traditionnels, une crispation sur la question migratoire, et une perception négative de la question économique »[511]. Et le média d'ajouter : « [...] ces facteurs se retrouvent dans l'avènement de la plupart des forces populistes qui percent à travers le continent [...] tous présentent l'immigration comme une menace [...] »[512] ; avant d'ajouter : « si les populistes ne l'emportent pas toujours, ils parviennent néanmoins à briser les tabous. La sortie du Royaume-Uni de l'UE constitue une première, de même que l'entrée de l'extrême droite au Parlement en Allemagne (AFD), et au Gouvernement en Autriche (FPÔ), des situations inédites depuis la Seconde Guerre mondiale »[513].

Commentant les résultats des mêmes législatives italiennes, Corinne Deloy, dans le cadre de l'Observatoire des élections en Europe, de la Fondation Robert Schuman écrit : « Le thème de l'immigration a été au centre de la campagne électorale, notamment après que, le 3 février dernier, Luca Traini, un militant de la Ligue, a ouvert le feu à Macerata, ville [...de] la région des Marches, sur des Africains, blessant 6 d'entre eux, en représailles contre le meurtre d'une jeune fille de 18 ans, affaire dans laquelle 3 Nigérians sont soupçonnés »[514] ; des représailles violant, dans un État de droit, le principe de la présomption d'innocence et la règle d'interdiction de la justice privée, étant entendu que le principe de la légitime défense ne peut invoqué dans le cas d'espèce.

---

510 Élections en Italie : Macron insiste sur le contexte de '' forte pression migratoire '', bfmtv.com, 05/03/2018, consulté le 31/03/2018.

511 Législatives en Italie : l'Europe face à la tentation populiste, cnewsmatin.fr, 05/03/2018, consulté le 08/04/2018.

512 Ibid.

513 Ibid.

514 Deloy Corinne, Les forces populistes sont les grands vainqueurs des élections parlementaires italiennes, robert-schuman.eu, 04/03/2018, consulté le 08/04/2018.

En France, même si aux législatives 2017, le Front National (FN, devenu Rassemblement National depuis le 1er juin 2018) de Mme Marine Le Pen, n'a pas pu réaliser un score pour constituer un groupe parlementaire à l'Assemblée nationale, à l'issue de ces législatives de juin 2017, grâce à la dynamique de la victoire du Président Emmanuel Macron à la présidentielle des 23 avril et 7 mai 2017, l'histoire politique française retiendra que, pour la 2e présence de l'extrême droite au 2e tour, d'une présidentielle, le FN a obtenu, au premier tour, 21,3% de voix, soit 7,6 millions de Français favorables à sa politique[515].

La migration massive est ressentie comme invasive par une certaine population européenne craignant pour :

- sa sécurité politique, au regard du risque de dé-légitimation des idéologies dominantes par des votes contestataires en faveur des idéologies extrémistes dont l'arrivée au pouvoir est de nature à modifier les systèmes européens de gouvernance ;
- sa sécurité économique, en termes des risques quant à l'accès aux ressources et finances et de la menace pesant sur le niveau de bien-être ;
- sa sécurité sociétale, en termes de schémas traditionnels de langage et de culture ainsi que les pratiques nationales et religieuses, par une réaction révulsive d'une communauté identitaire développant un « nous » qui s'oppose ou rejette un « autre » représentant une communauté qu'elle désigne ou redoute comme ennemie.

Constatant, que les deux décisions prises par le Conseil en 2015 [supra], pour gérer les crises migratoires, peinent à être appliquées, l'Union européenne a amorcé la mise en œuvre de sa politique, convenue à Malte, de gestion en amont des migrations, tout en s'attaquant aux causes de celles-ci, dans le cadre du Plan d'action de la Valette de novembre 2015 [infra].

Pour la gestion en amont, des flux migratoires rentrant, des accords « soupapes de sécurité » ont été conclus avec les pays d'origine et les pays de transit, notamment la Libye.

Mais, cet accord, UE-Libye, a fait, malheureusement, l'objet d'une instrumentalisation par des déviants de tout genre ; ce qui a suscité une vague de protestation internationale, notamment par les organisations de défense des Droits de l'Homme, ainsi que par l'ONU dont le Haut-Commissaire aux droits de l'homme, cité par le média français RFI, avait stigmatisé : « La coopération de l'Union européenne avec la Libye pour

[515] Panorama des mouvements d'extrême droite, supra.

stopper l'arrivée de migrants est inhumaine »[516] ; avant de conclure : « La souffrance des migrants détenus en Libye est un outrage à la conscience de l'humanité »[517].

Pourtant, l'accord avec la Libye fait partie du cadre plus large d'application du Plan d'action de La Valette UE-Afrique, de partage de la responsabilité, dans la gestion des questions migratoires, entre les pays d'origine, de transit et de destination, adopté lors du Sommet de La Valette, à Malte, du 11 au 12 novembre 2015[518].

D'ailleurs, pour contribuer à mettre un terme au trafic des migrants en Libye, l'UE a activé le Groupe de travail conjoint UA-UE-ONU, créé en marge du Sommet UA-UE des 29 et 30 novembre 2017 [supra].

En effet, en étroites interactions avec l'Organisation internationale pour les migrations (OIM), le Groupe de travail « a aidé 15.000 migrants à rentrer chez eux depuis la Libye dans le cadre du programme retour humanitaire volontaire »[519].

En synergie avec une autre Organisation du système des Nations-Unies, le Haut-Commissariat pour les réfugiés, « plus de 1300 réfugiés » ont été évacués de Libye[520]. Par la suite, l'UE a financé, pour 150 millions d'euros, un programme de réintégration des migrants dans leur pays ainsi que pour aider les migrants du Sahel et du Lac Tchad, en prenant également en compte la protection internationale à accorder à 3800 autres personnes qui devraient être évacuées de la Libye[521].

Toujours en synergie avec le système des Nations Unies, la Résolution du Conseil de Sécurité des Nations Unies, du jeudi 7 juin 2018, prononçant « des sanctions [ciblées ou] individuelles à l'encontre des personnes impliquées dans la traite d'êtres humains et les trafics des migrants en Libye », a été favorablement accueillie par un État membre de l'Union européenne, la France en ces termes : « Nous saluons l'adoption de ces sanctions qui répondent à l'objectif du Président de la République d'améliorer la réponse internationale à la crise migratoire, en lien avec nos

---

516 Immigration : l'ONU dénonce la coopération entre l'Union européenne et la Libye, rfi.fr, 17/11/2017, consulté le 31/03/2018.
517 Ibid.
518 Sommet de La Valette sur la migration, 11-12/11/2015, consilium.europa.eu, consulté le 31/03/2018.
519 Le Groupe de travail conjoint UA-UE-ONU, vient en aide à 16.000 personnes en Libye, africa-eu-partnership.org, 12/03/2018, consulté le 31/03/2018.
520 Ibid.
521 Ibid.

partenaires de l'ONU, de l'Union européenne, et de l'Union africaine, dans la continuité des réunions des Chefs d'État et de Gouvernement organisées en août 2017 à Paris, et novembre 2017 à Abidjan »[522].

La France pour donner immédiatement suite à cette résolution dont les sanctions envisagées portant sur le gel des avoirs dans les banques et l'interdiction de voyager, a décidé le gel des comptes bancaires de 6 personnes (4 Libyens et 2 Érythréens) par « arrêté du Ministre français de l'Économie » le 8/06/2018[523].

En effet, outre les 3 questions de coopération en matière de retour ; de réadmission et de réintégration ; de protection des demandeurs d'asile ; ainsi que des migrations légales, le Plan d'action de La Valette s'était également fixé pour objectif de coopérer dans la lutte contre « la migration irrégulière, le trafic des migrants et la traite des êtres humains »[524].

Pour lutter contre l'une des causes profondes de la migration irrégulière, qu'est la pauvreté, l'UE a lancé, le 12 novembre 2015, à l'occasion du Sommet de La Valette [supra], le Fonds fiduciaire d'urgence pour l'Afrique, au bénéfice, principalement, des régions du Sahel, de la Corne de l'Afrique, du Lac Tchad et de l'Afrique du Nord[525].

L'Union européenne a placé 1,8 milliard d'euros dans ce Fonds fiduciaire, dès son lancement en novembre 2015, ainsi que « 25 États membres de l'UE et 2 pays tiers (Norvège et Suisse) » qui avaient annoncé y participer pour un montant total de 81,3 millions d'euros[526].

Autre mesure européenne, de gestion de la poussée migratoire africaine, en amont, est le renforcement du Fonds européen de développement (FED), par un nouveau Fonds, le Fonds européen de développement durable (FEDD) [supra], pour s'attaquer, de façon plus accrue, à la pauvreté ; l'immigration étant avec l'économie et la sécurité, les « trois domaines [...] qui interpellent brutalement l'Union européenne », tel que l'affirme le

---

522 Nations unies-Adoption de sanctions à l'encontre des personnes impliquées dans la traite des êtres humains et les trafics de migrants en Libye ; diplomatie.gouv.fr, 08/06/2018, consulté le 08/06/2018.

523 La France gèle les avoirs de six trafiquants en Libye, lemonde.fr, 09/06/2018, consulté le 09/06/2018.

524 Ibid.

525 Le Président Junker lance le Fonds fiduciaire d'urgence de l'UE pour lutter contre les causes profondes de la migration irrégulière en Afrique, europa.eu, 12 novembre 2015, consulté le 31/03/2018.

526 Ibid.

Président de la Fondation Robert Schuman, Mr Jean-Dominique Giuliani, dans le rapport sur l'État de l'Union 2017[527].

Mais, si cet objectif est juste et l'outil de lutte contre la pauvreté, pertinent, force est de reconnaitre que seuls les États démocratiques africains pourront connaitre un développement inclusif, car dans les anti-démocraties, les richesses restent monopolisées par des dynasties dont les tentacules parviennent à organiser la prédation aussi bien de la richesse nationale que des aides au développement, tel que le soutient le consultant et ancien diplomate français Laurent Bigot, cité par le média français l'Express en ces termes : « [...] l'aide occidentale est devenue une rente spécialement pour les pouvoirs en place »[528].

D'ailleurs, le consensus de Monterrey, pour le financement du développement, adopté en mars 2002, au Mexique, par la Conférence des Chefs d'État et de Gouvernement, estime que « l'élimination de la pauvreté, l'amélioration des conditions sociales [et] l'élévation du niveau de vie dans les pays en développement et en transition », sont tributaires des réformes de démocratisation de la gouvernance, de l'État de droit et des Droits de l'Homme[529].

Ainsi, si ces anti-démocraties ne sont pas démantelées, la prédation des richesses, des aides et des investissements, par la monopolisation de tous les secteurs de production, par des dynasties, fera toujours courir le risque d'une immigration galopante des Africains, principalement des jeunes, notamment vers l'Europe.

À cet égard, le patronat français, par le biais de Mr Bruno Mettling, du Mouvement des entreprises de France (MEDEF), et dans la perspective du Sommet Afrique-UE de 2017 [supra], était d'avis que « la coopération au développement est un impératif absolu pour traiter les enjeux sécuritaire et migratoire et confirmer le décollage économique du continent africain »[530]. Il ajoute qu'il faut revoir « les modalités d'attribution de [...] fonds, évaluer leur efficacité et sécuriser leur utilisation [...] »[531].

---

527 Giuliani Jean-Dominique, Enjeux politiques, L'Europe malade de ses États ? in Rapport sur l'État de l'Union 2017, op.cit p. 26.

528 « Ce n'est pas aux occidentaux de développer l'Afrique », lexpress.fr, 17/07/2018, consulté le 18/07/2018.

529 Conférence de Monterrey : un nouveau partenariat pour résoudre les problèmes du financement du développement, un.org, 14/03/2002, consulté le 31/03/2018.

530 « L'Europe doit refonder le cadre de sa coopération avec l'Afrique », lemonde.fr, 29/09/2017, consulté le 31/03/2018.

531 Ibid.

La crise migratoire est d'autant une préoccupation majeure en Europe en particulier et en Occident en général que l'errance du navire Aquarius d'Africains en mer méditerranée en juin 2018, rappelle le paquebot Saint-Louis des Juifs en 1939 ; l'Aquarius d'Africains et le Saint-Louis des Juifs, 2 navires en déshérence interrogeant tous le Droit d'asile et le droit humanitaire en général.

En effet, alors que « le Saint-Louis un paquebot transatlantique allemand quittait le port de Hambourg, en Allemagne, pour rejoindre La Havane, à Cuba [...avec] à bord 937 passagers [...] presque tous [...] des Juifs fuyant le Troisième Reich [...] »[532], Cuba, subissant les effets de la ''Grande Dépression'', la propagande populiste entre leaders politiques suscita une vague d'antisémitisme et de xénophobie au point où « Les nouvelles de l'arrivée imminente du Saint-Louis [avant qu'il ne parte d'Allemagne le 13 mai] provoquèrent une manifestation [(40.000 manifestants)] à La Havane le 8 mai [1939...] le plus grand rassemblement antisémite de l'histoire cubaine [qui avait été] organisé par l'ancien président Grau San Martin [et dont le] porte-parole Primitivo Rodriguez recommanda vivement aux Cubains ''de lutter contre les Juifs jusqu'à ce que le dernier d'entre eux soit chassé'', [alors que tous ces migrants étaient porteurs chacun d'un visa ou] certificat de débarquement émis par le directeur général cubain de l'Immigration »[533].

Mais, ces visas d'entrée à Cuba étaient déjà au centre d'une grande polémique faisant état de grave cas de corruption et des trafics des visas qui auraient été chèrement vendus par « Manuel Benitez Gonzalez, directeur général du bureau d'Immigration, qui trafiquait des certificats de débarquement qu'il vendait 150 $ »[534].

Ainsi, sans que les titulaires de ces certificats ne le sachent, « une semaine avant le départ [du Saint-Louis d'Allemagne], un décret du Président cubain Federico Laredo Bru avait rendu ces certificats [de débarquement] caducs » ; ce dont était pourtant au courant « Les propriétaires du Saint-Louis »[535].

---

532 Le voyage du Saint-Louis, ushmm.org, consulté le 20/06/2018.
533 Ibid.
534 Ibid.
535 Ibid.

Aussi, quand « le Saint-Louis arriva au port de La Havane le 27 mai [1939], le gouvernement cubain ne permit qu'à 28 passagers de débarquer : 22 Juifs munis de visas pour les États-Unis, et six (4 espagnols et 2 ressortissants cubains) avec des documents d'entrée en règle. Une personne fut évacuée vers un hôpital de La Havane après une tentative de suicide [dans le navire], et un autre était décédé [...] au cours du voyage. Tous les autres furent interdits de débarquer à Cuba, en dépit de la mobilisation d' « un avocat [...] du Jointe Distribution Committee (JDC), une organisation caritative américaine »[536].

En effet, Maître Lawrence Berenson qui s'était rendu à La Havane le 28 mai 1939 n'avait pas pu tomber d'accord avec le Président cubain, Mr Federico Laredo Bru, sur le montant de la transaction que ce dernier avait fixé à « 453 500 $ (soit 500 $ par personne) » à titre de caution[537].

Alors que les « diplomates américains [accrédités] à La Havane [demandaient] au gouvernement cubain de laisser entrer les passagers pour raison ''humanitaire'' », les États-Unis qui étaient sollicités par les immigrés juifs au moment où ils « longèrent les côtes de Floride, si près qu'ils pouvaient voir les lumières de Miami [...] un télégramme du Département d'État envoyé à un passager [répondait que tous devaient ''attendre leur tour sur la liste et remplir les conditions requises pour obtenir des visas d'immigration avant d'être admissible aux États-Unis'' [car...] la loi sur l'immigration de 1924 imposait des limites strictes quant au nombre d'immigrants pouvant être admis chaque année aux États-Unis »[538].

Aussi, alors que par la presse dans le monde entier exprimait compassion et indignation, en Amérique, « l'hostilité de la population, l'avancée républicaine aux élections du Congrès en 1938, et un possible troisième mandat de Président [Franklin D. Roosevelt], inédit [ont dissuadé celui-ci de prendre un décret à titre exceptionnel, car la population américaine bien que compatissante et hostile à Hitler était majoritairement hostile à l'arrivée d'immigrés en raison principalement des conséquences de la ''Grande

536 Ibid.
537 Ibid.
538 Ibid.

Dépression'' qui] avait laissé des millions d'Américains au chômage [et] qui craignaient toute concurrence face aux rares emplois disponibles »[539].

Finalement le paquebot Saint-Louis rebroussa chemin vers l'Europe, mais pas en direction de l'Allemagne, car le JDC et bien d'autres organisations avaient négocié et obtenu que les passagers juifs soient répartis de la façon suivante : « 288 passagers furent accueillis en Grande-Bretagne, 181 aux Pays-Bas, 241 en Belgique, et 224 – pour un hébergement au moins temporaire – en France »[540].

Le sort du Saint-Louis Juifs du 20e siècle est à mettre en parallèle avec le sort de l'Aquarius d'Africains du 21e siècle, car de même que les Juifs étaient largement plus nombreux dans leur navire, dans l'Aquarius, les 630 migrants provenaient de 26 pays parmi lesquels 23 pays africains et 3 pays non africains (l'Afghanistan, le Bangladesh et le Pakistan)[541].

Citant le Gouvernement espagnol, le média français Le Figaro indique, à cet effet que parmi les migrants de l'Aquarius, ils sont « en grande majorité [des] Africains »[542] et que le plus grand nombre provient de 4 pays africains (« Soudan, Nigeria, Érythrée et Soudan du Sud »)[543].

Comme on peut le remarquer, ces 4 pays sont caractérisés par le fait qu'il y règne une grande insécurité résultant soit du terrorisme, soit des guerres entre communautés identitaires pour le contrôle du pouvoir politique, soit encore d'une oppression systématique des populations par des anti-démocraties, soit encore de l'ensemble de ces causes.

Les immigrés africains en provenance de Libye et sauvés dans la Méditerranée, les 10 et 11 juin 2018, par l'ONG « SOS Méditerranée en partenariat avec Médecins sans frontières [qui] a procédé à des opérations de sauvetage et de transbordement [dans le navire Aquarius] au large des eaux territoriales libyennes, après le message relayé le 9 juin et sur instruction du

---

539 Ibid.

540 Ibid.

541 Migrants. Parmi les 630 migrants arrivés à Valence, 26 nationalités représentées. Voici la liste : franceinfo.fr, 18/06/2018, consulté le 20/06/2018.

542 Aquarius: début de la mission française en Espagne, lefigaro.fr, 26/06/2018, consulté le 26/06/2018.

543 Ibid.

Centre de coordination des secours maritimes italiens (…IMRCC) »[544], parmi lesquels « 450 hommes, 80 femmes, dont 7 […] enceintes, 89 adolescents et 11 enfants de moins de 13 ans »,[545] sont restés en errance pendant plus d'une semaine, en raison du Gouvernement italien qui refusait que SOS méditerranée, qu'il avait sollicitée pour secourir les migrants en détresse et récupérer d'autres qui étaient dans des navires de la Marine italienne, ne puisse se diriger vers l'Italie, mais plutôt vers Malte, ce que les autorités de ce pays refusaient également en vertu du Règlement de Dublin.

Si en 1939 au moment du Saint-Louis Juifs, seule la Convention de 1933 définissait le substantif réfugié de façon plus générale, à la suite des définitions centrées respectivement sur des Russes, des Arméniens, des Assyriens et des Assyro-Chaldéens, ce traité de 1933 qui interdisait le refoulement pour la première fois, instituait, implicitement, le droit au non-refoulement de toute personne craignant pour sa vie dans le pays de provenance[546]. Mais la Convention de 1933 ne liait, au départ, que 5 États (Belgique, Bulgarie, Égypte, France et Norvège)[547].

Lorsqu'en 1951, à la suite de la création, en 1950 du Haut-Commissariat des Nations-Unies pour les réfugiés (UNHCR), est adoptée la Convention de Genève définissant le statut de réfugié, à la suite de la Deuxième Guerre mondiale, la définition concerne exclusivement les victimes d'évènements d'avant 1951 et qui se s'étaient déroulés exclusivement en Europe[548].

C'est en 1954 qu'est adoptée la Convention de Genève relative aux apatrides[549].

Un Protocole additionnel à la Convention de Genève de 1951, le Protocole de 1967, adopté à New York et appelé aussi Convention de Bellagio, va mondialiser la notion de réfugié en faisant cesser la limitation dans l'espace et dans le temps pour que cela puisse bénéficier à tous les

---

[544] Cantier François et Fleuris Béatrice. Aquarius : au-delà de l'urgence migratoire, les règles juridiques applicables, dalloz-actualite.fr, 09/06/2018, consulté le 21/06/2018.
[545] Enfin arrivés à Valence, les migrants de l'« Aquarius » sont « fatigués, mais remplis d'espoir » lemonde.fr, 17/06/2018, consulté le 21/06/2018.
[546] Histoire de l'asile, ofpra.gouv.fr, 09/10/2017, consulté le 20/06/2018.
[547] Ibid.
[548] Ibid.
[549] Ibid.

persécutés du monde, aussi bien avant 1951 qu'après 1951 ainsi que de nos jours et dans le futur[550].

Si au moment du Saint-Louis des Juifs, en 1939, le sauvetage en mer n'était régi que par la coutume internationale, qu'en est-il de responsabilité internationale du refus de l'accueil de l'Aquarius des Noirs, au 21e siècle, par l'Italie et par Malte ?

L'obligation de porter secours, procédant des normes coutumières maritimes, est codifiée par la Convention de Genève sur la haute mer, du 29 avril 1958, en son article 12 ainsi par le paragraphe 1 de l'article 98 de la Convention de Montego Bay, sur le droit, de la mer du 10 décembre 1982, en ses termes : « 1- Tout État exige du capitaine d'un navire battant son pavillon que, pour autant que cela lui est possible sans faire courir de risques graves au navire, à l'équipage ou aux passagers :

a – il porte assistance à quiconque est trouvé en péril en mer ;

b – il porte aussi vite que possible au secours des personnes en détresse s'il est informé qu'elles ont besoin d'assistance, dans la mesure où l'on peut raisonnablement s'attendre qu'il agisse de la sorte ;

c – en cas d'abordage, il prête assistance à l'autre navire, à son équipage et à ses passagers […] ».[551]

En effet, comme le souligne Arnaud Montas, le droit maritime est fondé par le risque de mer[552], dans le prolongement de Platon qui, distinguait, « dans Critias''[…] trois sortes d'hommes […] les morts, les vivants, et ceux qui vont en mer.'' Pour ces derniers, pas encore morts, mais pas tout à fait vivants […] »[553].

Quoique l'obligation de sauvetage incombant au capitaine d'un navire ne soit pas absolue, car ce dernier n'en est pas tenu si ce sauvetage est de nature à mettre en péril son navire et/ou ses occupants, la Convention de Montego Bay oblige les États côtiers à « participer au sauvetage par la création d'un

---

550 Ibid.

551 Convention des Nations Unies sur le droit de la mer (avec annexes, acte final et procès-verbaux de rectification de l'acte final en date des 3 mars 1986 et 26 juillet 1993). Conclue à Montego Bay le 1er décembre 1982, un.org, consulté le 04/07/2018.

552 Montas Arnaud, Droit maritime, éd. Vuibert, Coll. Dyna'Sup Droit, p.13, pp. 272, 2012.

553 Platon cité par Montas Arnaud. Op.cit. p.9

service de sauvetage et également collaborer avec leurs États voisins »[554]. En effet, la Convention de Montego Bay en son paragraphe 2 de l'article 98 stipule : « 2 - Tous les États côtiers facilitent la création et le fonctionnement d'un service permanent de recherche et de sauvetage adéquat et efficace pour assurer la sécurité maritime et aérienne et, s'il y a lieu, collaborent à cette fin avec leurs voisins dans le cadre d'arrangements régionaux »[555].

Arguant que l'Italie pouvait invoquer l'article 19 de la Convention de Montego Bay pour s'exonérer de son obligation internationale posée par l'article 17, François Cantier et Béatrice Fleuris estiment, avec raison que les autorités italiennes seraient confrontées à la règle de la bonne foi dans l'application des traités, telle qu'elle est posée par l'article 26 de la Convention de Vienne sur le droit des traités[556], ou règle Pacta sunt servanda infra.

En effet, si le droit de passage inoffensif est reconnu à tout navire par l'article 17 de la Convention de Montego Bay, et consiste, selon la définition donnée par le paragraphe 2 de l'article 18 à « l'arrêt, dans une installation portuaire ou au mouillage dès lors que cet arrêt s'impose ''par suite d'un cas de force majeure ou de détresse ou dans le but de porter secours à des personnes, des navires ou des aéronefs en danger ou en détresse'' »[557], l'article 19 peut être invoqué par l'Italie, car, soutiennent François Cantier et Béatrice Fleuris, cet article 19 stipule que « le passage est inoffensif « ''le passage est inoffensif tant qu'il ne porte pas atteinte à la paix, au bon ordre ou à la sécurité de l'État côtier'' atteintes pouvant être constituées par l'''embarquement ou débarquement des marchandises, de fonds ou de personnes en contravention aux lois et règlements [...] d'immigration de l'Etat côtier'' »[558].

Si la définition du caractère inoffensif du passage du navire peut exonérer l'Italie de l'obligation de porter secours, pourtant renforcée par la

---

[554] Tephany Yann, Sauvetage et migration maritime, humansea.hypotheses.org, 30/10/2015, consulté le 04/07/2018

[555] Convention de Montego Bay, Op.cit.

[556] Cantier Francois et Fleuris Béatrice. Aquarius : au-delà de l'urgence migratoire, les règles juridiques applicables. dalloz-actualite.fr, 19/06/2018, consulté le 04/07/2018.

[557] Ibid.

[558] Ibid.

Convention SOLAS[559] de 1974 pour la sauvegarde de la vie humaine en mer, ainsi que par la Convention SAR[560] sur la recherche et la sauvegarde maritime, de 1979, François Cantier et Béatrice Fleuris précisent que la Convention SAR et ses annexes obligent de porter secours aux personnes en détresse en mer « sans tenir compte de la nationalité ou du statut de [chaque] personne ni des circonstances dans lesquelles celle-ci a été trouvée »[561].

Aussi, les deux auteurs estiment que si en dépit du droit de toutes ces conventions internationales sur l'obligation de sauvetage en mer, l'article 19 peut faire échapper l'Italie de sa responsabilité internationale, cette exonération pourrait être « confrontée au principe de bonne foi ou estoppel, puisque c'est à l'initiative du message relayé par l'IMRCC italien, que l'Aquarius aurait porté secours aux personnes embarquées »[562].

L'invocation de l'article 19 de la Convention de Montego Bay peut toutefois ouvrir droit d'exonération de sa responsabilité internationale, à Malte par rapport au bateau Aquarius, au regard du droit interne maltais sur l'immigration ainsi que du Droit européen de Dublin rendant responsable, en UE ainsi qu'en Suisse, au Liechtenstein et en Norvège. En effet, au regard du Règlement de Dublin, la responsabilité première en cas d'immigration irrégulière ou légale, incombe au pays ayant accordé visa ou titre de séjour[563]. Cette responsabilité incombe aussi en cas d'immigration légale ou illégale et en vertu du droit à l'unité familiale, et sous réserve toutefois du désir du demandeur, à tout pays où ce dernier a des parents en tant que réfugiés ou demandeurs d'asile[564].

---

559 La Convention SOLAS « pour la sauvegarde de la vie humaine en mer du 1er novembre 1974 [consacrant le] chapitre III [...] au sauvetage en mer et [dont le] chapitre V, [sur] la sécurité de la navigation [de ses] règles 10 et 15 [...] rappelle [...] les obligations pesant tant sur les navires que sur les gouvernements »

Source : Cantier Francois et Fleuris Béatrice. Aquarius : au-delà de l'urgence migratoire, les règles juridiques applicables. Op.cit.

560 La Convention SAR « sur la recherche et le sauvetage maritimes du 27 avril 1979 qui a renforcé cette obligation à l'article 2.1.10 de ses annexes [en ces termes [... :] les parties s'assurent qu'une assistance est fournie à toute personne en détresse en mer. Elles le font sans tenir compte de la nationalité ou du statut de cette personne ni des circonstances dans lesquelles celle-ci a été trouvée »

Source : Ibid.

561 Ibid.

562 Ibid.

563 Règlement de Dublin, ofpra.gouv.fr, consulté le 06 juillet 2018.

564 Ibid.

Dans les deux cas, cette responsabilité première ne peut prendre fin qu'au bout de 12 moins à compter de la date de franchissement de la frontière.

Comme le Saint-Louis des juifs, l'Aquarius des Africains a vu ses passagers faire l'objet d'un examen des demandes d'asile par les pays volontaires européens, après qu'ils soient accueillis, à la demande des autorités espagnoles, au port de Valence en Catalogne, dans un contexte où le Conseil européen des 28 et 29 juin 2018[565], a acté l'insolidarité européenne au regard de la pression migratoire subie par l'Italie et par la Grèce, en adoptant des mesures qui passent sous silence le Règlement de Dublin et déplacent le problème vers les pays européens ou africains qui accepteraient d'accueillir des plateformes d'accueil et de présélection d'immigrés admissibles au statut de réfugié, tel qu'il est défini par les stipulations combinées de la Convention des Genève de 1951 et de son Protocole de 1967[566].

Le Conseil européen s'est accordé sur une politique migratoire déployant une approche globale associant :

- contrôle véritablement l'effectif des frontières extérieures de l'UE[567] ;
- ''action extérieure accrue'' de l'UE [568] ;
- ''aspects intérieurs '' dont des centres de rétention pour le tri ou la présélection dans les États membres volontaires[569] ; aux fins de déterminer, dans la célérité, les immigrés éligibles au statut de réfugié au sens combiné de la Convention de Genève de 1951 et de son Protocole de 1951 [supra], pour leur répartition vers les pays volontaires d'accueil, actant ainsi, la confirmation de la crise de solidarité européenne face à des risques et menaces.

Au moment où la solidarité européenne est soumise à rude épreuve face aux vagues migratoires ressenties comme invasives en Europe, où le populisme renaissant favorise les idéologies extrémistes au détriment de

---

565 Conclusions Conseil européen CO EUR 9/2018 CO EUR 9 CONCL 3, concilium.europa.eu, consulté le 06 juillet 2018.
566 La Convention de Genève de 1951 et Protocole de 1967, op.cit.
567 Conclusions Conseil européen CO EUR 9/2018 CO EUR 9 CONCL 3, op.cit.
568 Ibid.
569 Ibid.

valeurs fondatrices de l'Europe, ce populisme est partagé en Occident par les États-Unis au point où l'Avocat internationaliste, Maître Laurent Cohen-Tangui estimant que « La démocratie [est] en danger »[570], affirme : « La question cruciale posée est de savoir si les errements désastreux consécutifs aux succès populistes constituent une parenthèse dans l'histoire politique contemporaine du monde occidental, ou s'ils annoncent au contraire une éclipse durable de la gouvernance démocratique, et un retour aux heures sombres de l'autoritarisme, du protectionnisme et de la conflictualité »[571].

Poursuivant son analyse de la situation, il estime que « Le tournant majeur de ces cinq dernières années est la dérive populiste et nationaliste que subissent les grandes démocraties occidentales – Royaume-Uni et États-Unis en tête – et la remise en cause qui en est résultée de l'ordre international libéral et multilatéralisme construit depuis 1945 »[572].

Il ajoute que cette déstabilisation du multilatéralisme par un nationalisme résultant de la vague populiste affectant la démocratie au profit de l'autoritarisme, ébranle toutes les dynamiques multilatérales, « De l'Alliance atlantique [(OTAN)] à la libéralisation du commerce mondial [(OMC et espaces régionaux de libre-échange)], de la construction européenne [(Brexit et désolidarisation des États UE)] à la lutte contre les changements climatiques [(sortie des USA de l'Accord de Paris sur le climat)] »[573].

C'est pourquoi, le combat pour la démocratisation de l'Afrique, est un combat des Africains, pour la paix durable et pour le développement inclusif de l'Afrique, certes, mais il doit davantage être un combat de l'Europe, pour sa stabilité et la sécurité des Européens, étant donné, par ailleurs, que la répression, souvent sanglante, des soulèvements populaires dans les anti-démocraties refusant à leurs peuples, droits et libertés, ainsi que richesse, développement et bien-être, constitue la principale cause des conflits violents que leur récurrence transforme en laboratoires de production d'un terrorisme dont la vascularisation menace la paix et la sécurité internationales.

---

[570] « La démocratie en danger ». La tribune de Laurent Cohen-Tangui, lopinion.fr, 05/06/2018, consulté le 06/06/2018.

[571] Ibid.

[572] Ibid.

[573] Ibid.

II - Une vascularisation du terrorisme résultant des anti-démocraties et insécurisant l'Afrique, l'Europe et le Monde.

De tous les pays qui ont été confrontés aux revendications de leur peuple, notamment de la jeunesse, pour plus des droits et des libertés, de développement et de prospérité pour tous, dans le monde arabe, en 2011, 3 pays se sont distingués, par leur réponse particulièrement guerrière, à ces mouvements de révolution, appelés Printemps arabe, et tous les 3 se sont effondrés, à savoir la Syrie, le Yémen et la Libye ; le Bahreïn constituant une exception, parce qu'il a été protégé par le Pacte d'autodéfense du Conseil de Coopération du Golfe, en étouffant la révolution, mais la situation politique y reste figée.

En effet, l'on peut constater, 7 ans après, que cette approche guerrière, de gestion des divergences, a causé, d'année en année, une décomposition de chacun ces 3 pays, désormais transformés en terreaux du terrorisme, des théâtres ou laboratoires où, des jeunes « pèlerins » provenant des 4 points cardinaux, y vont se former, faire allégeance à l'État islamique ou à Al-Qaïda, combattre, puis être réexpédiés vers leur pays ou vers un pays cible, pour faire entendre la voix du terrorisme djihadiste qui se vascularise ainsi.

Ce terrorisme qui se vascularise, côté africain, affecte aussi la paix et la sécurité internationale, notamment en ciblant les étrangers sur le continent (A) et résulte du refus d'une transition démocratique en Libye, car ses voisins qui ont opté pour des négociations avec les leaders des soulèvements populaires s'en sont plus ou moins bien tirés (B).

A – Un terrorisme se vascularisant en Afrique et menaçant la sécurité internationale

Si le terrorisme existe en Afrique, il y a bien longtemps, sa première manifestation la plus visible remonte aux attentats de Nairobi [infra], et de Dar es-Salaam [infra], en 1998, ainsi qu'avec les terroristes Al-Shebab de Somalie [infra].

Mais, à partir de 2013 notamment, le phénomène terroriste va se vasculariser pour toucher plusieurs pays africains et attenter à la sécurité, certes des Africains, mais aussi à celles des citoyens et intérêts étrangers sur le continent [infra].

Les zones les plus impactées sont le Maghreb, le Sahel, la Corne de l'Afrique, la région du Lac Tchad avec certains développements touchant aussi l'Afrique centrale. Cette situation résulte de la gestion antidémocratique du Printemps arabe par la Libye ; ce qui a transformé ce pays en une véritable « usine » de production des terroristes, comme il ressort du constat posé, en mars 2015 , par le Ministre tunisien de l'Intérieur, de l'époque, que cite le média français Le Point, en ces termes : « [la stabilité tunisienne est menacée par] environ 3000 jeunes Tunisiens, pour la plupart des laissés pour compte du Printemps arabe, sont partis combattre en Syrie, en Irak et Libye [...estimant] que plusieurs centaines d'entre eux sont déjà rentrés au pays [...], et représentent des terroristes en puissance »[574] ; des bombes vivantes vivant dans la masse populaire.

Certes, certains groupes terroristes sévissant actuellement en Afrique, ont une existence antérieure à l'effondrement de la Libye, mais le groupe terroriste le plus ancien, Al-Qaïda au Maghreb islamique ((AQMI), qui procède du Groupe Salafiste pour la Prédication et le Combat, le GSPC né en 1998 en Algérie, où le groupe Al-Qaïda est endigué, ce groupe terroriste est désormais présent en Libye[575], et se dissémine du Sahara, vers le Sahel, au Niger, au Burkina Faso en Mauritanie et au Mali[576].

Au Mali, en 2002, s'est signalé un autre groupe terroriste émanant d'une autre dissidence de AQMI, le Mouvement pour l'Unité du Jihad en Afrique, le MUJAO (devenu Al-Mourabitoune), en prenant le nord du Mali et Gao ; dans l'objectif de répandre le Salafisme dans toute l'Afrique de l'Ouest[577].

En dehors de cette double prise, par un groupe terroriste en Afrique, toutes les principales grandes attaques terroristes sur le continent sont postérieures à l'effondrement de la Libye et de la transformation de ce pays en épicentre volcanique du terrorisme dont les laves et cendres brûlantes et fumées asphyxiantes déstabilisent toute l'Afrique et affectent la sécurité internationale.

En effet, le groupe Ansar Dine, né en mars 2012 de la dissidence du Mouvement National de Libération de l'Azawad (MNLA), pour imposer la charia, va prendre le contrôle de Tombouctou et de Kidal, au Mali, en moins d'un an d'existence, en janvier 2013[578].

---

574 Tunisie : les assassins du Printemps arabe, lepoint.fr, 18/03/2015, consulté le 31/03/2018.
575 Van Horreweghe Ngoy Christiana, La prolifération des groupes terroristes en Afrique : cause, enjeux et actions à entreprendre, africmemoire.com, consulté le 31/03/2018.
576 Ibid.
577 Bassous Abdelhak, La prolifération du phénomène terroriste en Afrique, ocppc.ma, 16/03/2016, consulté le 31/03/2018.
578 Van Hooreweghe Christiana, op.cit.

Également au Mali, ce sont les 5 et 16 janvier 2015, que le groupe terroriste, le Front de libération du Macina (FLM), composé essentiellement des populations peuls, pour la restauration de leur ancien Empire du Macina (au centre du Mali, tout en visant propager le Salafisme au sud), que ce mouvement, issu aussi de l'ancien MUJAO devenu Al-Mourabitoune, va respectivement perpétrer des attaques terroristes à Nampala et à Tenenkou[579].

Toujours au Mali, la capitale, Bamako a subi 2 attentats terroristes revendiqués par le groupe Al-Mourabitoune [supra], et qui ont visé les lieux très fréquentés par les Occidentaux. Le premier a visé, le 7 mars 2015, le bar-restaurant la Terrasse (5 morts dont 1 Français, 1 Belge) ainsi qu'un blessé suisse[580]. Le second, le 20 novembre 2015, frappa l'hôtel Radisson Blu (20 morts parmi lesquels 14 étrangers) ; en plus de l'attentat du 7 août 2015 à l'Hotel Sévaré (13 morts parmi lesquels 2 Ukrainiens, 1 Népalais et un ressortissant d'Afrique du Sud), avant l'attaque par un groupe allié à Al-Qaïda, le 18 juin 2017, contre « le campement Kangaba [...], lieu de villégiature proche de Bamako, fréquenté par des étrangers [et qui a] fait 5 morts, parmi lesquels 1 Portugais et 1 Chinois »[581].

La Côte d'Ivoire fera l'objet de l'attentat du Grand Bassam, à environ 20 km d'Abidjan, à l'est, le 13 mars 2016 (19 morts, dont 11 nationaux, mais aussi 4 Français, une Allemande, une Macédonienne, une Nigériane et un Libanais)[582].

Bien avant, le 15 janvier 2016, Ouagadougou, la capitale du Burkina Faso, avait subi des attentats simultanés visant les lieux fréquentés par les étrangers, notamment « l'hôtel Splendid » et le café « Cappuccino » ; un double attentat qui a causé la mort de 30 personnes[583], et qui a été revendiqué par AQMI en l'attribuant à AL-Mourabitoune[584].

C'est cette stratégie d'attaques simultanées utilisée lors des attentats terroristes du 2 mars 2018, en visant l'Ambassade de France, à Ouagadougou, au Burkina Faso et une salle de l'État-major des Armées du Burkina Faso[585], qui devait accueillir une réunion de la force G5 Sahel [supra]

---

579 Ibid.

580 Attentat au Burkina : l'Afrique, cible du terrorisme depuis deux ans, m.leparisien.fr, 14 août 2017, consulté le 31/03/2018.

581 Ibid.

582 Ibid.

583 Ibid.

584 Ibid.

585 m.leparisien.fr, op.cit.

(mais réunion délocalisée au dernier moment) ; la force africaine de 5 Etats combattant le terrorisme au Sahel, avec le soutien militaire de la France et une participation financière notamment de l'Union européenne, des États-Unis, de l'Arabie Saoudite et des Émirats arabes unis[586].

Bien avant, c'est en 2015 que la Tunisie avait été victime de 2 attaques terroristes. La première avait fait 24 morts au Musée du Bardo, à Tunis, le 18 mars 2015, en tuant « 21 touristes, 1 agent des forces de l'ordre et 2 terroristes »[587]. La deuxième attaque avait tué 39 personnes, le 26 juin de la même année, sur les plages de « la station balnéaire de Port El-Kantaoui, près de Sousse »[588], et visant principalement les touristes étrangers.

Faisant le bilan des attentats terroristes ayant lieu dans le monde entier, pour la seule année 2016, un média suisse, Tribune de Genève, citant une étude américaine, révèle que si « Les attentats terroristes ont diminué [dans le monde entier] de 9% [pour] plus de 13.400 actes de terrorisme » [ceux-ci ont fait] néanmoins 34.000 morts ».[589] Il ajoute que si ces actes ont touché 108 pays, « dans 87% des cas et pour 97% des victimes [cela s'est passé] au Moyen-Orient [en] Afrique du Nord [en] Asie du Sud et [en] Afrique subsaharienne »[590].

Il y est précisé qu'il y a eu « 11 actions terroristes les plus mortelles en 2016 »[591], mais de ces 11 actes, 10 ont eu lieu en Irak et 1 en Afrique du Nord[592].

C'est dans ce contexte de terrorisme gravement vascularisé en Afrique, que l'Égypte qui fait face aux réseaux terroristes au Sinaï, a subi, le 31 octobre 2015, dans cette zone, le crash, suite à l'explosion d'une bombe que

---

586 Les financements décollent pour le G5 Sahel, euractiv.fr, 23 février 2018, consulté le 31/03/2018.
La force G Sahel lancée en 2017 regroupe des troupes des 5 pays luttant contre le terrorisme au Sahel, à savoir : le Mali, le Niger, la Mauritanie, le Burkina Faso et le Tchad. Dans le cadre du financement de cette force pour une durée de un an, la Conférence organisée à Bruxelles le 23 février 2018, l'Union européenne s'est engagée à multiplier par 2 son concours financier à cette coalition pour un montant total de 100 millions d'euros. « La liste des donateurs inclut également l'Arabie saoudite (100 millions d'euros), les Emirats arabes unis (30 millions d'euros) et les Etats-Unis (49 millions d'euros). Source : ibid.

587 Attaque du musée du Bardo, wikipedia.org, consulté le 31/03/2018.

588 Attentats de Sousse, wikipedia.org, consulté le 31/03/2018.

589 Plus de 13400 attaques terroristes en 2016, Tribune de Genève citant une étude annuelle de National consortium for the study of terrorism and responses to terrorism, le start, de l'Université du Maryland, aux USA, tdg.ch, 23 août 2017, consulté le 31/03/2018.

590 Ibid.

591 Ibid.

592 Ibid.

Moscou a confirmée, d'un Airbus russe, A321, objet d'un attentat terroriste revendiqué par l'État islamique (EI) et qui a tué 224 personnes à bord (217 passagers, dont 214 Russes et 3 Ukrainiens ainsi que 7 membres d'équipage)[593].

Même dans la Corne de l'Afrique, où le groupe terroriste, Al-Shabab, affilié à Al-Qaeda, est très endigué par la Mission de l'Union africaine pour la Somalie, l'AMISOM, déployée depuis 2007, ce groupe djihadiste a réussi à frapper Mogadiscio, le 14 juin 2017, en tuant 18 personnes[594].

Le réveil terroriste, en Afrique, a également redonné de la force au groupe terroriste Boko Haram qui sévit, depuis 2002[595], au nord du Nigéria, en réalisant une prise de grande envergure, l'enlèvement, de masse, de 276 Lycéennes, en application de sa doctrine rejetant l'éducation occidentale, le 14 avril 2014, à Chibok,[596] au nord du pays, et en prêtant allégeance à l'État islamique, le 7 mars 2015[597].

L'enlèvement de ces Lycéennes a pu être déterminant dans la décision du Conseil de Sécurité des Nations unies, prise le 22 mai 2014, de classer Boko Haram parmi les organisations terroristes[598].

C'est ce groupe terroriste, Boko Haram, qui écume au Cameroun, au Niger, et au Tchad.

Même le Kenya qui, avec la Tanzanie, ont enregistré les premières attaques terroristes contre les intérêts occidentaux en Afrique, avec les attaques simultanées des Ambassades des USA à Nairobi (213 morts dont 12 Américains) et à Dar es-Salaam (11 morts), le 7 août 1998,[599] 5 ans après les attaques terroristes sur le sol américain, qui ont visé, pour la première fois, le Word Trade Center, le 26 février 1993, ce pays, principal poumon économique de l'Afrique de l'Est, voit son attractivité affectée par l'insécurité induite par le groupe Al-Shebab, qu'il combat à sa frontière avec la Somalie[600].

---

593 Crash de l'Airbus russe en Égypte : ce que l'on sait, ce qu'on ignore, lemonde.fr, 05/11/2015, consulté le 31/03/2018.
594 m.leparisien.fr, op.cit.
595 Boko Haram, wikipedia.org, consulté le 31/03/2018.
596 Enlèvement de lycéennes de Chibok, wikipédia.org.
597 Boko Haram, op.cit.
598 Ibid.
599 Attentats des Ambassades américaines en Afrique du 7 août 1998, wikipedia.org, consulté le 31/03/2018.
600 Terrorisme : le Kenya connaît sa première attaque revendiquée par Daech, lopinion.fr, 13 septembre 2016, consulté le 31/03/2018.

En plus du groupe Al-Shebab, le Kenya fait désormais face à des groupes terroristes ayant fait allégeance à l'EI.

En effet, les principaux ''lieutenants'' des groupes de l'État islamique, sont des jeunes revenus de leur processus d'enrôlement en Syrie et en Libye et qui ont été à la base de la première attaque terroriste, revendiquée par Daech, et perpétrée, à Mombassa, par 3 femmes kamikazes ayant poignardé un policier à son poste de travail, avant d'incendier le Commissariat, le 11 septembre 2016[601].

En 2016, le média suisse, Tribune de Genève, citant les services kenyans de renseignement, écrit : « Les renseignements kenyans estiment à une centaine le nombre de Kenyans ayant rejoint les rangs de l'EI en Libye et en Syrie, avec la perspective de voir certaines de ces recrues rentrer avec la formation nécessaire pour commettre des attaques meurtrières »[602]. Puis, citant un ancien officier, il ajoute : « c'est une bombe à retardement. [...] Ce qu'ils vont faire en Syrie ou en Libye n'est pas un problème pour le Kenya, mais c'est ce qu'ils feront en rentrant qui en est un »[603].

Même au Mozambique, où sévit, dans deux provinces nordiques, le groupe appelé localement « Al Shabab », (« la jeunesse » en arabe) sans avoir un lien avec « Al Shabab » de Somalie, le groupe Ahlu Sunna-wa-Jammah (« les gens de sunna » en arabe), ce groupe qui prône un islam radical, remonte à l'année 2014 et attaque des villages ainsi que des plantations agricoles pour s'approprier des biens en dépit d'une répression impitoyable des forces de sécurité et de défense mozambicaines[604].

Citant le rapport 2017, de la Fondation Mo Ibrahim, sur l'évolution du terrorisme en Afrique, de 2006 à 2015, l'agence Ecofin, indique que sur cette période, « Le nombre d'attaques terroristes sur le continent africain a augmenté de plus de 1000% [avec] 3093 attentats [....] en 2015 [alors qu'] en 2006 [il n'y avait que] 271 [attentats] »[605].

---

601. Ibid.

602 Le groupe Etat islamique s'infiltre au Kenya, tdg.ch, 30 juin 2016, consulté le 31/03/2018.

603 Ibid.

604 Mozambique : qui sont les « shebabs » de Mocimba da Praia ? rfi.fr, 01/06/2018, consulté le 05/06/2018.

605 Le nombre des attaques terroristes perpétrées en Afrique a augmenté de plus 1000% entre 2006 et 2015, agence Ecofin citant le rapport de la Fondation Mo Ibrahim 2017 intitulé « L'Afrique à un point de basculement », agenceecofin.com, 16/05/2017, consulté le 31/03/2018.

Continuant à citer le rapport Mo Ibrahim, l'Agence Ecofin précise que les causes du terrorisme en Afrique sont : « Le manque d'opportunité économique, le chômage [...] et le déficit de démocratie »[606].

Si les problèmes économiques et les déficits démocratiques sont la principale cause du terrorisme, le Printemps arabe en Libye était une révolution contre la privation des droits et libertés. Mais cette demande de jouissance des droits et des libertés n'a eu pour réponse qu'une répression aveugle et sanglante, au point où on arrive à la conclusion que le refus, par le régime de Mr Mouammar Kadhafi, d'accepter une transition démocratique en Libye, est à l'origine de l'effondrement de ce pays, car ses voisins s'en sont mieux tirés en engageant des reformes politiques avec le soutien de leurs partenaires internationaux.

B – Un effondrement libyen, résultant d'une gestion antidémocratique du Printemps arabe par le régime de Mouammar Kadhafi.

Estimant que le Printemps arabe de 2011, en Libye, a viré au chaos, Denis Bauchard décrit la situation de ce pays, en 2014, en ces termes : « [...] le cas libyen est révélateur. Les chefs de milices autoproclamés et des chefs traditionnels de tribus détiennent un pouvoir émietté et qui ne dépasse pas une ville, voire un quartier ou sa zone d'influence [...] »[607].

Comment en est-on arrivé là ?

C'est le résultat du choix libyen de répondre aux jeunes du Printemps arabe, par la force militaire et non pas par le respect de la souveraineté du peuple dans un processus de transition pacifique et démocratique qui aurait évité l'effondrement de l'État.

En effet, lorsque le printemps arabe éclate en Libye, entre le 15 et le 17 février 2011, « dans les villes de Cyrénaïque (à l'est), à savoir, à El Beida, à Darnah et surtout à Benghazi »[608], la répression a été immédiatement sanglante dans cette dernière ville, et les arrestations multiples ; ce qui va pousser à l'insurrection dans d'autres villes, notamment à Tripoli, la capitale[609], car les Libyens se souviennent des exécutions massives des

---

606 Ibid.

607 Bauchard Denis, Bilan du printemps arabe, in La Géopolitique du monde arabe, 6e séminaire de Bruxelles, 03 juillet 2014, ihedn.fr, consulté le 31/03/2018.

608 Première Guerre civile libyenne, fr.wikipedia.org, consulté le 31/03/2018.

609 Ibid.

prisonniers, notamment en 1996[610]. En raison de ce passé dramatique, ils étaient convaincus que s'ils se laissaient faire, cela aboutirait à une nouvelle purge de masse ; tout devrait donc être fait pour que la révolution ne puisse pas échouer.

Selon 2 médias français, l'Obs et le Figaro, qui reviennent sur le caractère particulièrement autoritaire du régime Mouammar Kadhafi plusieurs années avant le Printemps arabe, le premier indique que : « Dès son accession au pouvoir, le colonel Kadhafi a fait de la torture une arme de dissuasion massive contre toute tentative de velléité insurrectionnelle »[611]. Ainsi, précise-t-il, lorsqu'il « arrête en masse des musulmans soupçonnés de vouloir le renverser »[612], il fit exécuter en « fin juin 1996, plus d'un millier de prisonniers […] tués par les forces du régime en deux jours dans la prison d'Abou Salim »[613]. Pour le Figaro, il renseigne que : « Dès son accession au pouvoir, Kadhafi entame une répression contre tous les opposants […], universitaires, étudiants, Frères musulmans ou journalistes sont tous considérés comme des '' ennemies de la révolution'' »[614]. Il créa des « tribunaux du peuple »[615] et « décrète en 1974 : '' La mort est la peine pour toute personne qui formerait un parti politique''. Des dizaines de pendaisons et mutilations d'opposants - souvent télévisées – s'en suivent »[616].

C'est sur le fondement de ce passé particulièrement macabre et gravement répressif, que la répression du Printemps arabe en Libye, a donné lieu à une radicalisation, sans précédent, des manifestants qui se sont organisés en Conseil national de transition (CNT), pour mieux affronter les forces de sécurité et de défense qui restaient encore fidèle au régime.

Le Conseil national de transition, tout en gardant mobilisé ses troupes sur le terrain, mena une campagne diplomatique particulièrement active auprès de la Communauté internationale dont l'aboutissement a été l'adoption, le 17 mars 2016, par le Conseil de sécurité des Nations unies, de la Résolution 1973 établissant une zone d'exclusion aérienne en Libye pour prévenir toute attaque des populations civiles par le régime de Mr Mouammar Kadhafi[617].

---

[610] Printemps arabe, fr.m.wilkipedia.org, consulté le 31/03/2018.

[611] Libye. Tortures, exactions….La face sombre du régime Kadhafi, nouvelobs.com, 31/08/2011, consulté le 31/03/2018.

[612] Ibid.

[613] Ibid.

[614] Libye : quatre décennies d'exactions et de répression, lefigaro.fr, 28/08/2011, consulté le 31/03/2018.

[615] Ibid.

[616] Ibid.

[617] Libye : le Conseil de sécurité décide d'instaurer un régime d'exclusion aérienne afin de protéger les civils contre les attaques systématiques et généralisées, un.org, 7 mars 2011, consulté le 31/03/2018.

C'est grâce à cette résolution que la contre-insurrection a échoué et que les forces insurrectionnelles de l'intérieur du pays ont pu faire « leur jonction avec les résistants dans la capitale de Tripoli », au mois d'août 2011 et que Mr Mouammar Kadhafi décédera en octobre 2011[618].

Cette hécatombe libyenne est la conséquence d'une obstination à préférer la répression militaire du Printemps arabe au lieu de prendre la voie d'un processus de transition pacifique, par respect de la volonté du peuple souverain comme cela s'est plus ou moins bien passé dans les pays voisins de la Libye.

En effet, si en Tunisie et en Égypte, les dirigeants ont accepté de démissionner comme le réclamait le peuple massivement mobilisé, au profit des transitions de démocratisation, ces 2 États ne se sont pas effondrés comme ne l'ont pas été le Maroc et l'Algérie qui se sont aussi engagés sur la voie de la négociation, alors que leurs Printemps arabes n'avaient pas d'exigence portant sur la révocation de leurs dirigeants politiques.

Pour la Tunisie, le casus belli de son Printemps arabe est la tentative d'immolation par le feu le 17 décembre 2010, d'un jeune diplômé, mais qui faute d'emploi, effectuait des petits boulots comme marchand ambulant à Sidi Bouzid[619]. Ce jeune appelé Mohamed Bouazizi, avait posé cet acte pour protester contre les forces de sécurité qui avaient saisi sa marchandise[620]. Il décéda le 4 janvier 2011 ; ce qui va déclencher une vague de manifestations, fédérant aussi bien les jeunes diplômés au chômage que les étudiants, pour protester contre la vie chère, et le chômage tout en demandant des changements politiques[621]. Face à la pression de la rue, aussi bien à Tunis que dans les provinces, le Président Ben Ali, au bout de 23 ans de pouvoir, quitte la Tunisie le 14 janvier 2011 pour se réfugier en Arabie saoudite[622].

Mais, le Premier Ministre Mohamed Ghannouchi reste en poste et forme un « gouvernement d'union le 17 janvier, remanié [10 jours plus tard] le 27 janvier 2011 »[623].

Les manifestations qui ne faiblissent pas finiront par emporter le Gouvernement avec la démission du Premier Ministre, le 27 février 2011[624].

---

618 Printemps arabe, fr.m.wilkipedia.org, op.cit.
619 Ibid.
620 Ibid.
621 Attentat de Tunis. Chronologie : Du Printemps arabe au carnage du musée, ouest-France.fr, 18/03/2015, consulté le 31/03/2018.
622 Ibid.
623 Printemps arabe, fr.m.wilkipedia.org, op.cit.

Une transition est alors ouverte avec pour Premier Ministre, Mr Béji Caïd Essebsi et une Assemblée constituante est mise en place le 27 octobre de la même année[625]. L'élection de cette Assemblée constituante est remportée dans la transparence et en présence des observateurs internationaux, notamment de l'Union européenne, [infra] par le mouvement islamiste Ennahda, qui obtient 87 sièges sur 217[626].

L'Assemblée constituante va alors élire l'opposant de gauche, Moncef Marzouki, aux fonctions de Président de la République, en décembre de la même année 2011[627]. Mais le Premier Ministre est un membre d'Ennahdha, parti majoritaire à l'Assemblée constituante et numéro 2 de ce parti, Mr Hamadi Jebali[628].

Cette transition, quoique longue et tumultueuse, notamment avec les assassinats visant des opposants et attentats visant des militaires, parvient toutefois à l'adoption d'une Constitution, en janvier 2014 ainsi qu'à des législatives et à une présidentielle, au suffrage universel[629].

En effet, les législatives organisées le 26 octobre 2014, avec l'assistance et le contrôle des observateurs de l'Union européenne, ont donné des résultats favorables au parti Nidaa Tounès, dirigé par Mr Béji Caïd Essebsi, qui a dirigé la transition comme Premier Ministre, mais dont le parti est anti-islamiste, et « regroupe aussi bien des figures de gauche et de centre droit que des proches du régime de Ben Ali »[630], l'ancien Président déchu. Sur 217 sièges, Nidaa Tounès obtient 86 sièges et Ennahda 69[631].

Au mois de décembre 2018, l'élection présidentielle qui est organisée avec l'assistance de l'Union européenne et en présence de ses observateurs électoraux, est remportée par Mr Béji Caïd Essebsi, le Chef du parti Nidaa Tounès, face à son rival, Moncef Marzouki, Président sortant élu par la Constituante le 12 décembre 2011[632].

En ce qui concerne l'Égypte, au bout de 30 ans de Magistrature suprême du Président Hosni Moubarak, le Printemps arabe est lancé par la jeunesse

---

624 Ibid.
625 Ibid.
626 Attentat de Tunis. Chronologie : Du Printemps arabe au carnage du musée, ouest-France.fr, op.cit.
627 Ibid.
628 Ibid.
629 Ibid.
630 Ibid.
631 Ibid.
632 Ibid.

en situation de précarité, du fait du chômage et des prix élevés des produits alimentaires, en investissant massivement la Place Tahrir, le 25 janvier 2011 au Caire[633]. La jeunesse manifestante, est rapidement renforcée par « la gauche radicale et les classes moyennes démocrates »[634], mais pas par « Les Frères musulmans dont les dirigeants avaient appelé à boycotter les manifestations pendant les 4 premiers jours », tel que l'affirme Samir Amin qui estime, par ailleurs, que ce boycott était motivé par le fait que les frères musulmans étaient persuadés que la répression immédiatement lancée l'emporterait sur les manifestants »[635]. Toutefois, les Frères musulmans se sont associés aux manifestations lorsqu'ils se sont rendus compte que l'ensemble du pays était mobilisé[636].

Les revendications portaient notamment sur « la restauration de la démocratie, la mise en œuvre d'une nouvelle politique, économique et sociale favorable aux classes populaires », ainsi que la contestation de l'impérialisme notamment américain[637].

En dépit d'une répression massive des manifestants par la Police, tuant 840 personnes, la mobilisation populaire se renforce[638]. Le Président Hosni Moubarak est obligé de lâcher du lest, au 4e jour des manifestations, en nommant le 29 janvier 2011, un nouveau Premier Ministre, Mr Ahmad Chafic et un Vice-Président de la République, Mr Omar Souleiman, poste qui était demeuré vacant depuis que le titulaire qui l'occupait, Mr Hosni Moubarak, était devenu en 1981 le successeur du Président Anouar El Sadate[639].

Mais ces nominations sont restées vaines, car la contestation s'amplifia. En raison de sa répression brutale et sanglante des manifestants, la Police « est remplacée par l'armée »[640], pour assurer le maintien de l'ordre. Cette dernière décida non pas de réprimer le peuple manifestant, mais plutôt de le protéger[641], conformément à l'orthodoxie militaire, car les forces de sécurité et de défense ont la responsabilité d'assurer la sécurité des personnes et des biens ainsi que la défense du territoire, contre les ennemis extérieurs.

---

633 Printemps arabe, fr.m.wilkipedia.org, op.cit.
634 Amin Samir, 2011 : le printemps arabe ? L'Égypte, , journals.openedition.org, 2011, consulté le 31/03/2018.
635 Ibid.
636 Ibid.
637 Ibid.
638 Printemps arabe, fr.m.wilkipedia.org, op.cit.
639 Référendum constitutionnel égyptien de 2011, fr.m.wilkipedia.org, consulté le 31/03/2018.
640 Printemps arabe, fr.m.wilkipedia.org, op.cit.
641 Ibid.

Ainsi lâché, par le peuple et par l'armée, le Président Hosni Moubarak ne peut compter, dans ces conditions, sur la Communauté internationale ; ce qui le contraint à démissionner le 11 février 2011[642].

Un Conseil suprême des forces armées est alors mis en place[643]. Mais comme les manifestations se poursuivent, le Parlement est dissout le 13 février 2011, en même temps que la suspension de la Constitution[644].

Le 3 mars 2011, le Premier Ministre Ahmad Chafic démissionne et Mr Essam Charaf est nommé à sa place[645]. Le 19 mars 2011, une nouvelle Constitution est adoptée, ouvrant la voie à l'ère démocratique, mais sur la base d'une proposition faite par « une commission des juristes » que « l'état-major militaire » avait nommée[646].

En dépit des manifestations qui se sont poursuivies et des répressions sanglantes, la nouvelle Constitution instaure un régime démocratique dans lequel le mandat présidentiel, jusque-là de 6 ans, renouvelable indéfiniment, est ramené à 4 ans, renouvelable une fois.

Toutefois, cette révision constitutionnelle de mars 2011, quoiqu'acquise avec environ 77% de voix et un taux de participation de 47%, au référendum, n'était pas de nature à satisfaire les attentes des « partis politiques pro-démocrates [...], exigeant un changement complet de la Constitution, idée soutenue par une partie du mouvement de la révolution »[647]. Par contre, les Frères musulmans, qui n'étaient pas parties prenantes à la révolution dans les tout premiers jours, [supra] ont soutenu la révision, estimant « que ces réformes constituent un premier pas, et que la Constitution pourra changer ultérieurement »[648].

C'est donc ainsi divisés que la classe politique égyptienne et le Conseil suprême des forces armées devraient préparer les futures élections. Mais plus on avançait, le Conseil supérieur des forces armées, dirigé par le Maréchal Mohamed Hussein Tantaoui, donnait l'impression de vouloir faire traîner les choses quant à l'élection présidentielle ; ce qui rendra très impopulaires les forces de sécurité et de défense dans l'opinion nationale.

---

642 Ibid.

643 Ibid.

644 Ibid.

645 Référendum constitutionnel égyptien de 2011, fr.m.wilkipedia.org, op.cit.

646 Ibid.

647 Ibid.

648 Ibid.

Par le biais du Vice-Premier Ministre, le Conseil supérieur des forces armées (CSFA) a annoncé son projet de future révision constitutionnelle, en indiquant notamment que « les forces armées ne seraient soumises au gouvernement ni politiquement ni pour leur budget. En d'autres termes, le CSFA niait au futur exécutif tout droit de regard sur ses affaires »[649] ; d'où des nouvelles vagues de protestations ayant conduit à ce qui est appelé la deuxième révolution égyptienne avec des scènes d'émeutes et de répressions[650].

Toutefois, quoique réprimant les populations, le CSFA multipliait quelques mesures d'apaisement, dont la démission du Gouvernement provisoire, pour la mise en place d'un cabinet d'union nationale[651].

Mais, le nouveau Premier Ministre, nommé pour diriger ce cabinet d'union nationale, se heurte à l'intransigeance des manifestants qui reçoivent le soutien des Chefs religieux, car le Premier Ministre Kamal el-Ganzouri avait déjà exercé cette fonction sous l'ancien Président Hosni Moubarak, entre 1996 et 1999[652].

C'est dans ce contexte de confusion généralisée qu'il est organisé l'élection de l'Assemblée constituante, « entre novembre 2011 et janvier 2012 »[653].

L'élection de l'Assemblée constituante avait été remportée par les « Frères musulmans, le parti islamiste emportant avec ses alliés salafistes environ deux tiers des députés »[654].
La mission confiée à l'Assemblée constituante étant de préparer un projet de révision constitutionnelle, à soumettre à un nouveau référendum, la position dominante des Frères musulmans et des Salafistes au sein de cette institution, va la conduire à faire une proposition de Constitution à caractère « partisane et religieuse » ; ce qui entraîna la démission de plus de 22 Députés et installa une impasse[655].

Mais, quoique demeurant dans un contexte d'impasse politique et de contestations populaires, les Égyptiens vont parvenir à organiser une élection présidentielle sur la base de la Constitution révisée en 2011.

---

649 Ibid.
650 Égypte, la deuxième révolution, lefigaro.fr, 26/11/2011, consulté le 31/03/2018.
651 Ibid.
652 Des dizaines de milliers d'Égyptiens sur la place Tahrir, lefigaro.fr, 25 novembre 2011, consulté le 31/03/2018.
653 Référendum constitutionnel égyptien de 2012, fr.m.wilkipedia.org, consulté le 31/03/2018.
654 Ibid.
655 Ibid.

Cette élection présidentielle, organisée en juin 2012 est remportée par « le candidat des Frères musulmans Mohamed Morsi, élu avec 51,6% des voix contre son adversaire Ahmed Chafik ancien Ministre de Moubarak »[656].

Comme l'Assemblée constituante est bloquée par la démission de 22 de ses membres, [supra] le nouveau Président, Mr Mohamed Morsi, « promulgue une déclaration constitutionnelle qui lui confère la possibilité de légiférer par décret et d'annuler des décisions de justice déjà en cours »[657].

Le projet de révision constitutionnelle, à penchant partisan et islamiste, qui a créé la crise au sein de la constituante, tout en maintenant la durée du mandat présidentiel à 4 ans, renouvelable une fois, abrogeait la fonction de Vice-Président, transférait l'intérim du Président de la République au Premier Ministre, et la vacance de la Présidence devrait être pourvue par le Président de la Chambre des Députés[658].

Le principal aspect partisan de ce projet de révision constitutionnelle était l'interdiction faite, aux membres de l'ancien parti au pouvoir, le Parti national démocratique (PND), « de se présenter aux élections présidentielles et législatives pendant 10 ans »[659].

Le côté religieux de ce projet de révision constitutionnelle est notamment le fait de prévoir que « ''les principes de la charia'' ou loi islamique sont ''la principale source de la législation'' »[660].

Mais, ce projet de révision constitutionnelle sera ainsi adopté par le référendum du 15 décembre 2012, avec 32,9% de taux de participation et 63,8% de Oui[661].

C'est pourquoi la déclaration constitutionnelle du Président Mohamed Morsi, du 22 novembre 2012, avant ce référendum, avait été accueillie par d'importantes manifestations portées par les « défenseurs du principe de laïcité »[662].

Ce climat de contestation va se poursuivre en atteignant son point culminant le 30 juin 2013, avec d'importantes manifestations par lesquelles

---

656 Ibid.
657 Ibid.
658 Ibid.
659 Ibid.
660 Ibid.
661 Ibid.
662 Ibid.

« les Égyptiens ont voulu rappeler leurs exigences de dignité, de liberté, de justice sociale »[663].

Les manifestants ayant sollicité l'armée, celle-ci, placée sous la direction du Général Abd al-Fattah al-Sissi, en qualité de sa double fonction de Ministre de la Défense nationale et de Commandant des forces armées, exécuta la demande du peuple, en annonçant la destitution du Président Mohamed Morsi, la suspension de la Constitution, et « la nomination du Président de la HCC [Haute cour constitutionnelle qui pendant toute l'année du magistère de Mohamed Morsi, s'acharnait à abroger plusieurs mesures de l'exécutif, ainsi que la dissolution de la Chambre basse du Parlement au moment de la transition], Mr Adlî Mansour, à la fonction de Président de la République en remplacement de Mr Mohamed Morsi »[664].

Aux fonctions de Premier Ministre, sera nommé Mr Hazem al-Bablawi et le Général Al-Sissi demeure à la Défense nationale, mais au rang non plus de Ministre, mais celui de Vice-Premier Ministre[665].

Par la suite, un Comité de révision constitutionnelle sera mis en place, comprenant « six juges et 4 professeurs de droit constitutionnel »[666] ainsi qu'une Commission constituante « de 50 personnalités représentants différents partis politiques, les institutions religieuses, l'armée et la société civile »[667], pour recevoir le projet de révision constitutionnelle venant des experts, l'examiner, puis le soumettre au Président par intérim chargé de convoquer le référendum avant les législatives prévues pour 2014[668].

Se mettant à leur tour dans la rue, pour protester contre leur destitution du pouvoir, les Frères musulmans et autres partisans du Président déchu, Mr Mohamed Morsi, leurs actes vont être qualifiés de terroristes et réprimés comme tel, dans le cadre du régime d'État d'urgence qui a été instauré à cet effet[669].

C'est dans ce contexte que le Vice-Premier Ministre Abd al-Fattah al-Sissi va démissionner de ses fonctions « le 26 mars 2014 pour se présenter à

[663] En Égypte, la révolution à l'ombre des militaires, monde-diplomatique.fr, août 2013, consulté le 31/03/2018.
[664] Anciaux Robert. Égypte : fin de parcours pour la transition démocratique, rtbf.be, 29 octobre 2013, consulté le 31/03/2018.
[665] Ibid.
[666] Ibid.
[667] Ibid.
[668] Ibid.
[669] Ibid.

l'élection présidentielle du 28 mai de la même année »[670]. Il est élu avec 96% des suffrages exprimés[671].

Lors de la présidentielle des 26 ; 27 et 28 mars 2018, le Président Abd al-Fattah al-Sissi a été réélu, pour un deuxième mandat, avec 97,08% des voix, pour un taux de participation de 41,5%[672].

S'agissant du Maroc, alors que le mouvement de protestation, baptisé Mouvement du 20 février (acteurs de la société civile, acteurs politiques et groupes islamistes), ne demandait pas la destitution du Roi Mohamed VI, car les « Marocains conservent un attachement très important à la personne du Roi [...] père spirituel en sa [double] qualité de Commandeur des croyants et de descendant du Prophète »[673], le Roi, dans une approche proactive, prononça un discours, le 9 mars 2011, dans lequel il propose la mise en place d'une Commission consultative de révision de la Constitution de 1966 et dont le projet qui en ressortirait serait soumis à un référendum[674].

Les grandes lignes de révision constitutionnelle, voulues par le Roi, portaient notamment sur :

- « la consécration constitutionnelle de la pluralité de l'identité marocaine »[675] ;
- « la consolidation de l'État de droit et des institutions »[676] ;
- « le renforcement du système des droits de l'homme sur les plans politique, économique, social, culturel »[677] ;
- « l'élargissement des libertés individuelles et collectives et la garantie de leur exercice »[678] ;
- « la volonté d'ériger la justice au rang de pouvoir indépendant et de renforcer les prérogatives du Conseil constitutionnel »[679] ;
- « la consolidation du principe de séparation et d'équilibre des pouvoirs »[680].

---

[670] Abdel Fattah al-Sissi, fr.m.wilkipedia.org, consulté le 31/03/2018.
[671] Ibid.
[672] Égypte : le président Abdel Fattah al-Sissi réélu avec 97,08% de voix, francetvinfo.fr, 02/04/2018, consulté le 31/03/2018.
[673] Germain Valentin, Le Printemps arabe au Maroc, lesclesdumoyenorient.com, 08/07/2013, consulté le 31/03/2018.
[674] Ibid.
[675] Ibid.
[676] Ibid.
[677] Ibid.
[678] Ibid.
[679] Ibid.
[680] Ibid.

En vue d'une plus grande démocratisation de la vie politique nationale, il était prévu :

- d'organiser des « élections libres et transparentes » pour la désignation des nouveaux membres de la Chambre des représentants, dont le statut devrait être renforcé[681] ;
- de faire élire le Gouvernement « par la majorité parlementaire tandis que le Premier Ministre [serait] issu du parti arrivé en tête de l'élection de la Chambre [...et qu'il verrait son] statut renforcé [...,] Chef d'un pouvoir exécutif effectif et responsable du gouvernement et de l'administration publique »[682] ;
- de clarifier, dans la Constitution, directement, les compétences du Conseil de Gouvernement[683].

Même si dans le projet de révision constitutionnelle, annoncé par la suite, par le Roi, le 16 juin 2011, et à soumettre au référendum qu'il fixa au 1er juillet de la même année, le Roi gardait la quasi-totalité de ses prérogatives en tant que Chef de l'Exécutif, notamment le pouvoir de nomination du Premier Ministre, il accepta de le nommer, désormais, en le choisissant exclusivement parmi les membres du parti arrivé en tête aux législatives[684].

Par ailleurs, c'est le Premier Ministre qui propose au Roi, la nomination des autres membres du Gouvernement[685].

Ce projet de réforme ayant été adopté par le peuple marocain, les « législatives anticipées [...], organisées le 25 novembre 2011 [en présence] d'observateurs [internationaux], ont permis au Parti de la Justice et du Développement, le PJD, d'arriver en tête, avec 107 députés sur 395 sièges[686].

C'est de ce parti, se réclamant de l'islamisme, que va être nommé Premier Ministre, Mr Abdelilah Benkirane, au bout d'un processus pacifique ayant évité au Maroc d'être emporté par le Printemps arabe[687].

D'ailleurs, lors des législatives d'octobre 2016, organisées à échéance normale et de façon transparente, le PJD, le parti islamiste du Premier

---

681 Ibid.
682 Ibid.
683 Ibid.
684 Ibid.
685 Ibid.
686 Ibid.
687 Ibid.

Ministre, a amélioré son score en demeurant en tête avec un nombre des Députés passés 107 à 125[688].

Mais, après ces élections législatives d'octobre 2016, c'est finalement un autre islamiste du même parti, le PJD, Mr Saad-Eddine el-Othmani, qui sera nommé Premier Ministre et qui parvint à former un Gouvernement, en avril 2017, après que le Premier Ministre Abdelilah Benkirane, ait été limogé le 15 mars 2017[689], faute d'être parvenu à soumettre au Roi Mohamed VI, une proposition de Gouvernement de coalition, à l'issue de 5 mois de négociations infructueuses avec le Rassemblement national des indépendants (RNI), un « parti de la droite libérale », dont le nouveau Chef, Mr Aziz Akhannouch, avait 2 exigences insatisfaites, à savoir :

- admettre au Gouvernement 2 petits partis qui lui sont alliés[690] ;
- écarter du Gouvernement les nationalistes du parti Istiqlal[691].

Ainsi, le Maroc demeure sur la bonne voie d'une démocratisation progressive dont la stabilité inspire confiance aux investisseurs étrangers sur lesquels le pays exerce une réelle attractivité, à l'instar du groupe français Renault et des Chinois, signalés à Tanger [infra].

Pour l'Algérie, dont les manifestations avaient commencé le 3 janvier 2011 et contestaient le renchérissement du coût des produits alimentaires de base, cela a constitué une opportunité saisie par l'opposition qui a alors mis en place « la coordination nationale pour le changement et la démocratie », la CNCD[692].

Mais, les islamistes qui tentaient de s'associer aux manifestants, ont été repoussés par ces derniers qui refusaient toute récupération au regard des stigmates, laissés dans la conscience populaire, par le Front islamique du salut (FIS) porteur d'un salafisme pour la création d'un État islamique, de 1989, jusqu'à sa dissolution en 1992, par le tribunal administratif d'Alger[693].

Le Président Abdelaziz Bouteflika, dans une réponse pacifiste et multiforme, à une population avide de protection et dont l'aspiration

---

688 Après six mois, le Maroc a son gouvernement, lefigaro.fr, 06/04/2017, consulté le 31/03/2018.
689 Ibid.
690 Le Premier Ministre Abdelilah Benkirane remercié par le Roi, rfi.fr, 16/03/2017, consulté le 31/03/2018.
691 Ibid.
692 Mouvement contestataire en Algérie (2011-2014), wikipedia.org, consulté le 31/03/2018.
693 Front islamique du salut, wikipedia.org, consulté le 31/03/2018.

première est la sécurité, va satisfaire la quasi-totalité des revendications sociales, notamment :

- en accordant des subventions, pour réduire les prix des produits alimentaires, et en combinant cela avec la réduction des taxes sur lesdits produits[694] ;
- en dégageant une enveloppe de 20 milliards d'euros pour des aides à toutes les catégories sociales[695] ;
- en augmentant les salaires des agents dans chaque secteur qui revendiquait ; ce qui a entrainé une cascade de grèves, mais a évité une massification des manifestations ; augmentations salariales qui ont été de 150 à 300% pour les Enseignants du supérieur, de 110% pour les Greffiers ainsi que la satisfaction des demandes des Policiers, des Pêcheurs et des Juges[696] ;
- en lançant un vaste programme des grands travaux de 112 milliards d'euros.[697]

Puis, mesure politique emblématique, la levée de l'État d'urgence imposé en 1992 pour contenir le FIS[698].

L'on peut dire que seule l'Algérie pouvait se permettre un niveau aussi élevé de redistribution des ressources et d'investissements, au regard d'importantes réserves de matières premières énergétiques dont des gigantesques gisements de gaz de schiste qui n'ont même pas encore commencé à être exploités.

Mais l'on peut aussi rétorquer que la Libye pouvait faire mieux que l'Algérie, car les ressources libyennes, comparées à sa population d'un peu plus de 6 millions d'habitants offraient plus des marges de distribution par le régime de Mr Mouammar Kadhafi si tel avait été sa volonté ; l'Algérie comptant 7 fois plus d'habitants, soit un peu plus de 40 millions, le Maroc un peu plus de 35 millions et la Tunisie un peu plus de 11 millions d'habitants.

Le Royaume du Maroc et l'Algérie sont les deux dernières illustrations de la force préventive, de l'effondrement de l'Etat, que possède une réponse pacifique à un soulèvement populaire.

---

694 Mouvement contestataire en Algérie (2011-2014), wikipedia.org, op.cit.
695 Ibid.
696 Ibid.
697 Ibid.
698 Ibid.

C'est donc convaincue des vertus pacificatrices de la démocratisation, en interne et à l'international, que l'UE s'oblige, dans son droit interne, à externaliser la démocratie et à la promouvoir dans le monde à travers des instruments commerciaux et/ou de coopération au développement notamment ceux conclus avec l'Afrique et contenant une conditionnalité politique de promotion contraignante des valeurs démocratiques.

Chapitre II – Une externalisation européenne des valeurs démocratiques, garante d'un développement inclusif et d'une paix durable en Afrique.

Sur la base du postulat selon lequel, « les démocraties ne se font pas la guerre, et seulement entre-elles » supra ; la construction du modèle européen de paix fondé sur les valeurs, qui a commencé avec le Traité de Paris de 1951, instituant la Communauté européenne du Charbon et de l'Acier (CECA) supra, a donné lieu à l'adoption du Traité de Rome de 1957 supra, instituant une deuxième Communauté européenne, mais pour l'énergie atomique (Euratom) supra, en même temps que le Traité de Rome conclu le même jour, le 25 mars 1957, consacré à une 3e Communauté européenne, à 6, la Communauté économique européenne (CEE) supra.

La démocratie, les Droits de l'Homme et les libertés fondamentales, sont des principes fondateurs de la CEE, aux côtés de la liberté et de l'État de droit, le Traité CEE de 1957 visant en son paragraphe 9 du Préambule, sauvegarder « la paix et [...] la liberté »[699].

Ces principes fondateurs ont été maintenus par le Traité de Maastricht infra, conclu le 07 février 1992, entré en vigueur en 1993, et créant l'Union européenne[700]. Ils font l'objet, depuis 2000, de la Charte des droits fondamentaux de l'Union européenne, l'une des principales bases juridiques européennes, de ces valeurs (avec la Convention de sauvegarde des droits de l'homme et des libertés fondamentales, du 4 novembre 1950, dans le cadre du Conseil de l'Europe et aussi appelé Convention européenne des droits de l'homme ; la garantie de ceux-ci étant assurée par la Cour européenne des droits de l'homme instituée en 1959 et siégeant à Strasbourg en France).

Le Traité de Maastricht, en son titre V instituant la politique étrangère et de sécurité commune (PESC) vise, en son Article J-1, paragraphe 2, alinéa 5, « le développement et le renforcement de la démocratie et de l'État de droit, ainsi que le respect des droits de l'homme et des libertés fondamentales »[701], comme étant l'un des objectifs de l'action extérieure de l'Union européenne.

---

699 Traité instituant la Communauté Économique Européenne et documents annexes, eur-lex.europa.eu, consulté le 8 décembre 2017.
700 Traité sur l'Union européenne (Maastricht, 7 février 1992), cvce.eu, JOCE, 29.07.1992, n° C 191, consulté le 8 décembre 2017.
701 Ibid.

Cet objectif est réitéré par l'article 130-U, paragraphe 2, du titre XVII consacré à la coopération au développement, dans le même Traité de Maastricht, en ces termes : « La politique de la Communauté dans ce domaine contribue à l'objectif général de développement et de consolidation de la démocratie et de l'État de droit, ainsi qu'à l'objectif du respect des droits de l'homme et des libertés fondamentales »[702].

Si l'article J-1 paragraphe 4 oblige les États membres de l'UE à apporter leur appui à la PESC en toute loyauté et de façon solidaire[703], et que l'article J-2 autorise l'UE à prendre des positions communes[704] dont la procédure d'adoption et les modalités de mise en œuvre sont fixés par les dispositions de l'article J-3[705], ces dispositions combinées, reprises par les Traités de Lisbonne sur l'Union européenne et sur son fonctionnement [infra], constituent le fondement juridique de l'externalisation européenne des valeurs démocratiques, mais dont l'invocation de ce droit interne, à l'UE, pour justifier les sanctions européennes contre le Togo, en 1993[infra], était d'une licéité discutable et discutée (Section 1) avant la légalisation de la situation par la Convention de Lomé VI bis de 1994 [infra], et dont l'acquis est partagé dans les Accords Euro-méditerranéens d'Association UE avec chacun des États du Maghreb, ainsi que depuis l'Accord de Cotonou, sous la dénomination « conditionnalité politique ou démocratique » [infra], pour contribuer à la démocratisation de l'Afrique (Section 2).

Section 1 – Une invocation malaisée du droit européen pour justifier des nécessaires sanctions européennes contre le Togo.

Si l'Union européenne est engagée par son droit interne à universaliser les valeurs démocratiques telles qu'elles sont promues par le droit international (I), la mise en œuvre anticipée de cette obligation, par des sanctions contre le Togo, avant que le partenariat ACP-UE ne fasse de ces valeurs des éléments essentiels, était d'une licéité discutable et discutée, quoique ces sanctions aient été indispensables et populaires en Afrique et dans le monde (II).

---

702 Ibid.
703 Ibid.
704 Ibid.
705 Ibid.

I – Un droit interne européen obligeant l'UE et ses États membres à externaliser les valeurs démocratiques.

L'UE, dans le prolongement et le raffinement du droit communautaire, s'oblige, par les dispositions du Traité sur l'Union européenne (TUE), à externaliser les valeurs démocratiques (principes démocratiques, Droits de l'Homme, État de droit et bonne gouvernance) (A), conformément aux modalités fixées par le Traité sur le fonctionnement de l'Union européenne (TFUE), en se dotant, conséquemment, d'instruments d'accompagnement de cette action extérieure (B).

A - Un Traité sur l'Union européenne engageant à universaliser les valeurs démocratiques.

Se substituant et succédant à la CEE, l'Union européenne réaffirme, dans le Traité de Lisbonne de 2007, entré en vigueur en 2009, le TUE, que la démocratie est « le seul régime qui permet à la population de jouir pleinement de l'exercice des Droits de l'Homme »[706].

Aussi, l'UE s'engage-t-elle, dans ses relations avec le reste du monde, à promouvoir les valeurs démocratiques, tel que dispose le Traité sur l'Union européenne, le TUE ou Traité de Lisbonne.

En effet, au paragraphe 5 de l'article 3 TUE, l'UE est engagée, « dans ses relations avec le reste du monde », non seulement à affirmer et à promouvoir ses valeurs et ses intérêts ainsi qu'à protéger ses citoyens, mais aussi à contribuer :

- à « la paix, la sécurité, et [au] développement durable de la planète »[707] ;
- à « la solidarité et [au] respect mutuel, entre les peuples »[708] ;
- à « l'élimination de la pauvreté » ;
- à « la protection des Droits de l'Homme, en particulier ceux de l'enfant »[709] ;
- au « strict respect du droit international, notamment [le] respect des principes de la Charte des Nations Unies »[710].

---

706 Lerch Marika, Promotion de la démocratie et observation des élections, europarl.europa.eu, juin 2017, consulté le 04/10/2017.

707 Traité sur l'Union européenne (version consolidée), JO.UE, C 326/13 euro-lex.europa.eu, 26/10/2012, consulté le 17/11/2017.

708 Ibid.

709 Ibid.

710 Ibid.

Par ailleurs, l'article 21 TUE du titre V, chapitre 1 portant sur l'action extérieure de l'Union, dispose : « L'action de l'Union sur la scène internationale repose sur les principes qui ont présidé à sa création, à son développement et à son élargissement et qu'elle vise à promouvoir dans le reste du monde »[711].

Cet article 21 dès le paragraphe 1[712] précise que ces principes sont :

- la démocratie ;
- l'État de droit ;
- l'universalité et l'indivisibilité des Droits de l'Homme et des libertés fondamentales ;
- le respect de la dignité humaine ;
- les principes d'égalité et de solidarité ;
- le respect des principes de la Charte des Nations-Unies et du droit international.

Mais, étant consciente des difficultés inhérentes à cette mission d'universalisation de ses valeurs, l'UE, par réalisme, mais sans renoncer à agir en tant que puissance normative, atténue son engagement à l'alinéa 2 du paragraphe 1 de cet article 21, en disant qu'elle « s'efforce » de coopérer avec des 1/3 pays et 1/3 organisations, qui partagent les principes visés.

Aussi, dans tous les domaines des relations internationales, « l'Union définit des politiques et actions » pour contribuer à la consolidation des principes ci-dessus indiqués supra ainsi qu'à la préservation de la paix et à la prévention des conflits, tel que disposent les points a, b et c du paragraphe 2 de l'article 21 TUE[713].

Si le Conseil européen (Chefs d'État et de Gouvernement) supra, en vertu de l'article 22 TUE, « sur la base des principes de l'article 21 »[714], « identifie les intérêts et objectifs stratégiques de l'Union »[715], l'article 26-1 TUE précise, qu'en plus d'identifier les intérêts stratégiques et de fixer les objectifs, il « définit les orientations générales de la politique étrangère et de sécurité commune »[716]. Le paragraphe 2 de cet article 26 confère au Conseil ou Conseil de l'Union européenne (Ministres des États UE) supra, la

---

711 Ibid.
712 Ibid.
713 Ibid.
714 Ibid.
715 Ibid.
716 Ibid.

compétence d'élaborer, sur la base des orientations générales, « la politique étrangère et de sécurité commune et [prendre] les décisions nécessaires à la mise en œuvre de cette politique »[717].

En vertu de l'article 26-3 TUE, l'exécution de la politique étrangère et de sécurité est assurée par le Haut Représentant / Vice-Président de la Commission et par les États membres[718] ; celui-là et le Conseil, étant chargés de veiller à la cohérence d'ensemble et à l'efficacité, tel que dispose l'article 26-2 alinéa 2 TUE[719].

Sous le contrôle du Haut Représentant, les États membres sont tenus d'appuyer « activement et sans réserve [cette] politique extérieure et de sécurité [...] dans un esprit de loyauté et de solidarité mutuelle [...] », en application de l'article 24 paragraphe 3, alinéas 1 et 3, car « Les accords conclus par l'Union [partout dans le monde] lient les institutions de l'Union et les États membres », en vertu de l'article 216 paragraphe 2 du Traité sur le fonctionnement de l'Union européenne[720], le TFUE qui fixe les modalités de mise en œuvre de cette action extérieure dont le financement est assuré par des instruments dédiés.

B – Des valeurs démocratiques promues conformément au TFUE sur financement d'instruments dédiés.

Dans le Traité sur le fonctionnement de l'Union européenne (TFUE), à sa 5e partie, consacrée à l'action extérieure de l'Union, l'article 205 TFUE dispose que cette action extérieure européenne « repose sur les principes, poursuit les objectifs et est menée conformément aux dispositions générales visées au chapitre 1 du titre V du traité sur l'Union européenne »[721].

Par ailleurs, le titre III de la 5e partie du TFUE, relatif aux relations partenariales avec les pays 1/3, en matière de coopération au développement (article 208-1 TFUE), de coopération économique, financière et technique, les pays autres que ceux développés (article 212), rappelle à chaque fois, que ces relations partenariales sont menées « dans le cadre des principes et objectifs de l'action extérieure de l'Union »[722].

---

717 Ibid.
718 Ibid.
719 Ibid.
720 Version consolidée du Traité sur le fonctionnement de l'Union européenne, eur-lex.europa.eu, JOUE, C 115/47, 09/05/2008, consulté le 17/11/2017.
721 Ibid.
722 Ibid.

Enfin, l'article 215 TFUE, détermine le régime juridique des mesures restrictives des relations de coopération économique et financière à l'encontre d'un État 1/3 auteur d'atteintes aux principes fondateurs de l'UE.

En application du paragraphe 1 de l'article 215 TFUE, ces mesures sont prises sur décision du « Conseil, statuant à la majorité qualifiée, sur proposition, conjointe, du Haut Représentant [...] et de la Commission » ; le Conseil étant, par ailleurs, chargé d'informer le Parlement européen[723].

Ces mesures restrictives peuvent être prises « à l'encontre des personnes physiques ou morales, de groupes ou entités », en application du paragraphe 2 dudit article 215 TFUE[724].

Ces mesures restrictives peuvent être ciblées et, ainsi, viser « des personnes physiques ou morales, des groupes ou des entités non étatiques »[725].

Mais dans quel délai ces mesures sont-elles prises ?

Si le dialogue politique de l'article 8 de l'Accord de Cotonou a un caractère permanent, de même qu'il est également permanent dans les Accords Euro-méditerranéens d'Association, les AA, le calendrier en vue des mesures restrictives résulte, pour ce qui est de l'Accord de Cotonou, de la mise en œuvre de la procédure du dialogue politique intensifié de l'Annexe VII de cet Accord de Cotonou ainsi que de la procédure de l'article 96 organisant les consultations en cas de violation des éléments essentiels de l'article 9 ou la procédure des consultations de l'article 97 en cas de violation de l'élément fondamental de l'article 9 [infra].

À la question de savoir si les États membres appliquent les mesures décidées par l'Union européenne, la réponse est toute simple.

D'abord, chaque État membre participe à la prise de décision, selon les modalités prévues par les textes européens, notamment le vote à la majorité qualifiée au sein du Conseil, sur proposition conjointe du Haut Représentant et de la Commission [supra].

Ensuite, les États membres de l'Union européenne sont liés par les mesures prises par l'UE, de même qu'ils sont engagés par les accords conclus par cette dernière avec les 1/3 [supra]. A cet effet, les institutions,

723 Ibid.
724 Ibid.
725 Ibid.

organes, organismes et les États membres de l'Union européenne, sont tenus d'appliquer, loyalement et solidairement, sous le contrôle du Haut Représentant pour la politique étrangère et de sécurité / Vice-Président de la Commission, toutes les mesures et tous les engagements UE [supra].

En matière de Droits de l'Homme et des autres valeurs démocratiques que sont notamment les principes démocratiques, l'État de droit et la bonne gouvernance, leur externalisation ou leur contrôle externalisé, par l'Union européenne, dans le monde, a fait l'objet de l'adoption, en 2012, du Cadre stratégique en faveur des Droits de l'Homme [supra] et de la démocratie, aux fins d'une meilleure cohérence dans la mise en œuvre de l'action extérieure européenne[726].

Ce Cadre stratégique a donné lieu à l'adoption d'un Plan d'action qui a expiré en 2014 puis remplacé par celui de la période 2015-2019, adopté en juillet 2015[727].

Le Cadre stratégique et le Plan d'action en faveur des Droits de l'Homme, quoique non contraignants, renforcent la détermination de l'Union européenne à insérer, dans tous les accords de partenariat avec des pays tiers ou avec des organisations tierces, des clauses de promotion, de protection et de consolidation des Droits de l'Homme, qu'il s'agisse des partenariats économiques ou commerciaux ; des accords financiers ou techniques ; des accords politiques.

C'est dans cette cohérence d'ensemble que l'UE défend les Droits de l'Homme au sein des organisations internationales, notamment aux Nations Unies et dans ses organismes spécialisés, formant le système onusien.

Pour une mise en œuvre efficace de son action extérieure en faveur des Droits de l'Homme et autres valeurs démocratiques, en Afrique, si l'Union européenne peut y affecter des dotations venant du FED [supra] ou celles de l'IEV [supra], des instruments dédiés ont vu le jour depuis quelques années.

Un instrument financier européen est particulièrement dédié à la promotion et à la protection des Droits de l'Homme à travers le monde. Il s'agit de l'instrument européen pour la démocratie et les Droits de l'Homme, l'IEDDH, pour financer « des projets, des programmes et des missions d'observation électorale de l'Union européenne »[728]. L'IEDDH subventionne

[726] Lerch Marika, Promotion de la démocratie et observation des élections. Op.cit.
[727] Ibid.
[728] Ibid.

aussi les organisations de la société civile, les ONG et les défenseurs des Droits de l'Homme.[729]

L'IEDDH a été institué par le règlement UE numéro 235/2014 du Parlement européen et du Conseil du 14 mars 2014. Il dispose d'un budget de 1,33 milliard d'euros pour la période 2014-2020[730].

L'IEDDH vient ainsi renforcer les capacités européennes d'universalisation des valeurs démocratiques, dans le prolongement des financements initiés par un fonds de droit privé, le Fonds européen pour la démocratie (FEDEM) institué en 2012[731]. Ce Fonds soutient « les acteurs politiques et de la société civile qui militent pour le changement démocratique dans le voisinage oriental et méridional de l'Union [grâce à une procédure de financement] souple et non bureaucratique »[732]. Géré par une fondation, le FEDEM est chapeauté par un Conseil d'administration composé de représentants des institutions européennes, et ceux des États membres[733].

Le FEDEM est destiné, côté méridional, aux pays africains, du Maghreb, notamment l'Algérie, l'Égypte, le Maroc et la Tunisie[734] qui ont conclu des Accords d'Association (AA) avec l'UE.

Mais, en dépit de cette grande mobilisation européenne pour externaliser les valeurs démocratiques, au moment où elle a pris des mesures restrictives en l'encontre du Togo en raison des graves violations des Droits de l'Homme et de l'antidémocratisme qui y sévissaient dans les années 90, le partenariat ACP-UE, régi à l'époque par la Convention de Lomé IV, n'avait pas encore fait des Droits de l'Homme, ou des principes démocratiques, des éléments essentiels ; ce qui a créé une controverse quant à leur légalité internationale, même si ces sanctions étaient indispensables et salutaires pour le peuple togolais et l'Afrique, qui les ont favorablement accueillies ainsi que l'ensemble de la Communauté internationale.

---

729 Ibid.
730 Ibid.
731 Ibid.
732 Ibid.
733 Ibid.
734 Ibid.

II – Une licéité discutable des sanctions européennes contre le Togo en dépit de leur nécessité.

Pour des nécessités d'externalisation des Droits de l'Homme et de la démocratie, au profil du peuple togolais, l'Union européenne a pris des mesures sanctionnant les violations massives desdits droits au Togo, mais dont la licéité, avant novembre 1995 (Convention Lomé IV bis) était controversée quoique ces sanctions furent indispensables à la conclusion d'un Plan d'action pour la démocratie et les droits de l'homme au Togo (A); la popularité de ces sanctions ayant permis, leur légalisation par le couple UE-ACP ainsi qu'une réhabilitation de l'ordre constitutionnel togolais (B).

A – Un Plan d'action pour la démocratie et les droits de l'homme au Togo résultant : un progrès démocratique résultant des sanctions européennes contre le Togo, pourtant controversées.

La quête européenne, effrénée, d'internationalisation de la paix par la démocratisation, n'a pu prospérer que très laborieusement dans sa relation avec les Etats ACP en général, et l'Afrique en particulier.

En effet, aucune stipulation y relative n'existe ni dans les Conventions de Yaoundé I et II (1963 et 1969) [supra], ni Lomé I et II (1975 et 1980) [supra].

Il a fallu attendre la Convention de Lomé III, en 1985, pour qu'il soit fait mention de la dignité humaine dans le partenariat ACP-UE avant que la Convention de Lomé IV, en 1989, ne fasse du respect des Droits de l'Homme une clause fondamentale, mais clause non encore essentielle au sens de l'article 60- 3b de la Convention de Vienne de 1969 sur le droit des traités entre États [infra].

Ainsi, lorsqu'en 1992-1993, l'UE décide des sanctions contre le régime togolais, sous le Président Etienne Eyadema Gnassingbé, pour violation des Droits de l'Homme, la Convention de Lomé IV, conclue en 1989, pour la période de 1990-1995 est encore en vigueur et le respect des Droits de l'Homme qui venait d'y être inséré n'était encore qu'un élément fondamental [infra] et non un élément essentiel [infra].

Or, la Convention de Vienne de 1969 sur le droit des traités, n'ouvre droit à des mesures de suspension d'un accord international, par une partie, que lorsqu'il y a violation d'une clause substantielle ; une telle violation étant une cause d'extinction ou de suspension d'un traité tel que stipulé à l'article 60[735].

Ainsi, tout aussi indispensables qu'elles soient apparues, notamment en générant un Plan togolais pour les droits de l'homme et la démocratie, les sanctions européennes, soutenues par le peuple togolais, par les Africains et par la Communauté internationale, sur le fondement exclusif du droit interne de l'UE (2), étaient cependant contestables en droit international avant leur légalisation (1).

1 - Une licéité contestable des sanctions européennes contre le Togo avant leur légalisation.

Si le paragraphe 1 de l'article 60 de la Convention de Vienne sur le droit des Traités entre États consacre la violation substantielle comme cause d'extinction d'un traité bilatéral, pour un traité multilatéral, à l'instar de la Convention de Lomé IV, la violation substantielle est une cause de suspension du traité à l'encontre de la partie auteur d'une telle violation[736].

À cet égard, est qualifiée de violation substantielle d'un traité au sens du paragraphe 3-b de cet article 60 de la Convention de Vienne sur le droit des traités de 1969, « la Violation d'une disposition essentielle pour la réalisation de l'objet ou du but du traité »[737].

Or, dans la Convention de Lomé IV, les Droits de l'Homme ne sont pas encore un élément essentiel à ladite Convention.

Pourtant, l'article 5 de la Convention de Lomé IV bien que n'étant pas contraignant, ne manquait pas de caractère incisif, car stipulé en ces termes : « La coopération vise un développement centré sur l'homme, son acteur et bénéficiaire principal, est qu'il postule donc le respect et la promotion de l'ensemble des droits de celui-ci. Les actions de coopération s'inscrivent dans cette perspective positive, où le respect des Droits de l'Homme est reconnu comme facteur fondamental d'un véritable développement et où la coopération elle-même est conçue comme une contribution à la promotion de ces droits. Dans cette perspective, la politique de développement et la

[735] Convention de Vienne sur le droit des traités de 1969, op.cit.
[736] Ibid.
[737] Ibid.

coopération sont étroitement liées au respect et à la jouissance des droits et libertés fondamentales de l'homme [...] »[738].

Ainsi, en dépit du précédent des sanctions européennes contre le Soudan, en mars 1990, pour graves violations des Droits de l'Homme et contre Haïti, en octobre 1991, pour renversement d'un Président démocratiquement élu[739], dans une Communication de la Commission européenne au Conseil, en 23 mai 1995, quelques mois avant l'essentialisation des Droits de l'Homme par la Convention de Lomé IV bis, le 4 novembre 1995, il est posé le constat qu'« aussi bien l'article 5 de la 4e Convention de Lomé que la clause fondement ne constituent pas des bases juridiques claires pour suspendre ou dénoncer un accord en cas de violations graves des Droits de l'Homme ou d'interruption sérieuse d'un processus démocratique »[740].

Aussi, le Conseil européen a-t-il pris acte de la Communication de la Commission, le 29 mai 1995 et s'est engagé à faire progresser, dans la future Convention de Lomé IV révisée ou Lomé IV bis, la clause ''Droits de l'Homme'' du rang élément fondamental au rang élément essentiel[741].

Mais, au regard des graves atrocités subies par le peuple togolais victime d'une répression sanglante et systématique, et surtout faisant face à une interruption brutale du processus de transition démocratique mis en place par la Conférence nationale souveraine du 1er juillet au 28 août 1991, dont les conclusions ont institué une cohabitation triangulaire entre le Gouvernement du Premier Ministre (élu par la Conférence) Mr Joseph Kokou Koffigoh et le Président de la République, Mr Etienne Eyadema Gnasssingbé, ainsi qu'avec un Haut Conseil de la République dirigé par Monseigneur Philippe

---

738 Convention de Lomé IV, cité par Moundounga Séraphin, Thèse de Doctorat soutenue le 20 décembre 2012, Université de Grenoble II, p.130. 844 pp. tel.archives-ouvertes.fr, consulté le 08 décembre 2017.

739 Nikabou Lantame Jean, Les conventions ACP-UE et les sanctions économiques de l'Union européenne contre les Etats ACP : le cas du Togo. Thèse de Doctorat Droit public, soutenue le 9 novembre 2013, Université de Strasbourg, p.137 488 pp. tel.archives-ouvertes.fr, consulté le 08 décembre 2017.

740 Moundounga Séraphin, L'Union européenne et la paix en Afrique subsaharienne. Op.cit. p.132

741 Ibid. p.131.

Fanoko Kpodzro[742], il fallait que la Communauté internationale soutienne le peuple togolais pour sauver cette transition.

Aussi, l'Union européenne s'est-elle sentie obligée de sanctionner par anticipation le Togo, conformément à son droit interne, en suspendant sa coopération avec ce pays, en février 1993 après une première suspension de certains programmes d'assistance en début 1992[743].

Elle a ainsi emboité le pas à l'Allemagne qui avait décidé des sanctions en 1992 [744] et à la France qui en avait pris le 11 février 1993[745], après sa décision de 1992 de suspension partielle de son assistance militaire au Togo[746].

La France et l'UE ont, en effet, été décidées par l'échec de la tentative des négociations de Colmar, en France, du 8 février 1993, qui ont été refusées par le régime du Général Président Etienne Eyadema Gnassingbé, dont les partisans ont invoqué la souveraineté togolaise, pour contester ce qu'ils qualifiaient d'être une ingérence dans les affaires intérieures de leur pays[747].

Le deuxième facteur du déclenchement des sanctions européennes a été la répression sanglante des manifestations pacifiques du peuple togolais pour saluer l'arrivée à Lomé, du Ministre français de la Coopération, Mr Marcel Debarge et du Secrétaire aux Affaires étrangères allemand, Mr Helmut Schãfer, le 25 janvier 1993 ; faisant ainsi, de ces deux personnalités, des témoins européens des atrocités récurrentes perpétrées par le régime togolais contre son peuple[748].

La révision de la Convention de Lomé IV, le 4 novembre 1995, a pris en compte la Communication de la Commission européenne qui, le 29 mai 1995, faisait le constat du caractère non contraignant de l'article 5 de cette Convention de Lomé IV ; une stipulation insuffisante pour justifier des sanctions contre le Togo [supra].

---

742 Heibrunn, Joh, R, Toulabor, Cormi M. Une si petite démocratie pour le Togo, cités par Moundounga Séraphin, op.cit. pp 118 à 123.

743Ibid. pp.126 et 127

744 Ibid.

745 Ibid.

746 Ibid.

747 Ibid.

748 Ibid.

Aussi, il a été inséré dans la Convention de Lomé IV bis conclue le 4 novembre 1995, à Maurice, un article 5 bis faisant progresser les Droits de l'Homme, du rang d'élément fondement ou fondamental, au rang d'élément essentiel[749]. Deux autres éléments essentiels vont être admis dans cet article 5 : les principes démocratiques et l'État de droit[750].

En effet, déjà dans le Préambule de la Convention de Lomé IV bis, il était indiqué que l'une des raisons de la révision de la Convention de Lomé IV était de réaffirmer, pour les parties, « Leur attachement aux principes de liberté, de démocratie et de respect des droits de l'homme et des libertés fondamentales ainsi que l'État de droit [pour] faire de ces principes un élément essentiel de la Convention de Lomé révisée »[751].

Ainsi, l'article 5 bis de la Convention de Lomé IV bis, en son alinéa 3 du paragraphe 1 était libellé en ces termes : « Le respect des droits de l'homme, les principes démocratiques et de l'État de droit, sur lequel se fondent les relations entre les États ACP et la Communauté ainsi que toutes les dispositions de la présente convention, et qui inspire les politiques [à la fois] internes et internationales des parties contractantes, constitue un élément essentiel de la présente convention »[752].

Par ailleurs, la Convention de Lomé IV bis définit la procédure applicable en cas de violation de ses éléments essentiels. C'est l'objet de l'article 366 bis qui stipulait en son paragraphe 2 : « Si une partie considère qu'une autre partie a manqué à une obligation concernant l'un des éléments essentiels visés à l'article 5, elle invite, sauf en cas d'urgence particulière, la partie concernée à procéder à des consultations en vue d'examiner de façon approfondie la situation, et, le cas échéant, d'y remédier »[753].

Les articles 5 bis et 366 bis ayant ainsi légalisé les sanctions européennes contre le Togo, leur application future contre ce pays ou contre tout État partie, devient conventionnellement licite et internationalement conforme au droit des traités, et notamment à la Convention de Vienne de 1969 y relative supra.

[749] Accord portant modification de la quatrième Convention ACP-CEE de Lomé, cité par Moundounga Séraphin, op.cit. pp 131 et 132.
[750] Ibid.
[751] Ibid.
[752] Ibid.
[753] Ibid.

C'est dans ce cadre que l'Union européenne a reconduit les sanctions contre le Togo en 1997 et en 1998[754].

En effet, les élections législatives partielles d'août 1996 qui ont donné une victoire contestée, au Rassemblement du peuple togolais (RPT), le parti du Président Etienne Eyadema Gnassingbé et qui monopolise le pouvoir depuis 1963, n'ont pas, du point de vue de l'Union européenne, apporté un changement positif.[755] La suspension de l'aide UE est alors maintenue, sur la base du nouvel article 5 bis de la Convention de Lomé IV bis[756].

Cette décision est confirmée en 1997 et en 1998, dans l'attente de la présidentielle.[757]

La réélection, contestée par l'opposition, du Général Etienne Eyadema Gnassingbé, lors de la présidentielle du 21 juin 1998, a eu pour conséquence le maintien de la décision de suspension de l'assistance européenne au Togo, en décembre 1998.[758] Sont toutefois exceptées, les actions réalisées directement au bénéfice des populations ou contribuant à renforcer les Droits de l'Homme[759].

Lorsque l'Accord de Cotonou est adopté en 2000, et entré en vigueur en 2003[760], le Togo demeure suspendu et ne bénéficie toujours plus du Fonds européen de développement, le FED [supra].

Aussi, comme le régime du Président Etienne Eyadema Gnassingbé cherchait à normaliser ses relations avec l'UE, l'Accord de Cotonou était ainsi devenu l'instrument régissant le dialogue politique et les consultations, pour obtenir la levée des mesures, de suspension de l'aide européenne, prises depuis une décennie[761]. C'est dans ce cadre qu'est négocié et conclu le Plan d'action, en 22 engagements, pour favoriser la démocratie et les Droits de l'Homme au Togo ; ce qui va être le premier résultat positif, s'il avait été bien capitalisé, des sanctions européennes pour la démocratisation de l'Afrique et la promotion de la dignité humaine.

---

754 Ibid.
755 Ibid.
756 Ibid.
757 Ibid.
758 Ibid.
759 Ibid.
760 Accord de Cotonou ACP-UE cité par Moundounga Séraphin, op.cit. pp.134 à 137.
761 Ibid.

2 – Un Plan d'action pour la démocratie et les Droits de l'Homme au Togo, résultant de la volonté européenne de démocratiser la gouvernance africaine.

Répondant aux sollicitations des autorités togolaises, désireuses de recouvrer le droit à l'aide européenne au développement, le 30 mars 2004, l'Union européenne a annoncé l'ouverture de consultations avec le Togo, dans le cadre de l'article 96 de l'Accord de Cotonou [infra], qui a sauvegardé et explicité les consultations de l'ancien article 366 bis de l'ancienne Convention de Lomé IV bis. L'article 8 de l'Accord de Cotonou de 2000 institue un dialogue politique permanent et souple, qui est renforcé, depuis la révision de cet accord en 2005, par une procédure de dialogue politique intense ou intensifié, institué par son Annexe VII [infra].

L'article 9 dudit Accord de Cotonou a repris à son compte les éléments essentiels de l'ancien article 5 bis tout en instituant un élément fondamental : la bonne gestion des affaires publiques ou bonne gouvernance [infra], dont les consultations font l'objet de l'article 97 [infra].

Dans le cadre des consultations de l'article 96, le 14 avril 2004, l'Union européenne et le Togo parviennent à un accord sur le retrait des mesures de suspension, en échange de la mise en œuvre d'un Plan, en 22 engagements, portant sur la démocratisation et l'ouverture du système politique togolais[762].

Ce plan avait pour objectif de consolider la démocratie au Togo, en échange de la reprise de l'assistance européenne.

En effet, pour renouer le dialogue avec l'UE, les autorités togolaises ont accepté de souscrire, au Plan en 22 points, portant sur « le renforcement de la démocratie, des Droits de l'Homme et du respect des libertés fondamentales, en cohérence avec les principes de bonne gouvernance »[763].

---

762 Ibid.

763 « Document de stratégie pays et programme indicatif national, Période 2008-2013 », République togolaise/ Commission européenne, mai 2008, ec.europa.eu, cité par Moundounga Séraphin, op.cit. p.136.

Ces engagements ont été formalisés le 14 avril 2004, dans le cadre des consultations menées en application de l'Article 96 de l'Accord de Cotonou[764].

Les 22 engagements comprenaient des mesures concrètes à mettre en œuvre dans les domaines des Droits de l'Homme, des libertés publiques, de l'État de droit et en matière d'organisation des élections législatives et municipales[765].

Leur mise en œuvre était suivie par l'UE, car l'État togolais s'était engagé à fournir des rapports réguliers sur l'état d'avancement des réformes[766].

C'est dans ce cadre que le 1er juin 2004, une délégation de l'Union européenne était arrivée à Lomé, pour vérifier les débuts de la mise en œuvre des 22 engagements souscrits par le Gouvernement togolais[767]. À l'issue de cette visite, l'UE avait estimé que le processus démocratique était en marche[768].

Aussi, le 15 novembre 2004, sur recommandation de la Commission, le Conseil de l'UE décidait que : « la notification des Fonds encore disponibles du 9e FED et le début de l'exercice de programmation, seraient mis en œuvre dès que la date des élections législatives serait connue et qu'un cadre électoral acceptable par toutes les parties (Gouvernement et opposition) serait élaboré; la reprise pleine et entière de la coopération serait effective à l'issue d'élections législatives jugées libres et transparentes »[769].

Le 27 décembre de 2004 en visite au Togo, le Commissaire au Développement et à l'Action humanitaire de la Commission européenne, Mr Louis Michel (actuellement Député européen et Co-Président de l'Assemblée parlementaire paritaire ACP-UE), avait obtenu la promesse, du Président Etienne Eyadema Gnassingbé, d'organiser les élections législatives

---

764 Conseil de l'Union européenne, Décision du Conseil du 15 novembre 2004 portant conclusion de la procédure de consultation avec la République togolaise au titre de l'article 96 de l'accord de Cotonou, 2004/793/CE, JOUE L 349 du 25.11.2004, pp.17-22, cité par Moundounga Séraphin, op.cit. p.136.
765 Ibid.
766 Ibid.
767 Ibid.
768 Ibid.
769 Ibid.

au printemps 2005, condition pour la levée des mesures de suspension de l'aide européenne au développement[770].

Ce processus, promoteur d'une transition démocratique, a été, toutefois, remis en question, suite au décès du Président Etienne Eyadema Gnassingbé, le 5 février 2005[771].

Cet événement a provoqué une nouvelle crise politique au Togo, marquée par des violences et le retour à l'instabilité politique.

En effet, le décès du Président Etienne Eyadema Gnassingbé va entraîner une vacance du pouvoir et une grave crise politique, avec le retour des violences et un climat de pré-guerre civile en raison d'une tentative anticonstitutionnelle pour pourvoir à la vacance de pouvoir.

Cette situation va retarder l'issue du processus des consultations entre l'UE et le Togo, au titre de l'Article 96 de l'Accord de Cotonou, car le samedi 5 février 2005, le Président du Togo, le Général Etienne Eyadema Gnassingbé, décède en plein vol au moment d'une tentative de son évacuation en France pour raison de maladie[772].

L'enchaînement des événements post-mortem, qui ont eu lieu dans les 48 heures suivantes, a laissé à penser que le scénario de la succession était déjà préparé.

En effet, le même jour, dès que la mort du Président a été officiellement annoncée, l'État-Major des Forces armées togolaises (FAT) décide de confier la Présidence par intérim à l'un des fils du Général Président Etienne Eyadema Gnassingbé, le Ministre Faure Gnassingbé, à l'époque membre du Gouvernement depuis 2003, comme Chef du département des Travaux publics, des Mines et des Télécommunications[773].

L'argument des hauts gradés des Forces armées togolaises était qu'il fallait éviter une vacance du pouvoir, étant donné que le Président de l'Assemblée nationale, à qui incombait, constitutionnellement, la charge

---

770 « L'UE pourrait reprendre sa coopération avec le Togo », Inter Press Service, 30 décembre 2004, ips.org, cité par Moundounga Séraphin, ibid.p.137.

771 Moundounga Séraphin, L'Union européenne et la paix en Afrique subsaharienne. Op.cit. p.137 à 148.

772 Ibid.

773 Ibid.

d'assurer l'intérim en cas de vacance à la tête de l'État, était hors du pays et que toutes les frontières venaient d'être stratégiquement fermées[774].

En effet, le Président de l'Assemblée nationale, qui, conformément à l'article 65 de la Constitution de la IVe République togolaise[775], qui aurait dû assurer la Présidence par intérim, ne pouvait plus rentrer au pays, en raison de la mesure prise par les militaires, pour prévenir tout trouble à l'ordre public[776].

Cette mesure a eu pour effet d'empêcher l'atterrissage à Lomé du vol Air France, dans lequel se trouvait le Président de l'Assemblée nationale ; l'avion ayant été obligé d'aller atterrir à Cotonou, au Benin voisin[777].

En effet, la tentative d'une dévolution successorale du pouvoir, en la forme d'une transmission d'un bien du de cujus ou du défunt, à un héritier, a donné lieu à des nouvelles mesures de pression internationale parmi lesquelles celles de l'UE, en application de la conditionnalité politique de Cotonou issue de la sauvegarde de la Convention de Lomé IV bis qui a légalisé les sanctions de l'UE contre le Togo et dont la prorogation pour appuyer la mobilisation du peuple togolais a contribué au retour à l'ordre constitutionnel.

---

[774] Ibid.

[775] L'Article 65 précise les dispositions à prendre en cas de vacance de la Présidence, de la manière suivante : « Art. 65 : En cas de vacance de la présidence de la République par décès, démission ou empêchement définitif, la fonction présidentielle est exercée provisoirement par le Président de l'Assemblée nationale. La vacance est constatée par la Cour Constitutionnelle saisie par le gouvernement. Le gouvernement convoque le corps électoral dans les soixante (60) jours de l'ouverture de la vacance pour l'élection d'un nouveau président de la République. »

Source : « La Constitution de la IVe République, adoptée par Référendum le 27 septembre 1992, promulguée le 14 octobre 1992, révisée par la loi n°2002-029 du 31 décembre 2002 », Assemblée nationale du Togo, assemblee-nationale.tg, cité par Moundounga Séraphin, ibid.

[776] Ibid.

[777] Ibid.

B – Un rétablissement de l'ordre constitutionnel au Togo favorisé par la prorogation des sanctions européennes, dans le concert international de soutien à la mobilisation du peuple togolais.

Le dimanche 6 février 2005, au lendemain du décès du Président Etienne Eyadema Gnassingbé, un processus d'investiture de son fils, le Ministre Faure Gnassingbé, est engagé en deux temps.

D'abord pour le hisser au perchoir de l'Assemblée nationale où il a regagné son siège de Député qu'occupait son suppléant ; ensuite, pour accéder aux fonctions de Président de la République du Togo, tel que tout cela a été mis en musique par le parti au pouvoir, le Rassemblement du peuple togolais (RPT) en usant de sa forte majorité à ladite Assemblée nationale[778].

En effet, le 6 février 2005, les Députés de la majorité ont voté un texte de révision constitutionnelle supprimant l'obligation de l'article 65 de la Constitution, de procéder à des élections présidentielles anticipées dans un délai de 60 jours à compter de la constatation de la vacance de pouvoir[779]. La modification de cette disposition permettait de faire remplacer le prémourant par le tout nouveau Président de l'Assemblée nationale, non plus pour un intérim, mais plutôt pour terminer le mandat restant[780]. En l'espèce, le mandat présidentiel restant courrait jusqu'en 2008, soit une durée de 3 ans avant l'organisation d'une nouvelle présidentielle[781].

Les Députés avaient aussi voté une réforme du Code électoral, qui a permis à Mr Faure Gnassingbé, qui venait de démissionner de ses fonctions de Ministre, de reprendre son siège de Député à l'Assemblée nationale[782].

En présence de 67 Députés sur 81 sièges, une motion de censure avait été également votée à l'encontre du Président de l'Assemblée nationale, en

---

[778] Ibid.
[779] Ibid.
[780] Ibid.
[781] Ibid.
[782] Ibid.

exercice, mais retenu de force, hors du pays au Bénin, le Dr Fambaré Natbacha Ouattara[783].

L'Assemblée nationale a alors procédé à l'élection de Mr Faure Gnassingbé pour lui succéder au perchoir [supra].

Une fois ces formalités accomplies, en quelques heures, la Cour Constitutionnelle, en embuscade, a conséquemment constaté, ce même jour, le 6 février 2005, la vacance de pouvoir, pour permettre, ainsi, au nouveau Président de l'Assemblée nationale, Mr Faure Gnassingbé, d'être investi à la tête de l'État pour la durée du Mandat restant, conformément aux nouvelles dispositions de l'article 65 révisé de la Constitution de la IVe République togolaise[784].

En moins de quarante-huit heures, le Togo venait de subir ce qui a été qualifié, par la diaspora togolaise ainsi que par l'opposition, de « coup d'État militaire et constitutionnel »[785].

Mais, c'était sans compter avec la mobilisation et la détermination du peuple togolais pour contester, de façon intense, avec le soutien de la communauté internationale, ce coup de force.

Ce qui a été qualifié de « coup d'État militaire et constitutionnel », avait suscité, une vague de protestations et des pressions internationales (1) en soutien à la contestation populaire togolaise qui a obtenu un retour à l'ordre constitutionnel (2).

1 – La pression internationale, un appoint déterminant dans la mise en échec des tentatives de succession dynastique et anticonstitutionnelle.

Côté européen, les événements des 5 et 6 février 2005, ont remis en question le processus, pourtant engagé, de levée des mesures de suspension, par l'UE, de l'aide au développement du Togo, ainsi que le soutien à la

---

[783] Ibid.
[784] Ibid.
[785] Pour une chronologie détaillée de la crise togolaise de février 2005 voir, DIASTODE – Diaspora Togolaise pour la Démocratie et le Développement, « Actualité – Archives février 2005 », diastode.org, cité par Moundounga Séraphin, ibid.

normalisation des relations avec le Fonds Monétaire international (FMI) et la Banque Mondiale[786].

Aux Nations unies, le Secrétaire général, de l'époque, Mr Koffi Annan, avait appelé à une transition dans le respect de la Constitution[787].

Au plan bilatéral, la France, son approche diplomatique consista à s'aligner sur la position de la CEDEAO [infra], s'agissant aussi bien de la première déclaration du Porte-parole du Ministère des Affaires étrangères, du 15 février 2005 que de sa deuxième déclaration, le 24 février, au nom du Chef de la diplomatie française de l'époque, le Ministre Michel Barnier[788].

À l'image de la France, les États-Unis et l'Allemagne qui avaient déjà condamné la dérive anticonstitutionnelle togolaise alignèrent leurs positions dans le sens d'un soutien à l'UA, à la CEDEAO et en coordination avec l'UE[789].

---

[786] Ibid.

[787] Ibid.

[788] Déclarations du porte-parole du Ministère des Affaires étrangères, lors des points de presse du 15 et du 24 février 2005. Dans la première, en réponse aux questions des journalistes, le 15 février, le porte-parole a affirmé : « Mais, ce que nous disons dans le même temps, c'est que nous sommes en appui total de ce que fait la Communauté Économique des États de l'Afrique de l'Ouest, la CEDEAO, dont une nouvelle mission se rendait aujourd'hui même à Lomé. Nous sommes donc en contact avec tous nos collègues de la CEDEAO, nous appuyons leurs efforts et c'est évidemment sur eux que nous comptons pour identifier et définir les modalités d'une sortie de crise. Nous sommes donc en appui des efforts de la CEDEAO. Voilà ce que l'on peut dire à ce stade». Ministère des Affaires étrangères, Déclaration du porte-parole, Point de presse du 15 février 2005, basedoc.diplomatie.gouv.fr, cité par Moundounga Séraphin, Ibid.

Le 24 février le porte-parole répétait cette position dans les termes suivants : « Nos déclarations sur le Togo sont parfaitement claires : nous n'avons cessé de réclamer le retour à la pleine légalité constitutionnelle dans ce pays et nous avons constamment appuyé les positions de la CEDEAO ». Ministère des Affaires étrangères, Déclaration du porte-parole, Point de presse du 24 février 2005 (7. Togo), basedoc.diplomatie.gouv.fr, cité par Moundounga Séraphin, Ibid.

[789] « Washington coordonne sa réaction avec l'UE, l'UA et la CEDEAO», Agence France-Presse (AFP), Addis-Abeba, Éthiopie, 7 février 2005), diastode.org, consulté le 10 octobre 2011.

L'Organisation Internationale de la Francophonie, l'OIF, fut la première organisation à protester de manière vigoureuse et sans ambiguïté et à prendre des mesures immédiates à l'encontre du Togo.

En effet après une première condamnation, le 6 février 2005, avec un appel au respect des dispositions de l'article 65 de la Constitution de la IVe République du Togo, le Conseil Permanent de la Francophonie, réuni en session extraordinaire, à Paris, le 9 février 2005, décida de suspendre la participation du Togo à l'OIF, avec suspension de la coopération multilatérale francophone[790].

Le même jour, la Présidence, à l'époque tournante de l'UE (Luxembourg), publia un communiqué dans lequel il exprima la position de l'Union, qui apparaissait être une position proche de celle de la France, mais avec une réelle fermeté, en déclarant que la Présidence exprime sa préoccupation face à l'évolution de la situation politique au Togo et « se rallie aux déclarations faites par les Nations Unies, l'Union africaine et la CEDEAO appelant au respect du processus démocratique »[791] ; avant de poursuivre : « l'Union européenne condamne la violation des dispositions constitutionnelles qu'elle considère comme un coup d'État »[792].

Aussi, l'UE appela à la coopération entre l'opposition et le pouvoir « en vue d'une transition pacifique vers un régime démocratique »[793].

Mais, la déclaration de l'Union européenne manqua curieusement d'appeler ni au dialogue politique de l'article 8 [infra], ni à celui de l'annexe VII [infra] et encore moins à l'accélération des consultations de l'article 96 dudit Accord de Cotonou, qui étaient en cours dans le cadre de la mise en œuvre du Plan en 22 engagements [supra].

Organisation Internationale de la Francophonie (OIF), communiqué de presse, CP/SG/427/JT/05, Paris, le 9 février 2005, diastode.org, cité par le Dr Séraphin Moundounga, Thèse de Doctorat, ibid.

790 Ibid.

791 Union européenne, « Déclaration de la présidence au nom de l'Union européenne sur la situation politique après le décès du Président Eyadema au Togo », 6172/1/05 REV 1 (Presse 22) p. 009/05, Bruxelles, le 9 février 2005, cité par le Dr Séraphin Moundounga, Thèse de Doctorat, ibid. consilium.europa.eu.

792 Ibid.

793 Ibid.

En réalité, comment pourrait-on prendre des sanctions contre un État déjà sous sanctions et qu'elle pouvait être l'efficacité du dialogue politique intensifié ou des consultations à reprendre dans le cadre du Plan en 22 engagements dont l'issu final était l'organisation des législatives, dans le contexte nouveau où une élection présidentielle, anticipée, venait de s'imposer comme préalable à tout autre calendrier électoral ? D'où, en toute probabilité, l'embarras qui était observable au sein de l'Union européenne et de ses États membres.

Au niveau africain, ce sont les pressions de l'UA et de la CEDEAO qui ont eu une importante influence sur le dénouement de la crise togolaise de février 2005.

L'UA et la CEDEAO avaient, en effet, critiqué la succession dynastique et avaient refusé de reconnaître le nouveau pouvoir[794].

Ces deux organisations, fortes de leurs instruments juridiques de promotion et de protection des Droits de l'Homme, des principes démocratiques et de l'État de droit, notamment dans le cadre de l'Architecture africaine de gouvernance (AAG) [infra], ont mis en œuvre leurs mécanismes de sanctions parmi lesquelles, la suspension de la participation du Togo à leurs travaux[795].

Le niveau de pression internationale était si fort contre l'aspirant à la succession présidentielle, Mr Faure Gnassingbé, que le Président de la Commission de l'Union africaine, Mr Alpha Oumar Konaré, avait condamné ce coup de force anticonstitutionnel[796].

Le Président en exercice de l'UA, Président du Nigéria, Mr Olesegun Obasanjo, quant à lui, avait rappelé le refus par l'UA des changements de pouvoir anticonstitutionnels.

Ainsi, le 7 février 2005, le Conseil de Paix et de Sécurité de l'UA (CPS) réuni à Addis-Abeba, en Éthiopie, avait condamné le processus de succession ainsi que la révision de la Constitution togolaise. Le CPS avait menacé, à cet effet, de sanctionner le Togo et avait appelé au soutien des

[794] Ibid.
[795] Ibid.
[796] Ibid.

Nations Unies, de l'UE et de « la Communauté internationale dans son ensemble »[797].

Le 9 février 2005, neuf Chefs d'État de la CEDEAO se sont réunis en session extraordinaire, consacrée à la situation au Togo, à Niamey, au Niger[798]. Ils ont appelé au retour à l'ordre constitutionnel et ont aussi invoqué la possibilité de sanctions prévues à l'article 45 du Protocole sur la Démocratie et la Bonne Gouvernance de la CEDEAO.[799] Cet article 45 porte sur les sanctions graduelles que la CEDEAO peut prendre à l'encontre d'un État membre, en cas de « rupture de la démocratie »[800] et de « violations massives des Droits de la Personne »[801].

En effet, le 21 décembre 2001, la CEDEAO s'est dotée d'un Protocole sur la démocratie et la bonne gouvernance pour compléter et expliquer, de façon additionnelle, les principes de l'article 2 du Protocole du 10 décembre 1999, relatif à la prévention, à la gestion, aux règlements des et au maintien de la paix et de la sécurité [infra].

Dans ce Protocole additionnel de 2001, dont le chapitre I relatif aux principes, et qui est consacré notamment à l'État de droit, aux droits de la personne et à la bonne gouvernance, en sa section VII, ainsi qu'au rôle de l'armée et des forces de sécurité dans la démocratie en sa section IV, avant de régir dans la section III l'observation des élections et l'assistance sous régionale y relative, ainsi que les élections dans la section II, la CEDEAO interdit, à l'article 2 paragraphe 1 toute forme de révision substantielle de la loi électorale dans les 6 mois précédant les élections, sans le consentement d'une large majorité des acteurs politiques ; tout en obligeant, au paragraphe

---

797 Union Africaine, Conseil de Paix et de Sécurité, 24e réunion, Addis-Abeba, Éthiopie, africaunion.org, 7/02/2005, cité par Moundounga Séraphin, ibid.

798 Ont participé à cette réunion extraordinaire de la CEDEAO les Présidents : Olusegun Obasanjo (Nigéria), Président en exercice de l'Union africaine (UA), Mamadou Tandja (Niger), Président en exercice de la CEDEAO, Henrique Rosa (Guinée-Bissau), Abdoulaye Wade (Sénégal), Laurent Gbagbo (Côte d'Ivoire), John Kufuor (Ghana), Blaise Compaoré (Burkina Faso), Gyude Bryant (Libéria), et Mathieu Kérékou (Bénin). Le Président de la Commission africaine, Alpha Oumar Konaré était aussi présent, africatime.com, cité par Moundounga Séraphin, ibid.

799 Protocole A/SP1/12/01 sur la démocratie et la bonne gouvernance additionnelle au Protocole relatif au mécanisme de prévention, de gestion, de règlement de conflits, de maintien de la paix et de la sécurité, eisa.org.za, consulté le 10 décembre 2017.

800 Ibid.

801 Ibid.

2, que les élections puissent avoir lieu aux dates et périodes fixées par la Constitution[802].

Aussi bien les dispositions interdisant des révisions constitutionnelles opportunistes et des réformes électorales instrumentalisées, ont été violées par les autorités togolaises, d'une part en révisant la Constitution pour ne pas organiser les présidentielles anticipées dans la période du délai, de 60 jours, fixé par l'article 65 de la Constitution de la IVe République [supra], d'autre part, elles ont par ailleurs violé le l'interdiction de modifier la loi électorale en révisant le Code électoral pour permettre au Ministre Faure Gnassingbé de retrouver son siège à l'Assemblée nationale [supra].

Relativement aux élections et à l'ordre constitutionnel, l'article 1er paragraphe b du Protocole additionnel confine toute accession au pouvoir, exclusivement à travers « des élections libres, honnêtes et transparentes »[803], et interdit tout « changement anticonstitutionnel »[804], ainsi que « tout mode non démocratique d'accession ou de maintien au pouvoir »[805].

L'article 45 du même Protocole, quant à lui, dans le chapitre 2 consacré aux sanctions, autorise ces dernières en son paragraphe 1 en définissant les sanctions encourues au paragraphe 2 ; le paragraphe 4 conférant au Conseil de Médiation et de Sécurité le pouvoir de prendre des sanctions appropriées[806].

La tentative de succession dynastique au Togo était si manifestement anticonstitutionnelle et organisée en violation du accord international à caractère régional et à portée contraignante, le Protocole CDEAO de 2001 ; ce qui justifiait la fermeté des dirigeants des États ouest-africains membres de la CEDEAO, pour faire respecter l'ordre constitutionnel au Togo.

De la même manière, plus d'une décennie plus tard, en 2017, la nouvelle génération des dirigeants ouest-africains, ont fait preuve d'intransigeance salutaire, pour déjouer, avec succès, la tentative de maintien non démocratique au pouvoir, par l'ancien Président gambien, Mr Yahya Jammeh, à la suite de sa défaite à l' élection présidentielle du 1er décembre

---

[802] Ibid.
[803] Ibid.
[804] Ibid.
[805] Ibid.
[806] Ibid.

2016, au bout de 22 ans d'un règne sans partage, et qui a dû sortir du pays, par un couloir sécurisé et sous la liesse populaire le 21 janvier 2017[807].

Les Chefs d'État de la CEDEAO, présents à Niamey, dans le cadre de la crise du Togo, avaient aussi décidé de se coordonner avec l'UA et d'envoyer une délégation conjointe à Lomé[808].

Composée des Présidents Olusegun Obasanjo (Nigeria), Président en exercice de l'Union africaine (UA), Mamadou Tandja (Niger), Président en exercice de la CEDEAO, Mathieu Kérékou (Bénin), Amadou Toumani Touré (Mali), John Kufuor (Ghana) et du Président de la Commission de l'Union africaine, Mr Alpha Oumar Konaré, cette délégation n'avait pas pu rencontrer les autorités togolaises[809].

---

[807] L'élection présidentielle gambienne qui a vu le Président Yahya Jammeh se présenter à sa propre succession a eu lieu le jeudi 1er décembre 2016. Les résultats attendus qui devraient être rendus publics le lendemain vendredi 2 décembre 2016, dans la journée, ont accusé quelques retards parce que d'une part, le Président de la Commission électorale, Mr Alieu Momar Najai , a d'abord annoncé que le Président Yahya Jammeh reconnaissait sa défaite. Puis, alors qu'il devrait maintenant donner les résultats, cela fut retardé encore, le Président Yahya Jammeh ayant décidé de livrer à la nation une préalable allocution ; ce qu'il fit dans l'après-midi en reconnaissant sa défaite et en félicitant le vainqueur. Le président de la Commission revint alors pour donner les résultats suivants :

- Adama Barrow :45,6% des voix
- Yahya Jammeh : 36,7% des voix
- Mama Kandeh : 17,6% des voix (ancien Député du parti régnant du Président Yahya Jammeh).

Source : En Gambie, défaite historique du président autocrate Yahya Jammeh, lemonde.fr/afrique, 12/02/2016, consulté le 10 décembre 2017.

Mais, alors que le processus de transfert de pouvoir était engagé, du sortant vers le vainqueur, le Président sortant Yahya Jammeh a décidé, le vendredi 9 décembre 2016, de rejeter les résultats qu'il avait acceptés une semaine plus tôt. Aussi, argua-t-il que l'élection a été truquée, en indexant la Commission électorale indépendante en ces termes : « autant j'ai accepté les résultats car j'ai cru que la Commission était indépendante et honnête, désormais je rejette les résultats en totalité. Laissez-moi vous dire : je n'accepte pas les résultats ».

Source : Gambie: Yahya Jammeh rejette les résultats de l'élection présidentielle, rfi.fr, 12/10/2016, consulté le 10 décembre 2017.

[808] Moundounga Séraphin, L'Union européenne et la paix en Afrique subsaharienne, op.cit. p.137 à 148

[809] Ibid.

Le Togo avait en effet interdit à l'avion du Président nigérian d'atterrir à Lomé ; ce qui avait provoqué une crise entre le Togo et le Nigéria et avait conduit à l'annulation de la mission CEDEAO-UA[810].

Les Chefs d'État de la CEDEAO avaient alors convoqué les nouvelles autorités togolaises à une réunion à Niamey, le 12 février 2005 ; convocation assortie d'une menace de sanctions si le Togo refusait d'obtempérer[811].

Une délégation togolaise, dirigée par le Premier Ministre, Mr Koffi Sama, s'était alors rendue à Niamey pour une réunion avec la Présidence en exercice de la CEDEAO, mais sans résultats probants[812].

Pour maintenir la pression, le Nigéria annonça la possibilité de rétablir l'ordre constitutionnel au Togo, par la force des armes, à travers une possible intervention armée de la CEDEAO[813].

Cette menace est intervenue au moment de la visite d'une délégation de la CEDEAO· à Lomé, qui a réitéré les demandes faites dans la déclaration du 9 février et elle appelait à la démission du Président Faure Gnassingbé[814].

Ainsi, dans les entretiens suivants, avec la délégation de la CEDEAO, les autorités togolaises se montrèrent conciliantes et favorables au retour à l'ordre constitutionnel, d'avant le 6 février 2005[815].

Aussi, le 17 février 2005, le Président Faure Gnassingbé se rendit-il à Abuja, au Nigéria, où il rencontra le Président Olusegun Obasanjo[816].

---

810 Ibid.
811 Ibid.
812 Ibid.
813 Lors d'une conférence de presse, le porte-parole de la Présidence nigériane en réponse à une question sur l'éventualité d'une intervention militaire a répondu en ces termes : « Nous ferons tout ce qui est nécessaire non seulement pour protéger l'intégrité territoriale de notre pays, mais aussi pour assurer la paix, la démocratie et la stabilité dans la sous-région. » « Le Nigeria menace d'intervenir militairement au Togo », Associated Press, Lagos, Nigéria, 14 février 2005, diastode.org, cité par Moundounga Séraphin, ibid.
814 La délégation de la CEDEAO était composée par les Ministres des Affaires étrangères du Nigéria, Olu Adeniji, et du Niger, Aïchatou Mindaoudou, et par le Secrétaire exécutif de la CEDEAO, Mohamed Ibn Chambas et le Secrétaire adjoint chargé des affaires politiques, le Général Oumar Diarra. Source: ibid.
815 Ibid.
816 Ibid.

Cette démarche avait pour objectif de réduire la tension entre les deux pays et d'éviter que la menace du recours à la force, brandie par le Nigéria, ne se concrétise[817].

Le Président nigérian réitéra les demandes de la CEDEAO[818].

De retour à Lomé, le Président Faure Gnassingbé annonça le retour à l'ordre constitutionnel et l'organisation de la présidentielle dans un délai de 60 jours[819].

Mais il s'agissait d'une réponse partielle, aux demandes de la CEDEAO, car Mr Faure Gnassingbé se maintenait toujours aux fonctions de Président de la République.

La réaction de la CEDEAO et de l'UA avait été à nouveau coordonnée et les deux organisations ont condamné la demi-mesure prise par les autorités togolaises[820].

Ces 2 organisations ont exigé à nouveau la démission pure et simple de Mr Faure Gnassingbé des fonctions de Président de la République et ont appelé à l'organisation d'élections libres et honnêtes[821].

Ainsi, le 19 février 2005, la CEDEAO décréta des sanctions contre le Togo, parmi lesquelles, la suspension de la participation du pays à l'organisation, l'interdiction pour les dirigeants togolais de se rendre dans les 14 autres États membres et le rappel des Ambassadeurs de ces États, de Lomé[822].

Cette décision de la CEDEAO se retrouva renforcée, au niveau international, par le soutien des États-Unis (19 février) et de l'Allemagne (21 février). Ces deux pays avaient exprimé leur soutien aux sanctions de la CEDEAO et avaient appelé, explicitement, à la démission de Mr Faure Gnassingbé[823].

---

[817] Ibid.
[818] Ibid.
[819] Ibid.
[820] Ibid.
[821] Ibid.
[822] Ibid.
[823] Ibid.

Toutefois, au sein de l'UA, le consensus a été plus long à obtenir.

Ainsi, ce n'est que le 25 février 2005 que le Conseil de Paix et de Sécurité de l'UA (CPS) adopta des sanctions contre le Togo[824]. Cette décision exigea le départ volontaire de Mr Faure Gnassingbé des fonctions présidentielles.[825] Elle suspendit aussi la participation du Togo aux activités de l'UA et demanda aux États membres d'appliquer les sanctions décidées au sein de la CEDEAO[826].

Le CPS donna aussi mandat à la CEDEAO « de prendre toute autre mesure qu'elle jugera nécessaire en vue de la restauration de l'ordre constitutionnel au Togo dans les plus brefs délais »[827].

En rapport avec les déclarations précédentes de la Présidence nigériane, sur un possible recours à la force, la décision du CPS renforça la pression sur le pouvoir togolais.

Le même jour, ainsi isolé, Mr Faure Gnassingbé, est contraint de démissionner des fonctions de Président de la République et permettre que cette charge puisse incomber au nouveau Président de l'Assemblée nationale, Mr El Hadj Abbas Bonfoh[828], étant donné, par ailleurs, que le pouvoir togolais était confronté à une massive, intensive et inébranlable mobilisation des Togolaises et des Togolais, aussi bien dans la diaspora que dans le pays[829] ; ce qui a été déterminant pour un effectif retour à l'ordre constitutionnel, qui aurait pu être capitalisé dans l'intérêt du peuple togolais.

2 – Un ordre constitutionnel togolais sauvegardé par une mobilisation massive et intensive du peuple.

Après la tentative anticonstitutionnelle du 6 février 2005, quoique les réactions des leaders d'opinion aient été mesurées dans un premier temps, avec simplement des appels, à manifester, à des grèves et à organiser des journées sans activités (ville morte), les risques de confrontation étaient

[824] Ibid.
[825] Ibid.
[826] Ibid.
[827] Union Africaine, Conseil de Paix et de Sécurité, 25e réunion, Addis-Abeba, Éthiopie, ausitroom-psd.org, 25/02/2005, cité par Moundounga Séraphin, ibid.
[828] Ibid.
[829] Ibid.

élevés[830]. Dans un tel contexte, le stress généralisé a amené le pouvoir à prendre des mesures de fermeture des stations, de radio et de télévision, privées ainsi que celle des organes, de presse écrite, proches de l'opposition[831].

Alors que le 12 février 2005, a eu lieu, la première grande manifestation de l'opposition, avec 3.000 manifestants, selon les sources de l'opposition, la répression de celle-ci causa la mort de 3 personnes et des centaines de blessés parmi les manifestants, ainsi que des blessés parmi les forces de sécurité[832].

En dépit de ses divisions internes et de la violente répression systématique dont elle était victime, l'opposition a réussi à maintenir la pression sur le pouvoir en place.

Des mots d'ordre anti-français ont fait aussi leur première apparition dans les rangs de l'opposition[833]. En effet, certains leaders politiques estimaient que la France aurait cautionné le « coup d'État militaire et constitutionnel » du 6 février 2005[834], car cette perception résultait notamment du fait du rôle joué par le Professeur Charles Debbasch, ancien doyen de la Faculté de droit d'Aix-en-Provence, en sa qualité de conseiller du Président général Eyadema Gnassingbé, et qui était, selon Richard Labevière, dans le vol Air France réorienté pour atterrir à Cotonou, au Bénin, et dans lequel se trouvait le

---

830 Moundounga Séraphin, L'Union européenne et la paix en Afrique subsaharienne, op.cit. p.137 à 148

831 Ibid.

832 Ibid.

833 Ibid.

834 Cette perception avait été renforcée par le rôle joué par le Professeur de droit, Charles Debbasch, ancien doyen de la Faculté de droit d'Aix-en-Provence. Conseiller du Général Eyadema Gnassingbé et, ensuite, de Faure Gnassingbé, le Professeur Debbasch aurait convaincu le fils du général que la France soutenait la « réforme » constitutionnelle du 6 février 2005. Le Professeur Debbasch était dans le même vol d'Air France où voyageait le Président de l'Assemblée nationale et qui a été détourné, le 5 février sur le Bénin, suite à la fermeture de l'espace aérien togolais. Toutefois, il a pu regagner Lomé dès le 6 février.

Source 1: LABEVIERE Richard, « Le baiser du crocodile », Éditorial international de Radio France Internationale, 8 février 2005, european-security.com, cité par Moundounga Séraphin, ibid.

Source 2 : «L'homme du jour, Charles Debbasch», humanite.fr, 25 février 2005, cité par Moundounga Séraphin, ibid.

Président de l'Assemblée nationale qui avait été ainsi privé de devenir Président de la République par intérim [supra] ; celui-ci étant empêché de rentrer par tout autre moyen de Cotonou à Lomé alors que celui-là avait bien pu le faire[835].

Lorsque, le 18 février 2005, en vue de désamorcer l'impasse dans lequel se trouvait le nouveau pouvoir, le Président Faure Gnassingbé annonça qu'il avait pris la décision d'organiser les élections présidentielles dans les délais de 60 jours, de l'ancien article 65 de la Constitution de la IVe République [supra], cela ajouta à la confusion, étant donné qu'il n'y avait pas eu une nouvelle révision de la loi fondamentale aux fins d'un retour légal à l'ordre constitutionnel de l'ancien article 65 qui avait été « mutilé » ce jour particulier pour le Togo et les Togolais ainsi que pour tous les épris de paix et des valeurs démocratiques, le dimanche 6 février 2005[836].

Il eut fallu en effet, d'abord cet exercice de retour à l'ordre constitutionnel par une nouvelle révision de la Constitution restaurant l'article 65 dans son esprit et dans sa lettre de la Constitution de la IVe République, pour la légalité d'une présidentielle anticipée promise dans un délai de 60 jours[837].

Dans la même confusion, le Président Faure Gnassingbé avait aussi annoncé la tenue des élections législatives, sans pour autant indiquer une date, dans le cadre du Plan, en 22 engagements, qui avait été conclu à l'occasion des consultations avec l'UE, sous le défunt Président le Général Etienne Eyadema Gnassingbé, le 14 avril 2004 [supra].

Mais, ces deux annonces n'avaient pas démobilisé l'opposition, car elle avait maintenu sa manifestation du lendemain, le 19 février 2005[838]. Celle-ci fut un succès, à Lomé et dans d'autres villes du pays[839].

Les Togolaises et les Togolais de la diaspora avaient aussi manifesté à Paris, à Londres et en Allemagne[840].

---

835 Ibid.
836 Moundounga Séraphin, L'Union européenne et la paix en Afrique subsaharienne, op.cit. p.137 à 148.
837 Ibid.
838 Ibid.
839 Ibid.

Il a ainsi été ouvert un processus conduisant à une Présidence par intérim, mais qui va échoir, alors, au Vice-Président de l'Assemblée nationale et non plus au Président Faure Gnassingbé, et encore moins au Président de l'Assemblée nationale destitué, le Dr Fambaré Natchaba Ouattara[841].

Mais, ce retour, a minima, à l'ordre constitutionnel, n'a pas rencontré la satisfaction du peuple togolais.

Soumis à la pression intérieure et internationale, le pouvoir togolais prit des mesures visant à apaiser le climat politique et social et pour sortir de son isolement international et régional croissant.

Ainsi, le 21 février 2005, des stations de radio et des chaînes de télévision, privées, fermées à la suite des événements du 6 février 2005, ont été autorisées à émettre de nouveau[842].

Ce même jour, le 21 février 2005, les Députés vont alors « détricoter à l'envers » la Constitution de la République par une révision de retour à l'ordre constitutionnel de l'article 65, dans sa lettre et dans son esprit, pour un intérim assuré par le Président de l'Assemblée nationale ou à défaut, son Vice-Président[843]. Mais, il n'a pas été expressément déterminé que cette révision aurait un effet rétroactif à compter de la date de déstabilisation de l'ordre constitutionnel, le 6 février 2005 ;[844] ce qui permit au Président Faure Gnassingbé de tenter de se prévaloir du principe selon lequel « la loi dispose pour l'avenir ».

Mais, l'opposition désormais confiante, après la mobilisation du 19 février et, encouragée par les déclarations de la Communauté internationale, convoqua une nouvelle manifestation pour le 26 février 2005[845].

Le 25 février 2005, à la veille de la manifestation de l'opposition, dans une nouvelle tentative d'apaisement, le Président Faure Gnassingbé annonça

[840] Infos-Togo, « Compte-rendu des manifestations de Mainz (25.02.2005) et Frankfurt (26.02.2005) », infostogo.de, 26 février 2005, cité par Moundounga Séraphin, ibid.
[841] Ibid.
[842] Ibid.
[843] Ibid.
[844] Ibid.
[845] Ibid.

sa démission et le transfert des fonctions de Président par intérim au Vice-Président de l'Assemblée nationale, Mr El Hadj Abbas Bonfoh[846].

Cette décision est accueillie avec satisfaction par l'UA, la CEDEAO, l'UE, la France, les États-Unis et l'Allemagne, tout en maintenant leur pression[847].

Le même jour, un Congrès extraordinaire du parti au pouvoir, le Rassemblement du peuple togolais, le RPT, désigna Mr Faure Gnassingbé comme candidat du parti à la présidentielle d'avril 2005, dans les délais constitutionnels de 60 jours d'intérim[848].

Mais, l'opposition ne se satisfait pas de demi-mesures, le peuple étant convaincu que la peur avait changé de camp et qu'il avait pris conscience que la souveraineté nationale lui appartient.

Aussi, l'appel à manifester le 26 février 2005 est maintenu.[849] Deux manifestations eurent alors lieu à Lomé ; l'une appelée par l'opposition, et l'autre en soutien à Mr Faure Gnassingbé et au nouveau Président, par intérim[850].

Toutefois, le 27 février 2005, une nouvelle manifestation de l'opposition est réprimée par les forces de sécurité[851].

L'ancien Président de l'Assemblée nationale, le Dr Fambaré Natchaba Ouattara, qui est toujours au Bénin, réclame de reprendre ses fonctions et de devenir le Président par intérim du Togo[852]. Il rentre alors le 5 mars 2005 à Lomé, mais n'est pas reconduit dans ses fonctions précédentes et encore moins n'accède pas aux fonctions de Président de la République par intérim[853].

---

846 Ibid.
847 Ibid.
848 Ibid.
849 Ibid.
850 Ibid.
851 Ibid.
852 Ibid.
853 Ibid.

Au cours de ce mois de mars 2005, l'opposition et le pouvoir s'engagèrent dans le processus de préparation de la présidentielle du 24 avril 2005[854].

Cependant, l'opposition n'arriva pas à s'accorder sur une candidature unique[855].

En effet, le 15 mars 2005, l'opposition dite « radicale », une coalition de six partis politiques, désigna Mr Emmanuel Akitani Bob, Premier Vice-Président de l'Union des Forces du Changement (UFC) comme candidat à l'élection présidentielle[856]. Il s'ajouta ainsi à la candidature d'un autre opposant, Mr Gilchrist Olympio, fils du tout premier Président du Togo indépendant, feu Sylvanus Olympio assassiné le 13 janvier 1963 alors même qu'il était devenu Président du Togo seulement depuis le 9 avril 1961[857].

Le mois d'avril 2005 est marqué par des nouvelles violences, en permanence, qui visent l'opposition, mais aussi le RPT, le parti au pouvoir[858].

Le 22 avril 2005, le Ministre de l'Intérieur, Mr François Esso Boko, appelle à la suspension des élections, par crainte d'aggravation de ces nouvelles violences[859]. Il est immédiatement limogé par le Président par intérim et se réfugie à l'Ambassade d'Allemagne, d'où il va poursuivre ses appels à la suspension du processus électoral[860], pour éviter à son pays de basculer dans une guerre civile. Mais il n'est pas suivi par les autorités en place[861].

---

854 Ibid.
855 Ibid.
856 Ibid.
857 Ibid.
858 Ibid.
859 Ibid.
860 Le 5 mai 2005, Mr François Boko a quitté le Togo à destination de la France où il s'est établi. L'ancien Ministre de l'Intérieur du Togo exerce des fonctions de consultant international en matière d'État de Droit. Il a été chef de mission du Programme européen d'Appui à la Justice au Tchad (PRAJUST), en 2009 et du Programme européen d'Appui à la Justice au Cameroun (PAJ), en 2010.

Source : François Boko, wikipedia.org, cité par Moundounga Séraphin, ibid.

861 Ibid.

La présidentielle du 24 avril 2005 a eu lieu[862]. Mais elle s'est déroulée dans un climat d'instabilité et de graves violences, avec des accusations de fraude et des obstacles au travail des observateurs internationaux, dont ceux du National democratic institute, le NDI, une fondation américaine[863].

Le 25 avril 2005, sous la médiation du Président du Nigéria, Président en exercice de l'UA, Mr Olesegun Obasanjo, Mr Faure Gnassingbé et Mr Gilchrist Olympio s'accordent, à la veille de la publication des résultats, sur la formation d'un Gouvernement d'unité nationale, quel que soit le résultat de l'élection présidentielle[864].

Le 26 avril 2005, la Commission électorale nationale indépendante (CENI) annonce la victoire du candidat Faure Gnassingbé, avec 60% des suffrages exprimés et un taux de participation de 63,5%[865].

L'annonce de ces résultats provoqua une importante vague de violences à Lomé et dans le reste du pays comme le redoutait à raison, et voulait le prévenir, le Ministre de l'Intérieur démis, Mr François Esso Boko[866].

Le 27 avril 2005, Mr Emmanuel Akitani Bob, l'autre candidat de l'opposition, s'autoproclama vainqueur de la présidentielle et se désigna nouveau Président du Togo[867].

Avec les violences et des manifestations qui se sont poursuivies à Lomé, l'Institut allemand Goethe, est attaqué par des hommes armés qui y mettent le feu[868], à l'image, plus récemment, des accusations croisées entre les dirigeants sortants gabonais et le camp de Mr Jean Ping au Gabon sur les auteurs des destructions et incendies des édifices publics et privés à l'instar du Palais de l'Assemblée nationale ainsi que de certains médias publics et

---

862 Ibid.
863 Dans un communiqué du 18 avril 2005, le Département d'État américain appelait à des élections libres et honnêtes et regrettait les cas de fraude constatés lors de l'enregistrement des électeurs et le refus des autorités d'autoriser les activités de l'Institut Démocratique National (National Democratic Institute, NDI) auprès des candidats (de l'opposition). Département d'État des États-Unis, « Togo's Presidential Election », communiqué de presse, Washington, 2001-2009, state.gov, 18 avril 2005, cité par Moundounga Séraphin, ibid.
864 Moundounga Séraphin, L'Union européenne et la paix en Afrique subsaharienne, op.cit. p.137 à 148.
865 Ibid.
866 Ibid.
867 Ibid.
868 Ibid.

privés, tout comme du quartier général du candidat consensuel de l'opposition dont les autorités sortantes justifient leur intervention par la nécessité de mettre la main sur des jeunes qui seraient armés sans pour autant brandir les armes saisies à cette occasion.

La répression aura fait des centaines de morts (500 morts selon les Nations Unies)[869].

Le 4 mai 2005, Mr Faure Gnassingbé prête serment, en qualité de Président de la République togolaise[870].

Une partie de l'opposition prend contact avec le nouveau Président pour négocier leur entrée dans un Gouvernement d'unité nationale[871].

Aussi, en dépit d'un lourd bilan négatif, en matière des Droits de l'Homme et d'accusations de fraude électorale, la situation rentra dans une période de normalisation progressive, soutenue par les acteurs internationaux[872].

Le nouveau Président se déclara, aussi, prêt à poursuivre le Plan en 22 engagements, signé dans le cadre des consultations avec l'UE, le 14 avril 2004 [supra].

Ce n'est qu'en 2006, au bout d'un an de violences, de négociations politiques et de médiations internationales, que la situation interne a commencé à se stabiliser, avec la signature, le 18 août 2006, à

---

869 Haut-commissariat des Nations Unies aux Droits de l'Homme (HCDH), « La mission d'établissement des faits chargée de faire la lumière sur les violences et les allégations de violations des droits de l'homme survenues au Togo avant, pendant et après l'élection présidentielle du 24 avril 2005 », Rapport-Onu-Togo-2005, cacit.org, 29/08/2005, p.42 pp.49, cité par Moundounga Séraphin, ibid.

Le rapport met aussi en exergue la violence des militants de l'opposition et souligne « La dynamique de polarisation ethnique et xénophobe en cours dans la société togolaise découlant de la gestion ethnique et clanique durable du pouvoir qui a engendré dans la mentalité collective la tendance à une lecture ethnique des clivages politiques ». Ibid.

870 Ibid.

871 Ibid.

872 Ibid.

Ouagadougou, au Burkina Faso, et le 20 août 2006, à Lomé, de l'Accord politique global du dialogue inter togolais (APG)[873].

Les élections législatives du 14 octobre 2007 ont mis un terme à la longue crise de succession de 2005[874].

Le Togo a pu, par la suite, normaliser ses relations avec l'UE grâce à la reprise et à l'aboutissement des consultations de l'article 96 de la conditionnalité politique de Cotonou, conditionnalité qui demeure, pour l'ensemble des pays ACP en général, et ceux africains en particulier, le cadre conventionnel de légalité internationale du dialogue politique et des consultations UE-Afrique pour l'universalisation des Droits de l'Homme [infra].

Cette conditionnalité politique pour l'universalisation des valeurs démocratiques aux fins de la paix par la démocratisation, est également présente dans les Accords Euro-méditerranéens d'Association (AA) UE avec chacun des pays du Maghreb, et s'en trouve sauvegardée dans les nouveaux Accords de partenariat économique (APE), pour leur pérennité comme base consolidée du dialogue politique et des consultations.

Section 2 : Une légitimité du dialogue politique et des consultations UE-Afrique procédant des conditionnalités politiques convenues pour la démocratisation de la gouvernance africaine.

Le dialogue politique et les consultations ainsi que l'assistance électorale européenne, tirent leur légitimité internationale, dans la relation UE-Afrique, d'une part de la conditionnalité politique de l'Accord de Cotonou dont l'acquis est sauvegardé et pérennisé dans les nouveaux Accords de partenariat économique, les APE et, d'autre part, de la conditionnalité politique des Accords Euro-méditerranéens d'Association avec 4 États du Maghreb (I) ; cette légitimité internationale se trouvant renforcée à l'occasion de l'observation électorale européenne (II).

873 Ibid.
874 Ibid.

I – Une légitimité du dialogue politique et des consultations UE-Afrique tirée des conditionnalités politiques de Cotonou et des Accords d'Association.

Si dans le cadre de la politique européenne de voisinage, l'Union européenne a conclu 4 Accords d'Association avec 4 États du Maghreb, en instituant dans chacun des Accords économiques et de coopération au développement, une conditionnalité politique faisant des Droits de l'Homme et/ou de la démocratie une clause de rang élément essentiel, au sens du droit international des traités (A), l'Accord de Cotonou confère le rang d'élément essentiel à 3 valeurs démocratiques et le rang élément fondamental à la valeur bonne gouvernance, tout en régissant les conditions et modalités d'organisation du dialogue politique et des consultations, pour une appropriation des 4 valeurs démocratiques par l'Afrique subsaharienne, cet acquis de Cotonou est sauvegardé, pour sa pérennité, dans les nouveaux Accords de partenariat économique, les APE UE-Afrique (B).

A – Des Accords Euro-méditerranéens d'Association engageant l'UE et son voisinage maghrébin à promouvoir les Droits de l'Homme et la démocratie.

Au sens donné par le droit des traités, pour qu'un accord bilatéral ou multilatéral soit, licitement, suspendu ou éteint, en raison de sa violation, par une ou plusieurs parties à l'accord, il faut que la violation porte sur une clause substantielle.

En effet, conformément aux stipulations du paragraphe 1 de l'article 60 de la Convention de Vienne de 1969 sur le droit des traités entre États, « Une violation substantielle d'un traité bilatéral par l'une des parties autorise l'autre partie à invoquer la violation comme motif pour mettre fin au traité ou suspendre son application en totalité ou en partie »[875].

Définissant le concept « violation substantielle », le paragraphe 3 de l'article 60 de ladite Convention de Vienne précise qu'il s'agit :

a- soit d' « un rejet du traité non autorisé par la [...] Convention [de Vienne elle-même][876] ;

[875] Convention de Vienne sur le droit des traités du 23 mai 1969, op.cit.
[876] Ibid.

b- soit « la violation d'une disposition essentielle pour la réalisation de l'objet ou du but du traité »[877].

Aussi, lorsque la violation substantielle porte sur un traité bilatéral (un traité n'engageant que 2 parties), l'article 60 de la Convention de Vienne, en son paragraphe 1 autorise-t-elle « l'autre partie à invoquer cette violation substantielle comme motif pour mettre un terme au traité ou suspendre son application en totalité ou en partie »[878].

S'agissant des traités ou accords multilatéraux (plus de 2 parties), comme l'Accord de Cotonou, les APE et les AA, le traité subsiste à la violation substantielle, mais celle-ci est constitutive d'un motif de suspension du traité par les autres parties, à l'encontre de l'auteur de la violation, en totalité ou en partie, selon les modalités définies au paragraphe 2 de l'article 60[879] ; ce qui ouvre droit à des mesures appropriées à la circonstance, et qui sont multiformes, pour faire cesser cette violation et, au besoin, réparer les tords éventuellement causés ; la suspension, elle-même, étant une ultime mesure.

C'est pour ouvrir droit, à l'invocation, par les parties, d'une violation des Droits de l'Homme, de l'État de droit et/ou des principes démocratiques, par une partie, comme motif de suspension de l'accord et même des prises de sanctions ou mesures appropriées visant des individus, que les Accords Euro-méditerranéens d'Association ont volontairement conféré à ces valeurs le rang élément essentiel [infra].

Le premier accord économique et de coopération au développement UE-Afrique à promouvoir de façon contraignante des Droits de l'Homme et la démocratie remonte au 17 juillet 1995, l'Accord Euro-méditerranéen d'Association Tunisie-Union européenne[880].

Premier pays africain du pourtour méditerranéen à avoir signé un accord d'association avec l'Union européenne, le 17 juillet 1995, et entré en vigueur le 1er mars 1998, la Tunisie est aussi le premier pays de la Méditerranée Sud

---

877 Ibid.
878 Ibid.
879 Ibid.
880 Accord Euro-méditerranéen établissant une Association entre la Communauté européenne et ses États membres, d'une part, et la République tunisienne, d'autre part. JO CEE n° L 097 du 30 /03/1998 p.0002-0183, eutrade.ec.eurapa.eu, consulté le 8 décembre 2017.

qui a intégré « la zone de libre-échange pour les produits industriels avec l'Union européenne »[881].

L'accord pour le Statut avancé négocié à partir de fin 2008 a été conclu en novembre 2012[882]. Depuis octobre 2015, des négociations sont en cours en vue d'un Accord de libre-échange complet et approfondi, l'ALECA[883].

C'est l'Accord d'Association UE-Tunisie, du 17 juillet 1995, qui a inauguré, dans la relation UE-Afrique, en général et UE-Maghreb, en particulier, avant la Convention de Lomé IV bis, ACP-UE du 04 novembre 1995, l'essentialisation de la valeur Droits de l'Homme et de la valeur principes démocratiques, en son article 2 qui stipule : « Les relations entre les parties, de même que toutes les dispositions du présent accord, se fondent sur le respect des principes démocratiques et des droits de l'homme qui inspirent leurs politiques [à la fois] internes et internationales et qui constituent un élément essentiel »[884].

Un dialogue politique est institué au titre I, articles 3 à 5 et il est précisé à l'article 4 que ce « dialogue politique porte sur tous les sujets présentant un intérêt commun pour les parties et, plus particulièrement, sur les conditions propres à garantir la paix, la sécurité et le développement régional [...] »[885].

Avec le Maroc, l'UE a signé un Accord d'Association et de libre-échange, le 26 février 1996 et qui est entré en vigueur le 1er mars 2000, accordant au Royaume du Maroc, notamment des concessions tarifaires préférentielles pour les produits agricoles de base, les produits agricoles transformés et les produits de pêche[886].

Comme pour la Tunisie, c'est aussi l'article 2 de l'AA Maroc-UE qui essentialise les Droits de l'Homme, en faisant référence à la Déclaration universelle des Droits de l'Homme de 1948, en ces termes : « Le respect des principes démocratiques et des droits fondamentaux de l'homme, tel

[881] Les relations avec l'Union européenne, diplomatie.gouv.fr, du 27/11/2017, consulté le 08 décembre 2017.
[882] Ibid.
[883] Ibid.
[884] Accord Euro-méditerranéen établissant une Association entre la Communauté européenne et ses États membres, d'une part, et la République tunisienne, d'autre part, op.cit.
[885] Ibid.
[886] Accord euro-méditerranéen, d'Association UE-Maroc, eeas.europa.eu, consulté le 8 décembre 2017.

qu'énoncé dans la Déclaration universelle des droits de l'homme, inspire les politiques [à la fois] internes et internationales de la Communauté et du Maroc et constitue un élément essentiel du présent accord »[887].

Un dialogue politique est également institué au titre I, articles 3 à 5 en précisant, en son article 4, comme pour la Tunisie, que ce « dialogue politique porte sur tous les sujets présentant un intérêt commun pour les parties et, plus particulièrement, sur les conditions propres à garantir la paix, la sécurité et le développement régional […] »[888].

Avec l'adoption du Statut avancé sous la forme d'un document conjoint UE-Maroc, en octobre 2008, leurs relations bilatérales s'en trouvent renforcées et participent à la promotion de la bonne gouvernance ainsi qu'aux réformes politiques et économiques[889].

Les deux parties sont en négociation pour un Accord de libre-échange complet et approfondi (ALECA), depuis le 1er mars 2013[890].

L'Accord Euro-méditerranéen d'association, entre l'UE et l'Égypte, conclu le 25 juin 2001 et entré en vigueur le 1er juin 2004[891], reprend intégralement, en son article 2, les stipulations indiquées à l'article 2 de l'Accord avec le Maroc supra, tout en consacrant aussi un dialogue politique dans le titre I, articles 3 à 5[892].

L'Accord d'Association UE-Algérie, conclu en avril 2002, et entré en vigueur en septembre 2005[893], stipule en son article 2 que « Le respect des principes démocratiques et des droits fondamentaux de l'homme tels

---

887 Accord Euro-méditerranéen établissant une association entre les Communautés européennes et leurs États membres, d'une part, et le Royaume du Maroc, d'autre part. JO CEE n° L 70/2, 18/03/2000, gisti.org, consulté le 08 décembre 2017.

888 L'Union européenne et le Maroc entament des négociations en vue de resserrer leurs liens économiques, europa.eu, 22/4/2013, consulté le 08 décembre 2017.

889 Ibid.

890 Ibid.

891 L'Union européenne et l'Égypte renforcent leurs relations, europa.eu, 01/06/2004, consulté le 8 décembre 2017.

892 Accord euro-méditerranéen CE / Égypte du 25 juin 2001 établissant une association entre les Communautés européennes et leurs États membres, d'une part, et la République arabe d'Égypte, d'autre part, JO CEE n° L 304/39, 30/09/2004. gisti.org, consulté le 08 décembre 2017.

893 Le volet méditerranéen de la politique de voisinage : le cas de l'Algérie. Rapport d'information n° 689 (2016-2017) de M. Simon Sutour, fait au nom de la commission des affaires européennes, déposé le 27 juillet 2017, senat.fr, consulté le 10 décembre 2017.

qu'énoncés dans la Déclaration universelle des droits de l'homme inspire [à la fois] les politiques internes et internationales des parties [avant de conclure que le respect de ces valeurs] constitue un élément essentiel du présent accord »[894].

Le titre I de cet accord consacre aussi un dialogue politique en ses articles 3 à 5[895].

Par ailleurs, après l'évaluation de l'Accord d'Association Algérie-UE, effectuée en 2016 et dont les conclusions ont donné lieu à 21 recommandations adoptées par le Comité d'association, le 7 décembre 2016, d'autres négociations ont permis de dégager 5 nouvelles priorités, du partenariat, adoptées par le Conseil d'association le 13 mars 2017[896].

Dans ces priorités, le premier point est intitulé « dialogue politique, gouvernance, État de droit et promotion des droits fondamentaux »[897].

C'est sur le fondement de ces AA que l'UE a accompagné et accompagne ceux de ces États l'ayant sollicité pour réussir des transitions pacifiques, depuis le Printemps arabe de 2011 [supra].

Pour l'appropriation subsaharienne des valeurs démocratiques, à travers la coopération avec l'Union européenne, c'est la conditionnalité politique de l'Accord de Cotonou ACP-UE qui constitue la base juridique en droit international ; cet acquis de Cotonou ayant été sauvegardé dans les nouveaux Accords de partenariat économique, les APE qui pérennisent ladite conditionnalité politique.

B – Une obligation subsaharienne à s'approprier les valeurs démocratiques résultant de la conditionnalité politique de l'Accord de Cotonou ACP-UE et pérennisée par les APE.

L'Accord de Cotonou ACP-UE, conclu le 23 juin 2000, entré en vigueur le 1er avril 2003, révisé le 25 juin 2005 puis le 22 juin 2010, quoique accord commercial et de coopération au développement, accorde une primauté à la dimension politique dont les stipulations font l'objet du titre II,

---

894 Accord d'association UE-Algérie, eeas.europa.eu consulté le 8 décembre 2017.
895 Ibid.
896 Rapport Simon Sutour, op.cit.
897 Ibid.

immédiatement après le titre I consacré aux objectifs, principes et acteurs, dans la première partie qui traite des dispositions générales[898].

Aussi, « La dimension politique » de l'Accord de Cotonou est-elle régie par les articles 8 à 13, portant respectivement sur le « Dialogue politique » (article 8), la classification éléments essentiels/élément fondamental (article 9), d'autres valeurs contribuant à la stabilité politique et à la démocratie (article 10), la prévention de la paix et de la sécurité (article 11), la « Lutte contre le terrorisme » (article 11 A), « la lutte contre la prolifération des armes de destruction massive » (article 11 B), la prévention des incidences des politiques européennes sur l'application de l'Accord de Cotonou (article 12), les migrations (article 13)[899].

En plus du dialogue politique de l'article 8, une autre variante de dialogue, le dialogue politique intensifié fait l'objet de l'Annexe VII de l'Accord de Cotonou alors que les articles 96 et 97 de cet accord organisent deux procédures de consultation.

Aussi, si l'article 9 de l'Accord de Cotonou organise une classification des valeurs en distinguant celles des rangs élément essentiel de la valeur bonne gouvernance qui demeure au rang d'élément fondamental (1), les conditions et modalités de promotion de ces 4 valeurs sont régies par 2 procédures de dialogue politique de l'article 8 et de l'Annexe VII ainsi que par 2 procédures des consultations des articles 96 et 97 qui ouvrent droit aux mesures appropriées ou sanctions en cas de violation de ces valeurs par une partie à l'Accord (2).

1 – Des valeurs démocratiques classifiées en distinguant 3 éléments essentiels de l'élément fondamental, pour une promotion graduée.

L'Accord de Cotonou ACP-UE, s'approprie, en son article 9, les stipulations de l'ancien article 5 bis de la Convention de Lomé IV bis [supra], qui confèrent aux Droits de l'Homme, aux principes démocratiques et à l'État de droit, le statut d'élément essentiel [infra].

[898] Accord de Cotonou, op.cit.
[899] Ibid.

Le statut d'élément essentiel, comme indiqué pour les AA [supra], rend contraignante la stipulation concernée, car cela signifie, au regard de l'article 60 paragraphe 3 de la Convention de Vienne de 1969 sur le droit des traités, qu'il s'agit d'une clause dont la violation est qualifiée de substantielle [supra] et, de ce fait, constitue une cause de suspension de tout accord multilatéral ou bilatéral, ainsi vidé de son objet et de son but, tout en étant un motif d'extinction de l'accord bilatéral, tel qu'il résulte des paragraphes 1 et 2 du même article 60 de ladite Convention de Vienne sur le droit des traités [supra].

Aussi, c'est conformément au droit international des traités et en application de l'article 9 de l'Accord de Cotonou ACP-UE que l'action extérieure de l'Union européenne, en Afrique subsaharienne, trouve sa légitimité internationale.

Ainsi, l'invocation des questions de souveraineté nationale pour échapper aux rigueurs de la conditionnalité politique de Cotonou n'est qu'un discours d'instrumentalisation du principe de souveraineté nationale qui, d'ailleurs, appartient, par essence, au peuple de chaque État et dont procède celui de non-ingérence. C'est par la promotion des valeurs démocratiques éléments essentiels, que sont les Droits de l'Homme, les principes démocratiques et l'État de droit, qu'un peuple et chaque citoyen, peuvent valablement et pleinement, jouir desdits droits et exercer celui par lequel tout peuple doit conférer l'exercice de la souveraineté nationale à des gouvernants démocratiquement ou librement choisis tout en gardant le droit de les révoquer à tout moment ou à échéance consentie en toute liberté et en connaissance de cause.

L'externalisation du contrôle des valeurs démocratiques, ainsi librement convenue dans l'Accord de Cotonou comme dans les AA, est une garantie renforcée de leur promotion et de leur sauvegarde et non pas une ingérence dans les affaires intérieures des différents États parties qui ont librement consenti à cette externalisation, étant donné qu'ils ont exercé dans le même accord leur liberté de consentement, protégée par le droit international des traités, en refusant de faire de la valeur bonne gouvernance, un élément essentiel.

En effet, aux 3 valeurs de rang élément essentiel héritées de l'ancien article 5 bis de la Convention de Lomé IV bis, l'article 9 de l'Accord de Cotonou, a innové, en promouvant une 4e valeur, la bonne gouvernance, pour impulser, dans les États ACP en général et l'Afrique en particulier, des bonnes pratiques, pour une meilleure attractivité de l'environnement des affaires, grâce à une bonne gestion des affaires publiques et à une prévention/répression de la délinquance financière et économique, qui sont des gages d'un développement inclusif et durable ; une garantie favorisant la prospérité pour tous et pour chacun.

Mais, cette 4e valeur, aussi importante soit-elle, pour l'essor économique de chaque Etat et pour la prospérité de tous et de chacun, n'a pas pu être admise au rang d'élément essentiel, à cause du refus des pays ACP de lui conférer un tel statut [infra].

Aussi, la valeur bonne gouvernance, en vertu du principe de la liberté de consentement, précisé et régi par la Convention de Vienne sur le droit des traités, de 1969, a été inscrite au rang, inférieur, d'élément fondamental ou d'élément fondement [infra]. Il s'agit d'un statut dont la violation de la stipulation n'ouvre pas droit à des sanctions internationales par les autres parties, contre l'auteur de ladite violation.

Toutefois, dans l'intérêt principalement des peuples africains, l'Union européenne et ses États membres ont pu obtenir que l'Accord de Cotonou puisse externaliser le contrôle de la bonne gouvernance dans les cas exclusifs de grave corruption [infra].

Pour une promotion et une sauvegarde aisées de la valeur bonne gouvernance et des valeurs principes démocratiques, État de droit et Droits de l'Homme, dans chaque État partie, le rang conféré à chacune d'elles est justifié par des fondements partagés (a) au regard de son contenu et des objectifs à atteindre (b).

a) – Une classification des valeurs démocratiques basée sur des fondements partagés.

Le siège de la matière de la classification des 4 valeurs démocratiques est l'article 9 de l'Accord de Cotonou ACP-UE, conclu à Cotonou, au Bénin, le 23 juin 2000, révisé le 25 juin 2005, à Luxembourg, puis le 22 juin 2010, à Ouagadougou, au Burkina Faso [supra].

Cet article 9 confère le statut d'élément essentiel, aux principes démocratiques, aux Droits de l'Homme et à l'État de droit, au dernier alinéa du paragraphe 2 dudit article 9 en ces termes : « Le respect des droits de l'homme, des principes démocratiques et de l'État de droit, sur lesquels se fonde le partenariat ACP-UE, inspirent les politiques [à la fois] internes et internationales des parties et constituent les éléments essentiels du présent accord »[900].

Pour justifier qu'il soit conféré un tel statut d'élément essentiel à chacune de ces 3 valeurs démocratiques, les parties à l'Accord de Cotonou se fondent dans les stipulations du paragraphe 1 alinéa 1 de cet article 9, sur le fait que « La coopération [ACP-UE] vise un développement durable centré sur la personne humaine, qui est l'acteur et le bénéficiaire principal, et postule [conséquemment] le respect et la promotion des droits de l'homme »[901].

Les parties, pour être davantage précises, comme pour éviter toute ambigüité et prévenir tout conflit d'interprétation, s'approprient le principe d'indivisibilité des Droits de l'Homme, tel qu'il est promu par le droit international, par le droit de l'Union africaine et par le droit européen, en ajoutant qu'il s'agit « de tous les droits de l'homme [...] y compris les droits sociaux »[902], tout en stipulant à l'alinéa 2 du paragraphe 1 de cet article 9 : « Le respect de tous les droits de l'homme et libertés fondamentales, y compris le respect des droits sociaux fondamentaux, la démocratie basée sur l'État de droit, et une gestion transparente et responsable des affaires publiques font partie intégrante du développement durable »[903].

En ce qui concerne la valeur démocratique, « bonne gestion des affaires publiques », ou bonne gouvernance, les ACP ayant usé de leur droit de liberté de consentement, protégé par le droit international des traités, cette valeur, absente de la Convention de Lomé IV bis, va être admise au rang, inférieur, d'élément fondamental, dans le même article 9 de l'Accord de Cotonou[904].

Avec ce statut d'élément non-essentialisé, la violation de la valeur bonne gestion des affaires publiques, par l'une des parties, ne peut susciter les regards et réactions extérieurs, venant d'autres parties à l'Accord de

---

900 Ibid.
901 Ibid.
902 Ibid.
903 Ibid.
904 Ibid.

Cotonou, que lorsqu'il y a des cas de grave de corruption, pour déclencher les consultations de l'article 97 dudit Accord de Cotonou [infra].

En effet, l'alinéa 2 du paragraphe 3 de l'article 9 stipule : « La bonne gestion des affaires publiques, sur laquelle se fonde le partenariat ACP-UE, inspire les politiques [à la fois] internes et internationales des parties et constitue un élément fondamental du présent accord »[905] ; avant d'ajouter : « Les parties conviennent que seuls les cas graves de corruption active et passive, tels que définis à l'article 97 constituent une violation de cet élément »[906].

Pourtant, définissant cette valeur, les parties européennes et les ACP placent la bonne gestion des affaires publiques, au centre des 3 autres valeurs dans les objectifs de développement inclusif et de lutte contre la pauvreté, au nom de la paix à prévenir, à restaurer ou à affermir.

On peut alors se demander pourquoi la valeur bonne gouvernance continue à ne pas bénéficier du libre consentement des parties, notamment les parties africaines, dans le sens de lui conférer le rang supérieur élément essentiel, en dépit de 2 révisions de l'Accord de Cotonou en 2005 et en 2010 ?

Il faut simplement constater que le consensus politique n'est pas encore au rendez-vous, sur cette question, comme il est également difficile d'obtenir, pour la prise et/ou l'application des mesures appropriées, en cas de violation de l'un des 3 éléments essentiels et même en cas de grave corruption, alors que les 4 valeurs démocratiques ont, pourtant, des contenus clairement définis, ainsi que des objectifs pour une mise en œuvre aux modalités convenues.

b) –Des valeurs démocratiques aux contenus et objectifs définis pour une mise en œuvre conforme aux modalités convenues.

L'article 9 de l'Accord de Cotonou détermine le contenu de chaque valeur démocratique et fixe les objectifs à atteindre. Il détermine également les modalités de mise en œuvre, qui sont aussi précisées par les articles 8 et 17 dudit Accord de Cotonou [infra].

---

905 Ibid.
906 Ibid.

Relativement au contenu, il est rappelé, en phase avec le droit international, notamment onusien, à l'alinéa 1 du paragraphe 2 de l'article 9 de l'Accord de Cotonou, que « les droits de l'homme sont universels, indivisibles et interdépendants » et que leur promotion et leur protection, par les parties, doit porter aussi bien sur « toutes les libertés fondamentales [que sur] tous les droits de l'homme [à savoir,] les droits civils et politiques, [les droits] économiques [les droits] sociaux et [les droits] culturels [ainsi que sur] l'égalité entre les hommes et les femmes »[907].

S'agissant du contenu des principes démocratiques, l'alinéa 2 du paragraphe 2 de l'article 9, stipule qu'il s'agit « des principes universellement reconnus [et] sur lesquels se fonde l'organisation de l'État pour assurer la légitimité de son autorité, la légalité de ses actions [et] qui se reflète dans son système constitutionnel, législatif et réglementaire [ainsi que] l'existence des mécanismes de participation »[908].

En ce qui concerne l'État de droit, il est convenu à l'alinéa 3 du paragraphe 2 du même article 9, que cette valeur doit inspirer « la structure de l'État et les compétences des divers pouvoirs »[909], dont la matérialisation doit se traduire notamment par l'existence « des moyens effectifs et accessibles de recours légal, un système judiciaire indépendant garantissant l'égalité devant la loi et un exécutif qui est pleinement soumis au respect de la loi »[910].

Pour ce qui est de la bonne gestion des affaires publiques, quoique cette valeur ne soit pas essentialisée [supra], sa définition, par l'alinéa 1 du paragraphe 3 de l'article 9, est contextualisée en prenant en compte « un environnement politique et institutionnel respectueux des [3 valeurs éléments essentiels que sont] les droits de l'homme, les principes démocratiques et l'État de droit » [supra].

Dans ce cadrage, la bonne gestion des affaires publiques est définie au même alinéa 1 du paragraphe 3 de l'article 9 comme étant « la gestion transparente et responsable des ressources humaines, naturelles,

907 Ibid.
908 Ibid.
909 Ibid.
910 Ibid.

économiques et financières en vue du développement équitable et durable »[supra].

À cette fin, il faut :

- « des procédures de prise de décision claires au niveau des pouvoirs publics »[911] ;

- « des institutions transparentes et soumises à l'obligation de rendre compte »[912] ;

- « la primauté du droit dans la gestion et la répartition des ressources »[913] ;

- la prise des mesures préventives et répressives contre la corruption[914].

Si en fin d'alinéa 2 du paragraphe 2, de l'article 9 de l'Accord de Cotonou, la liberté est donnée à chaque pays pour développer sa culture démocratique, cela doit impérativement se faire « sur la base des principes [ou valeurs] universellement reconnus [tel que défini ci-dessus] »[915].

Dans ce processus de promotion et de sauvegarde des 4 valeurs démocratiques, les États ACP, l'UE et ses États membres, réaffirment, à l'alinéa 2 du paragraphe 2, de l'article 9 de l'Accord de Cotonou « que la démocratisation, le développement et la protection des libertés fondamentales et des droits de l'homme sont interdépendants et se renforcent mutuellement »[916], ce, pour engager, les uns et les autres, à appréhender lesdites valeurs comme constituant un tout indissociable, dans leur promotion comme dans leur protection, par chaque État partie à l'Accord de Cotonou et par les institutions, organes et organismes de l'UE.

Cette sauvegarde et cette promotion dont chaque État partie est tenue exigent, aussi, des actions d'ensemble, car le paragraphe 4 de l'article 9, engage les parties à soutenir « activement la promotion des droits de l'homme, les processus de démocratisation, la consolidation de l'État de

---

911 Ibid.
912 Ibid.
913 Ibid.
914 Ibid.
915 Ibid.
916 Ibid.

droit et la bonne gestion des affaires publiques [notamment…] dans le cadre du dialogue politique »[917] dans sa version permanente de l'article 8 [infra].

Pour organiser l'externalisation du contrôle de ces valeurs démocratiques, le dialogue politique permanent voit sa procédure être détaillée à l'article 8 et peut aussi s'intensifier, conformément aux modalités de l'annexe VII de l'Accord de Cotonou, pour éviter de déboucher sur un contrôle particulièrement strict, celui des procédures des consultations régies par l'article 96 en cas de violation des éléments essentiels [infra]; le contrôle hors dialogue permanent, de l'élément fondamental étant exclusivement assuré dans le cadre régi par l'article 97 dudit Accord de Cotonou [infra].

2 – Un contrôle externalisé des valeurs démocratiques conformément aux procédures convenues de dialogue politique et des consultations ouvrant droit à des sanctions.

Le dialogue politique, pour la promotion des valeurs démocratiques, aux fins de leur appropriation par l'Afrique, est organisé dans le cadre d'une procédure, de l'article 8 de l'Accord de Cotonou, caractérisée par sa permanence ainsi que sa variante, la procédure du dialogue politique intensifié, de l'Annexe VII, qui est une procédure, quoiqu'induite par un fait ponctuel, se systématise (a) pour prévenir l'usage des consultations de l'article 96, sans toutefois concerner celles de l'article 97(b).

a) – Un contrôle de la promotion et du respect des valeurs démocratiques assuré par un dialogue politique permanent pouvant s'intensifier.

La procédure de dialogue politique se subdivise en dialogue politique permanent et en dialogue politique intensifié.

S'agissant du dialogue politique permanent, il est régi par l'article 8 de l'Accord de Cotonou et consiste à faire une évaluation régulière des progrès accomplis tout en tenant « compte de la situation économique, sociale, culturelle et historique de chaque pays » tel que convenu à l'alinéa 2 du paragraphe 4 de l'article 9[918].

---

917 Ibid.
918 Ibid.

Ledit dialogue politique permanent oblige l'UE à apporter son « appui aux réformes politiques, institutionnelles et juridiques, et au renforcement des capacités des acteurs publics, privés et de la société civile, dans le cadre des stratégies qui sont décidées d'un commun accord entre l'État concerné et [l'UE] »[919].

Ce dialogue politique se poursuit aussi et est alimenté par l'organe constitutif, l'Assemblée parlementaire paritaire ACP-UE, en application de l'article 17 de l'Accord de Cotonou et dont les prérogatives sont, entre autres, de « promouvoir les processus démocratiques » au moyen notamment des résolutions prises à l'occasion de deux sessions annuelles, alternées en ACP et en UE, entre les Parlementaires européens et ceux des pays ACP, en nombre égal, avec l'option des rencontres sous régionales[920].

Si l'un de ses objectifs du dialogue politique permanent est de renforcer la coopération, entre les États ACP et l'UE et ses États membres, en prélude aux rencontres internationales pour le raffermissement d'un multilatéralisme efficace, il est aussi explicitement stipulé à l'article 8, paragraphe 3 que « par le dialogue, les parties contribuent à la paix, à la stabilité, et à promouvoir un environnement politique stable et démocratique »[921].

Par ce dialogue politique permanent, le paragraphe 4 du même article 8 précise qu'il consiste à évaluer les « évolutions relatives au respect des droits de l'homme, des principes démocratiques, de l'État de droit et la bonne gestion des affaires publiques »[922].

La stabilité, qui doit procéder d'un environnement démocratique et non pas d'une accalmie obtenue par le traumatisme de la baïonnette et de la poudre à canon, est si importante que l'article 10 conditionne son affermissement à un développement qui soit durable et dont le caractère équitable doit se traduire par l'accès, de tous, « aux ressources productives, aux services essentiels et à la justice »[923].

---

[919] Ibid.
[920] Ibid.
[921] Ibid.
[922] Ibid.
[923] Ibid.

À cette fin, il est convenu, entre les parties à l'Accord de Cotonou, de faire pleinement jouer un rôle important à la société civile et au secteur privé.

Ce dialogue permanent a la particularité d'être souple, formel ou informel. Il doit être global et approfondi et conduire à des engagements mutuels[924].

Par ailleurs, ce dialogue politique permanent vise « à promouvoir la paix, ainsi qu'à prévenir, gérer et résoudre les conflits violents »[925]. Il assure aussi la promotion de « l'objectif de la paix et de la stabilité démocratique »[926].

Dans le cadre de ce dialogue politique permanent, une organisation sous régionale, pertinente, peut y être associée de même que peuvent aussi être associées l'Union africaine et l'Assemblée parlementaire paritaire ACP-UE[927]. Peuvent également être associés, les Parlementaires nationaux des États ACP ainsi que la société civile[928].

Si l'impulsion et la coordination de l'action extérieure de l'UE sont assurées par le Haut Représentant/Vice-Président de la Commission et son Service extérieur de l'action européenne, la permanence du dialogue politique est garantie, par les Délégations de l'Union européenne accréditées en Afrique et placées, chacune, sur la direction d'un Chef de Délégation ayant rang d'Ambassadeur.

Quant au dialogue politique en procédure intensifiée, cette variante est prévue au paragraphe 8 de l'article 8 de l'Accord de Cotonou, qui renvoie à l'Annexe VII en ces termes : « Le cas échéant et afin de prévenir les situations dans lesquelles une partie pourrait juger nécessaire de recourir à la procédure de consultation prévue par l'article 96, le dialogue portant sur les éléments essentiels doit être systématique et formalisé conformément aux modalités définies à l'Annexe VII »[929].

En effet, cette variante du dialogue politique dit dialogue politique intense ou intensifié, à l'instar de celui mis en œuvre par l'UE dans le cadre

---

924 Ibid.
925 Ibid.
926 Ibid.
927 Ibid.
928 Ibid.
929 Ibid.

de la crise post-présidentielle gabonaise, à la suite de l'élection du 27 août 2016, est régie par l'annexe VII de l'Accord de Cotonou[930].

Le dialogue politique intense ou intensifié devient systématique et fait disparaître l'option de l' « informel », car il est tenu d'être officiel, conformément aux stipulations du paragraphe 3 de l'article 2 de l'annexe VII de l'accord de Cotonou[931].

Dans ce cadre du dialogue politique intense, les parties « peuvent s'accorder sur des priorités et programmes »[932]. Elles peuvent aussi, de façon conjointe, « élaborer et agréer des critères de référence spécifiques ou des objectifs en matière de droits de l'homme, des principes démocratiques et d'État de droit [...] »[933].

Cette élaboration et cette agréation conjointes, des critères de référence, doivent se faire dans le strict respect du droit international et :

- préciser les buts à atteindre[934] ;
- fixer des objectifs intermédiaires[935] ;
- établir des calendriers de mise en œuvre[936].

Si les calendriers, librement et conjointement arrêtés, expirent, sans que les buts et objectifs fixés, également conjointement, ne soient atteints, ou s'il est constaté que le dialogue politique intensifié n'est pas mené de bonne foi, ou si les premiers engagements pris ne sont pas respectés, le paragraphe 7 de l'article 2 de l'annexe VII de l'Accord de Cotonou, autorise, comme en cas d'urgence particulière, le recours à la procédure de l'article 96 portant sur les consultations ; consultations qu'il faut distinguer de celles de l'article 97 applicable à l'élément fondamental, quoique ces deux procédures ouvrent droit aux sanctions appelées mesures appropriées.

---

[930] Ibid.
[931] Ibid.
[932] Ibid.
[933] Ibid.
[934] Ibid.
[935] Ibid.
[936] Ibid.

b) – Une procédure des consultations, convenue pour faire cesser des violations des Droits de l'Homme, les atteintes aux principes démocratiques et à l'État de droit.

Les consultations de l'article 96 s'appliquent en cas de violation d'un ou plusieurs éléments essentiels (principe démocratique, Droits de l'Homme et État de droit) alors que celles de l'article 97 sont mises en œuvre lorsque la violation porte sur l'élément fondamental (bonne gestion des affaires publiques ou bonne gouvernance).

Les consultations sont destinées à mener « un examen approfondi de la situation aux fins des solutions acceptables par les parties »[937].

Aussi, si pour le dialogue politique intense, le calendrier est à convenir de façon ad hoc, pour les consultations au titre de l'article 96, l'Accord de Cotonou encadre-t-il, dans cet article, les délais desdites consultations dont la procédure applicable distingue les cas d'urgence particulière, des situations hors urgence[938].

Hors urgence particulière, lorsque toute partie à l'Accord de Cotonou, constate une violation d'un élément essentiel et que ni le dialogue politique permanent de l'article 8 dudit Accord de Cotonou, ni le dialogue politique intense de l'article 2 de l'annexe VII de cet Accord de Cotonou, n'ont pu faire cesser, elle envoie à l'autre partie et au Conseil des Ministres, toutes les informations utiles tout en invitant la partie concernée à des consultations[939].

La partie invitée est tenue de rendre compte des dispositions prises ou à prendre, indispensables et garantissant la cessation de la violation des Droits de l'Homme, de l'État de droit et/ou des principes démocratiques[940].

À compter de la date de notification de cette invitation, les parties disposent d'un délai de 30 jours pour préparer des dossiers nécessaires à un examen approfondi, de nature à apporter une solution acceptable, conformément au paragraphe 2a de l'article 96 de l'Accord de Cotonou [supra].

---

937 Ibid.
938 Ibid.
939 Ibid.
940 Ibid.

À l'expiration du délai préparatoire de 30 jours, les consultations doivent commencer[941].

Ces consultations doivent se faire dans le cadre d'un calendrier qui, quoique nécessairement souple, ne doit toutefois pas dépasser 120 jours conformément, aux stipulations combinées du paragraphe 2a de l'article 96 de l'Accord de Cotonou et du paragraphe 3 de l'article 3 de l'annexe VII dudit Accord de Cotonou[942].

Il est convenu à cet article 3 de l'annexe VII que l'ensemble de ce processus des consultations doit être transparent[943].

Si au bout de ce processus des consultations, il n'y a pas de solution acceptable par les parties, alors les sanctions sont décidées conformément à l'article 96 paragraphe 2a, dernier alinéa, de l'Accord de Cotonou[944].

Ces sanctions peuvent aussi être décidées, directement, si les consultations sont refusées, tel qu'il est convenu au même article 96 paragraphe 2a, dernier alinéa [supra].

Ces sanctions, appelées « mesures appropriées », doivent toutefois être :

- conformes au droit international[945] ;
- proportionnelles à la violation[946] ;
- porter sur des domaines qui affectent le moins possible l'application de l'Accord; la suspension de celui-ci n'étant que le dernier recours[947].

Ces consultations ayant un caractère ponctuel peuvent faire l'objet d'une structuration permanente si le Conseil des Ministres ACP-UE décide ainsi, en application du paragraphe 5 de l'article 3 de l'annexe VII de l'Accord de Cotonou[948].

Mais, en cas d'urgence particulière, les sanctions peuvent être prises immédiatement, sans consultation ni dialogue politique intensifié, en

941 Ibid.
942 Ibid.
943 Ibid.
944 Ibid.
945 Ibid.
946 Ibid.
947 Ibid.
948 Ibid.

application du paragraphe 2 de l'article 96 de l'Accord de Cotonou qui définit, en son alinéa b, les cas d'urgence particulière comme étant des cas exceptionnels des violations de tout ou partie des éléments essentiels dont l'exceptionnalité leur est conférée, à la fois, par leur caractère particulièrement grave et évident[949].

Aussi, lorsque ces deux caractéristiques, de gravité particulière des violations et d'évidence de celles-ci, sont constatées par une partie à l'accord, cette dernière est en droit de prendre, de façon immédiate, les mesures appropriées, telles qu'elles sont définies ci-dessus, sans plus être tenu par des exigences d'information et de notification d'invitation ; de préparation des dossiers pendant 30 jours ni encore des exigences de durée des consultations de 120 jours au plus ; immédiateté convenue au paragraphe 3 de l'article 3 de l'annexe VII de l'Accord de Cotonou ainsi qu'au paragraphe 2 b de l'article 96 dudit accord[950].

Toutefois, cette autorisation convenue, de prendre de façon immédiate, des sanctions, fait accompagner cette immédiateté par 2 pondérations, à savoir :

- d'abord, la prise des telles mesures immédiates, quoique justifiées par l'urgence particulière, doit donner lieu à une information, parallèle, de l'autre partie et du Conseil des Ministres ACP-UE, sauf si les délais rendent impossible une telle information[951] ;
- ensuite, si cette information n'a pas pu se faire de façon parallèle, il faut notifier, immédiatement, la prise des telles mesures dictées par l'urgence particulière, à l'autre partie et au Conseil des Ministres[952].

Dans tous les cas, que les mesures appropriées soient prises de façon immédiate ou après consultations infructueuses ou refusées, celles-ci ne ferment pas la porte aux négociations.

En effet, si le motif des sanctions disparait grâce à la cessation de la violation de l'élément essentiel concerné, et que tout préjudice éventuellement causé est réparé ou fait l'objet d'un engagement jugé crédible par les parties, lesdites sanctions sont levées dans le cadre d'une

949 Ibid.
950 Ibid.
951 Ibid.
952 Ibid.

nouvelle procédure des consultations et dans les formes, modalités et délais de la procédure hors cas d'urgence particulière, tel que convenu au paragraphe c alinéa 3 de l'article 96 de l'Accord de Cotonou[953], et tel que lesdites consultations de rétablissement dudit Accord de Cotonou ont été menées s'agissant du Togo [supra].

Lorsqu'il y a violation de l'élément fondamental qu'est la bonne gestion des affaires publiques ou bonne gouvernance, les consultations sont ouvertes, exclusivement, si cette violation est un cas de grave corruption, et elles sont régies exclusivement par l'article 97 de l'Accord de Cotonou[954].

À cet effet, il n'y a pas de procédure d'urgence. Alors s'applique une procédure unique.

Les modalités de cette procédure unique des consultations de l'article 97 sont celles de notification d'une invitation, des délais de 30 jours de préparation de dossier nécessaire à un examen approfondi ; consultations menées durant une période qui ne doit pas dépasser 120 jours, comme à l'article 96 ; le tout, étant exclusivement défini par ledit article 97, qui ne renvoie pas à une annexe[955].

Le régime des sanctions est le même, en termes de légalité internationale, de proportionnalité au regard de la gravité de la corruption, si la partie en cause n'a pas remédié à ladite situation.

Comme pour les sanctions au titre de l'article 96, celles résultant des consultations de l'article 97 de l'Accord de Cotonou, font aussi, de la suspension de l'accord, une mesure ultime, car les mesures appropriées ne doivent pas trop perturber l'application de l'accord qui, faut-il le rappeler, constitue un tout.

Mais, l'Accord de Cotonou prenant fin en 2020, l'on peut croire que la conditionnalité politique de Cotonou disparaîtra avec ; ce qui n'est pas le cas, car elle est présente et s'en trouve pérennisée par sa sauvegarde dans chacun des nouveaux Accords de partenariats économiques les APE signés entre l'Union européenne et l'Afrique de l'Ouest [supra], l'Afrique de l'Est [supra], l'Afrique australe [supra] et le Cameroun pour l'Afrique centrale [supra].

---

953 Ibid.
954 Ibid.
955 Ibid.

Mais quid de ce processus d'externalisation du contrôle des 4 valeurs démocratiques puisque l'Accord de Cotonou expire en 2020 ?

Cette interrogation mérite 3 réponses.

D'abord la coopération entre l'Union européenne et toute l'Afrique se déroule dans le cadre global de la Stratégie commune Afrique-UE lancée par le 2e Somment Afrique-UE de 2007 supra, à la suite du 1er Sommet de 2000 supra. Cette Stratégie commune Afrique-UE ou Stratégie de Lisbonne a fait l'objet d'un réajustement pour faire face aux nouveaux défis mondiaux en lançant 19 initiatives phares dont 11 initiatives à caractère économique et social et 8 à caractère politique et sécuritaire supra.

Dans les 8 initiatives phares à caractère politique et sécuritaire, 2 initiatives, la première et la quatrième engagent les 27 États UE, l'UE et les 54 États africains, à promouvoir davantage les valeurs démocratiques dans leurs relations futures, en ces termes :

- Initiative phare numéro 1 :« Mettre en place une plateforme de coopération [ONU-UE-Afrique et autres partenaires internationaux], « pour intensifier le dialogue politique, les discussions stratégiques et les actions communes, dans le domaine de la prévention des conflits, de la pacification et du développement » supra ;
- Initiative phare numéro 4 : initier « une Conférence conjointe de haut niveau, UE-UA, sur les processus électoraux, la démocratie et la gouvernance, en Afrique et en Europe, avec la participation du Parlement panafricain, du Parlement européen, de la société civile et des universitaires » supra ; un tel dialogue UA-UE existant déjà depuis 2008, relativement aux Droits de l'Homme et qui est alimenté par des rencontres préalables entre experts supra.

Ensuite, la conditionnalité politique (acquis de Cotonou) est sauvegardée, pour sa pérennisation, dans les APE dont l'une des caractéristiques principales est qu'ils ont une durée illimitée supra.

Aussi, cette sauvegarde de l'acquis de Cotonou est-elle assurée par l'article 105 de l'APE Afrique de l'Ouest-UE[956], par l'article 106 de l'APE UE-Afrique centrale pour le commerce et le développement avec le

[956] APE-UE Afrique de l'Ouest, op.cit.

Cameroun[957], par l'article 110 de l'APE Afrique australe-UE[958], par l'article 136 de l'APE Afrique de l'Est UE[959], par l'article 80 de l'APE intérimaire Côte d'Ivoire-UE[960].

Cette sauvegarde est notamment assurée par le paragraphe 2 de l'article 106 de l'APE Cameroun-UE pour l'Afrique centrale en ces termes : « Article 106 Rapports avec d'autres accords :

1- À l'exception des articles concernant la coopération au développement prévue au titre II de la partie III de l'accord de Cotonou, en cas d'incohérence entre les dispositions du présent accord et des dispositions du titre II de la partie III de l'accord de Cotonou, les dispositions du présent accord prévalent.

2- Aucune disposition du présent accord ne doit être interprétée comme empêchant l'adoption par la Communauté européenne ou par un des États d'Afrique centrale signataire du présent accord de mesures, y compris de mesures commerciales, jugées appropriées et prévues par les articles 11b [clause de non-exécution], 96 et 97 de l'accord de Cotonou.

3- Les parties conviennent que rien dans le présent accord ne les oblige à agir de manière incompatible avec leurs obligations OMC »[961].

Dans le cadre des consultations de l'article 97 de l'Accord de Cotonou, supra la lutte contre la corruption et le crime organisé fait l'objet d'engagements particuliers à l'instar de ceux de l'APE intérimaire avec la Côte d'Ivoire dont l'article 79 engage les parties à collaborer en « matière de lutte contre les activités financières illégales »[962] qui comprennent la « corruption, le blanchiment de l'argent et le financement du terrorisme »[963].

957 Accord de partenariat économique UE-Afrique centrale pour le commerce et le développement entre l'UE et le Cameroun, eeas.europa.eu, op.cit.
958 APE-UE Afrique australe, tresor.economie.gouv.fr, op.cit.
959 APE-UE Afrique de l'Est, tresor.economie.gouv.fr, op.cit.
960 APE-UE Côte d'Ivoire, tresor.economie.gouv.fr, op.cit.
961 Accord de partenariat économique APE UE-Afrique centrale pour le commerce et le développement entre l'UE et le Cameroun. eeas.europa.eu, op.cit.
962 APE-UE Côte d'Ivoire, tresor.economie.gouv.fr, op.cit.
963 Ibid.

En conséquence de cet engagement, les parties sont tenues de prendre des « mesures législatives et administratives nécessaires pour se conformer aux normes internationales [en] y incluant celles définies dans la Convention des Nations unies contre la corruption, la Convention des Nations unies contre le Crime Organisé transnational et ses protocoles, la Convention des Nations unies pour la répression du financement du terrorisme »[964].

Ces stipulations nécessaires à la promotion, à la consolidation et à la protection de la valeur élément fondamental qu'est la bonne gestion des affaires publiques, sont reprises dans l'APE UE-Afrique de l'Ouest en son article 104[965], dans l'APE UE-Afrique de l'Est en son article 109[966], ainsi que dans l'APE UE-Afrique australe en son article 135[967].

Enfin, l'Union africaine s'est déjà appropriée les valeurs démocratiques à travers son Architecture de gouvernance composée notamment de la Charte africaine des droits de l'homme et des peuples [infra]; de la Charte africaine pour la démocratie, les élections et la gouvernance [infra]; de la Charte africaine des principes et valeurs de la décentralisation, de la gouvernance locale et du développement local [infra]; de la Charte africaine des principes et valeurs de l'administration et du service public [infra].

Cette Architecture africaine de gouvernance en même temps qu'elle vise renforcer la personnalité internationale de l'individu, elle promet une culture démocratique et une culture de reddition de comptes, par une gouvernance orthodoxe, aux fins d'un développement inclusif et d'une paix durable, grâce à une unification des Africains par des valeurs à partager et des règles communes.

Aux fins de la promotion d'une culture démocratique, l'une des Chartes de cette Architecture, la Charte africaine de la démocratie, des élections et de la gouvernance, en vigueur depuis 2012 [infra], non seulement interdit et sanctionne les changements anticonstitutionnels des dirigeants démocratiquement élus [infra], mais aussi détermine les modalités et critères d'une élection démocratique [infra], oblige les parties à des reformes nationales de rééquilibrage des pouvoirs politiques et d'indépendance de la justice [infra],

---

964 Ibid.

965 APE-UE Afrique de l'Ouest, tresor.economie.gouv.fr, op.cit.

966 APE-UE Afrique de l'Est, tresor.economie.gouv.fr, op.cit.

967 APE-UE Afrique australe, tresor.economie.gouv.fr, op.cit.

tout en instituant l'observation électorale internationale panafricaine [infra], l'Union africaine ayant souscrit à la Déclaration onusienne d'observation électorale d'élections de 2005 [infra].

Pour parvenir à une observation électorale panafricaine qui soit efficace, à terme, l'Union africaine est accompagnée par l'Union européenne dans le processus de renforcement de capacités et d'assistance électorale en formant le capital humain et en enrôlant, à l'occasion des missions d'observation électorale européenne, les MOE UE, des nationaux de chaque pays qui les invite, au titre d'agents électoraux ; les MOE UE étant, par ailleurs, régies par des accords ad hoc qui renforcent la légalité internationale du dialogue politique et des consultations.

II - Une légalité internationale du dialogue politique et des consultations, renforcée par l'observation électorale européenne.

Lorsque le dialogue politique et/ou les consultations ont lieu à la suite d'une mission d'observation électorale européenne ou celle menée par des observateurs internationaux d'élections jugés crédibles par l'Union européenne, le fondement juridique ou la légitimité internationale de ces procédures de dialogue politique et des consultations, initialement tirée de la conditionnalité politique de l' Accord de Cotonou [supra] et de celle des Accords d'Association (AA) [supra], s'en trouve renforcée par des accords bilatéraux ad hoc, pris en application du Manuel d'observation électorale de l'UE et en conformité avec la Déclaration de principes onusiens pour l'observation internationale d'élections [infra].

En effet, en conformité avec la Déclaration de principes onusiens pour l'observation internationale d'élections, l'observation électorale européenne est régie par son Manuel y relatif (A) et donne lieu à des accords ad hoc engageant, d'une part, l'UE à une observation électorale impartiale et efficace et, d'autre part, l'État hôte à la transparence du processus électoral de la sécurité des observateurs et à un suivi-contrôle postélectoral ; un fondement surabondant du dialogue politique et des consultations (B).

A – Une observation électorale européenne conforme aux règles onusiennes et régie par un Manuel européen.

L'observation internationale électorale européenne.

Riche d'une longue expérience de 25 ans, en 2018 [infra], l'observation électorale européenne, inaugurée en 1993 en Russie [infra], et qui a été déployée dans plus de 65 pays [infra], en Afrique, en Amérique, en Asie et en Europe, entre l'année inaugurale de 1993 et 2016, est régie par un Manuel européen d'observation internationale d'élections, arrimé depuis sa 2e édition, en 2008 (2), à la Déclaration de principes pour l'observation internationale d'élections adoptée dans le cadre des Nations unies et obligeant ses adhérents à l'intégrité et à l'efficacité (1).

1 – Une Déclaration des principes pour l'observation internationale d'élections engageant ses souscripteurs à des obligations d'intégrité et d'efficacité.

Adoptée au siège des Nations Unies, à New York, aux États-Unis d'Amérique, le 27 octobre 2005, la Déclaration, en 24 points, assortie d'un Code de conduite à l'usage des observateurs internationaux, est le fruit de plusieurs années de concertation et d'échanges, qui ont commencé en 2001, entre une vingtaine d'organisations inter- gouvernementales et non gouvernementales, sur initiative du National Democratic Institute for International Affairs (NDI) et de la division de l'assistance électorale de l'ONU[968].

Pour la Déclaration d'observation internationale d'élections, la promotion d'un processus électoral crédible est un gage de paix si les observateurs font preuve de rigueur, d'impartialité et d'efficacité (a) sous réserve du respect des garanties auxquelles doit s'engager l'État hôte (b).

a) – Une observation électorale internationale instituée pour garantir la crédibilité des processus électoraux, le respect de la souveraineté des peuples et sauvegarder la paix sociale.

Dans son préambule, en son premier paragraphe, la Déclaration pour l'observation internationale d'élections stipule que des élections organisées de façon honnête et démocratique sont le gage d' « une expression de souveraineté qui appartient aux citoyens d'un pays ; l'autorité et la légitimité

---

968 Déclaration de principes pour l'observation internationale d'élections et Code de conduite, cartercenter.org, consulté le 23/10/2017.

des pouvoirs publics reposent sur la volonté librement exprimée du peuple »[969].

En phase avec la Déclaration universelle des Droits de l'Homme de 1948 et le Pacte international relatif aux Droits civils et politiques de 1966 [infra], le droit de voter et le droit d'être élu sont reconnus par le même premier paragraphe, comme étant des droits fondamentaux ; avant d'ajouter : « Lorsqu'un gouvernement tire sa légitimité de telles élections, les risques d'alternative non démocratique sont réduits »[970].

Rappelant en son point 3 que : « La volonté du peuple est le fondement de l'autorité des pouvoirs publics »[971], la Déclaration ajoute en son point 1 que : « Les élections honnêtes et démocratiques, fondamentales pour le maintien de la paix et de la stabilité, constituent le préalable à toute gouvernance démocratique »[972].

Instituée par la Déclaration, l'observation internationale d'élections est chargée d'évaluer la situation avant, pendant et après les élections, en étant un gage de fiabilité du processus électoral et de la sincérité des résultats électoraux pour prévenir des conflits postélectoraux et renforcer la confiance des citoyens, quant à la pleine et entière prise en compte de leur volonté exprimée à l'occasion d'un scrutin[973].

Cette Déclaration de principes pour l'observation internationale d'élections, étant ouverte aux organisations internationales, intergouvernementales et non gouvernementales, la Commission européenne et le Parlement européen en sont membres, de même que, sont aussi membres, l'Union africaine et l'Institut électoral d'Afrique australe (EISA)[974].

Les autres membres sont notamment l'Union interparlementaire (UIP), le NDI, l'Organisation pour la sécurité et la coopération en Europe (OSCE), le Centre Carter, l'institut international pour la démocratie et l'assistance électorale (IDEA), le Réseau asiatique pour des élections libres (ANFREL),

---

969 Ibid.
970 Ibid.
971 Ibid.
972 Ibid.
973 Ibid.
974 Ibid.

l'Organisation des États américains (OAS), le Pacific Islands, Australia and New Zealand Electoral Administrators Association (PIANZEA), le secrétariat du Commonwealth et l'ONU[975].

Chacune de ces organisations, gouvernementales et non gouvernementales, en souscrivant à la Déclaration pour l'observation internationale d'élections, est tenue d'exiger rigueur intellectuelle et morale aux membres de ses Missions d'observation internationale d'élections, pour des nécessités de fiabilité et de crédibilité de leurs conclusions ainsi que pour la totale transparence de leurs actions et doivent obtenir de l'État hôte qu'il applique les garanties auxquelles il s'est engagé[976].

À ce titre, le point 11 de la Déclaration interdit aux organisations qui en sont membres d'envoyer une mission d'observation internationale électorale dans un pays où « il apparaît probable que les conditions de la présence de cette mission serviront à légitimer un processus électoral clairement non démocratique »[977].

Si toutefois, une organisation intergouvernementale ou non-gouvernementale, partie à la Déclaration, décidait d'une mission d'observation électorale dans un pays où il y a une forte probabilité que le processus électoral est non-démocratique, de façon évidente, cette organisation est tenue, en application de ce point 11 de la Déclaration, de faire une communication préalable dans laquelle elle doit clairement dire « que sa présence ne légitime nullement le processus électoral »[978].

Pour accomplir de telles missions, les organisations parties à la Déclaration doivent, en application du point 20, désigner comme membres d'une Mission d'observation internationale électorale, des personnalités ayant « des compétences politiques et professionnelles suffisamment diverses et posséder une réputation et des qualités d'intégrité éprouvées pour pouvoir observer et juger les processus et principes électoraux à la lumière de leurs connaissances en la matière »[979].

---

975 Ibid.
976 Ibid.
977 Ibid.
978 Ibid.
979 Ibid.

Leurs connaissances doivent être étendues à leur maîtrise des « instruments internationaux relatifs aux droits de l'homme, le droit électoral comparé, les pratiques administratives (y compris l'utilisation de l'ordinateur et autres technologies électorales), les processus politiques comparés et la situation propre à chaque pays »[980].

Alors que le dernier paragraphe du point 21, relatif aux engagements pris par les organisations ayant souscrit à la Déclaration, oblige ces dernières d'exiger de tous les membres qu'elles désignent pour l'observation électorale, de s'imprégner du Code de conduite et de le respecter, l'engagement de chaque missionnaire pour le respect dudit Code de conduite en 12 règles, adopté en même temps que la Déclaration, doit être matérialisée par la signature, intuitu personae, d'un acte d'engagement en 4 points suivants :

1- déclarer avoir lu et compris le Code de conduite ;

2- s'engager à faire « montre d'une stricte impartialité politique en toutes circonstances »[981] ;

3- ne pas entraver le processus électoral et respecter la législation du pays ainsi que les autorités électorales et nationales ;

4- protéger « l'intégrité de la mission d'observation électorale internationale »[982].

Mais, pour l'efficacité du travail des observateurs internationaux d'élections, il faut que l'État hôte offre un ensemble de garanties, tel que l'exige la Déclaration.

b) – Une efficacité d'une mission d'observation électorale tributaire du respect des garanties dont s'oblige l'État hôte.

Le point 12 de la Déclaration en 24 points, conditionne l'envoie d'une Mission d'observation internationale d'élections, par une organisation partie,

---

980 Ibid.
981 Ibid.
982 Ibid.

à une préalable invitation à adresser à cette organisation par les autorités du pays intéressé et exige de ce pays 8 garanties[983].

La première garantie est « le libre accès de la Mission d'observation à tous les stades du processus électoral et à tous les outils techniques du système électoral, y compris les outils électroniques, les systèmes de vérification du scrutin électronique et autres technologies »[984].

Il est interdit à « la mission de conclure des accords de confidentialité ou de non-divulgation d'informations relatives à cette technologie ou au processus électoral »[985].

Le pays hôte est par ailleurs tenu de s'engager à permettre à la mission d'observation internationale électorale de pouvoir certifier éventuellement « que ces technologies ne sont pas acceptables »[986].

Par ailleurs, l'État hôte doit s'engager que les observateurs internationaux d'élections :

- auront un libre « accès à toutes les personnes liées au processus électoral » dont les institutionnels, les agents publics impliqués, les membres des partis politiques et de la société civile, les candidats, les personnels des médias [987] ;
- circuleront librement dans tout le pays[988] ;
- auront « toute liberté de faire des déclarations publiques et de publier des rapports sur [leurs] conclusions et recommandations au sujet de l'ensemble du processus électoral et de l'évolution de la situation »[989] ;
- seront choisis sans immixtion des autorités du pays[990] ;
- obtiendront une accréditation couvrant tout le pays, sur la base des règles « clairement définies, raisonnables et non discriminatoires »[991] ;
- mèneront leurs activités sans immixtion ou entrave des autorités nationales et électorales[992] ;

---

983 Ibid.
984 Ibid.
985 Ibid.
986 Ibid.
987 Ibid.
988 Ibid.
989 Ibid.
990 Ibid.
991 Ibid.

- ne subiront pas des pressions, des menaces, des poursuites ou des représailles ainsi que les nationaux qu'ils pourront enrôler localement[993].

Le dernier paragraphe, du point 12, ouvre droit à la signature, entre, d'une part, l'organisation invitée et, d'autre part, les pouvoirs publics du pays hôte et ses autorités électorales, d'accords intégrants ces garanties[994].

C'est dans ce cadrage général que les organisations intergouvernementales et les ONG, parties à la Déclaration de principes pour l'observation internationale d'élections, déploient, chacune, des Missions d'observation électorale (MOE) dont les modalités spécifiques, d'organisation et de fonctionnement ainsi que de mise en œuvre, peuvent être régies par des instruments ou supports juridiques internes, à l'image du Manuel de l'Union européenne pour l'observation électorale ; Manuel qui indique les domaines d'intervention et de règles strictes de déploiement d'observateurs européens électoraux, pour garantir l'efficacité des MOE UE, même si ces dernières peuvent être éprouvées.

2 – Une observation électorale européenne régie par un Manuel pour garantir son efficacité en dépit des situations éprouvantes.

L'UE mène ses missions d'observation internationale d'élections, en application du Manuel d'observation électorale de l'Union européenne, dont la méthodologie, couvrant un large spectre des domaines, dans une perspective de court et de long termes, est d'une rigueur garante de l'efficacité de ses Missions d'observation électorale, les MOE UE et de la faillibilité de leurs conclusions (a) sans toutefois être à l'abri des stratagèmes frauduleux et des pressions multiformes, d' États hôtes peu orthodoxes (b).

a) - Des MOE UE à large spectre pour une meilleure fiabilité et efficacité.

Si l'Union européenne soutient la démocratie dans le but d'universaliser, de façon effective, les Droits de l'Homme partout dans le monde, et les autres valeurs démocratiques, cette externalisation de la paix démocratique, si elle vise la paix durable et le développement inclusif au bénéfice des partenaires de l'Union européenne, cette dernière garantie aussi sa sécurité

992 Ibid.
993 Ibid.
994 Ibid.

intérieure, grâce notamment à un voisinage paisible, car l'instabilité extérieure est de nature à la déstabiliser tel qu'on le voit avec les migrations massives et invasives qui affectent la solidarité de ses États membres et favorise le nationalisme et l'extrémisme [supra].

Aussi, pour contribuer à une meilleure efficacité aux processus de démocratisation, l'UE, tout en consolidant ses bonnes pratiques, d'observation internationale électorale inaugurée depuis 1993, en Russie[995], a-t-elle amorcé la structuration, de ses missions d'observation électorale, en 2002[996].

En effet, après la communication de la Commission européenne, sur l'approche méthodologique relative à l'assistance et à l'observation électorales, de 2000, adoptée par le Conseil et le Parlement, l'UE, a édité son premier Manuel d'observation électorale en 2002[997].

En 2008, une 2e édition du Manuel a ajusté l'observation électorale européenne à la Déclaration de principes onusiens de 2005, à laquelle ont souscrit la Commission européenne et le Parlement européen [supra].

En 2016, l'UE a notamment pris en compte les nouveaux défis liés à la biométrie et aux technologies de l'information et de la communication, de l'ère de la révolution numérique (4e révolution industrielle), dans la 3e édition du Manuel de l'Union européenne d'observation électorale, de juin 2016, en application du Plan d'action de l'UE, 2015-2019, « en faveur des droits de l'homme et de la démocratie » [supra].

Si l'objectif général de l'observation internationale électorale, à savoir, le renforcement de la confiance des populations dans les élections, pour prévenir ou résoudre les conflits et ainsi réduire les alternatives antidémocratiques, est poursuivi par l'UE, conformément à la Déclaration des Principes des Nations-Unies de 2005 [supra], il demeure que l'Union européenne se distingue, par son approche dynamique globale de déploiement d'une offre comprenant : évaluation, observation, assistance électorales, à court terme et à long terme.

---

[995] Manuel d'observation électorale de l'Union européenne, 3e édition, juin 2016. eeas.europa.eu, consulté le 21/10/ 2017.

[996] Ibid.

[997] Ibid.

En effet, le « Service européen de l'action extérieure, le Conseil, la Commission et les États membres se sont engagés à un suivi systématique des rapports des missions d'observation électorale de l'UE, ainsi que d'autres observateurs électoraux respectés, [notamment] ceux de l'OSCE/BIDDH », comme le souligne, dans la préface du Manuel 2016, la Haute Représentante pour les Affaires étrangères et la politique de sécurité, Vice-Président de la Commission européenne, Mme Federica Mogherini[998].

Comprenant 8 sections, dont une section 1, introductive, le Manuel de l'Union européenne pour l'observation électorale, fait un rappel des instruments juridiques internationaux en matière électorale en section 2 ; la section 3 fixant la méthodologie qui doit consister à « une évaluation exhaustive et sur le long terme [qui doit être] impartiale et indépendante » et dont les conclusions doivent être marquées par leur transparence[999].

La section 4 est consacrée aux domaines d'évaluation couvrant un large spectre, prenant en compte l'évaluation du contexte politique, du cadre juridique, de l'administration électorale et de la situation générale des Droits de l'Homme dans le pays hôte, jusqu'à l'observation du scrutin, de la consolidation et compilation des voix, de la publication et de la proclamation des résultats et de la situation postélectorale, en passant par les inscriptions sur la liste électorale, l'enregistrement et la validation des candidatures, la campagne électorale, les conflits électoraux, les médias et la société civile[1000].

Alors que la section 5 détermine les modalités et conditions de mise en place d'une MOE UE, notamment l'exigence des conditions minimales, les pays prioritaires, une mission exploratoire, ainsi que les grandes lignes du protocole d'accord, les termes de référence et la sélection des observateurs, tout en se penchant sur la sécurité de la mission[1001], la section 6 est consacrée à la structuration de la mission et à la répartition des rôles[1002].

La section 7 détermine, avec précision, l'activité des observateurs internationaux électoraux européens, le jour du scrutin, depuis l'expression citoyenne du droit de vote, jusqu'au dépouillement et le bon usage des

998 Ibid.
999 Ibid.
1000 Ibid.
1001 Ibid.
1002 Ibid.

formulaires européens d'observation électorale, l'observation de la compilation des résultats ainsi que de l'observation de l'après- scrutin ;[1003] la dernière section, la section 8, étant la boucle portant sur :

- les règles de rédaction du rapport intermédiaire et du rapport final, en passant par la déclaration préliminaire ; ces instruments étant destinés à être publiés dans le pays hôte, la publication du rapport final exigeant, ainsi, un retour de la mission dans le pays hôte, le voyage retour[1004] ;
- les conditions et règles de suivi des recommandations formulées dans le rapport définitif, aux fins d'aider à l'amélioration du système démocratique ; recommandations qui portent sur la globalité du système électoral et le respect des Droits de l'Homme ainsi que sur l'effectivité de l'État de droit, par l'effectivité d'une justice efficace et indépendante[1005].

Les MOE UE étant souvent dirigées par des Eurodéputés, le management de l'ensemble du processus, depuis la préparation de la mission, jusqu'à la décision, le déploiement, les rapports et le suivi des recommandations, est assuré par le Service européen de l'action extérieure, le SEAE, sous la supervision du Haut-Représentant, pour les Affaires étrangères et la politique de sécurité, Vice-Président de la Commission, qui décide de l'envoi desdites MOE UE[1006].

Il est en effet, de la responsabilité du Haut-Représentant de « définir les priorités électorales annuelles de l'UE »[1007].

Le SEAE, par le biais de sa Division Démocratie et observation électorale, travaille en synergie avec la Commission européenne, notamment le Service des instruments de politique étrangère de cette dernière[1008].

Ces synergies sont étendues aux États membres. À cet effet, les États membres sont informés par le SEAE et consultés par ce dernier, comme

---

1003 Ibid.
1004 Ibid.
1005 Ibid.
1006 Ibid.
1007 Ibid.
1008 Ibid.

intermédiaire du Haut-Représentant, dans le cadre du Comité politique et de sécurité, le COPS[1009].

Le Parlement européen joue aussi un rôle déterminant, en matière d'observation électorale. En effet, en plus de la Présidence des MOE UE qu'assurent souvent les Eurodéputés, sans que cela ne soit expressément codifié, le Parlement européen est consulté par le Haut-Représentant au moment notamment de l'identification des pays prioritaires et de la planification, tel que cela est régi par la section 3 consacrée à la méthodologie dans le Manuel[1010].

Si les protocoles d'accords d'observation électorale, sont signés, côté européen, par le Chef de Délégation de l'UE, accrédité dans le pays hôte, c'est aussi la Délégation qui assure la permanence du suivi des accords électoraux[1011].

Les observateurs de l'UE sont soumis aux règles de la Déclaration de principes pour l'observation internationale d'élections de 2005 et à son Code de conduite [supra].

Mais, ils sont spécifiquement régis par un Code de conduite des observateurs de l'UE en 14 clauses qui, s'il reprend les règles internationales relatives au respect de la législation et des autorités du pays hôte, réitère les exigences d'impartialité, de discrétion et de discernement en toute circonstance[1012].

[1009] Né sur les cendres du Comité politique institué par le Traité d'Amsterdam entré en vigueur en juillet 1999, le COPS a été décidé par les États membres de l'UE, à la suite des Déclarations européennes de Cologne et Helsinki de juin et décembre 1999, sur décision n° 2001/78/PESC du 22 janvier 2001. Le COPS, cheville ouvrière de la Politique européenne de sécurité et de défense commune (PESDC), joue un rôle politique et stratégique dans la définition et le suivi des réponses de l'UE aux crises, tout en assurant une veille internationale dans les domaines relevant de la Politique étrangère et de sécurité commune. Au plan opérationnel le COPS est chargé d'adresser des directives au Comité militaire de l'UE (CMUE) qui lui fournit aussi des avis. En temps de crise, le COPS est l'organe européen qui assure le contrôle politique et la direction stratégique des opérations militaires et missions civiles de gestion de crises par l'UE, sous l'autorité du Conseil et, si nécessaire, en synergie avec la Commission européenne. Moundounga Séraphin. L'Union européenne et la paix en Afrique subsaharienne, op.cit. pp.101 à 105.

[1010] Manuel d'observation électorale de l'Union européenne, 3e édition, juin 2016. eea.europa.eu, op.cit.

[1011] Ibid.

[1012] Ibid.

Ce Code européen exige aussi des observateurs électoraux UE, qu'ils tiennent informer leur hiérarchie de toute anomalie constatée, mais, sans se donner à des déclarations dans les médias, y compris dans les réseaux sociaux ; la communication extérieure étant une prérogative du Chef observateur ou de son adjoint[1013].

Ils sont également tenus de ne pas faire des commentaires sur ce qui est observé, dans un cadre autre que celui des réunions de la MOE UE[1014].

Mais, l'efficacité des MOE et la fiabilité de leurs conclusions peuvent être altérées par des actes frauduleux, des ruses ou des obstructions, ou encore par la violence et des menaces, comme l'a révélé l'observation électorale en 2017 au Kenya et, bien avant, en 2016 au Gabon ; une mise à l'épreuve violant les garanties de la Déclaration des principes de 2005 et qui est préjudiciable aux processus de démocratisation, à la promotion des Droits de l'Homme et à la paix.

b) - Ruse et violences contre les missions d'observation électorale, une menace contre la démocratie, les Droits de l'Homme et la paix.

Si la méthodologie appliquée pour l'observation européenne d'élections et les garanties apportées par les critères de compétence, d'impartialité, d'intégrité et d'indépendance, sont un gage de l'efficacité de l'observation internationale d'élections et de fiabilité des conclusions des rapports intermédiaire et final, ainsi que de la déclaration préliminaire au rapport final, il n'en demeure pas moins que les observateurs internationaux peuvent être victimes d'actes malveillants venant d'acteurs et compétiteurs électoraux nationaux, notamment les membres d'institutions intra-étatiques et d'organismes nationaux et locaux concernés par les élections.

Ces derniers sont, en effet, capables de tromper les observateurs internationaux d'élections, en usant de la ruse à défaut d'entraver leur action, par la force ou de la menace de la force, aussi longtemps que les missions d'observation internationale d'élections ne bénéficieront pas d'une protection internationale dans certains pays.

1013 Ibid.

1014 Ibid.

Par la ruse, c'est ce qu'a pu révéler la décision de la Cour suprême du Kenya, qui a annulé, le 1er septembre 2017, les résultats de la présidentielle du 08 août 2017, rendus publics par l'administration électorale, l'IEBC, le 11 août 2017[1015].

Pourtant, cette présidentielle a vu son déroulement et la compilation des résultats, jugés acceptables et de bonne facture, à l'unanimité de toutes les organisations intergouvernementales et non gouvernementales ayant commis une mission d'observation internationale d'élections au Kenya, parmi lesquelles :

- le NDI ;
- l'UA ;
- l'UE.

Ainsi, la ruse de l'organisme électoral kenyan, mise en évidence par la Cour Suprême, qui a constaté, le 1er septembre 2017, la violation de la Constitution, par la Commission électorale (IEBC), à l'occasion de la transmission et de la compilation des résultats, le 11 août 2017, n'a pu être détectée par aucune des missions d'observation électorale, de toutes les organisations intergouvernementales et non gouvernementales, présentes au Kenya, pour la circonstance[1016].

Après ce jugement de la plus haute juridiction kenyane, il y a eu des dénonciations inappropriées mettant en cause l'efficacité de l'observation internationale d'élections et la fiabilité de ses conclusions.

C'est notamment le cas du quotidien français, Le Monde, qui, dans son édition Afrique, a publié une chronique, le 07 septembre 2017, titrée : « La présidentielle Kenyane a révélé la mascarade qu'est devenue l'observation électorale en Afrique »[1017], avant de développer : « zoom de notre chroniqueur sur le système qui légitime, à coups de personnalités internationales, locales, et de milliers d'euros les scrutins douteux du continent »[1018], et d'ajouter : « En réalité, ce n'est pas la première fois que les

---

[1015] Kenya : la Cour suprême annule l'élection présidentielle, le 01/09/2017, mobile.lemonde.fr, consulté le 11/11/2017.

[1016] Ibid.

[1017] La présidentielle kenyane a révélé la mascarade qu'est devenue l'observation électorale en Afrique, lemondeafrique.com, 7/09/2017, consulté le 27/10/2017.

[1018] Ibid.

observateurs électoraux ne ''voient'' pas l'évidence lors d'une élection organisée sur le continent. Leurs turpitudes avaient jusqu'ici été masquées par les décisions d'institutions d'arbitrage aux ordres du pouvoir »[1019] ; et de conclure : « [...] le travail d'observation électorale a été dévoyé depuis très longtemps en Afrique. [...] Le grand perdant de la présidentielle Kenyane n'est ni le président sortant Uhru Kenyatta, ni son challenger Raila Ondinga, mais ce faux-nez de la transparence démocratique. Telle qu'elle est pratiquée, l'observation des élections est une mascarade qui doit tout simplement être abandonnée »[1020].

Une telle analyse, qui ajoute : « Faute de temps [les observateurs] arrivent la veille ou l'avant-veille du scrutin... »[1021], est une simplification qui méconnaît notamment la méthodologie de l'observation internationale électorale européenne.

D'abord, l'UE s'oblige, conformément aux règles de la Déclaration de principes pour l'observation internationale d'élections [supra], de ne pas envoyer une mission d'observation électorale, dans un pays où il est établi , d'évidence, au regard du contexte antidémocratique qui y prévaut, que la mission servirait à légitimer un pouvoir ; sauf à faire une déclaration préalable indiquant clairement que la mission envisagée dans un tel contexte d'anti-démocratie ne servirait pas à valider l'élection et , encore moins, à légitimer l'élu ou les élus [supra].

Ensuite, la méthodologie européenne, commence par un travail préparatoire, en amont, portant aussi bien sur l'examen du contexte démocratique du pays, en termes de législation et de l'administration électorales, que sur la liste électorale et l'ensemble des Droits de l'Homme, grâce à l'envoi d'une mission exploratoire, tout en s'inscrivant dans une perspective de long terme pour contribuer à l'amélioration du système électoral du pays hôte [supra].

C'est pourquoi l'UE déploie des observateurs de long terme (OLT) qui interviennent en amont, pendant et en aval du processus électoral, ainsi que pour des missions de suivi des recommandations pour l'amélioration du

[1019] Ibid.
[1020] Ibid.
[1021] Ibid.

système électoral et une meilleure promotion et protection des Droits de l'Homme et de l'État de droit[1022].

Les observateurs européens, qui arrivent dans le pays hôte, environ 5 jours avant le scrutin, sont des observateurs de court terme (OCT)[1023].

En effet, à la suite de l'observation électorale européenne de la présidentielle et des législatives de 2011 en République démocratique du Congo (RDC), la MOE UE avait formulé 22 recommandations dans son rapport final dont le contrôle, de leur mise en œuvre, par les autorités congolaises, en vue d'améliorer le système électoral et les mécanismes de protection des Droits de l'Homme, avait nécessité l'envoi par l'UE d'une mission de suivi déployée, du 26 mai au 22 juin 2014, en RDC (soit quasiment 1 mois), sous la direction de Mme Mariya Gabriel, à l'époque, Eurodéputé, pour s'assurer de la concrétisation des 22 recommandations du rapport final[1024].

Par ailleurs, la MOE UE d'observation électorale pour la présidentielle et les législatives du 28 novembre 2011, en RDC, avait diagnostiqué des irrégularités et fraudes constatées par 147 observateurs[1025] déployés dans un pays pourtant très vaste et de si grande démographie ; irrégularités portant sur des intimidations, menaces et violences, « pendant la campagne électorale, durant le scrutin et après »[1026], contre les populations, les médias et les journalistes. La MOE UE avait également dénoncé la partialité et la dépendance de la Commission électorale nationale indépendante (CENI) de la RDC, dont la présidence était assurée par « le pasteur Daniel Ngoy Mulunda, ancien conseiller spirituel du Président Joseph Kabila »[1027].

Pourtant, la MOE UE, conduite par Mme Mariga Nedelcheva, avait rendu public le rapport définitif, remis aux autorités de la RDC, à l'occasion d'un voyage retour, le 29 mars 2012, à Kinshasa, rapport assorti de 22

1022 Manuel d'observation électorale de l'Union européenne, op.cit.
1023 Ibid.
1024 Mission de suivi électoral RDC 2014, eeas.europa.eu, 26/06/2014, consulté le 27/10/2017.
1025 RDC : la crédibilité des résultats des élections de 2011 mise en cause par l'UE, rfi.fr, 30/03/2012, consulté le 27/10/2017.
1026 Ibid.
1027 Ibid.

recommandations, tout en diagnostiquant que « les résultats publiés par la Commission électorale n'étaient pas crédibles »[1028].

Enfin, la MOE UE, déployée au Gabon, pour la présidentielle du 27 août 2016, a posé le constat d'une élection aux résultats « manipulés » mettant ainsi en cause la légitimité du Président sortant, Mr Ali Bongo ; contredisant, ainsi, à la fois la Commission électorale nationale autonome et permanente (CENAP), qui avait fait rendre public par le Ministre de l'Intérieur, des résultats tronqués, notamment de la province du Haut-Ogooué et du 2e arrondissement de Libreville, tout en faisant ressortir dans son rapport que la Cour constitutionnelle gabonaise n'avait fait droit à aucune demande exprimée dans les différents recours, en refusant le décompte transparent des voix et la confrontation des procès-verbaux de la CENAP avec les copies détenues par les requérants[1029].

Les conclusions du rapport final de la MOE UE, sur la manipulation des résultats, présentées à Libreville, au Gabon, le 12 décembre 2016, au cours du voyage retour, par l'observateur en Chef, Mme Mariya Gabriel, à l'époque Eurodéputé (désormais Commissaire européen)[1030], font d'ailleurs l'unanimité internationale, car rejointes, en cela, par le rapport des observateurs internationaux de l'UA et celui de l'Organisation Internationale de la Francophonie (OIF) ; le tout, après celui du NDI américain, dont le Chef de mission déplorait que le Gabon ne se soit pas facilité les choses, en refusant de proclamer les résultats nationaux, procès-verbal par procès-verbal des bureaux de vote, étant donné que le Gabon est d'une petite démographie.

On peut lire en page 31 de ce rapport final de la MOE UE : « Sans les résultats [de la province] du Haut-Ogooué [le candidat de l'opposition, Mr] Jean Ping possède 59.396 voix d'avance sur [le Président sortant, Mr] Ali Bongo Ondimba »[1031].

En page 32 du même rapport final, il est mentionné : « Les anomalies les plus évidentes concernent la compilation des abstentions (non-votant) et des bulletins nuls ou blancs. Selon les PV d'une des 15 CEL de la province (la

---

1028 Ibid.

1029 Rapport final, République Gabonaise, (rendu public le 12 décembre 2016), Élection présidentielle (du) 27 août 2016, eeas.europa.eu, consulté le 27/10/2017.

1030 Ibid.

1031 Ibid.

CEL départementale de Moanda), le nombre de non-votants était de 5248 [... mais ce nombre ramené au niveau de l'ensemble] de la province se réduit à [seulement] 2948 dans le PV de la CEP [(Commission électorale provinciale)...puis] à 47, dans le PV du Haut-Ogooué produit par la CENAP le 31 août »[1032].

C'est en effet la première fois en Afrique, que des acteurs électoraux réalisent l'exploit de faire prendre un chef d'État sortant, en dépit des allégations de fraudes qui peuvent exister dans tout système électoral, soit unanimement pris en situation flagrante d'infraction de fraude électorale, de manipulation des résultats et de constat accablant d'illégitimité, pour refus de deux Droits fondamentaux de l'Homme, le droit de voter et de celui de révoquer librement ses dirigeants à qui le peuple transmet l'exercice de la souveraineté nationale. Cette situation fragrante tel que dénoncée par le rapport final de la MOE UE rappelle ce qui se dit dans le langage courant, en Europe et en Occident, que les auteurs de ces actes « sont pris les doigts dans la confiture, la main dans le sac » et, en Afrique, « ils sont pris les doigts dans le niembwé ou sauce graine ».

En plus de la ruse et de la fraude qui peuvent altérer l'observation internationale électorale, les membres d'une mission d'observation internationale d'une élection, peuvent voir leurs actions entravées par l'emploi de la force ou menaces d'emploi de la force, pour les intimider, aussi longtemps que leur sécurité ne sera pas confiée à une force de protection internationale qui assurait, dans certains pays, également la sécurité des opposants, de la société civile ainsi que des médias et journalistes.

La mauvaise foi, dans la mise en œuvre des accords électoraux, des autorités sortantes, peut conduire ces dernières à mettre en danger la sécurité des observateurs internationaux et, ainsi, les empêcher d'avoir accès aux étapes cruciales d'un processus électoral.

C'est notamment le cas de la MOE UE, au Gabon, en 2016, dont le rapport final indique : « l'accès des observateurs de la MOE UE et des parties au contentieux aux phases techniques de recompte n'a pas été autorisé [à la Cour constitutionnelle] »[1033], en violation de la clause de « libre

[1032] Ibid.
[1033] Ibid.

accès, sans exception, à tous les niveaux de la compilation des voix» par laquelle le Gouvernement a engagé l'ensemble des institutions gabonaises [infra].

Le rapport ajoute, relativement au dépouillement au niveau central à la CENAP, que « celle-ci n'a pas laissé la MOE [UE] accéder à la phase technique de centralisation »[1034], en violation de l'engagement pris par ladite CENAP et par le Gouvernement, dans les 2 accords ad hoc signés avec l'UE [infra] ainsi que ceux pris par échange de courriers [infra], en portant ainsi atteinte au droit international des traités [infra] et à la Déclaration onusienne des principes pour l'observation internationale d'élections, de 2005 [supra].

Beaucoup plus grave, le rapport final indique : « La MOE et ses membres ont fait l'objet de menaces, ainsi que d'une campagne visant à porter atteinte à sa crédibilité, dans les réseaux sociaux et dans une partie de la presse proche des autorités y compris à travers des déclarations des autorités gabonaises »[1035].

Plus tard, la presse a relevé la violation du droit au secret des correspondances, par le pouvoir sortant gabonais, des observateurs électoraux de l'UE qui, selon le média français le JDD, relayé par France info, ont été placé sous écoutes téléphoniques extrajudiciaires.

En effet, citant le JDD du 2 octobre 2016, France info TV, écrit : « ''Watergate au Gabon''. En pleine élection présidentielle, les services secrets gabonais ont espionné les observateurs de l'Union européenne dépêchés pour veiller à la régularité du scrutin »[1036].

France info TV ajoute : « Au moins six personnes ont été mises sur écoute, explique l'hebdomadaire, qui a eu accès à ''une vingtaine d'enregistrements clandestins''. On y entend :

- ces fonctionnaires [européens] s'inquiétaient pour leur sécurité, alors que des émeutes secouent le pays et que des menaces de mort fleurissent sur les réseaux sociaux.

1034 Ibid.
1035 Ibid.
1036 Gabon : des écoutes révèlent les doutes des observateurs de l'Union européenne sur les résultats du scrutin, francetvinfo.fr, 02/10/2016, consulté le 27/10/2017.

- '' ils sont en train de chercher comment tricher et que ça ne se voit pas trop.''

- '' Bongo sait qu'il a perdu, mais comment il va faire pour annoncer qu'il a gagné ? '' s'amuse son interlocuteur, lui aussi membre de la mission européenne.''

- '' Des urnes sont en cours d'acheminement à Libreville et vont faire la différence,'' ajoute l'un des 2 hommes.

- la veille [la province du] Haut-Ogooué a gagné 22000 habitats en une nuit. Polyna Lemos, Chef-adjointe de la mission, déplore au téléphone : ''ils ont fait exactement ce que j'espérais qu'ils n'allaient pas faire. '' Selon les observateurs de l'Union européenne,

- '' les partisans d'Ali Bongo ont poussé le vice jusqu'à trafiquer la page Wikipédia de cette province'' »[1037].

Toutes ces dénonciations contenues dans le rapport final de la MOE UE, comme celles révélées par les médias, sont constitutives d'une violation, par le pouvoir sortant gabonais, des engagements pris dans les instruments bilatéraux, ad hoc, UE-Etat hôte, fixant les modalités de l'observation électorale européenne ; ce qui est une atteinte au Droit international, notamment le Droit des traités.

B – Une violation des accords bilatéraux d'observation électorale, constitutive d'une atteinte au Droit international.

Pour que l'Union européenne commette une Mission d'observation électorale dans un État tiers, il doit y avoir échange de courriers en la forme d'une invitation venant du pays dans le besoin et d'une réponse positive de l'UE ; cet échange étant un traité international, avant qu'elle ne signe deux autres accords internationaux, avec le pays hôte, déterminant, de façon contraignante, les modalités de l'observation électorale (1) ; la violation desdits accords internationaux, par l'une des parties, étant, outre une atteinte à la conditionnalité politique de l'Accord de Cotonou et des Accords d'Association, mais aussi du Droit international (2).

[1037] Ibid.

1 – Une observation électorale européenne procédant d'une invitation et aux modalités fixées par des accords bilatéraux contraignants.

L'Union européenne mène des missions d'observation internationale d'élections dans les pays parties ou, pas, à l'Accord de Cotonou supra ou à un Accord de voisinage supra.

Un rappel historique des Missions d'observation électorale de l'UE, entre 2016 (année depuis laquelle elle est victime d'une campagne en déficit d'impartialité, et d'intégrité), jusqu'à nos jours, permet de constater qu'il y a toujours eu échange de courriers, qui est un accord international au regard du Droit des traités (a) et que les modalités de l'observation électorale sont fixées dans deux autres accords bilatéraux avec le pays hôte (b).

a) – Une observation électorale européenne dont l'efficacité procède d'une longue expérience et justifie sa sollicitation planétaire par des invitations constitutives d'un accord international en cas d'acceptation de l'UE.

Après la première Mission européenne d'observation électorale, menée en Russie en 1993 supra, l'UE a déployé plusieurs autres Missions à travers le monde pour participer à l'effort de paix démocratique dans l'intérêt des États hôtes comme pour la paix et la sécurité internationales. À cet égard, depuis qu'elle s'est dotée de sa première édition, en 2000, du Manuel d'observation électorale, l'UE a déployé depuis cette année jusqu'en 2015, des MOE UE dans 65 pays[1038], un an avant qu'elle ne soit victime, en 2016, au Gabon, de sa toute première remise en cause supra. Faisant son rapport d'audit du suivi par le SEAE et la Commission européenne des recommandations des MOE UE, le Rapport spécial n° 22/2017, la Cour des comptes européenne constate que l'UE a déployé, depuis 2000, « 138 missions d'observation électorale […] dans 66 pays en Afrique, au Moyen-Orient, en Asie et en Amérique latine »[1039].

En effet, l'UE a déployé plusieurs MOE pour aider, sur tous les continents, les pays qui amorcent ou réapprennent la marche vers la

[1038] Manuel d'observation électorale de l'Union européenne, op.cit.

[1039] Rapport spécial n° 22/2017. Missions d'observation électorale - Recommandations mieux suivies, mais surveillance de leur mise en œuvre à améliorer, publications. europa.eu, consulté le 19 juin 2018.

démocratie et la promotion d'autres valeurs démocratiques, comme le dit la Haute Représentante pour les Affaires étrangères et la politique de sécurité / Vice-Présidente de la Commission européenne, Mme Federica Mogherini, dans la préface de la 3e édition du Manuel d'observation électorale de l'Union européenne, en ces termes : « Un système démocratique efficace nécessite des élections régulières, inclusives, transparentes et crédibles. C'est pourquoi les missions d'observation électorale et les programmes d'assistance électorale de l'Union européenne sont un élément fondamental de notre action pour promouvoir les démocraties, les droits de l'homme et la participation de la société civile dans le monde entier »[1040].

Hors Afrique et hors Accord de Cotonou, de façon récente et pour des présidentielles, l'UE a déployé des MOE :

- en Jordanie, en 2016 ;
- au Pérou, en 2016 ;
- au Kosovo, en 2017 ;
- au Timor oriental, en 2017.

En Afrique et hors Accord de Cotonou, mais dans le cadre de la conditionnalité politique des Accords de voisinage, les MOE UE ont aidé à une transition démocratique et apaisée, en Tunisie, après la MOE UE déployée pour les législatives du 10 mai 2012 en Algérie ; 2 pays du Maghreb en transition, à la suite du Printemps arabe de 2011, supra alors que d'autres pays confrontés au même Printemps arabe, mais qui ne se sont pas engagés dans des processus pacifiques et de transitions démocratiques, se sont effondrés supra.

En Algérie, l'UE a déployé une MOE de 100 observateurs, dont 40 observateurs de long terme (OLT) et 60 de court terme (OCT), à la demande des autorités algériennes, pour les législatives du 10 mai 2012, sous la direction, comme Chef observateur, de l'Eurodéputé José Ignacio Salafranca Sanchez-Neyra[1041].

Cette mission a été faite en application de la politique européenne de voisinage notamment la conditionnalité politique de l'AA, UE-Algérie supra ;

[1040] Manuel d'observation électorale de l'Union européenne. Op.cit.
[1041] Mission d'observation électorale de l'Union européenne – Algérie 2012, eeas.europa.ue, 30/03/2012, consulté le 28/10/2017.

cette conditionnalité ayant été renforcée à la suite du Printemps arabe de 2011, pour aider à des « transitions démocratiques et à la solidité démocratique »[1042], en application du principe « donner plus pour recevoir plus »[1043].

En Tunisie, pour la Présidentielle des 23 novembre et 21 décembre 2014 et les législatives du 26 octobre 2014, sur invitation des autorités de transition, comme, pour la MOE UE déployée dans le même pays en 2011 pour l'élection de l'Assemblée nationale constituante le 23/10/2011, l'UE a déployé une nouvelle MOE sous la direction de l'Eurodéputé belge, Mme Annemie Neyts-Uyttebroeck, comme Chef observateur[1044].

Alors qu'une équipe-cadre de 8 experts était déjà arrivée à Tunis depuis le 17 septembre 2014, 28 observateurs de long terme (OLT) les y ont rejoints le 28 septembre, suivis de 28 autres observateurs, mais observateurs de court terme (OCT), le 21 octobre avant les législatives du 26 octobre 2014, soit 5 jours avant le scrutin[1045].

Dans le cadre de l'Accord de Cotonou, et de façon plus récente, des MOE UE pour des présidentielles, ont été déployées dans les États ci-après, en 2016, 2017 et 2018 :

- Gabon, en 2016 ;
- Ghana, en 2016 ;
- Zambie, en 2016 ;
- Gambie, en 2017 ;
- Kenya, en 2017 ;
- Liberia, en 2017 ;
- En Sierra Leone, en 2018.

Toutes ces MOE UE, hors Afrique et/ou hors Accord de Cotonou comme dans le cadre des AA, sont déployées, si le pays intéressé adresse une invitation expresse et écrite à l'UE et si cette dernière accepte ladite invitation, en le faisant savoir, par une réponse écrite d'acceptation.

1042 Lerch Marika, Droits de l'Homme, europarl.europa.eu, juin 2017, consulté le 04/10/2017.
1043 Ibid.
1044 VISITE DE LA CHEF DE LA MISSION D'OBSERVATION ELECTORALE DE L'UNION EUROPEENNE ET DEPLOIEMENT DES OBSERVATEURS, eods.eu, 30/03/2012, consulté le 28/10/2017.
1045 Ibid.

Il s'en dégage que si l'UE refuse une telle invitation, pour des motifs avérés ou pour des raisons discrétionnaires, elle adresse à l'État inviteur, une réponse dans ce sens. Ainsi, aucune Mission européenne d'observation électorale ne sera envoyée dans ce pays.

De même, si l'Etat qui envisage organiser une élection politique (présidentielle, législatives, locales, referendum), n'adresse pas d'invitation à l'UE, celle-ci ne déploiera pas également une MOE dans ce pays.

Ces deux règles sont applicables à toutes les organisations, intergouvernementales et non gouvernementales, membres de la Déclaration de principes pour l'observation internationale d'élections de 2005, et en application de celle-ci *supra*, pour que ce contrôle électoral, externalisé, ne soit une ingérence attentatoire à la souveraineté nationale.

Lorsqu'une lettre d'invitation est envoyée par un État intéressé et que celle-ci a fait l'objet d'une lettre de réponse d'acceptation par l'UE, cet échange de courriers est un échange de volonté constitutif d'un accord international, à caractère bilatéral ; engageant les parties au regard du Droit international des traités.

En effet, conformément à l'acception du substantif « traité » donné par les stipulations de l'article 2 de la Convention de Vienne sur le droit des traités (CVDT) conclue le 23 mai 1969 et entrée en vigueur le 27 janvier 1980, 30 jours après le dépôt du 35e instrument de ratification ou d'adhésion, on entend par traité, un acte conventionnel, à la différence d'un acte unilatéral, en la forme d'un écrit sur support unique ou pluriel, car « un accord [est] international [lorsqu'il est] conclu par écrit entre États et régi par le droit international, qu'il soit consigné dans un instrument unique ou séparé ou dans deux ou plusieurs instruments connexes et quelle que soit sa dénomination particulière »[1046].

Expliquant cette stipulation, Erika Grossrieder argue : « Puisque le Traité est le contenu de l'accord (negocium) et non pas son support matériel (instrumentum), le texte du traité peut être consigné dans un instrument unique ou dans deux ou plusieurs instruments connexes »[1047].

[1046] Convention de Vienne de 1969 sur le droit des traités, op.cit.

[1047] Grossrieder Erika, commentaire à la Convention de Vienne sur le droit des Traités de 1969, hei.stoessel.ch, consulté le 28/10/2017.

Ainsi, il a été jugé, par la Cour internationale de justice (CIJ) dans un arrêt de 1994, affaire délimitation maritime, entre Qatar et Bahreïn, que : « Un accord international peut prendre des formes variées. Le procès-verbal énumère les accords auxquels les parties ont consenti et ne relate pas uniquement les faits »[1048]. Il s'en suit qu'un tel procès-verbal doit être regardé comme étant un traité international[1049].

Un communiqué conjoint, entre deux ou plusieurs sujets de droit international (États et organisations internationales intergouvernementales) est aussi un traité international tel que le confirme la jurisprudence de la CIJ, dans son arrêt du 19 décembre 1978, affaire Plateau continental de la mer Égée, Grèce/Turquie, en jugeant que : « Aucune règle de droit n'empêche qu'un communiqué conjoint constitue un accord international, cela dépend essentiellement de la nature de l'acte ou de la transaction dont il est fait état »[1050].

Par ailleurs, l'article 11 de la Convention de Vienne sur le droit des traités, qui détermine les modes d'expression du consentement pour être lié internationalement, stipule que ce consentement peut être exprimé par un échange d'instruments, ou par « la ratification, l'adhésion ou par tout autre moyen convenu »[1051].

Relativement à l'échange d'instruments, l'article 13 de la Convention de Vienne de 1969 précise qu'un tel consentement est établi dans l'un des cas suivants :

1048 Ibid.

1049 Le 8 juillet 1991 le Qatar, par requête introductive d'instance, contre Bahreïn, a saisi la CIJ pour trancher un litige relatif à la délimitation de leurs zones maritimes. Aussi dans son arrêt du 1 juillet 1994, la CIJ « a considéré » que tant les échanges de lettres intervenus en décembre 1987 entre le roi d'Arabie saoudite et l'émir du Qatar, et entre le roi d'Arabie saoudite et l'émir de Bahreïn, que le document intitulé '' procès-verbal '' et signé à Doha en décembre 1990 constituaient des accords internationaux créant des droits et des obligations pour les Parties».

Source : Délimitation maritime et questions territoriales entre Qatar et Bahreïn (Qatar c. Bahreïn), icj-cij.org, 1995, 15 février Rôle général no 87, consulté le 12/11/2017.

1050 Grossrieder Erika, commentaire à la Convention de Vienne sur le droit des Traités de 1969, op.cit.

1051 Convention de Vienne de 1969, op.cit.

- « lorsque les instruments prévoient que leur échange aura cet effet »[1052] :

- « lorsqu'il est par ailleurs établi que ces États étaient convenus que l'échange de ces instruments aurait cet effet »[1053].

À cet égard, lorsqu'un État invite une organisation internationale, intergouvernementale ou non gouvernementale, ayant souscrit à la Déclaration de principes pour l'observation internationale d'élections [supra], cette invitation et l'acceptation conséquente, sont un échange engageant les parties au regard des obligations de la Déclaration de principes quant aux garanties édictées par cette dernière, à la charge de l'inviteur, parmi lesquelles, la garantie d'accès libre à toutes les données à toutes les étapes du processus électoral, ainsi que les gages d'impartialité, d'objectivité, d'intégrité et d'indépendance dont s'oblige la MOE internationale.

Mais, en dépit de cette évidence, l'UE conclut, en plus, conformément aux exigences de la Déclaration et en application de son Manuel d'observation électorale, avec chaque État hôte de ses MOE, des accords spécifiques sur support unique pour s'accorder, de façon contraignante, sur les termes et modalités de l'observation du processus électoral.

b) – Des modalités d'observation électorale fixées par des accords bilatéraux UE-pays hôte.

L'UE s'engage sur la fiabilité et l'objectivité de son constat ainsi que sur l'impartialité, l'intégrité et l'expertise des membres de sa mission, alors que l'État hôte, s'oblige à des garanties, notamment de sécurité de la Mission, de son libre accès à toutes les étapes, en amont, pendant et en aval, du processus électoral.

À ces fins, l'UE conclut un accord ad hoc avec le Gouvernement du pays hôte et un autre accord ad hoc avec l'organisme chargé d'organiser les élections ; deux accords qui engagent, réciproquement, d'une part l'UE, ses institutions, ses organes et ses États membres et, d'autre part, l'État hôte et toutes ses institutions ainsi que l'organisme électoral et ses démembrements locaux et régionaux ou provinciaux.

1052 Ibid.

1053 Ibid.

Dans un premier accord, celui, entre le Gouvernement et l'UE, qui entre en vigueur le jour de sa signature, le Gouvernement hôte s'engage à une assistance autre que matérielle ou financière, car toutes les MOE UE sont exclusivement financées par l'Union européenne, sous forme de don à l'État hôte[1054].

Aussi, l'assistance dont s'engage le Gouvernement hôte consiste à :

- faciliter l'octroi des visas, à temps utile, aux observateurs UE[1055] ;
- assurer leur sécurité[1056] ;
- les exempter de la TVA[1057] ;
- les accréditer, tous, sans discrimination portant sur la race, le genre ou la nationalité, étant donné que les observateurs de l'UE viennent de ses différents États membres et des États participants comme le Canada, la Suisse et la Norvège[1058] ;
- recevoir l'équipe d'observateurs de long terme (OLT), chargés, longtemps avant les élections, d'autopsier la situation générale des Droits de l'Homme et de la démocratie, de suivre et observer les activités préparatoires du processus électoral par les institutions et administrations impliquées dans l'organisation électorale ainsi que pour suivre le déroulement de la campagne électorale et y demeurer, jusqu'à la proclamation définitive des résultats, une fois que les recours juridictionnels auront été définitivement vidés[1059] ;

1054 Outre l'instrument financier thématique qu'est l'Instrument européen pour la démocratie et les Droits de l'Homme , l'UE soutient les processus de démocratisation, de promotion et protection des Droits de l'Homme et de l'Etat de droit, en mobilisant des financements venant d'autres instruments thématiques et/ou géographiques comme l'Instrument européen de Voisinage (EEV), l'Instrument de coopération au développement (ICD) et le Fonds européen de développement (FED) ainsi qu'un fonds privé, le Fonds européen pour la démocratie (FEDEM) lancé en 2012, en la forme d'une fondation de droit privé, mais dont le Conseil d'administration et le Comité exécutif sont présidés par des Parlementaires européens, pour financer « les acteurs politiques et de la société civile qui militent pour le changement démocratique, en particulier dans le voisinage oriental et méridional de l'Union ».

Source : Lerch Marika, Promotion de la démocratie et observation des élections, europarl.europa.eu, septembre 2017, consulté le 10/11/2017.

1055 Accord entre l'Union européenne et le Gouvernement de la République Gabonaise. Présidentielle 2016, eeas.europa.eu, consulté le 29/10/2017.

1056 Ibid.

1057 Ibid.

1058 Ibid.

1059 Ibid.

- garantir leur libre circulation dans tout le pays[1060] ;

- garantir leur accès libre à tous les partis politiques, à tous les candidats, aux représentants de la société civile et même aux électeurs[1061] ;

- garantir leur libre accès à toutes les informations sur le processus électoral[1062] ;

- garantir également leur libre accès à tous les organismes en charge de l'administration des élections, à l'exception des réunions et délibérations de ces derniers, si ces réunions et délibérations ont lieu avant le jour du scrutin et avant le processus post-scrutin[1063] ;

- garantir, le jour du scrutin et pendant le processus post-scrutin, aux observateurs UE et à leurs assistants locaux, le libre accès, à tout moment, à tous les bureaux de vote, pour « observer pleinement les procédures de vote, les procédures de décompte des voix et de consolidation des résultats à tous les niveaux [dans le respect de la législation nationale, mais] à l'exception des réunions réservées exclusivement, par la loi électorale et les règlements aux membres des commissions électorales »[1064] ;

- de faciliter « à la MOE UE l'accès aux résultats [au moment] de la compilation des voix à tous les niveaux [sans restriction aucune, qu'il s'agisse des délibérations et compilations au sein de l'administration électorale comme au niveau de la juridiction compétente en matière de contentieux électoral] »[1065], tel qu'il ressort, en l'espèce, dans l'accord signé entre le Gouvernement gabonais et l'Union européenne, notamment au point n de l'accord signé le 25 juillet 2016, à Libreville, pour la présidentielle du 27 août 2016, avec, pour signataires, côté UE, le chef de la Délégation de l'Union européenne, l'Ambassadeur Helmut Kulitz et, côté gabonais, le Ministre d'État en charge des Affaires étrangères, de l'époque, Mr Emmanuel Issozé Ngondet, et le Ministre, à l'époque, en charge de l'intérieur, Mr Pâcome Moubelé Boubeya[1066].

1060 Ibid.

1061 Ibid.

1062 Ibid.

1063 Ibid.

1064 Ibid.

1065 Ibid.

1066 Ibid.

Pour ce qui est de l'Union européenne, elle s'engage, pour toute mission d'observation électorale qu'elle déploie dans un pays tiers qui l'invite :

- à communiquer, au Gouvernement du pays hôte, le nombre et l'identité d'observateurs qu'elle envisage déployer[1067] ;

- au respect par ses observateurs, de la législation du pays hôte de la MOE UE[1068] ;

- à une stricte impartialité, objectivité et indépendance de la MOE UE et de ses membres[1069], en application du Code de conduite pour les observateurs européens [supra] et conformément à la Déclaration de principes pour l'observation internationale d'élections de 2005 et son Code de conduite [supra] ;

- à désigner un Chef observateur et un adjoint[1070], « les seuls habilités à faire des déclarations ou des commentaires publics sur le processus électoral au nom de la MOE EU, pendant toute la durée de la mission », conformément au Manuel d'observation électorale de l'Union européenne [supra] ;

- à faire une déclaration préliminaire, une fois les résultats nationaux rendus publics, dont un exemplaire doit être remis au Gouvernement[1071] ;

- à faire un rapport final, quelques semaines après la proclamation des résultats définitifs, une fois le contentieux électoral, éventuel, vidé par la juridiction nationale compétente[1072] rapport final, établi conformément aux exigences du Manuel de l'Union européenne pour l'observation électorale [supra].

En effet, en application de ce Manuel européen d'observation électorale, le rapport final doit, en plus du constat, donner lieu à des recommandations de nature à aider à améliorer le système électoral du pays hôte et à une meilleure promotion et protection des Droits de l'Homme et de l'État de droit[1073], avec possibilité d'une assistance multiforme de l'UE et, dans tous les cas, sous le contrôle européen, en vertu, pour l'Afrique subsaharienne, de la conditionnalité politique de l'Accord de Cotonou [supra], sauvegardée dans les APE [supra] et, pour le Maghreb, en application de la conditionnalité

1067 Ibid.
1068 Ibid.
1069 Ibid.
1070 Ibid.
1071 Ibid.
1072 Ibid.
1073 Manuel d'observation électorale de l'Union européenne, op.cit.

politique des Accords Euro-méditerranéens d'Association (AA), conclus dans le cadre de la Politique européenne de voisinage, la PEV supra.

Ce suivi et ce contrôle européens font l'objet des procédures, dont la légitimité internationale s'en trouve renforcée, du dialogue politique permanent supra ou de sa version dite dialogue politique intensifié supra et, éventuellement, des consultations supra ainsi que, si besoin, des mesures appropriées ou sanctions, pour pousser à la concrétisation des recommandations.

Après cet accord UE-Gouvernement hôte, engageant, pleinement et réciproquement, d'une part l'UE, ses institutions, ses organes et ses États membres et, d'autre part, l'État hôte et toutes ses institutions et administrations, il est aussi signé un autre accord, celui entre l'UE et l'organisme électoral national.

Dans cet accord engageant cet organisme électoral et tous ses démembrements, ainsi que, réciproquement, l'UE, ses institutions, ses organes et ses États membres, les deux premiers considérants font référence à la note d'invitation adressée à l'UE par l'État hôte, en l'espèce, la note du Gabon, d'invitation de l'UE, datée du 10 mars 2016, pour la présidentielle du 27 août 2016, et portant le n° 332/MIDSHP/CABM[1074], tel qu'on peut la lire sur le site du Service européen pour l'action extérieure (SEAE).

Y sont également mentionnées les références de la réponse d'acceptation européenne, par note du 23 mai 2016[1075] ; le 3e considérant étant une référence à l'accord État hôte-UE[1076].

Dans tout accord entre l'UE et l'organisme électoral du pays hôte, en dehors des garanties de sécurité et de visas, qui sont exclusivement données par le Gouvernement, l'organisme électoral s'engage au libre accès des observateurs électoraux à tous les niveaux du processus électoral impliquant cet organisme et ses démembrements[1077].

1074 Accord entre l'UE et la CENAP, présidentielle 2016. eeas.europa.eu, consulté le 29/10/2017.
1075 Ibid.
1076 Ibid.
1077 Ibid.

Cette liberté d'accès est plus accrue, à partir du jour du scrutin, jusqu'au processus post-scrutin, avec un engagement contraignant l'État hôte à la transparence, à tous les niveaux, sans exception, à l'instar du libre accès total, pour lequel le Gouvernement engage toutes les institutions de la République, sur la même période, tel qu'il ressort, en l'espèce, pour la présidentielle gabonaise d'août 2016, des stipulations du paragraphe 9 de l'accord entre l'UE et la Commission électorale nationale autonome et permanente (CENAP)[1078].

Ce libre accès, sans exception, des observateurs UE, aux résultats s'étend jusqu'au moment « de la compilation des voix à tous les niveaux », tel qu'on peut le lire au dernier alinéa dudit paragraphe 9 de l'accord signé, du côté UE, par le chef de la Délégation de l'Union européenne et, du côté gabonais, par le Président de la CENAP, Mr René Aboghé Ella[1079].

C'est ce libre accès illimité à la compilation des voix qui, s'il donne lieu à des stratagèmes divers, au niveau des démembrements locaux, qui est de nature à embarrasser les observateurs internationaux[supra].

Si des tels stratagèmes s'ajoutent, au plan national, au moment de la compilation des voix, au siège de l'organisme électoral, la confusion n'en peut être que plus grande, comme on a pu le constater avec la présidentielle du 8 août 2017 au Kenya, stratagèmes démantelés par la Cour suprême kenyane, mais après le « naufrage » collectif de toutes les MOE internationales[supra].

D'ailleurs, pour le Gabon, l'opacité s'est accentuée au siège de l'organisme électoral, la CENAP et à la Cour constitutionnelle, car le rapport mentionne que la CENAP n'a « pas laissé la MOE [UE] accéder à la phase technique de centralisation des résultats [et que] Les procédures de centralisation [des résultats] ont été sous le seul contrôle du président de la CENAP, excluant de facto les représentants de la majorité et de l'opposition [faute de consensus en plénière] La CENAP a finalement validé le PV final après un vote au niveau de son bureau, avec 4 voix pour et 1 voix contre

1078 Ibid.

1079 Ibid.

[mais sans la présence des 3 représentants de l'opposition qui ont boycotté ce vote] »[1080].

À la Cour constitutionnelle, le rapport final de la Mission d'observation électorale européenne révèle que « La MOE constate que le traitement du contentieux n'a pas permis de rectifier les anomalies observées lors de la phase de consolidation des résultats »[1081], puis elle ajoute : « La MOE regrette l'opacité dans laquelle la procédure contentieuse des résultats a eu lieu [et qu'elle] n' a pas eu accès au processus de recours et de contentieux des résultats provisoires »[1082].

Un tel manque de transparence électorale est une atteinte aux principes démocratiques par l'État hôte qui ouvre droit, à l'Union européenne, à l'encontre de tout État qui lui est lié par l'Accord de Cotonou ou par un APE ou encore par un Accord d'Association, à l'ouverture des procédures de dialogue politique et des consultations [supra].

Il en sera de même en cas des violations des Droits de l'Homme et/ou de l'État de droit ainsi qu'en cas de grave corruption [supra].

Au Gabon, comme le relève le rapport de la MOE UE, à qui l'accès a été refusé à la compilation nationale des voix, aussi bien à la CENAP qu'à la Cour constitutionnelle, à l'occasion de la présidentielle du 27 août 2016, en violant la clause de libre accès à tous les niveaux (sans exception) de la compilation des voix, les autorités gabonaises, qui, pourtant, accusaient un invraisemblable hacker ivoirien, qui aurait inversé, informatiquement, des résultats des PV supports papiers au détriment du Président sortant Mr Ali Bongo Ondimba et au profit du candidat de l'opposition Mr Jean Ping, ont ainsi porté atteinte au Droit international, car leur invocation du droit interne gabonais, pour justifier la violation des accords électoraux bilatéraux, quoique accord ad hoc, est inopposable au Droit international tout en violant la conditionnalité politique de Cotonou.

1080 Rapport final, République Gabonaise, [rendu public le 12 décembre 2016], Élection présidentielle, op.cit.

1081 Ibid.

1082 Ibid.

2 - Une violation d'accords électoraux attentatoire à la conditionnalité politique de Cotonou ou des AA et au Droit international.

Pour toutes les MOE UE déployées dans 65 États[1083] entre 2000 et 2015 et bien plus jusqu'à nos jours, l'Union européenne n'a jamais subi de procès en carence d'impartialité ni de manquement à ses obligations d'objectivité, d'intégrité et d'efficacité, comme allégué par les autorités sortantes gabonaises qui ont refusé d'appliquer les accords conclus, ce qui est une atteinte à la conditionnalité politique de Cotonou (a) et une violation des règles du droit international (b).

a) – Une inapplication gabonaise des accords d'observation électorale justifiant l'activation des procédures de la conditionnalité politique de Cotonou.

Depuis que l'Union européenne a déployé sa première Mission d'observation électorale en 1993, en Russie, et qu'elle s'est dotée d'un Manuel d'observation électorale en 2000, il a fallu attendre l'année 2016 et la présidentielle gabonaise, du 27 août 2016, pour voir l'impartialité des missions d'observation électorale européenne, leur intégrité, leur objectivité et leur efficacité être remises en cause par les dirigeants d'un État hôte d'une MOE UE.

En effet, faisant figure d'exception, tel qu'il est fait mention dans le rapport final européen d'observation de la présidentielle du 27 août 2016 au Gabon, les observateurs de la MOE UE n'ont pas eu le droit d'accès :

- à la compilation des voix, à la Commission provinciale électorale d'une seule des neuf provinces du Gabon, la province du Haut-Ogooué, à l'est du pays [supra] ;
- à la phase de compilation nationale des voix, à la Commission électorale nationale autonome et permanente (CENAP), qui n'a pas organisé la plénière requise [supra] ;
- à la phase ultime de la compilation des voix, à la Cour Constitutionnelle [supra].

[1083] Manuel d'observation électorale de l'Union européenne, op.cit.

Par ailleurs, « La MOE et ses membres ont fait l'objet des menaces. Ils ont été la cible « d'une compagne visant à porter atteinte à [leur] crédibilité [...même par] des déclarations des autorités gabonaises » supra.

Le Gabon est, ainsi, devenu, depuis 2016 supra, le premier pays au monde à mettre en doute l'impartialité, l'objectivité et l'efficacité des observateurs électoraux de l'Union européenne, au bout d'une longue expérience de 23 ans, de pratique des missions d'observation électorale, au cours desquelles la rigueur intellectuelle et morale de l'observation européenne n'a jamais connu une telle atteinte à son honneur et à sa réputation.

Les atteintes à la réputation de la Mission d'observation électorale européenne résultent également des propos du Président sortant Ali Bongo, selon Euronews qui fait état d'une publication de l'Agence France-Presse indiquant : « Bongo s'en est pris à la mission d'observation des élections [de l'Union européenne] jugée trop partiale »[1084] ; avant d'ajouter : « Mercredi matin sur une radio parisienne, Ali Bongo, le président sortant, a à son tour accusé son rival Jean Ping de fraude électorale, Bongo s'en est pris à la mission d'observation des élections jugée trop partiale »[1085].

Les observateurs européens ont par ailleurs, été victimes des menaces et intimidations tel qu'il en ressort dans le rapport final rendu public et remis aux autorités sortantes gabonaises, le 12 décembre 2016 à Libreville[1086].

Cette situation révélatrice des graves carences démocratiques au Gabon a donné lieu à une réaction de la Communauté internationale, notamment de la part de l'Organisation internationale de la Francophonie (OIF), de l'Union européenne, de la France et des États-Unis.

Pour L'OIF, son Secrétaire général, Mme Michael Jean, déclarait : « La situation qui prévaut au Gabon est grave et des plus préoccupante. Nous déplorons déjà des morts et des blessés dans les incidents graves survenus cette nuit [du 31 août 2016] […] » ;[1087] et elle ajoutait : « il est urgent de tout

---

1084 Gabon : Bongo accuse à son tour son rival de fraude électorale, fr.euronews.com, 07/09/2016, consulté le 29/10/2017.
1085 Ibid.
1086 Rapport final. République Gabonaise. Élection présidentielle, op.cit.
1087 Déclaration de la Secrétaire générale sur la situation au Gabon, francophonie.org, 31/08/2016, consulté le 29/10/2017.

mettre en œuvre pour préserver l'intégrité du vote du peuple gabonais [...], n'écarter aucune des voies qui permette de répondre à l'exigence de transparence »[1088].

S'agissant de l'Union européenne, la Haute représentante pour les Affaires, étrangères et la politique de sécurité , Vice-Présidente de la Commission, Mme Federica Mogherini, demandait à la Commission électorale nationale autonome et permanente (CENAP) de publier « des résultats par bureau de vote »[1089] et non de façon globale ; ce que la CENAP refusa par le biais de son Président qui avait opposé le droit interne gabonais au droit international, en l'espèce : les Accords d'observation électorale signés en application de l'Accord de Cotonou et de la Déclaration onusienne, de 2005, sur l'observation internationale d'élections.

En ce qui concerne la France, le Ministre des Affaires étrangères, de l'époque, Mr Jean-Marc Ayrault annonçait : « Les conditions de l'annonce des résultats de l'élection présidentielle au Gabon sont une source de préoccupation. La France réitère son souci de transparence. Nous estimons nécessaire que les résultats de tous les bureaux de vote soient publiés » [...] J'appelle en conséquence toutes les parties à la retenue, afin d'éviter de nouvelles victimes »[1090].

Quant aux États-Unis, le Porte-parole du Département d'État, de l'époque, Mr John Kirby soulignait : « Les élections doivent refléter de manière crédible la volonté du peuple »[1091], puis d'ajouter : « Nous appelons le gouvernement gabonais à publier les résultats de chaque bureau de vote. Cela aidera le peuple et la Communauté internationale, à avoir confiance dans le fait que le décompte des votes annoncé est bien juste »[1092].

En plus de ces demandes de transparence refusées, le recul de la démocratie au Gabon, se traduit, depuis le 31 août 2016 jusqu'à nos jours par des graves violations des Droits de l'Homme, notamment une répression disproportionnée et systématique des manifestants (leaders politiques, de la

---

[1088] Ibid.
[1089] Au Gabon, la victoire d'Ali Bongo déclenche de violentes manifestations, lemonde.fr, 31/08/2016, consulté le 29/10/2017.
[1090] Ibid.
[1091] Ibid.
[1092] Ibid.

société civile, jeunesse, activistes des réseaux sociaux, etc.), arrestations de masse et détentions arbitraires.

À cet égard, Wikipédia citant les médias français, Le Monde et France 24, écrit : « La garde républicaine disperse [...] les manifestants avec des tirs à balles réelles. Au moins 1000 personnes sont arrêtées [...] Le quartier général de Jean Ping est pris d'assaut à l'arme lourde à 1 heure du matin [...] on compte au moins 27 morts et des dizaines de disparus. En violation du droit international, les connexions internet sont coupées totalement [...] puis partiellement rétablies 5 jours plus tard »[1093].

Le pouvoir sortant, avait reconnu les arrestations massives, mais ne reconnaissait que 3 morts, selon le Média français, le Figaro qui cite le Ministre gabonais de l'Intérieur, de l'époque, en ces termes : « [Le] Ministre de l'Intérieur annonçait un millier d'interpellations [...] »[1094].

Citant Mr René Ndemezo Obiang, ancien Ministre et actuel Président du Conseil économique et social, après avoir rejoint le pouvoir sortant, mais à l'époque Directeur de campagne du candidat élu de l'opposition, Mr Jean Ping, le média français RFI retranscrit son propos suivant : « Le Colonel Makita [retraité] qui est un responsable de notre sécurité, a été appréhendé à son domicile avec son épouse. Et son épouse a été relaxée à peu près une heure et demie après. Depuis lors, nous n'avons aucune nouvelle de lui. Nous avons fait l'ensemble des endroits où nous pensions qu'il pouvait être détenu, Cédoc, le camp Roux [Gendarmerie de recherche], la brigade de gendarmerie de Gros-Bouquet et nous n'avons eu aucune trace de lui [...]. En fait l'arrestation du Colonel Makita, s'inscrit dans la droite ligne de tous les actes que le pouvoir pose en ce moment [et] qui sont du domaine de l'arbitraire pur et simple. Tout ce qui est contraire à l'État de droit »[1095].

Citant Mr Jean Ping, le candidat de l'opposition élu, Euronews, se référant à un autre média français, Cnews, écrit : « Pour Jean Ping, le bilan des violences électorales s'élève à '' entre 50 et 100 morts'' »[1096].

[1093] L'élection présidentielle gabonaise de 2016. wikipedia.com, consulté le 29/10/2017.
[1094] Violences, arrestations : le Gabon toujours sous tension, lefigaro.fr, 31/08/2016.
[1095] Présidentielle au Gabon : pouvoir et opposition s'accusent de tentative d'intimidation, rfi.fr, 16/09/2016.
[1096] Gabon : Bongo accuse à son tour son rival de fraude électorale, op.cit.

Cette grave dégradation de la situation des Droits de l'Homme et de la démocratie ainsi que de l'État de droit au Gabon, étant contraire aux engagements pris dans le cadre de la conditionnalité politique de Cotonou, l'Union européenne a déclenché la procédure de contrôle externalisé de ces valeurs démocratiques en vue de leur respect. À cette fin, la procédure de dialogue politique intensifié prévue par l'Annexe VII de l'Accord de Cotonou supra, est en œuvre, depuis 2016, entre l'Union européenne et le Gabon.

C'est dans le cadre de ce dialogue politique intensifié, que s'est tenue la session sur la situation des Droits de l'Homme, le 17 octobre 2017 et qui a donné lieu à un communiqué de presse de la part de l'Union européenne, le lendemain 18 octobre et dans lequel « l'UE a insisté de nouveau sur la nécessité et l'importance de faire toute la lumière sur les violences postélectorales de 2016, passage obligé afin de rétablir la réconciliation entre tous les Gabonais et de garantir la stabilité durable du système démocratique. Également l'UE a réitéré son appel et appui à l'organisation d'une enquête indépendante portant sur ces faits […] L'UE espère poursuivre prochainement le dialogue politique intensifié sur la thématique clef des droits de l'Homme et des libertés fondamentales, y compris la légalité et les normes régionales et internationales en matière de détentions et arrestations, le droit à un procès équitable et les conditionnements d'emprisonnement »[1097].

En violation des engagements pris dans l'Accord de Cotonou et du droit international, le Gouvernement sortant gabonais ripostait, le 19/10/2017 par 2 propos se contredisant, dans une déclaration du Porte-parole, en ces termes : « Le Gabon considère […] que les actes du Dialogue politique entre le pouvoir et l'opposition ont posé les bases de la consolidation d'un climat politique apaisé. Toute injonction extérieure qui ne serait pas susceptible de favoriser cet objectif n'est pas acceptable. […] Le Gabon attache le prix au dialogue politique intensifié avec l'Union européenne. Au cours des prochaines sessions de ce dialogue, toute déclaration tendancieuse et non

[1097] Dialogue politique Intensifié Gabon-Union européenne : Session sur la situation des droits de l'Homme, 17 octobre 2017. eeas.europa.eu, 19/10/2017, consulté le 29/10/2017.

corroborée ne sera pas de nature à créer les conditions d'une discussion ouverte et constructive »[1098].

Ce dialogue politique intensifié ayant été institué, par l'article 8 de l'Accord de Cotonou qui renvoie à l'Annexe VII dudit accord, pour éviter d'enclencher la procédure particulièrement contraignante des consultations de l'article 96 du même Accord de Cotonou, toute mauvaise foi est de nature à opter à tout moment pour ces consultations qui ouvrent droit, en cas d'insuccès, aux mesures appropriées pouvant donner lieu soit à une suspension de tout ou partie de l'accord au détriment du Gabon, soit des mesures particulières ou sanctions intelligentes contre des groupes de personnes ou des individus, dont il est notoirement établi qu'elles ont un lien avec le recul démocratique gabonais amorcé depuis fin août 2016 ; ces violations des Droits de l'Homme ainsi que d'accords bilatéraux étant par ailleurs des graves atteintes au droit international.

b) – Une inapplication d'accords électoraux constitutive d'une atteinte au Droit international.

Les menaces et intimidations, ainsi que le dénigrement, contre les observateurs électoraux européens, sont une carence, en bonne foi, de la part des autorités gabonaises sortantes ainsi qu'une atteinte aux Droits de l'Homme, qui est aggravée par la mise sous écoute extrajudiciaire des invités électoraux par l'État hôte d'une Mission internationale d'observation d'élection. L'inapplication de la clause « libre accès à tous les niveaux de la compilation des voix » ainsi que l'invocation du droit interne, pour justifier cette non-application d'un engagement international, sont des atteintes au droit international, notamment une violation de la Convention de Vienne de 1969 sur le droit des traités.

En effet, les menaces et intimidations ainsi que les révélations relatives, à la mise sur écoute, extrajudiciaire, par les autorités d'un État hôte d'une MOE, des conversations téléphoniques des observateurs électoraux européens, non seulement elles portent atteinte aux droits fondamentaux desdits observateurs, tel qu'ils sont universellement reconnus et protégés notamment par la Déclaration universelle des droits de l'homme de 1948

[1098] Dialogue politique Gabon-Union européenne : La mise au point du gouvernement, news.alibreville.com, 21/10/2017, consulté le 29/10/2017.

(DUDH)[1099] et par le Pacte international relatif aux droits civils et politiques[1100], affectent aussi le principe sacré, de la bonne foi , en violant la règle « Pacta sunt servanda », de l'article 26 de la Convention de Vienne de 1969, sur le droit des traités. La règle « Pacta sunt servanda » signifie que « Tout traité en vigueur lie les parties et doit être exécuté par elles de bonne foi »[1101].

En ce qui concerne la Déclaration universelle des droits de l'homme de 1948 (DUDH), elle interdit, en son article 12, toute « immixtion arbitraire dans [la] vie privée [… ou dans] la correspondance » ainsi que les « atteintes à l'honneur et à la réputation » de tout individu[1102].

Cette double interdiction de l'immixtion arbitraire dans la vie privée d'autrui ainsi que des atteintes à l'honneur et à la réputation, est reprise à l'article 17 du Pacte international relatif aux droits civils et politiques, de 1966[1103].

Par ailleurs, en invoquant le droit interne gabonais, pour justifier le refus de la présence d' observateurs internationaux aux étapes de la compilation des voix, ou décompte transparent des votes, non seulement la CENAP gabonaise viole l'accord qu'elle a signé avec l'UE [supra], mais aussi, cette

---

1099 La Déclaration universelle des droits de l'Homme, adoptée par les 58 Etats membres de l'ONU, à l'époque, est le fruit de la résolution 217(III) A de l'Assemblée générale des Nations Unies, réunie le 10 décembre 1948 au palais de Chaillot, à Paris, en France. Il s'agit des droits fondamentaux universellement reconnus à toute personne humaine.

Source : La Déclaration universelle des droits de l'Homme, un.org, consulté le 10/11/2017.

1100 Le Pacte international relatif aux droits civils et politiques, conclu à New York, aux Etats-Unis d'Amérique, le 16 décembre 1966, a été ouvert à la signature le 19 décembre 1966 et est entré en vigueur presque dix ans plus tard le 23 mars 1976 (sauf l'article 41 relatif au Comité des droits de l'homme composé d'experts indépendants, entré en vigueur le 28 mars 1979). Ce pacte est ratifié par tous les pays africains sauf les Comores qui sont demeurés au stade de la simple signature. Une seule grande puissance l'a signé sans le ratifier, la République Populaire de Chine.

Source : CHAPITRE IV, DROITS DE L'HOMME. Pacte international relatif aux droits civils et politiques, 16/12/1966, treaties.un.org, consulté le 10/11/2017.

1101 Convention de Vienne sur le droit des traités, op.cit.

1102 Déclaration universelle des droits de l'homme de 1948, op.cit.

1103 Pacte international relatif aux droits civils et politiques, op.cit.

dernière et la Cour Constitutionnelle gabonaise violent, ensemble, l'accord d'observation électorale par lequel le Gouvernement gabonais engage toutes les institutions du pays [supra].

La Cour constitutionnelle et la CENAP ont également violé les stipulations de l'article 26 de la Convention de Vienne sur le droit des traités, faute d'avoir respecté et d'avoir exécuté, de bonne foi, les accords électoraux[1104].

Les deux organismes ont, par ailleurs, violé l'article 27 de la Convention de Vienne, qui pose la règle de l'inopposabilité du droit interne à une norme de droit international[1105], celle-ci ayant primauté sur celui-là, tel que formulé en ces termes : « Une partie ne peut invoquer les dispositions de son droit interne comme justifiant la non-exécution d'un traité »[1106].

La Convention de Vienne sur le droit des traités de 1969 n'a fait que codifier, par cet article 27, une coutume internationale qui avait permis à la Cour permanente de justice internationale (CPJI), dans son avis du 31 juillet 1930, d'indiquer : « Les dispositions d'une loi interne ne sauraient prévaloir sur celles du traité »[1107], dans l'affaire « communautés » gréco-bulgares.

Il arrive souvent que des États ayant violé les clauses d'un traité, cherchent à échapper aux procédures de consultations ou à celles de dialogue politique ou encore imaginent se mettre à l'abri de mesures appropriées ou de sanctions internationales, en se retirant de l'accord violé comme le fait le Burundi face au Statut de Rome de 1998 entré en vigueur en 2002 et instituant la Cour pénale internationale (CPI).

Mais, une telle fuite en avant ne peut prospérer, car il est établi, à la lecture combinée des stipulations de l'article 70 -1 b et 72 – 1 b de la Convention de Vienne sur le droit des traités de 1969, portant respectivement sur l'extinction d'un traité et sur la suspension d'un traité, que les engagements pris dans le cadre d'un accord avant son extinction ou

---

[1104] Convention de Vienne sur le droit des traités, op.cit.
[1105] Ibid.
[1106] Ibid.
[1107] Convention de Vienne sur le droit des traités, op.cit.

avant sa suspension, obligent les parties à s'en acquitter au risque d'engager leur responsabilité internationale[1108].

En l'espèce, lorsque l'Union européenne achève une Mission d'observation électorale, elle est tenue de produire le rapport final et de suivre la mise en œuvre des recommandations qui y sont contenues, l'État hôte de la Mission d'observation électorale étant obligé de concrétiser lesdites recommandations et d'accueillir, à cet effet, les Missions de suivi électoral de l'Union européenne, comme ce fut le cas, en 2014, en République démocratique du Congo [supra]. C'est également le cas actuellement, avec le dialogue politique intensifié Union européenne - Gabon, pour s'assurer de la mise en œuvre des 23 recommandations du rapport de la MOE UE de l'observateur en chef, Mme Mariya Gabriel [supra].

Même dans un domaine particulièrement interniste comme le droit pénal, si un État partie au deuxième Protocole facultatif, se rapportant au Pacte international relatif aux droits civils et politiques, visant à abolir la peine de mort de 1989[1109], n'a pas encore abrogé ladite incrimination de son Code pénal, comme le Gabon qui maintient les articles notamment 10 à 12 du Code pénal[1110], faute de transposition diligente, le juge national doit faire prévaloir, l'article premier du Protocole facultatif qui stipule : « Aucune personne relevant de la juridiction d'un État partie au présent Protocole ne sera exécutée »[1111].

À son alinéa 2, l'article premier du Protocole ajoute : « Chaque État partie prendra toutes les mesures voulues pour abolir la peine de mort dans le ressort de sa juridiction »[1112].

En l'espèce, en dépit de la volonté gabonaise de ne pas abolir ou de tarder à abolir la peine de mort dans son droit interne, la Cour constitutionnelle gabonaise ayant bloqué les ordonnances de révision de la législation pénale

---

1108 Ibid.

1109 Deuxième Protocole adopté par l'AGNU dans sa résolution 450/128 du 15 avril 1989, ohchr.org, consulté le 17/09/2017.

1110 Code pénal du Gabon, loi n°21/63 du 31 mai 1963, Direction des publications officielles, ed.2007.

1111 Deuxième Protocole facultatif se rapportant au Pacte international relatif aux droits civils et politiques, visant à abolir la peine de mort, adopté par la résolution 44/128, du 15 décembre 1989 de l'Assemblée générale des Nations unies, ohchr.org, consulté le 17/09/2017.

1112 Ibid.

en 2015[1113], la primauté du droit international frappe de caducité les articles 10 à 12 et autres subsistant dans le Code pénal gabonais, car le Gabon est partie au Protocole facultatif.

Cette primauté du droit international sur le droit interne, est manifeste même s'agissant d'une norme internationale dont un État est signataire, mais qui n'est pas encore en vigueur dans son territoire, faute de ratification, ou qui n'est pas encore entrée en vigueur de façon générale, au regard du nombre d'instruments d'adhésion ou de ratification, préconisés dans l'accord.

En effet, il incombe, à tout État ou à tout autre sujet de droit international, signataire d'une norme internationale, une obligation convenue à l'article 18 de la Convention de Vienne sur le droit des traités de 1969, « de s'abstenir d'actes qui priveraient un traité de son objet et de son but avant son entrée en vigueur »[1114].

[1113] En août 2015 le Gouvernement gabonais a adopté 3 ordonnances dont l'une, créant une juridiction chargée spécialement de la répression pénale de la délinquance financière et économique, devenue endémique et généralisée au Gabon. La deuxième ordonnance arrimait le Code pénal gabonais aux standards internationaux avec des nouvelles incriminations portant sur le blanchissement d'argent, la transposition en droit interne des incriminations du droit pénal des affaires OHADA, la criminalité organisée transfrontalière, la piraterie maritime, la cybercriminalité, les actes terroristes et le financement du terrorisme. La troisième ordonnance portait sur le Code de procédure pénale pour élargir le champ de compétence des autorités de poursuite, instituer des procédures spécifiques au nouveau défi sécuritaire et, abroger l'article 513 inséré dans le CPP en 2010 pour faire échapper à toute poursuite judiciaire, par une sorte d'immunité procédurale, les forces de sécurité et de défense, pour toute infraction qu'elles peuvent commettre dans la vie publique comme dans la vie privée. Mais sur saisine du Barreau gabonais, or délai de recours fixé à un mois par l'article 35 alinéa 3 de la loi organique sur la Cour constitutionnelle, cette dernière a ignoré cette forclusion en se permettant une décision au fond qui a censuré la création de la juridiction chargée de la répression de la délinquance financière et économique, au motif qu'il aurait fallu créer cette juridiction dans une loi organique dont le projet préalablement introduit au Conseil d'Etat, y était retenu de façon curieuse depuis plusieurs mois. Quant aux ordonnances sur le Code pénal et le Code de procédure pénale, dont la Cour constitutionnelle avait été saisie, par le Gouvernement, pour avis de vérification de leur conformité à la Constitution. Mais ladite Cour, faute d'arguments de fond, a organisé un dilatoire pour constater, non plus par un avis, mais par une décision prise, hors délai de 30 jours en violation du dernier alinéa de l'article 36 de la loi organique susmentionnée, que les deux ordonnances étaient frappées de caducité faute de leur ratification par le Parlement, à l'occasion de la deuxième session parlementaire ordinaire qui s'achevait en fin décembre 2015.

[1114] Convention de Vienne sur le droit des traités, op.cit.

C'est en vertu de cet article 18 que la Cour de Justice des Communautés européennes (CJCE), dans l'affaire T-115/94, Opel Austria, avait jugé, le 22 janvier 1997, que « la signature du traité fait naître dans le chef de ses bénéficiaires une anticipation légitime de respect du traité par l'État signataire avant que le traité ne lie formellement cet État »[1115].

En l'espèce, le Gabon étant signataire de la Charte africaine de la démocratie, des élections et de la gouvernance, depuis 2010 sans l'avoir ratifié, est toutefois obligé de s'abstenir de tout comportement vidant de son but cet instrument de promotion et de sauvegarde de la démocratie promu par l'Union africaine et qui est en vigueur depuis 2012 [infra]. Le comportement gabonais depuis la présidentielle du 27 août 2016 est ainsi une violation du Droit de l'Union africaine tout en violant le Droit des traités.

Au-delà de l'inopposabilité du droit interne au droit international, la Constitution gabonaise, qui a été invoquée pour justifier la violation des accords électoraux UE-Gouvernement et UE-organisme électoral (CENAP), permet, en elle-même, de satisfaire la demande africaine, européenne, internationale et du peuple gabonais, pour un décompte transparent ou compilation de voix sur la base des procès-verbaux de chaque bureau de vote ou une proclamation nationale des résultats finaux, bureau de vote par bureau de vote.

En effet, le Préambule de la Constitution gabonaise, en son alinéa 2, fait volontairement référence à plusieurs textes internationaux comme la Déclaration universelle des droits de l'homme de 1948 [supra] et la Convention africaine des droits de l'homme et des peuples de 1981 [infra].

Le même préambule, y ajoute, comme autre référence, un texte français, à vocation universelle, la Déclaration des droits de l'homme et du citoyen de 1789.

Le préambule de la Constitution et toutes ses références constituent ce qu'on appelle un bloc de constitutionnalité. Ce bloc de constitutionnalité a valeur constitutionnelle.

Cette valeur constitutionnelle est ainsi conférée, par le Constituant gabonais, entre autres, à l'ensemble des dispositions de la Déclaration

---

[1115] Ibid.

(française) des droits de l'homme et du citoyen de 1789, qui dispose, en son article 5 alinéa 2 : « Tout ce qui n'est pas défendu par la loi ne peut être empêché... »[1116].

Par cette disposition, le décompte transparent ou compilation des voix devant témoins, n'étant pas expressément interdit par une quelconque loi gabonaise, son refus par les autorités sortantes du Gabon, opposé aux demandes, en ce sens, des quatre groupes d'observateurs internationaux (UE, UA, OIF et NDI), ainsi que du peuple gabonais et de la Communauté internationale, n'a aucun fondement juridique.

D'ailleurs, aucune loi ne peut interdire une telle procédure de transparence, sans violer la Constitution dont le bloc de constitutionnalité limite, expressément, le champ d'intervention du législateur à l'alinéa premier du même article 5 sus-cité de la Déclaration (française) des droits de l'homme et du citoyen de 1789, en ces termes : « La loi n'a le droit de défendre que ce qui est nuisible à la société »[1117].

Or, le décompte transparent des voix est, à juste titre, demandé, pour éviter qu'une annonce cavalière des résultats, qui n'ont pas fait l'objet d'une préalable délibération en séance plénière de la CENAP, ne soit pas un motif de nuisance à la société gabonaise, en plongeant le peuple gabonais dans une crise violente comme on a pu le vérifier, pour le déplorer, depuis la nuit de la publication des résultats, par le Ministre en charge de l'Intérieur, le 31 août 2016 ; le Gabon étant, depuis lors, plongé dans une crise, sans précédent, de l'histoire généralement pacifique, de ce pays d'Afrique centrale.

Le cas d'espèce du Gabon illustre toute la difficulté pour l'Union européenne à contribuer à la démocratisation de l'Afrique pour la paix dans ce continent et pour son développement inclusif ou prospérité pour tous ainsi que pour la sécurité et la stabilité de l'Europe de plus en plus victime des conséquences de la mal-gouvernance dans plusieurs États africains.

Pour réfuter le regard européen dans les processus de démocratisation de l'Afrique, le principe de souveraineté nationale et ses corolaires, la non-ingérence et la non-intervention, sont souvent mis en épouvantail en faisant

---

[1116] Constitution de la République gabonaise. Textes, commentaires, doctrine, jurisprudence 2ème édition. Cour constitutionnelle, 12 janvier 2011, 329 p.
[1117] Ibid.

usage des discours d'instrumentalisation de l'opinion nationale et internationale pour des desseins pourtant autres que l'intérêt national là où l'Union européenne veut aider chaque peuple à jouir pleinement de tous ses droits de façon indivisible et d'exercer pleinement sa souveraineté en choisissant librement ses dirigeants et en contrôlant leur gouvernance. Toutefois, l'Union africaine s'étant appropriée les valeurs démocratiques, telles qu'elles sont promues par l'Union européenne, en se dotant d'une Architecture de gouvernance composée d'ambitieuses Chartes sur les Droits de l'Homme, la démocratie et les élections, la décentralisation et la gouvernance locale ainsi que sur les valeurs et principes de l'administration et du service public, il y a un changement de paradigme qui s'opère et qui est de nature à être capitalisé pour accélérer les objectifs de l'UA d'unification africaine par les valeurs à partager et règles communes, dans un contexte de coexistence avec un partenariat alternatif, le Forum de coopération Sino-africaine.

Bilan – conclusion première partie.

Pour atteindre l'objectif de paix par le développement de l'Afrique, l'Union européenne a conclu avec les États africains, la Convention de Yaoundé I en 1963 puis de Yaoundé II de 1969, pour continuer, au bénéfice de 18 nouveaux États indépendants, la coopération économique et commerciale qui était régie, avant les indépendances, par le Traité CEE de Rome, de 1957[supra].

Cette coopération était caractérisée par un libre-échange préférentiel, soutenu par une aide au développement financée par le Fonds européen de développement, le FED[supra].

Mais, constatant que le décollage économique du continent africain tardait et que des conflits violents intra-étatiques se multipliaient, l'UE décida, unilatéralement, un système des préférences tarifaires généralisées (SPG) qui va être intégré dans la Convention de Lomé I (1975), au bénéfice de l'Afrique, désormais rejointe par les États des Caraïbes et Pacifique, pour l'espace ACP coopérant avec l'espace CEE (UE)[supra].

Ces SPG ACP-UE non seulement donnent droit un libre accès des exportations ACP en UE, c'est-à-dire sans droits de douane, sans réciprocité, mais aussi cette asymétrie était assortie d'une discrimination, dérogatoire aux règles du GATT puis de l'OMC, car lesdits SPG ACP-UE, étaient plus généreux que ceux accordés par l'UE aux États tiers ACP[supra].

Ces préférences tarifaires asymétriques et discriminatoires, ainsi que le FED, vont demeurer, par la suite, au cœur des Conventions de Lomé II (1979) et Lomé III (1984)[supra].

Mais, la conflictualité se « capilarise » en Afrique en même temps que la pauvreté s'aggrave. Le constat est fait que l'objectif de paix par le développement a un résultat mitigé.

Il est alors envisagé que la coopération économique ainsi que l'aide au développement, de l'UE aux ACP puisse aussi assurer la promotion du respect des Droits de l'Homme[supra].

Les Droits de l'Homme vont alors faire l'objet d'une clause dans la Convention de Lomé IV (1990)[supra].

Néanmoins, la clause Droits de l'Homme n'a pas un caractère contraignant dans Lomé IV, car il s'agit d'une clause élément fondamental et non pas élément essentiel, au sens du Droit des traités[supra]. Elle ne peut donc pas être invoquée par un État membre des ACP ou par l'UE pour suspendre la Convention de Lomé IV en cas des violations des Droits de l'Homme, ni permettre d'obliger un autre État membre à les respecter et/ou à les promouvoir[supra].

Consciente que c'est par le respect des Droits de l'Homme et par la démocratisation que la construction européenne a pu pacifier l'Europe et que la sécurité durable de celle-ci est tributaire de l'externalisation de la démocratie au nom de la théorie de la paix démocratique[supra], l'UE obtient que la Convention de Lomé IV bis (1995), puisse promouvoir, de façon contraignante, les Droits de l'Homme, les principes démocratiques et l'État de droit, en faisant adopter une clause élevant ces 3 valeurs démocratiques au rang de clause élément essentiel[supra]. Cette clause élément essentiel légalisa, au passage, les sanctions européennes de 1992 et 1993, contre le Togo du régime du Général Etienne Eyadema Gnassingbé, pour violations des Droits de l'Homme et déficits démocratiques[supra].

Dans la même période, avec la Tunisie, l'UE conclut, avant Lomé IV bis, l'Accord Euro-méditerranéen d'Association (AA) dans le cadre de sa politique de voisinage, le tout premier accord UE avec l'Afrique, faisant des Droits de l'Homme, une clause élément essentiel[supra]. Elle le fit, par la suite, dans les AA avec le Maroc, avec l'Algérie et avec l'Égypte[supra].

Les 3 valeurs vont davantage être promues par l'Accord de Cotonou (2000) qui les maintient au rang d'éléments essentiels, fait de la bonne gestion des affaires publiques, une valeur de rang élément fondamental, précise les termes et modalités des consultations ainsi que des sanctions comme conséquence de l'échec des consultations[supra]. L'Accord de Cotonou précise que ces consultations peuvent, toutefois, être évitées, en engageant un dialogue politique intensifié[supra].

Ce sont ces termes et modalités de promotion de ces 4 valeurs qui constituent la conditionnalité politique de Cotonou ou ensemble des conditions politiques à respecter, par tout État partie, pour bénéficier du FED et des SPG généreux [supra].

Mais, au moment de la négociation de l'Accord de Cotonou, l'UE et les ACP, se souvenant que la dérogation de l'OMC, ayant accordé des SPG discriminatoires, au regard de la clause de la nation la plus favorisée, devrait expirer en cours dudit Accord de Cotonou, une clause rendez-vous est adoptée, engageant les parties à négocier et à conclure des accords de libre-échange [supra], les nouveaux Accords de partenariat économique, les APE établissant un libre-échange graduel [supra], UE avec l'Afrique de l'Ouest ; UE avec l'Afrique de l'Est ; UE avec l'Afrique australe ainsi que celui , UE avec le Cameroun, pour l'Afrique centrale qui peine à s'accorder avec l'UE [supra].

Aussi, l'Algérie, l'Égypte, le Maroc et la Tunisie, sont, chacun, en cours de négociation, avec l'UE, d'un Accord de libre-échange complet et approfondi (ALECA) [supra].

Si les APE ont sauvegardé la conditionnalité politique de Cotonou, [supra] l'on est porté à croire qu'il en sera ainsi pour les ALECA, en transposant la conditionnalité politique des AA, car l'UE est tenue, par sa doctrine et par son régime juridique interne, d'externaliser les valeurs démocratiques, pour le développement durable et inclusif ainsi que pour la paix par la démocratisation [supra].

D'ailleurs, l'UE, coopérant avec l'ensemble des États africains, dans le cadre de la Stratégie commune, dite Stratégie de Lisbonne [supra], le tout dernier Sommet UE-UA, d'Abidjan, en Côte d'Ivoire, en novembre 2017 [supra], a assorti les 11 programmes phares [supra], à caractère économique et social, de 8 programmes phares à caractère politique et sécuritaire [supra], pour arrimer, ladite Stratégie commune aux nouveaux défis mondiaux et en renforçant le FED par le FEDD [supra].

Cette évolution est faite dans un contexte UE-Afrique marqué par la confirmation de la théorie de la paix kantienne, au regard des déficits démocratiques africains qui génèrent une immigration ressentie comme invasive et un terrorisme vascularisé ; deux fléaux qui menacent la sécurité et la stabilité de l'Union européenne ainsi que la sécurité internationale [supra].

C'est dans ce cadrage régi par l'Accord de Cotonou, par les Accords d'Association Euro-méditerranéens et par la Stratégie commune Afrique-

UE, que l'Union européenne inspire et assiste l'Afrique, pour une appropriation des valeurs démocratiques, aux fins de la paix durable et d'un développement inclusif en Afrique ainsi que pour la stabilité et la prospérité de l'Europe [supra].

Aussi, en application de ce cadre de coopération, les aspects politiques, objet du dialogue politique et des consultations, sont renforcés par l'assistance et l'observation électorale européenne, pour crédibiliser les processus électoraux en Afrique, tel que l'UE le fait, par ailleurs, dans tous les continents, ainsi que pour prévenir des conflits électoraux et postélectoraux violents et les alternatives antidémocratiques [supra].

Cet accompagnement des processus électoraux, par l'UE, dans les États qui la sollicite, en Afrique et ailleurs, est mené conformément aux exigences d'intégrité, d'impartialité et d'expertise, incombant aux membres d'une MOE, tel que régi par le Manuel d'observation électorale de l'UE, pour garantir une efficacité jamais démentie, depuis 1993 [supra] jusqu'en 2016, dans plus de 65 pays en Afrique, en Asie et en Amérique [supra].

Mais, depuis août 2016, l'UE est confrontée à l'exception Gabon, où elle est victime d'un procès en impartialité et s'est vue refuser l'application des accords bilatéraux d'observation électorale, en violation du Droit international [supra] et de la Déclaration onusienne d'observation internationale d'élections [supra], ainsi qu'en violation de l'Accord de Cotonou [supra] et en vidant ,de son contenu et se son but, la Charte africaine de la démocratie, des élections et de la gouvernance, dont le Gabon est signataire [infra].

Eu égard à cette défiance gabonaise à l'UE, à l'UA et à la communauté internationale, l'on peut alors se poser la question de savoir, au bout de 18 ans de promotion notamment de la conditionnalité politique de Cotonou, quels étaient les résultats de l'objectif de paix par la démocratisation de l'Afrique ?

Les statisticiens peuvent, sur la base des critères précis, évaluer la situation sur le Continent africain, et dresser un classement.

Faute d'être spécialiste en statistiques, la présente grille de lecture, envisage de répondre à cette question en mettant en exergue les importants progrès réalisés par l'Union africaine, pour se doter, avec le concours de l'UE, d'une ambitieuse Architecture africaine de gouvernance, obligeant, de façon contraignante, à des réformes constitutionnelles, législatives et réglementaires, dans chaque État partie, sous l'accompagnement et le contrôle externalisé à l'UA, pour une appropriation des valeurs démocratiques sur tout le continent, aux fins d'une unification africaine par les valeurs à partager et règles communes et, ainsi, parvenir à un développement inclusif et à une paix durable.

Une ambition d'une telle ampleur, portée par l'UA, requiert de se poser la question de savoir si elle dispose des moyens de sa politique pour une adhésion à cette Architecture et sa mise en œuvre effective, par tous les États africains ?

Pour y répondre, il est nécessaire de contextualiser, pour constater que, dès le renforcement de la conditionnalité politique UE-ACP, avec l'Accord de Cotonou en 2000, la même année, il a été immédiatement lancé le Forum de coopération Sino-africaine, qui s'oppose aux partenariats promouvant les Droits de l'Homme de façon obligatoire [infra].

Cette posture alternative du Forum de coopération Sino-africaine, quoique appuyée par de Plans d'action d'une attractivité inégalée, non seulement n'est pas un gage d'une paix durable ou d'un développement inclusif, mais aussi, fragilise l'UA, dans son processus engagé d'unification africaine par les valeurs à partager et règles communes.

Aussi, en tenant compte de ce contexte, le processus engagé d'unification de l'Afrique par les valeurs, opère un changement de paradigme capitalisable par l'Union africaine comme par l'Union européenne, pour accélérer l'avènement du développement inclusif et de la paix durable même si le caractère alternatif du Forum de coopération Sino-africaine est instrumentalisé par certains États contre cette unification africaine, ladite instrumentalisation paraissant désormais réversible.

Deuxième partie

Une appropriation des valeurs démocratiques par l'UA opérant changement de paradigme capitalisable pour accélérer l'unification africaine par des valeurs et règles communes dans un contexte de coexistence avec le partenariat alternatif Chine-Afrique.

L'action extérieure européenne pour la démocratisation de l'Afrique étant dénoncée par certains régimes non démocratiques africains comme étant une atteinte à leur souveraineté ou une sorte de néo-colonialisme, notamment au moment des processus électoraux opaques, cette perception peut désormais être atténuée si l'Union européenne et l'Union africaine parviennent à capitaliser le changement de paradigme résultant de l'appropriation par cette dernière des valeurs démocratiques (titre premier) ; ce qui limiterait l'impact négationniste de la démocratie et des Droits de l'Homme causé par l'instrumentalisation du caractère alternatif, et pourtant réversible, du Forum de coopération Sino-africaine qui, s'il déploie d'importants plans d'action nécessaires à la croissance économique et au développement de l'Afrique, ledit développement, en l'absence de la démocratisation de la gouvernance africaine, ne garantit pas qu'il soit inclusif et retarderait l'unification africaine par les valeurs à partager et règles communes, alors même que le même partenariat Chine-Afrique assure, de façon contraignante, le principe d'unicité chinoise (titre II).

TITRE PREMIER: Une appropriation des valeurs démocratiques par l'UA opérant un changement de paradigme utilement capitalisable.

L'Union africaine (UA), dans le prolongement de l'Organisation de l'unité africaine (OUA), qu'elle a remplacée, œuvre à la promotion et à la protection ainsi qu'à la consolidation d'une paix durable et d'une stabilité de l'Afrique au moyen notamment d'une Architecture africaine de gouvernance composée de la Charte africaine des droits de l'homme et des peuples, d'une Charte africaine de la démocratie, des élections et de la gouvernance, d'une Charte africaine sur les valeurs du service public et de l'administration ainsi que d'une Charte africaine des valeurs et des principes de la décentralisation, de la gouvernance locale et du développement local.

Si la Charte africaine des droits de l'homme et des peuples assure la promotion desdits droits en les plaçant sous une double protection quasi juridictionnelle et juridictionnelle (chapitre premier), les Chartes africaines consacrant une gouvernance nationale, locale et administrative, vertueuse, obligent à une transposition contrôlée du droit de l'Union africaine s'appropriant les valeurs démocratiques, dans le droit interne de chaque État, pour une unification de l'Afrique par des valeurs à partager et des règles communes (Chapitre II).

Chapitre premier : Une Charte africaine plaçant les Droits de l'Homme sous une double protection continentale.

Conclue à Nairobi, au Kenya, le 18 juin 1981 et entrée en vigueur le 28 octobre 1986, la Charte africaine des droits de l'homme et des peuples, dont l'innovation principale est la définition des devoirs incombant à l'individu vis-à-vis de l'État et d'autres collectivités publiques, en ses articles 27à 29, détermine les droits de l'individu et de chaque peuple dans ses articles 1 à 26 , en reprenant, pour l'essentiel, les droits civils et politiques ainsi que les droits économiques, sociaux et culturels, tels qu'ils sont promus et protégés par le Pacte international sur les droits civils et politiques et par le Pacte international sur les droits économiques, sociaux et culturels, qui ont été adoptés en 1966 [infra], dans le cadre des Nations unies et dans le prolongement de la Déclaration universelle des droits de l'homme de 1948 [infra].

Si l'article 1er engage les parties à assurer la promotion et la protection des droits de l'homme et des peuples, tout en obligeant à des reformes législatives et réglementaires dans chaque État partie, la protection desdits droits est garantie par une quasi-juridiction, la Commission africaine des droits de l'homme et des peuples, la CADHP (section 1) ainsi que par une juridiction continentale, la Cour africaine de justice et des droits de l'homme, la CAJDH (section 2).

Section 1 – Une protection quasi juridictionnelle des Droits de l'Homme assurée par la Commission africaine des droits de l'homme et des peuples.

Instituée au titre des mesures de sauvegarde dans la deuxième partie de la Charte africaine des droits de l'homme et des peuples, la Commission africaine des droits de l'homme et des peuples, la CADHP, pour exercer ses prérogatives, est composée de 11 membres dont les candidatures, à soumettre au vote de la Conférence des chefs d'État et de gouvernement, doivent être, selon l'article 31, des « personnalités africaines jouissant de la plus haute considération, connues pour leur haute moralité, leur intégrité et leur impartialité, et possédant une compétence en matière de droits de l'homme et des peuples, un intérêt particulier devant donné à la participation des personnes ayant une expérience en matière de droit »[1118].

Elus pour un mandat de 6 ans, renouvelable, avec des modulations prévues aux articles 36 et 37, les 11 membres doivent faire une déclaration solennelle en la forme d'un serment particulièrement engageant, tel que stipulé à l'article 38, comme gage d'une impartialité et de la qualité du service à offrir[1119].

Assistée d'un Secrétaire, la « Commission élit son Président et son Vice-Président, pour une période de 2 ans renouvelable » tel que stipulé à l'article 42[1120].

Pour délibérer, il faut un quorum de 7 membres et les délibérations prises à la majorité absolue ; la voix du Président de la Commission étant prépondérante, en cas d'égalité parfaite[1121].

Si elle a des compétences larges comme instrument d'interprétation et d'aide à la décision pour les autres institutions et organes de l'UA et ses États parties, tel que convenu à l'article 45, son pouvoir est renforcé en matière de protection des Droits de l'Homme dont elle peut être saisie par tout État partie et par des particuliers (I) ; ses résolutions, quoique courageuses, n'ont toutefois pas force exécutoire (II).

I – Un large droit de saisine de la Commission africaine des droits de l'homme et des peuples, ouvert aux États et aux particuliers.

La Commission africaine des droits de l'homme et des peuples peut être saisie de cas de violations graves de droits de l'homme par tout État partie ; ce qui est institutif d'un droit à la non-indifférence (A) alors même qu'elle peut recevoir des communications venant directement des particuliers, de la société civile et des ONG (B).

1118 Charte africaine des droits de l'homme et des peuples, achpr.org, consulté le 25 /08/2017.
1119 Ibid.
1120 Ibid.
1121 Ibid.

A – Un droit de non-indifférence autorisant tout État partie à saisir la Commission africaine contre un autre État partie.

Si l'article 47 institue un droit à la non-indifférence, autorisant tout État partie préoccupé par des violations des Droits de l'Homme dans un autre État partie, d'adresser une communication à ce dernier, avec copie au Président de la Commission de l'UA, l'État sollicité doit fournir des explications écrites dans un délai de 3 mois[1122].

Au terme de l'article 48, si au bout de la période de 3 mois, les deux Etats ne sont pas parvenus à une solution satisfaisante, ils ont droit, chacun, de saisir le Président de la Commission africaine des droits de l'homme et des peuples, avec copie à l'autre État intéressé ainsi qu'au Président de la Commission de l'Union africaine[1123].

Par ailleurs, sans préalablement échanger avec l'État partie auteur des violations des stipulations de la Charte, tout autre État est autorisé par l'article 49 de saisir directement la Commission africaine des droits de l'homme et des peuples en adressant une communication à son Président avec copie à l'autre Etat et au Président de la Commission de l'Union africaine[1124].

Enfin, la Commission africaine des droits de l'homme et des peuples, en application de l'article 58, après qu'elle ait attiré l'attention de la Conférence des Chefs d'État de de Gouvernement et/ou le Président en exercice de l'UA, selon les cas, peut être instruite par l'un ou l'autre pour mener un examen approfondi de la situation et rendre compte[1125].

En plus d'être saisi par un Etat ou par la Conférence des Chefs d'État et de Gouvernement ou encore par le Président en exercice de l'UA, la Commission africaine des droits de l'homme et des peuples est implicitement autorisée à être saisie par des particuliers au regard et stipulations de l'article 55.

[1122] Ibid.
[1123] Ibid.
[1124] Ibid.
[1125] Ibid.

B – Un droit de recours individuel renforçant l'importance de la Commission africaine des droits de l'homme.

L'article 55 en son paragraphe 1 stipule : « Avant chaque session le Secrétaire de la Commission dresse la liste des communications autres que celles des États parties [...] et les communique aux membres de la Commission qui peuvent demander à en prendre connaissance et à en saisir la Commission »[1126].

Cette formulation ouvre aux individus le droit d'adresser des communications à la Commission africaine des droits de l'homme et des peuples ; ce qui est un droit de recours individuel même s'il revient aux membres de ladite Commission de la saisir ou pas, au regard des critères de recevabilité fixés à l'article 56.

En effet, la recevabilité des communications par la Commission africaine des droits de l'homme et des peuples est tributaire des exigences des contenus, de compatibilité et de délai.

Relativement au contenu, pour être recevable, toute communication doit « indiquer l'identité de [son] auteur, même si celui-ci demande à la Commission de garder l'anonymat »[1127] ; la commission pouvant garder secret l'auteur de la communication si elle le juge nécessaire. Ce contenu ne doit pas avoir « des termes outrageant ou insultant à l'égard de l'État mis en cause, et ses institutions ou de l'UA »[1128]. Les cas de violations des droits de l'homme invoqués dans la communication doivent être soutenus par des éléments de preuve qui ne doivent pas être « exclusivement des nouvelles diffusées par des moyens de communication de masse »[1129], ni concerner des situations déjà « réglées conformément soit aux principes de la Charte des Nations unies, soit de la Charte de l'Union africaine et soit des dispositions de la Charte [africaine des droits de l'homme et des peuples] »[1130].

Quant aux critères de délai, il faut un préalable épuisement « des recours internes ou depuis la date retenue par la Commission comme faisant commencer à courir le délai de sa propre saisine [sauf s'il est] manifeste à la

---

1126 Ibid.
1127 Ibid.
1128 Ibid.
1129 Ibid.
1130 Ibid.

Commission que la procédure de ce recours se prolonge d'une façon anormale »[1131].

En ce qui concerne la compatibilité, toute communication doit l'être au regard de la Charte de l'Union africaine et de la Charte africaine des droits de l'homme[1132].

Toutefois, le caractère subsidiaire de la compétence de la Commission africaine des droits de l'homme et des peuples, peut être atténué et même ignoré, par la Commission elle-même, en passant outre l'exigence d'épuisement des recours internes « s'il est établi qu'un État a recourt systématiquement aux actes de torture et autres traitements cruels, inhumains ou dégradants »[1133].

Aussi, comme ces critères de recevabilité peuvent dissuader, des victimes ou leur ayant droit à saisir la Commission africaine des Droits de l'Homme et des peuples, il est autorisé pour compenser cette difficulté, qu'elle soit saisissable par la société civile et par les ONG ; ce qui renforce son importance.

En effet, allant au-delà du principe d'avoir un intérêt pour agir, classiquement opposable à tout demandeur, la Charte africaine des droits de l'homme et des peuples n'exige pas l'existence de cet intérêt. Aussi, permet-elle aux associations, notamment les ONG africaines et internationales, de lui adresser des communications sans avoir un intérêt direct ou indirect, à l'instar de la « Convention interaméricaine des droits de l'Homme [dont] l'article 44 offre à toute personne, groupe de personnes ou ONG, la possibilité de soumettre une communication, à son intention »[1134].

Ce droit de droit de recours individuel, en raison de la publicité qu'il occasionne, par le biais notamment de la société civile et des ONG, est de nature à fléchir les autorités d'un État auteur des violations des Droits de l'Homme, même si les courageuses recommandations formulées par cette quasi-juridiction sont dépourvues de force exécutoire et sont essentiellement

---

[1131] Ibid.
[1132] Ibid.
[1133] Ibid.
[1134] Eba Nguema Nisrine : Recevabilité des communications à la Commission africaine des droits de l'Homme des peuples, La revue des Droits de l'Homme, journals.openedition.org, 5/2014, consulté le 25 /08/2017.

confidentielles, puisque cette confidentialité s'en trouve atténuée par leur publication dans le rapport d'activité.

II – Des résolutions courageuses quoique de portée non contraignante de la Commission africaine, participant à la protection des Droits de l'Homme.

La Commission africaine des droits de l'homme et des peuples ne rend pas des décisions. Elle formule des recommandations dans ses résolutions en faisant constater l'existence ou pas des violations des Droits de l'Homme par un État partie, ou des atteintes audits droits par des particuliers et en demandant, le cas échéant, à ce dernier de faire cesser lesdites violations et/ou atteintes et, s'il y a lieu, de réparer tout préjudice causé.

Mais ces résolutions sont courageuses au regard de la pertinence de leurs conclusions et recommandations (A) même si elles ne sont pas contraignantes (B).

A – Des courageuses résolutions de la Commission africaine des droits de l'homme et des peuples, constatant ou pas leur violation et recommandant leur cessation et leur réparation.

La Commission africaine des droits de l'homme et des peuples rend des conclusions courageuses, à l'instar de celles concernant le Soudan en 2011, le Burundi en 2016 et le Gabon également en 2016 ; même si lesdites conclusions sont souvent confidentielles.

En effet, dans ses conclusions portant sur la communication 296/2005[1135], contre l'État du Soudan, au sujet du conflit armé du Darfour, la Commission africaine a recommandé à cet État, non seulement de donner suite, pour violation des droits civils et politiques, individuels protégés par les articles 4 et 5 de la Charte africaine des Droits de l'Homme et des peuples, mais aussi pour violations des droits reconnus aux peuples par la Charte en son article 22[1136].

[1135] 279/03-296/05 : Sudan Human Rights Organisation & Centre on Housing Rights and Evictions (COHRE) / Sudan, achpr.org, 45e Session ordinaire tenue du 13 au 27 mai 2009 à Banjul (Gambie).

[1136] « Sur la base du raisonnement qui précède, la Commission africaine estime que l'État Défendeur, la République du Soudan a violé les articles 1, 4, 5, 6, 7(1), 12(1) et 12(2), 14, 16,

Ces droits reconnus aux peuples sont des droits économiques, sociaux et culturels ; la victime de leur violation par les autorités de Khartoum étant, en l'espèce, le peuple du Darfour.

Étaient ainsi pris en compte comme violations des droits du peuple du Darfour, les attaques et les déplacements forcés des populations de cette région, par les forces de l'État soudanais ; privant ainsi ce peuple de toute possibilité d'activités économiques, d'activités sociales et d'activités culturelles[1137].

Des tels attaques et déplacements forcés, ont été, par ailleurs, estimés, par la Commission africaine, qu'ils ont porté atteinte au droit de bénéficier des activités culturelles, notamment le droit à l'éducation des enfants[1138].

Elle a également conclu que l'article 16 de la Charte relatif au droit à un meilleur état de santé a été, implicitement, violé, du fait de la destruction des habitations, des greniers et des fermes ainsi que du fait de l'empoisonnement des sources de points d'eau[1139].

18(1) et 22 de la Charte africaine. 229. La Commission africaine recommande que l'État Défendeur prenne toutes les mesures nécessaires et urgentes pour assurer la protection des victimes de violations des droits de l'homme dans la région du Darfour : • mener des enquêtes officielles effectives sur les violations commises par les membres des forces militaires, c.-à-d. les forces terrestres et aériennes, groupes armés et milice Janjaweed, pour leur rôle au Darfour ; • entreprendre des réformes majeures de son cadre législatif et judiciaire afin de prendre en charge les cas de violations graves et massives des droits de l'homme ; • prendre des mesures pour poursuivre les auteurs de violations des droits de l'homme telles que le meurtre, le viol, les incendies volontaires et la destruction de biens ; • prendre des mesures pour s'assurer que les victimes de violations de droits de l'homme se voient accorder des recours efficaces comme la restitution de leurs biens et l'indemnisation; • réhabiliter les infrastructures économiques et sociales telles que l'éducation, la santé, l'eau et les services agricoles, dans les provinces du Darfour afin d'offrir aux personnes déplacées et aux réfugiés des conditions de retour dans la sécurité et dans la dignité ; • établir un forum de réconciliation nationale pour aborder les sources du conflit à long terme, l'affectation équitable des ressources nationales aux différentes provinces, y compris une discrimination positive en faveur du Darfour, résoudre les problèmes de terres, les droits de pâturage et relatifs à l'eau, y compris la réduction des troupeaux ; • s'abstenir d'adopter des lois d'amnistie des auteurs de violations de droits de l'homme; • consolider et finaliser les Accords de paix en cours. Adoptée lors la 45ème Session ordinaire tenue du 13 au 27 mai 2009 à Banjul (Gambie) ».

Source : Ibid.

[1137] Ibid.

[1138] Ibid.

[1139] Ibid.

En ce qui concerne le Burundi, la délibération du 4 novembre 2016, numéro CADHP/ rés.357 (LIX) 2016, concluant en 5 points[1140], condamne au point 1 « les différentes violations des Droits de l'Homme [...] depuis 2015 », ainsi que la répression contre les défenseurs desdits droits, avant de regretter au point 3, que les dirigeants burundais aient pris la décision de suspendre leur « coopération avec le bureau » local du Haut-commissariat aux droits de l'homme et celle déclarant « persona non grata des experts » de l'Enquête indépendante des Nations unies au Burundi (EIMUB) dont le rapport d'enquête, constate l'existence :

- « Viol d'une mère en présence de ses enfants »[1141] ;
- « Fixation de poids aux testicules »[1142] ;
- « Dans un certain nombre de cas documentés par l'EINUB, les victimes ont été sexuellement mutilées. Par exemple, en août 2015, à Cibitoke, une femme a été sexuellement mutilée par des Imbonerakure qui étaient à la recherche de son mari. Elle a déclaré que, quand ils ne l'ont pas trouvé, ils lui ont attaché les mains derrière le dos et l'ont frappée. « Ils ont mis leurs mains dans mon vagin jusqu'à ce que l'utérus sorte. Je suis restée seule à saigner et crier. Des voisins sont sortis et ils ont essayé de remettre mon utérus en place »[1143] ;
- « L'EINUB a obtenu des informations crédibles indiquant que beaucoup de femmes et de filles burundaises ayant des liens avec des hommes qui se sont opposés au troisième mandat, ou perçus comme des dissidents politiques, ont été ciblées et victimes de violence physique et sexuelle par des éléments des forces de sécurité »[1144] ;
- « L'EINUB a obtenu des preuves de plusieurs cas d'utilisation d'un tel propos. Par exemple, en juillet 2015, une femme tutsie de Nyakabika a été emmenée par quatre hommes en uniforme de police dans les bois. Elle aurait été sévèrement battue, poignardée dans la poitrine et violée par les quatre hommes. L'un d'eux aurait dit ''Je fais cela parce que je veux que tu portes mes enfants hutus '' »[1145] ;

1140 CADHP/rés.357(LIX) 2016 achpr.org consulté le 16/09/2017.

1141 Rapport de l'enquête indépendante des Nations Unies sur le Burundi (EINUB) établie conformément à la résolution S-24/1 du Conseil des droits de l'homme, ohchr.org, 20 septembre 2016, consulté le 10/09/2017.

1142 Ibid.

1143 Ibid.

1144 Ibid.

1145 Ibid.

- « Le 2 août 2015, le correspondant au Burundi de Radio France Internationale (RFI) et de l'Agence France-Presse (AFP) a été arrêté par la police alors qu'il prenait des photos sur les lieux de l'assassinat du général Adolphe Nshimirimana, ancien chef du SNR et proche du Président. Il a été emmené au siège de SNR où un commandant a ordonné qu'il lui soit donné la «ration quotidienne», à savoir être battu 100 fois avec un bâton. Il a finalement été libéré et traité pour un tympan perforé, un doigt cassé, des os brisés dans les jambes et les orteils, et une hémorragie interne. Aucune enquête sur cet incident n'a été diligentée à ce jour »[1146] ;

- « Le 13 octobre 2015, un journaliste d'une station de télévision locale a été tué à l'entrée de sa maison, apparemment par des agents de police de l'Appui à la protection des institutions (API). Sa femme et ses deux enfants auraient été contraints à se mettre à genoux pendant plus de deux heures à côté du corps en attendant une décision sur leur sort. Ils ont finalement été exécutés, avec un autre membre de la famille, par les mêmes individus »[1147];

La mission d'enquête des Nations unies en constatant ces violations systématiques de Droits de l'Homme, tirent la sonnette d'alarme en faisant observer l'existence préoccupante de ce déni de droit associé au déni de justice ou de reddition de comptes, la justice étant par ailleurs en carence d'indépendance, tel qu'il ressort des deux faits ci-dessous :

- « Dans une affaire bien connue, qui illustre les pressions auxquelles la justice fait face, le vice-président de la Cour constitutionnelle, Sylvère Nimpagaritse, s'est exilé et a rendu publiques les menaces reçues par les juges de la Cour pour modifier leur décision sur la légalité du troisième mandat demandé par le président Nkurunziza. L'EINUB a reçu des rapports crédibles sur la pression intense subie par les membres de la Cour pour rendre une décision favorable au président. Certains des anciens juges de la Cour, qui ont appuyé le troisième mandat, auraient reçu des postes lucratifs comme récompense »[1148] ;

- « Une autre affaire emblématique est le procès relatif au coup d'État manqué du 13 mai 2015, qui a été un point de référence pour évaluer la

[1146] Ibid.
[1147] Ibid.
[1148] Ibid.

crédibilité et l'indépendance du système judiciaire. Il a conduit à une série de dénis systématiques des garanties judiciaires »[1149].

Face à ce désastre décrit par l'enquête indépendante des Nations unies, la Commission africaine des droits de l'homme et des peuples, au point 5 de ses conclusions, « appelle l'Union africaine et la Communauté internationale à poursuivre leurs efforts en vue de la résolution de la crise qui s'est aggravée depuis la présidentielle de 2015 », [1150] au Burundi, tel qu'elle le fait souvent dans la plupart de ses conclusions aux fins d'obtenir, par le soutien international, un caractère contraignant implicite desdites conclusions.

Ces appels par une institution de l'Union africaine à la Communauté internationale s'adressent à tous ceux qui se proclament amis de l'Afrique, de l'UA et/ou des Africains dont l'UE ses États membres et la Chine, qui ont des nombreux ressortissants et intérêts croissants en Afrique.

Peut-on alors valablement se prévaloir d'être amis de l'Afrique, des Africains et/ou de l'UA et annoncer vouloir le développement de ce continent sans participer à la lutte pour la préservation et la consolidation de la vie et la dignité humaine des Africains dans le continent des amis et leurs pays respectifs ? Il revient à la société civile africaine, à la femme africaine, à la jeunesse africaine, aux médias africains et à tous les épris de paix et de sécurité internationales, dans le monde de juger des discours à travers les faits et les propos à travers les actes, actions et inactions au regard des appels de la Commission africaine des droits de l'homme et des peuples.

S'agissant du Gabon, la Commission africaine des droits de l'homme et des peuples, délibérant en 5 points à son siège à Banjul, en Gambie, le même jour du 4 novembre 2016, constate au point 1, les violations des Droits de l'Homme[1151].

Elle constate, également, au point 2, les restrictions portant sur le droit à la liberté de manifester et de toute réunion pacifique en raison d'un usage abusif et disproportionné de la force, tout en demandant de faire cesser des telles violations et de réparer tout éventuel préjudice causé[1152].

1149 Ibid.
1150 Ibid.
1151 Ibid.
1152 Ibid.

Au point 4, la Commission africaine invite les acteurs non étatiques, les partis politiques notamment de l'opposition et la société civile qui lui est acquise, de cesser ou d'éviter toute atteinte à l'ordre public[1153].

Au pont 5 de la résolution, la Commission africaine « invite explicitement l'UA et la Communauté internationale à suivre avec attention l'évolution de la situation » au Gabon[1154].

De telles résolutions courageuses de la Commission des droits de l'homme et des peuples, même si elles ne sont pas contraignantes, auraient une portée indéniable si elles étaient fortement publiées ou si elles étaient au moins prises à l'occasion d'une audience publique.

B – Une portée non contraignante des résolutions de la Commission africaine résultant de leur caractère essentiellement confidentiel.

L'article 59 de la Charte africaine des droits de l'homme et des peuples exige que toutes les mesures prises par la Commission africaine restent confinées dans des rapports confidentiels, destinés à la Conférence des chefs d'État et de Gouvernement ; cette confidentialité ne pouvant être levée que si cette dernière le décide[1155].

Toutefois, sans que cette clause ne soit révisée, la Commission africaine rend publiques, depuis 1994, ses décisions en les insérant dans son rapport annuel[1156].

Mais, il demeure que ledit rapport d'activité de la Commission africaine ne peut être publié qu'après avoir été examiné par la Conférence des Chefs d'État et de Gouvernement, conformément au paragraphe 3 de l'article 5[1157].

Si la Charte ouvre droit à la Commission africaine des droits de l'homme et des peuples, en ses articles 60 et 61, de se référer à tous les instruments internationaux pertinents ainsi qu'à la pratique internationale, pour formuler

---

1153 Ibid.
1154 Ibid.
1155 Charte africaine des droits de l'homme et des peuples, op.cit.
1156 Ibid.
1157 Ibid.

ces recommandations, cela ne garantit pourtant pas le respect, par les États parties, desdites recommandations[1158].

En effet, plusieurs Chefs État et de Gouvernement ne s'acquittent que très difficilement des engagements pris au titre de la Charte. D'ailleurs, il n'existe pas un régime de sanctions à l'instar des mesures appropriées que peuvent prendre la Conférence des Chefs d'État et de Gouvernement et le Conseil de paix et de sécurité, le CPS de l'Union africaine, tel que cela est désormais autorisé notamment par la Charte africaine de promotion de la démocratie [infra] ainsi que dans le cadre de la mise en œuvre d'une décision de la nouvelle, mais non en vigueur, Cour africaine de justice et des droits de l'homme, la CAJDH [infra].

Par ailleurs, en prenant le cas des engagements pris au titre de l'article 62 de la Charte, obligeant les États parties à présenter, tous les 2 ans, un rapport sur la situation des Droits de l'Homme ainsi que sur les mesures prises pour leur promotion ou leur consolidation , le Docteur Nisrine Eban Nguema constate que « de nombreux États ne se plient pas à leurs obligations. L'absence ou le retard des États dans la soumission de leurs rapports périodiques est de coutume. Seuls neuf États africains ont soumis tous leurs rapports, tandis que vingt-deux États ont plus de trois rapports en retard. Plus surprenant encore, les Comores, Djibouti, l'Érythrée, la Guinée-Bissau, la Guinée Équatoriale, Sao Tomé et Principe et la Somalie n'ont jamais soumis de rapports depuis leur adhésion au système africain des droits de l'homme »[1159].

Aussi, même lorsque la Commission africaine des droits de l'homme et des peuples, a délibéré sur une communication dont elle a été saisie, en concluant qu'il y a, dans un État partie, des violations graves ou massives des Droits de l'Homme, elle ne peut mener une étude approfondie, au regard des stipulations de l'article 58 de la Charte, qu'à la demande de la Conférence des Chefs d'État et de Gouvernement, sinon à celle du Président en exercice de l'UA[1160].

1158 Ibid.

1159 Eba Nguema Nisrine, La Commission africaine des droits de l'homme et des peuples et sa mission de protection des droits de l'homme, journals.openedition.org, (La Revue des Droits de l'Homme), 11/2017, consulté le 10/12/2017.

1160 Ibid.

Quand la Commission africaine demande la cessation d'une violation des Droits de l'Homme, l'aboutissement d'une telle demande est tributaire de la volonté politique des dirigeants de l'État concerné.

C'est pourquoi la Commission africaine privilégie la procédure de l'arrangement à l'amiable de l'article 52 de la Charte[1161].

Toutefois, en dépit de toutes ces difficultés, le fait pour une victime ou ses ayants droit ou encore un groupe de personnes, d'adresser une communication plaintive à la Commission africaine des Droits de l'Homme et des peuples, est une démarche qui peut s'avérer salvatrice, car certains dirigeants étatiques sont souvent effrayés que cela n'alerte la Communauté internationale. Ainsi, ils peuvent rapidement faire cesser la violation en cause[1162].

Cette crainte est plus importante pour les États ACP, comme pour les États liés à un Accord d'Association avec l'UE ou un Accord de partenariat économique à l'instar des APE et des AA [supra], car le respect des Droits de l'Homme est une clause élément essentiel desdits accords. Leur violation est constitutive d'un motif de suspension de ces accords et/ou de prise de sanctions ciblées, après un dialogue intensifié infructueux et/ou après des consultations ; ces deux procédures pouvant être outrepassées en cas d'urgence particulière [supra].

Un tel stress étatique est davantage libérateur si la société civile nationale et/ou locale, ainsi que les ONG africaines ou internationales, s'en mêlent, par des actions légitimes multiformes et notamment en adressant des communications à la Commission africaine des Droits de l'Homme et des peuples.

Mais pour mieux assurer la protection des Droits de l'Homme en Afrique, l'Union africaine a décidé de la mise en place une juridiction aux décisions ayant force exécutoire, mais d'accès conditionné, la Cour africaine de justice et des droits de l'homme ; ce qui renforce, toutefois, la personnalité internationale de l'individu.

[1161] Ibid.
[1162] Ibid.

Section 2 – Une Cour africaine de justice et des droits de l'homme aux décisions contraignantes renforçant la personnalité internationale de l'individu.

La protection des Droits de l'Homme, au niveau continental en Afrique, était partagée entre 2 organes de l'OUA/UA, l'un quasi juridictionnel, la Commission africaine des droits de l'Homme et des peuples (CADHP) supra et, l'autre, une juridiction, la Cour africaine des droits de l'homme et des peuples (la Cour) instituée par le Protocole à la Charte adoptée à Ouagadougou, au Burkina Faso, en juin 1998[1163], dans le cadre de l'OUA. Ce protocole est entré en vigueur le 25 janvier 2004[1164].

La CADHP a ainsi coexisté avec la Cour africaine des droits de l'homme et des peuples, mais aussi avec une juridiction centrale, la Cour africaine de Justice (CAJ) crée par l'Acte constitutif de l'UA et organisée par le Protocole du 11 juillet 2003.

Mais cette coexistence triangulaire n'est restée que transitoire puisque, 4 ans après l'entrée en vigueur du Protocole organisant la Cour africaine des droits de l'homme et des peuples, en 2004, les dirigeants africains ont décidé, le 1er juillet 2008, à Sharm-sheikh, en Égypte, de fusionner la CAJ et la CADHP en une seule juridiction pour revenir au couple quasi juridictionnel/juridictionnel, avec la création de la Cour africaine de Justice et des droits de l'homme, la CAJDH infra.

Cette fusion des deux Cours africaines est l'œuvre du Protocole adopté à la 3e session ordinaire de la Conférence des Chefs d'État et de Gouvernement de l'UA, le 1er juillet 2008, à Sharm-Sheick, en Égypte.

La fusion de ces deux Cours a permis de procéder au transfert des compétences, et des pouvoirs juridictionnels de ces juridictions, à la nouvelle, la CAJDH, qui a hérité de la force exécutoire de leurs décisions et du droit de recours individuel ouvert sous certaines conditions (I) pour renforcer la personnalité internationale de l'individu en Afrique (II).

1163 Bienvenue à la Cour africaine, fr.african-court.org, consulté le 10/09/2017.
1164 Ibid.

I – Un droit de recours individuel ouvert sous condition devant une CAJDH dont les décisions sont contraignantes.

Si les États membres de l'UA et tous ses organes ainsi que le personnel de l'UA et desdits organes, ont conservé leur droit de recours individuel devant la CAJDH, tel qu'ils l'avaient vis-à-vis de la CAJ contre un État, droit de recours individuel est tributaire d'une déclaration à poursuivre (A), car les décisions de la CAJDH ont force exécutoire (B).

A – Un droit de recours individuel contre un État partie subordonné à une déclaration préalable de reconnaissance de la compétence de la CAJDH par ledit État.

Si la Commission africaine des droits de l'homme et des peuples est accessible aux particuliers, à la société civile et aux ONG [infra], quoique ses recommandations ne soient pas contraignantes et dont la publication est tributaire de la volonté de la Conférence des Chefs d'État et de Gouvernement, la Cour africaine de justice et des droits de l'homme est d'une accessibilité particulièrement encadrée.

En effet, l'article 5 alinéa 3 du Protocole de la Cour africaine des droits de l'homme et des peuples est transposé, à l'article 8 alinéa 3 du Protocole de fusion ayant donné naissance à la Cour africaine de justice et des droits de l'homme, en ces termes : « Tout État partie, au moment de la signature ou du dépôt de son instrument de ratification ou d'adhésion, ou à toute autre période après l'entrée en vigueur du Protocole peut faire une déclaration acceptant la compétence de la Cour pour recevoir, les requêtes énoncées à l'article 30 (f) et concernant un État partie qui n'a pas fait cette déclaration »[1165].

Il s'agit d'une conditionnalité restreignant le champ de ceux ayant qualité pour agir, tel qu'il ressort des stipulations du paragraphe f de l'article 30 de l'annexe au Protocole, le Statut portant Cour africaine de Justice et des droits de l'homme.

En effet, en vertu de ce paragraphe f de l'article 30 du Statut de la CAJDH, pour avoir qualité pour agir ou droit d'ester devant cette dernière,

[1165] Protocole portant statut de la cour africaine de justice et des droits de l'homme et annexe à ce Protocole sur le Statut de ladite Cour. peaceau.org, consulté le 25/08/2017.

les organisations non gouvernementales et la société civile, doivent remplir 2 conditions tandis que les personnes physiques doivent se soumettre à une conditionnalité.

Pour les ONG, il faut, cumulativement :

- que l'Etat qu'on veut attaquer devant la CAJDH, pour violation des droits de l'homme, soit partie au protocole de fusion et qu'il ait fait la déclaration prévue à l'article 8 dudit Protocole de fusion [1166] ;
- que l'ONG soit accréditée auprès de l'UA ou auprès de ses institutions ou encore auprès de ses organes[1167].

Pour les personnes physiques, la conditionnalité unique est que l'État auteur des violations des droits de l'homme ait fait la déclaration de l'article 8 du Protocole de fusion du 1er juillet 2008 supra.

Une telle déclaration sera une denrée rare tel que le regrette, pour le dénoncer, le Communiqué du Mouvement mondial des droits humains, en juillet 2008[1168] ; quoiqu'estimant que cette fusion était à féliciter.

En effet, si Madame Souhayr Belhassen, à l'époque Présidente de la Fédération internationale des droits de l'homme, la FIDH, se félicitait de cette évolution en ces termes : « L'adoption de cet instrument est une étape essentielle pour la lutte contre l'impunité sur le continent africain, un pas important vers la prévention et la répression des violations des droits de l'Homme en Afrique »[1169], le communiqué officiel de la FIDH, dans ses recommandations, invite expressément les États africains à ratifier le Protocole de fusion instituant la CAJDH en accompagnant cette ratification de la déclaration exigée par l'article 8[1170].

Le FIDH invite également les États africains qui ne l'avaient pas encore fait, de ratifier le Protocole sur la Cour africaine des droits de l'homme et des peuples et/ou la déclaration prévue par son article 36 paragraphe 2 étant donné que cette Cour continue ses activités de protection des Droits de l'Homme, de façon transitoire, jusqu'à la mise en place effective de la

---

1166 Ibid.
1167 Ibid.
1168 L'UA adopte le Protocole sur la Cour africaine de justice et des droits de l'homme. Communiqué FIDH du 28/07/2008, fidh.org, consulté le 25/08/2017.
1169 Ibid.
1170 Ibid.

CAJDH, une fois le Protocole de fusion entré en vigueur au regard d'un minimum de 15 instruments d'expression du consentement des États africains à en être liés[1171].

La condition de déclaration préalable par l'État, telle qu'elle est posée par les stipulations combinées de l'article 8 du Protocole de la CAJDH et du paragraphe f de l'article 30 de son annexe, relatif à son Statut, tel qu'hérité des stipulations également combinées de l'article 5 paragraphe 3 et du paragraphe 6 de l'article 34 du Protocole de la Cour africaine des droits de l'homme et des peuples, a constitué l'une des plus grandes faiblesses de cette dernière, quand on sait que même en Europe, la Convention européenne des Droits de l'Homme, la CEDH ayant subordonné, en son article 25 le droit de recours individuel contre un État partie, devant la CEDH, à l'effectivité d'une déclaration de reconnaissance par cet État de la compétence de la Cour, c'est seulement en 1981 que la France a fait cette déclaration[1172].

L'absence de cette déclaration a été l'argument utilisé, victorieusement, par l'État sénégalais pour demander et obtenir l'irrecevabilité de la plainte l'attaquant, devant la Cour africaine des droits de l'homme et des peuples.

En effet, dans l'affaire Hissène Habré, la compétence universelle des Chambres extraordinaires, mises en place par le Sénégal et l'Union africaine en février 1993, pour connaitre des allégations de crime de guerre, de crimes contre l'humanité et de torture, contre cet ancien Chef d'État tchadien, avait été contestée devant la Cour africaine des droits de l'homme et des peuples.

Mais le Sénégal n'ayant pas déposé la déclaration ouvrant droit aux individus, à la société civile et aux ONG, d'ester contre l'État sénégalais devant la Cour africaine des droits de l'homme et des peuples, le recours a été heureusement rejeté ; ce qui a permis aux Chambres extraordinaires d'instruire et de juger l'affaire Hissène Habré au bout de 7 mois entre 2015 et 2016[1173]. Il a été condamné à la perpétuité le 30 mai 2016[1174] ; le jugement

---

1171 Ibid.

1172 JORF du 14 octobre 1981, Fac-similé JO du 14/10/1981, Décret n°81-917 du 9 octobre 1981 portant publication de la déclaration d'acceptation du droit de recours individuel en application de l'art. 25 de la Convention européenne des droits de l'homme en date du 04-11-1950 et de l'art. 6 du protocole 4 à ladite Convention, en date du 16-09-1963, p.2783, legifrance.gouv.fr, consulté le 25/08/2017.

1173 Hissène Habré condamné à la perpétuité : un procès pour l'histoire, mais des parts d'ombre. liberation.fr, 30 mai 2016, consulté le 25/08/2017.

1174 Ibid.

sur les intérêts civils ayant été rendu un peu plus tard, le 29 juillet 2016 et qui a condamné l'ancien Chef d'État à payer par victime des réparations allant de 15.000 à 30.000 euros[1175].

Mais le Sénégal n'est pas le seul État partie à ne pas faire cette déclaration, car, en 2013, comme l'affirmait le Docteur/HDR Alain Didier Olinga, il n'y avait que 6 États africains qui avaient fait cette déclaration (le Burkina Faso, le Ghana, le Malawi, le Mali, le Rwanda, la Côte d'Ivoire et la Tanzanie)[1176].

Plus grave, seuls 30 États africains, soit un peu plus de la moitié, ont, à ce jour, ratifié le Protocole de la Cour africaine des droits de l'homme et des peuples, finissante[1177], la toute première décision, au fond, de cette Cour n'étant intervenue qu'en 2013, par l'arrêt du 14 juin 2013, alors qu'elle avait été installée, depuis bien longtemps, d'abord provisoirement, en 2006, à Addis-Abeba, en Éthiopie, avant de rejoindre son siège à Arusha, en Tanzanie en 2007, et , ironie du sort, ainsi que preuve de son impartialité et de son intégrité, les hauts juges panafricains, avaient condamné, dans cette première décision au fond, l'État hôte de leur siège, la Tanzanie[1178].

Il s'agissait de 2 affaires jointes, l'affaire du révérend Christopher Mtikila C/Tanzanie et l'affaire Tangayika Law Society and The Legal and Human Rights centre C/Tanzanie[1179].

Si cette condition de déclaration préalable étatique de l'article 8 du Protocole de la CAJDH et du paragraphe f de l'article 30 de son annexe, limite son accessibilité, force est de reconnaitre, toutefois, que cette juridiction née de la fusion, est mieux ouverte.

En effet, au niveau de la société civile et des ONG, alors que pour ester devant la Cour africaine des droits de l'homme et des peuples, il faut nécessairement être une association nationale de l'État visé ou une ONG

1175 Décision du 29 juillet 2016 sur la réparation des victimes civiles dans l'affaire Hissène Habré. competence-universelle.org, consulté le 25/08/2017.

1176 Olinga Alain Didier, La première décision au fond de la Cour africaine des droits de l'homme et des peuples, La Revue des droits de l'Homme, journals.openedition.org, 6/2014, consulté le 25/08/2017.

1177 Ibid.

1178 Ibid.

1179 Ibid.

ayant le statut d'observateur au sein de ladite Cour, désormais, à la CAJDH, sont recevables, les requêtes émanant soit des ONG et associations accréditées auprès d'elle, soit de celles accréditées auprès de l'UA ou de toutes ses institutions et tous ses organes, sous réserve de la déclaration de l'article 8, et des stipulations du paragraphe f de l'article 30 de l'annexe, portant Statut ladite CAJDH *supra*.

Par ailleurs, le champ des personnes morales pouvant ester devant la CAJDH est désormais étendu, par l'article 30 *supra* :

- à la Commission africaine des droits de l'homme et des peuples pour contourner le caractère non contraignant de ses résolutions et la confidentialité de celles-ci ;
- au Comité africain d'experts sur le droit et le bien-être de l'enfant ; comité chargé d'évaluer périodiquement l'application par les États parties de la Charte africaine sur les droits et le bien-être de l'enfant ;
- aux institutions nationales de défense des Droits de l'Homme.

Ainsi, toute personne victime ou informée d'une situation de violation des Droits de l'Homme et qui ne souhaite pas soumettre une communication à la Commission africaine des droits de l'homme et des peuples, peut alerter ou solliciter le Comité africain d'experts, si la victime est un enfant ou de faire la même démarche, auprès de l'institution nationale de défense des droits de l'homme ; en charge pour cette dernière ou pour le Comité africain d'experts, d'évaluer la situation et de décider de la porter ou pas devant la CAJDH, en y introduisant une requête adressée au Greffier, conformément à l'article 34[1180].

Il s'agit d'un nouveau pas en avant sur le difficile chemin de promotion et de protection des Droits de l'Homme en Afrique ; les décisions de la CAJDH ayant conservé la force exécutoire héritée des 2 Cours précédentes.

B – Les décisions de la Cour africaine de justice et des droits de l'homme ont force exécutoire et sont frappées de l'autorité de la chose jugée.

Constituant le principal organe judiciaire de l'UA tel que stipulé à l'article 2 paragraphe 1 de l'annexe sur le Statut de la Cour africaine de

[1180] Annexe sur le Statut de la CAJDH.

justice et des droits de l'homme, adoptée le même jour que le Protocole, cette juridiction est compétente non seulement pour interpréter le droit originaire de l'Union africaine notamment son acte constitutif ainsi que le droit dérivé contenu dans les instruments de l'Union africaine et ceux hérités de l'OUA, elle a également une compétence d'application de l'ensemble de ces instruments, en veillant à leur respect par les États parties et en sanctionnant leurs violations et atteintes, tel que sa compétence matérielle lui est conférée par l'article 28[1181].

Demeurant également compétente pour toutes les questions de droit international, la CAJDH a pouvoir de sanctionner, par la réparation des dommages, toute rupture d'un engagement international en vigueur, tel qu'il résulte des points d et h de l'article 28 susmentionné[1182].

À cet effet, la CAJDH applique outre les règles des instruments originaires et dérivés du droit de l'UA et/ou de l'OUA [supra,] mais également le droit international auquel sont engagés les États parties, dans toutes ses déclinaisons prenant en compte les traités internationaux, la coutume internationale et les principes généraux de droit ainsi que la jurisprudence internationale, tel que convenu à l'article 31[1183].

Au regard de cette compétence matérielle particulièrement importante, des nécessités d'efficacité ont amené à organiser la CAJDH en 2 sections ; l'une consacrée aux Affaires générales et l'autre consacrée aux droits de l'homme, délibérant chacune et pouvant faire l'objet d'une assemblée plénière réunissant les 2 sections[1184].

Alors que ses décisions ont un caractère définitif, et qu'elles ouvrent droit à réparation, tel qu'il résulte des articles 46 et 45, l'article 35 autorise la Cour qu'elle prenne des mesures conservatoires[1185].

Pour renforcer le caractère obligatoire et définitif des décisions ou arrêts de la CAJDH, leur exécution par la ou les parties concernées doit se faire dans un délai que fixe la Cour elle-même ; l'inexécution au-delà de ce délai ouvrant droit, à la CAJDH, de saisir la Conférence des Chefs d'État et de

---

1181 Ibid.
1182 Ibid.
1183 Ibid.
1184 Ibid.
1185 Ibid.

Gouvernement pour que celle-ci puisse prendre toute mesure de nature à donner suite au jugement de la Cour, tel qu'il résulte de l'article 46 [1186] ; avec possibilité de sanctions autorisées ou par l'Acte constitutif de l'UA en son article 23 paragraphe 2[1187], au profit d'un Etat contre un autre.

Si au titre de sa compétence matérielle, l'article 28 paragraphe h, donne pouvoir, à la CAJDH, d'apprécier « la nature ou l'étendue de la réparation due pour la rupture d'un engagement international »,[1188] c'est l'article 45 qui est le siège de la matière au titre des réparations, en ce qu'il donne, à la Cour, la prérogative de fixer la juste indemnité réparatrice d'une violation d'un Droit de l'Homme ou d'un droit d'un peuple ; tout en condamnant une telle violation et en exigeant de la faire cesser[1189].

Sauf en cas d'un jugement par défaut, dont l'arrêt est susceptible d'opposition dans un délai de 90 jours après notification, sans que cette opposition n'ait un effet suspensif, tel que stipulé au paragraphe 3 de l'article 41[1190], tout autre arrêt de la CAJDH est définitif, en vertu du paragraphe 2 de l'article 46 dont le paragraphe 1 stipule qu'il oblige les parties et exclusivement entre elles[1191].

Même en matière d'interprétation de ses arrêts, c'est la CAJDH qui est elle-même compétente pour assurer cette interprétation en cas de contestation des parties[1192].

Par ailleurs, en vertu de l'article 57, la CAJDH doit mentionner, dans son rapport annuel d'activités, toute partie qui n'aura pas exécuté une décision qu'elle a prise[1193].

Un tel pouvoir donné à la CAJDH pour assurer la protection des droits de l'homme en Afrique, parallèlement à l'activité de la Commission africaine des droits de l'homme et des peuples, est une double garantie renforçant la protection internationale de l'individu et autres particuliers, au point où, parmi les 16 juges composant la Cour, et qui sont élus par le Conseil exécutif

---

1186 Ibid.
1187 Ibid.
1188 Ibid.
1189 Ibid.
1190 Ibid.
1191 Ibid.
1192 Ibid.
1193 Ibid.

(Conseil des Ministres des États parties) et nommés par la Conférence des Chefs d'État et de Gouvernement, pour un mandat de 6 ans, renouvelable une fois, cela ne l'est que pour 8 juges alors que les 8 autres, lors de leur première élection, verront ce premier mandat arriver à échéance au bout seulement de 4 ans, et sont ainsi tirés au sort par la Conférence ou par le Conseil exécutif, immédiatement après cette première élection[1194].

Cette recherche d'efficacité de ces 16 juges oblige à la présentation, par la Commission de l'Union africaine, d'une liste des candidats de nature à obtenir que les heureux élus puis nommés, puissent exercer en tant que Magistrats indépendants, car sélectionnés et choisis « pour leur impartialité et leur intégrité, jouissant de la plus haute considération morale, et qui réunissent les conditions requises pour l'exercice, dans leurs pays respectifs, des plus hautes fonctions judiciaires, et/ou qui sont des jurisconsultes possédant une compétence notoire et une expérience en matière de droit international et/ou des droits de l'homme »[1195].

Cette recherche d'efficacité se traduit, par ailleurs, dans la direction de cette Cour assurée par un Président et un Vice-Président élus chacun pour un mandat de 3 ans, renouvelable une seule fois et sont assistés par un Greffier nommé par la Cour elle-même, avec la possibilité de recruter, aussi elle-même, ses agents[1196].

Si le Président assure la présidence de la Cour réunie en assemblée plénière et délibérant à la majorité de 9 membres sur 16, ce dernier assure également la présidence de la section à laquelle il appartient tandis que le Vice-Président préside sa section d'appartenance ; chacune des 2 sections délibérant à la majorité de 5 juges sur 8, tel qu'il résulte des stipulations combinées des articles 21 et 27[1197].

Si le Président, le Vice-Président et le Greffier, sont les seuls permanents et qu'ils doivent résider à cet effet au siège de la Cour, à Arusha, en Tanzanie, ils sont à cet effet salariés de ladite Cour, alors que les 14 autres juges n'ont droit qu'à des indemnités de session, car la Cour se réunie en sessions ordinaires dont les périodes sont arrêtées par elle-même pour

---

1194 Ibid.
1195 Ibid.
1196 Ibid.
1197 Ibid.

chaque année, ainsi qu'en sessions extraordinaires convoquées par le Président ou sollicitées par la majorité des juges, tel qu'il résulte des stipulations combinées de l'article 20, de l'article 22, de l'article 23 et de l'article 25[1198].

Avec une telle Cour, dotée de si importants pouvoirs, en matière de protection des Droits de l'Homme, l'Afrique renforce la personnalité internationale de l'individu, si toutefois cette Cour entre en vigueur et devient pleinement opérationnelle, grâce aux adhésions et ratifications du Protocole de fusion et si les différents États faisaient la déclaration ouvrant droit au recours individuel qui s'ajouterait à ceux ouverts aux individus devant le système des Nations unies.

II – Un contrôle panafricanisé des Droits de l'Homme en coexistence avec celui externalisé aux Nations unies.

La panafricanisation de la protection des Droits de l'Homme est une opportunité qui offre un libre choix aux victimes de saisir les institutions de l'Union africaine, pour renforcer la personnalité internationale de l'individu (B) en raison de la subsistance de leur droit de saisine du système des Nations unies, car il n'y a ni primauté ni subsidiarité de part et d'autre (A).

A – Un droit de recours individuel devant les institutions onusiennes de protection des Droits de l'Homme, demeurant ouvert aux victimes.

Le système des Nations unies assure la protection des Droits de l'Homme par le biais des organes de l'ONU, de ses organismes spécialisés et de ses Comités d'experts indépendants, quoiqu'élus par les Etats parties à chaque instrument ou Convention pertinente.

En effet, le Secrétaire général des Nations unies et les différents responsables des organismes spécialisés des Nations unies, dans leur domaine de compétence, peuvent interpeler les dirigeants d'un Etat pour protester contre les violations et/ou les atteintes aux Droits de l'Homme et demander que lesdites violations et/ou atteintes cessent, tel que le fait assez souvent le Secrétaire général des Nations unies.

1198 Ibid.

Par ailleurs, saisi par un organe ou organisme compétent ou par un État, le Conseil de sécurité des Nations unies assure la protection des Droits de l'Homme soit en saisissant la CPI, soit en prenant des mesures appropriées contre un État ou des mesures ciblées contre des individus ou groupe d'individus, auteurs des violations ou atteintes aux Droits de l'Homme, comme on l'a vu, en 2018, avec les sanctions ciblées ou intelligentes contre 6 personnes au centre de la traite et du trafic d'êtres humains migrants, transitant par la Libye [supra].

Cette protection générale des Droits de l'Homme est renforcée notamment par un examen périodique des États pour mesurer les progrès accomplis, constater les carences et former des recommandations.

Ce contrôle général des Droits de l'Homme par le système des Nations Unies se trouve renforcé par le droit au recours individuel ouvert aux particuliers qui peuvent saisir un organisme pertinent des Nations unies ou à certaines conditions, un Comité d'experts indépendants ; ce qui est important, car selon le HCR, « C'est le droit de recours individuel qui donne à la notion des droits de l'homme sa signification concrète »[1199].

En effet, un droit de recours individuel est reconnu à toute victime des violations de ses droits fondamentaux de saisir, par requête ou communication plaintive, soit un organisme spécialisé compétent, soit le Comité d'experts pertinent.

En direction des organismes spécialisés des Nations unies, des requêtes individuelles peuvent être adressées :

- au « Conseil des droits de l'homme (anciennement ''procédure 15034'') »[1200] ;
- aux rapporteurs spéciaux et groupes de travail du Conseil [des droits de l'homme] et la Commission de la condition de la femme »[1201] ;
- à l'organisation internationale du travail [...] et à l'Organisation des Nations unies pour l'éducation, la science et la culture »[1202].

1199 Procédures d'examen des requêtes soumises par des particuliers en vertu des instruments des Nations unies relatifs aux droits de l'homme, ohchr.org, mars 2014, consulté le 25/08/2017.
1200 Ibid.
1201 Ibid.

Devant le Comité d'experts approprié, il s'agit d'un recours individuel auprès d'un organe quasi juridictionnel pour contrôler, à certaines conditions, les Droits fondamentaux de l'Homme, à savoir :

1 – le Comité d'experts chargé de veiller au respect du Pacte international relatif aux droits civils et politiques[1203] ;

2 – le Comité d'experts pour le Pacte international relatif aux droits économiques, sociaux et culturels[1204] ;

3 – le Comité d'experts pour la Convention sur l'élimination de toutes les formes de discrimination, à l'égard des femmes[1205] ;

4 – le Comité d'experts pour la Convention relative aux droits de l'enfant et ses protocoles facultatifs[1206] ;

5 – le Comité d'experts pour la Convention relative aux droits des personnes handicapées[1207] ;

6 – le Comité d'experts pour la Convention sur l'élimination de toutes les formes de discrimination raciale[1208] ;

7 – le Comité d'experts pour la Convention de protection de toutes les personnes contre les disparitions forcées[1209] ;

8 – le Comité d'experts par la Convention contre la torture et autres peines ou traitements cruels, inhumains ou dégradant[1210] ;

9 – le Comité d'experts pour la Convention sur la protection des droits de tous les travailleurs migrants et des membres de leur famille[1211] ;

1202 Ibid.
1203 Ibid.
1204 Ibid.
1205 Ibid.
1206 Ibid.
1207 Ibid.
1208 Ibid.
1209 Ibid.
1210 Ibid.
1211 Ibid.

Toutefois, si le recours individuel ne peut être adressé qu'exclusivement à un Comité d'experts pertinents, ce droit est subordonné à 2 conditions préalables, cumulatives, à savoir :

- le recours ne peut être exercé que contre un État ayant adhéré à l'accord international protégeant l'accord violé[1212] ;
- le recours n'est recevable que lorsque l'État en cause reconnait la compétence du Comité pertinent ; cette reconnaissance se faisant en fonction de chaque traité, soit sous forme de déclaration soit sous une autre modalité, l'adhésion à un instrument facultatif additionnel à la Convention principale[1213].

Aussi, pour la reconnaissance de la compétence par le biais d'une déclaration préalable, les Comités d'experts concernés sont ceux de :

1 – la Convention contre la torture[1214] ;

2 – la Convention sur l'élimination de la discrimination raciale[1215] ;

3 – la Convention sur la protection des droits des travailleurs migrants et de leur famille[1216] ;

4 – la Convention sur la protection des personnes contre les disparitions forcées[1217].

Au moyen de l'adhésion à un instrument facultatif additionnel à la convention principale, les Comités concernés sont ceux des 5 conventions suivantes :

- le Pacte international sur les droits civils et politiques ;
- le Pacte international sur les droits économiques, sociaux et culturels ;
- la Convention sur l'élimination des discriminations à l'égard des femmes ;
- la Convention sur les droits de l'enfant ;

1212 Ibid.
1213 Ibid.
1214 Ibid.
1215 Ibid.
1216 Ibid.
1217 Ibid.

- la Convention relative aux droits des personnes handicapées.

Ce recours individuel ouvert au bénéfice de la victime peut être exercé par lui-même ou sur autorisation écrite de ce dernier, par toute autre personne[1218], ce qui ouvre un vaste chantier aux associations de défense des Droits de l'Homme ; cette autorisation étant par ailleurs ignorée si la victime est portée disparue ou est emprisonnée sans possibilité d'être visitée[1219].

Aussi, la panafricanisation de la protection internationale des Droits de l'Homme apparaît-elle être un renforcement de la protection internationale de l'individu.

B – Une protection juridictionnelle panafricaine des Droits de l'Homme renforçant la protection internationale de l'individu.

L'on peut penser que la panafricanisation de la protection internationale de l'individu serait une opération visant d'échapper au contrôle onusien des Droits de l'Homme en Afrique. Il n'en est rien, car le recours individuel peut être exercé librement par son auteur devant les instances compétentes des Nations unies ou de l'Union africaine sans ordre de préférence ni de primauté ni de subsidiarité, contrairement au principe de primauté reconnu aux juridictions nationales vis-à-vis des juridictions internationales qui ont une compétence subsidiaire.

Aussi, l'entrée en vigueur du Protocole de fusion créant la Cour africaine de justice et des droits de l'homme, est attendue comme une étape importante sur le chemin de la protection des Droits de l'Homme en Afrique, si le maximum d'États y adhère et si chaque partie signe la déclaration de l'article 8 [supra] dudit Protocole et de l'article 30 de son annexe [supra], car cette déclaration renforcerait la personnalité internationale de l'individu.

En renforçant, ainsi, la personnalité internationale de l'individu, l'Afrique rejoindrait le cercle restreint, d'organisations régionales garantissant une telle protection des Droits de l'Homme, à la fois, par l'ordre juridique interne de chaque État et par un instrument régional, en l'espèce, en le faisant doublement, avec la protection assurée desdits Droits de l'Homme

[1218] Ibid.
[1219] Ibid.

par une quasi-juridiction, la CADHP [supra] et par une juridiction, la CAJDH [supra].

En effet, l'internationalisation de la protection de l'individu, relativement aux Droits de l'Homme, est difficilement concédée par les États qui privilégient une protection par chaque ordre juridique interne.

Dans ce cadre, alors que la personnalité internationale de l'individu dans son aspect répression internationale de toute violation ou de toute atteinte aux Droits de l'Homme, est récente, avec notamment, dans l'histoire, le Tribunal international de Nuremberg, mis en place par « l'accord de Londres du 8 août 1945 »[1220], pour juger les nazis, et celui de Tokyo, sur « décision du Général Mac Arthur, Commandant en Chef des troupes d'occupation du Japon, le 19 janvier 1946 »[1221] ; toutes les deux ayant été des juridictions ad hoc.

Étaient également ad hoc, les deux tribunaux pénaux internationaux, décidés par le Conseil de sécurité des Nations unies, sous chapitre VII de la Charte, pour l'ex-Yougoslavie, résolution 808 de 1993[1222] et pour le Rwanda, résolution 955, de 1994[1223].

En Afrique, les Chambres africaines extraordinaires pour l'affaire Hissène Habré, sont également des juridictions ad hoc [supra].

Le seul tribunal pénal international, permanent, c'est la Cour pénale internationale, la CPI qui protège contre les graves crimes internationaux, au nombre de 4 à savoir :

- le génocide ;
- les crimes contre l'humanité ;
- les crimes de guerre ;
- le crime d'agression.

Avant l'Afrique, en matière de protection juridictionnelle régionale des Droits de l'Homme autre que la protection pénale, est-il nécessaire de

---

1220 Guilhaudis Jean-François, Relations internationales contemporaines, pp. 339 à 361 éd. Juris Classeur, coll.Litec 2002, 856 pp.

1221 Ibid.

1222 Ibid.

1223 Ibid.

rappeler que la personnalité internationale de l'individu était déjà mieux affirmée par le pionnier régional de la protection internationale des Droits de l'Homme, le Conseil de l'Europe.

En effet, le Conseil de l'Europe, institué dans la Convention de sauvegarde des Droits de l'Homme et des libertés fondamentales, autrement appelée la Convention européenne des droits de l'homme, du 4 novembre 1950, entrée en vigueur en 1953[1224], avant même la naissance des Communautés européennes en 1957 [supra], est la première organisation régionale à protéger les Droits de l'Homme par un organe quasi juridictionnel, la Commission européenne des Droits de l'Homme[1225]. Il le fit aussi par une juridiction, la Cour européenne des Droits de l'Homme, mise en place en 1959, avant de fusionner la quasi-juridiction et cette dernière, avec l'adoption « du Protocole n°11 du 11 mai 1994 [...] entrée en vigueur en 1998 », pour donner naissance à la Cour de Strasbourg, la Cour européenne des Droits de l'Homme[1226].

Sur le continent américain, l'internationalisation régionale de la personnalité de l'individu, est promue, assez tard après l'Europe, par « la Cour interaméricaine des droits de l'homme dont le Statut, adopté en 1979 est entré en vigueur en 1980 »[1227], quelques 6 ans seulement, avant l'entrée en vigueur, en 1986, de la Charte africaine des droits de l'homme et des peuples, adoptée en 1981, et instituant la Commission africaine des droits de l'homme et des peuples [supra].

Mais, pour la Cour interaméricaine des droits de l'homme, la protection internationale de l'individu n'est pas aussi garantie que s'agissant de la Cour européenne des droits de l'homme et de la Cour africaine de justice et des droits de l'homme.

En effet, pour les 2 dernières juridictions régionales, sous réserve de l'effectivité de la déclaration de chaque État partie, l'individu est autorisé à ester directement devant la Cour dont son État est partie, alors que pour ester devant la Cour interaméricaine des droits de l'homme, l'individu sud-

1224 Ibid.
1225 Ibid.
1226 Ibid.
1227 Ibid.

américain doit passer par l'intermédiaire de la Commission interaméricaine des droits de l'homme qui coexiste avec la Cour de San José, au Costa Rica.

En Europe, comme en Amérique et en Afrique, ces différentes juridictions et quasi-juridictions, de protection régionale des Droits de l'Homme n'ont pas de compétence pénale, cette dernière étant assurée prioritairement par l'ordre juridique interne de chaque État et, subsidiairement, par la Cour pénale internationale, la CPI [supra].

Mais en Afrique, la promotion et la protection des Droits de l'Homme, ne sont pas seulement assurées par la Charte africaine des droits de l'homme et des peuples, sa Commission et la Cour africaine de justice et de droits de l'homme, car d'autres instruments complètent l'Architecture africaine de gouvernance, avec notamment la Charte africaine de la démocratie, des élections et de la gouvernance ; la Charte africaine des valeurs et des principes de la décentralisation, de la gouvernance locale et du développement local et la Charte africaine sur les valeurs et les principes du service public et de l'administration.

Avec ces 3 autres Chartes, l'Architecture africaine de gouvernance, se fixe un ambitieux objectif d'unification de l'Afrique par des valeurs à partager et règles communes organisationnelles et fonctionnelles des États, des collectivités décentralisées et de l'administration publique aux fins d'une culture démocratique et d'État de droit garantissant un développement inclusif ou prospérité pour tous ainsi qu'une paix durable ; un idéal à atteindre si chaque État membre de l'Union africaine s'engageait en adhérant à ces différents instruments pour transposer et mettre en œuvre en droit interne, sous le contrôle de l'Union africaine, les valeurs démocratiques dont s'est appropriée cette dernière.

Chapitre II : Des Chartes africaines de gouvernance, engageant à une transposition contrôlée, en droit interne, des valeurs démocratiques à partager et règles communes.

En 2007, en 2011 et en 2014, l'Union africaine a adopté, respectivement, la Charte africaine de la démocratie des élections et de la gouvernance ; la Charte africaine sur les valeurs et les principes du service public et de l'administration ; ainsi que la Charte africaine des valeurs et des principes de la décentralisation, de la gouvernance locale et du développement local.

Si la Charte africaine de la démocratie, des élections et de la gouvernance, institue un droit constitutionnel panafricain engageant à des réformes de l'ordre juridique interne de chaque État partie, sous le contrôle de l'Union africaine (section 1), cette dernière joue le même rôle pour la transposition et l'application de la Charte des valeurs de la décentralisation et de celle du service public, 2 Chartes qui inaugurent un droit continental de la décentralisation et un autre du service public (section 2).

Section 1 : Une Charte africaine de la démocratie, institutive d'un Droit constitutionnel panafricain, d'harmonisation organique et fonctionnelle des États parties.

Entrée en vigueur le 15 février 2012, après le dépôt par le Cameroun du 15e instrument de ratification le 16 janvier 2012, la Charte africaine de la démocratie, des élections et de la gouvernance (CADEG), avait été adoptée le 30 janvier 2007, à Addis-Abeba, en Éthiopie, par les chefs d'État et de Gouvernement, membres de l'Union africaine[1228].

Avec cette Charte, la question des élections politiques, en Afrique, longtemps demeurée confinée dans le huis clos des souverainetés nationales, se veut être, désormais, internationalisée au nom de la paix, de la sécurité et de la stabilité.

1228 Charte africaine de la démocratie, des élections et de la gouvernance, peaceau.org, consulté le 26/08/2017.

En instituant l'observation électorale panafricaine, dans le cadre de l'adhésion de l'UA à la Déclaration de principes pour l'observation internationale d'élections de 2005 supra, la Charte africaine de la démocratie, des élections et de la gouvernance, promeut des processus électoraux crédibles, au détriment des changements antidémocratiques, qui en sont interdits (I) et engage les États à opérer des réformes constitutionnelles, législatives et réglementaires profondes, accompagnées et contrôlées, pour plus de démocratie et plus d'États de droit, aux fins de la paix et de la stabilité (II).

I - Une Charte africaine de la démocratie engageant à une observation électorale panafricaine préventive d'alternatives anticonstitutionnelles et de la violence politique.

La charte africaine de la démocratie institue l'observation internationale électorale panafricaine, pour des élections apaisées et crédibles (A) tout en interdisant et en sanctionnant les alternatives anticonstitutionnelles (B).

A - Une observation électorale panafricaine pour des élections apaisées et crédibles.

Tout en rappelant, à l'article 17, l'attachement des parties aux engagements pris au titre de la Déclaration de l'UA sur les Principes démocratiques[1229], lesdites parties s'obligent à organiser des élections dans le respect desdits principes démocratiques que sont notamment :

- le caractère régulier des élections, sans prorogations intempestives des mandats électifs sous des prétextes multiformes ou des causes suscitées, et sans des révisions constitutionnelles opportunistes[1230] ;
- leur transparence et leur caractère libre[1231] ;
- leur caractère juste[1232].

Pour y parvenir, les États parties ont la faculté de solliciter, en amont, la Commission de l'UA, pour obtenir une assistance technique de la part de son

[1229] Déclaration de l'UA sur les Principes régissant les élections démocratiques en Afrique, du 8 juillet 2002, eisa.org.za, consulté le 10/03/2018.
[1230] Charte africaine de la démocratie, des élections et de la gouvernance, op.cit.
[1231] Ibid.
[1232] Ibid.

unité d'appui. Cette assistance peut être financière, venant du Fonds institué à cet effet, tel que stipulé à l'article 18[1233].

Si les règles d'indépendance, d'objectivité, d'impartialité et de transparence, édictées par l'article 21,[1234], en matière d'observation électorale, sont conformes à la Déclaration de principes pour l'observation internationale d'élections [supra], et qu'elles sont identiques à celles des observateurs européens [supra], il est nécessaire de préciser que l'article 19 de la Charte[1235] oblige tout État partie :

- d'informer la Commission de l'UA, de l'imminence de nouvelles élections politiques[1236] ;
- de l'inviter à lui envoyer une mission d'observation électorale[1237].

Mais ces avancées sont atténuées par les conditions d'aboutissement de l'observation électorale panafricaine, notamment la non-publication du rapport des observateurs de l'UA.

En effet, en application de l'alinéa 3 de l'article 21, et contrairement à l'observation électorale européenne, qui destine son rapport à l'État hôte, de façon solennelle, ainsi qu'à tous les acteurs du processus électoral [supra], le rapport d'observation électorale panafricaine n'est destiné qu'à l'État hôte et à la Commission de l'UA[1238].

Cette confidentialité n'est pas de nature à contribuer à la nécessaire confiance, du peuple et des candidats, dans un processus électoral, car ladite confiance est tributaire de la transparence dans l'activité de ceux qui contribuent à légitimer internationalement des résultats électoraux.

Cette confidentialité affecte, par ailleurs, la crédibilité d'une observation électorale qui se déroule de façon insuffisamment transparente, ce qui va en contradiction avec les objectifs poursuivis par la Charte de la démocratie, car cela peut provoquer des violences électorales et postélectorales, qui suscitent et véhiculent des alternatives anticonstitutionnelles d'accession ou de maintien au pouvoir alors même que ces dernières sont interdites et sanctionnées.

1233 Ibid.
1234 Ibid.
1235 Ibid.
1236 Ibid.
1237 Ibid.
1238 Ibid.

B - Des alternatives anticonstitutionnelles d'accession ou de maintien au pouvoir, interdites sous peine des sanctions.

En application de l'acte constitutif de l'Union africaine, qui interdit les changements anticonstitutionnels et pour prévenir la pratique, chronique et endémique, desdits changements anticonstitutionnels des Gouvernements démocratiquement élus, qui ont jonché toute l'histoire ancienne et récente de la vie et de la survie politique en Afrique, et qui est constitutive d'une grave négation de la souveraineté des peuples, la Charte africaine de la démocratie, des élections et de la gouvernance, consacre un chapitre entier, le chapitre VIII, à cette question, en définissant ces alternatives anticonstitutionnelles et en convenant des sanctions applicables en cas de leur survenance.

Aussi, l'article 23[1239] cite, de façon indicative, les actes constitutifs d'alternatives anticonstitutionnels suivants :

- les coups d'État ;
- les dissidences, ou rébellions armées ;
- les actions des mercenaires ;
- le maintien au pouvoir par la force et/ou contre la volonté électorale du peuple, au détriment du vainqueur, à l'instar de ce qu'a tenté faire, en fin 2016 et début 2017, l'ancien Président gambien, Mr YAYA Djamé [supra] ; comme à l'image de ce que fait le Président sortant, Mr Ali Bongo, au Gabon, depuis le 31 août 2016, suite à l'élection présidentielle du 27 août de la même année [supra] ;
- toute manipulation de la Constitution ou d'autres instruments juridiques électoraux, si celle-ci est de nature à compromettre les principes de l'alternance démocratique ; l'élément de définition innovant, car les 3 autres résultent de la Déclaration de Lomé de 2000[1240].

Si un acte ci-dessus se produit et est constaté par le Conseil de Paix et de sécurité de l'UA, le CPS[1241], des mesures appropriées doivent être prises contre les auteurs et contre l'État concerné et/ou contre tout État impliqué.

Contre l'État concerné, celui-ci est suspendu par le C.P.S., lorsque toutes les initiatives diplomatiques ne sont pas parvenues à rétablir l'ordre constitutionnel[1242].

1239 Ibid.

1240 Ibid.

1241 Le CPS est l'organe politico-militaire de l'UA chargé de jouer le rôle de gendarme et de gardien de l'Architecture africaine de paix et de sécurité, ainsi que de l'Architecture africaine de gouvernance ; le rôle de gardien juridique de ces deux Architectures étant assuré par la Commission africaine des droits de l'homme et des peuples et par la Cour africaine de justice et des droits de l'homme.

Mais en dépit de cette suspension, l'État concerné reste engagé au regard des obligations prises au sein de l'UA, notamment en matière des Droits de l'Homme[1243].

De même, l'UA continuera à initier toute mesure nécessaire au retour à l'ordre constitutionnel dans le pays[1244].

Si un autre État est impliqué dans une telle déstabilisation d'un Gouvernement démocratiquement élu, c'est la Conférence des chefs d'État et de Gouvernement qui a compétence pour décider des mesures appropriées contre ledit État[1245].

Quant aux auteurs de la déstabilisation d'un gouvernement démocratiquement élu, ils encourent des poursuites judiciaires par toute juridiction compétente et, s'il y a lieu, ils doivent être extradés, conformément à l'avant-dernier alinéa de l'article 25[1246] ; le dernier alinéa étant consacré à la nécessité de conclure des accords bilatéraux en matière d'extradition et d'entraide judiciaire[1247].

En plus des sanctions judiciaires, les auteurs de déstabilisation d'un Gouvernement démocratiquement élu, doivent se voir appliquer des sanctions politiques en la forme de 2 interdictions visées à l'alinéa 4 de l'article 25[1248], à savoir :

- interdiction de candidature aux élections de rétablissement de l'ordre constitutionnel ;

- interdiction d'être promus « à des postes de responsabilité dans les institutions politiques de leur État », même si la Charte ne précise pas, dans sa lettre, si une telle interdiction, géographiquement limitée au territoire de l'État concerné, serait illimitée dans le temps.

Mais, comme la Charte ne protège que les Gouvernements issus d'un processus véritablement démocratique, il faut des réformes nationales,

---

1242 Charte africaine de la démocratie, des élections et de la gouvernance. Op.cit.
1243 Modou Kader Léonide, La Charte africaine de la démocratie, des élections et de la gouvernance, une grille en faveur de l'effectivité de la démocratie en Afrique, regardcritique.ca, octobre 2012, consulté le 26/08/2017.
1244 Ibid.
1245 Ibid.
1246 Ibid.
1247 Ibid.
1248 Ibid.

accompagnées et contrôlées par l'UA, pour que ces réformes soient garantes de la démocratie et de l'État de droit.

II – Une Charte africaine engageant à des réformes nationales accompagnées et contrôlées, pour plus de démocratie et d'État de droit.

Les États parties à la Charte africaine de la démocratie, des élections et de la gouvernance, sont engagés à mener des réformes institutionnelles, en profondeur, de nature à promouvoir et/ou garantir les valeurs démocratiques (démocratie, État de droit et Droits de l'Homme) (A) en se plaçant volontairement sous le suivi/évaluation et le contrôle de l'Union africaine (B).

A- Une Charte africaine de la démocratie engageant à des réformes de promotion et de consolidation de la culture démocratique, d'équilibre des pouvoirs et de reddition des comptes.

Après avoir, à l'alinéa premier de l'article 2, précisé que l'objectif de la Charte est d'amener, chaque État, à adhérer « aux valeurs et principes universels de la démocratie et le respect des Droits de l'Homme », les parties s'engagent, à l'article 3, à la mise en œuvre de la Charte africaine de la démocratie, en se conformant à des principes convenus en 11 points[1249].

Parmi ces principes, il y a celui d'accéder au pouvoir et d'exercer ledit pouvoir en conformité, à la fois, avec la Constitution de l'État, et avec le principe de l'État de droit.

Il est ajouté qu'il doit y avoir la séparation des pouvoirs ainsi qu'un Gouvernement représentatif.

Un Gouvernement représentatif signifie que ce dernier doit tirer sa légitimité de l'expression du peuple souverain.

Autre principe, il doit être promu un équilibre hommes-femmes, dans les institutions publiques, comme dans le secteur privé, ainsi qu'une participation citoyenne, à tous les niveaux, qu'il s'agisse des élections, du développement ou de toute affaire publique.

1249 Ibid.

Par ailleurs, toute affaire publique doit faire l'objet d'une gestion transparente et juste, en faisant cesser l'impunité, grâce à un système de reddition des comptes, juste et appliqué de façon équitable.

Le rôle des partis politiques doit être renforcé tout en conférant un statut aux partis politiques de l'opposition.

Pour atteindre ces objectifs, le suffrage universel est érigé en droit inaliénable à l'article 4[1250].

De même, les libertés et droits fondamentaux de l'Homme, sont admis, à l'article 6, qu'ils sont universels, interdépendants et indivisibles[1251] ; rejoignant ainsi, toutes les conventions internationales en la matière, et les objectifs poursuivis par l'Union européenne, à travers le monde, notamment dans le cadre de la conditionnalité politique de Cotonou [supra] et celles des Accords d'Association Euro-méditerranéens [supra].

Pour éliminer toute forme de discrimination, notamment à l'égard des femmes et des minorités, ainsi qu'en raison des questions d'opinion politique ou d'appartenance religieuse, l'article 8 engage les parties à des reformes législatives et administratives pertinentes, à faire dans chaque État partie[1252].

Par ailleurs, les États sont tenus de mettre en place et de conduire des programmes sociaux et économiques, à visage humain, à l'article 9[1253], ainsi qu'à élaborer et mettre en œuvre des cadres législatifs, réglementaires et politiques de promotion de la culture démocratique et de la paix, tel qu'il résulte des stipulations du Chapitre V[1254].

Après avoir rappelé la primauté nationale de la Constitution de chaque État et dont toute modification doit émaner et résulter d'un indispensable consensus national, tel que prévu à l'article 10[1255], les parties ont consacré un chapitre entier, le chapitre VI, à des reformes à faire, particulièrement engageantes, notamment :

- l'obligation de renforcer et d'institutionnaliser la règle classique, de contrôle, par le pouvoir civil, du pouvoir militaire ; contrôle perçu

1250 Ibid.
1251 Ibid.
1252 Ibid.
1253 Ibid.
1254 Ibid.
1255 Ibid.

comme gage de la démocratie et de la stabilité de l'ordre constitutionnel[1256] ;

- l'obligation de mettre en place, dans chaque État partie, des institutions publiques chargées de promouvoir la démocratie et l'ordre constitutionnel ; des institutions dont l'indépendance ou, du moins, l'autonomie, en ressources, en actions et en décisions, doit expressément faire l'objet des dispositions constitutionnelles ; avec obligation, pour des telles institutions, de rendre compte à des organes nationaux dont la compétence doit être établie[1257].

Les stipulations du chapitre IX engagent les États parties à réformer leur système juridique et judiciaire, à renforcer les Parlements nationaux et les partis politiques ainsi qu'à nouer des partenariats avec la société civile[1258].

À l'article 44, les États parties s'obligent à mettre en conformité, avec la Charte, leurs lois et règlements, aux fins de l'efficacité de la mise en œuvre d'un tel agenda[1259].

Dans cette perspective de concrétisation de cet « infléchissement de l'autonomie constitutionnelle des États [au profit d'un] droit international [contraignant][1260] les États parties sont engagés à coopérer, pour échanger leurs expériences, tout en confiant à l'UA, la mission de coordination et d'assistance technique ainsi que des prérogatives de suivi, de contrôle et d'évaluation des réformes engagées et mises en œuvre par chaque État partie ; une externalisation des missions régaliennes jusque-là régies par le huis clos des souverainetés étatiques, en vertu du principe de non-ingérence, désormais, appelée, en Afrique, à coexister avec celui de la non-indifférence

B – Un contrôle des réformes organiques et fonctionnelles des États parties externalisés auprès de l'UA.

Après avoir pris à l'article 7, l'engagement de renforcer, notamment en ressources, les organes de l'UA, commis à la promotion et à la protection des Droits de l'Homme[1261], les parties ont attribué, à la Commission de l'UA, des prérogatives de coordination et de supervision, de la réalisation et la mise en œuvre des réformes, ainsi que d' évaluation des progrès

---

1256 Ibid.

1257 Ibid.

1258 Ibid.

1259 Ibid.

1260 Tchikaya Blaise, La Charte africaine de la démocratie, des élections et de la gouvernance . Annuaire français de Droit international, pp.515-528, persee.fr, 2008, consulté le 26/8/2017.

1261 Ibid.

accomplis, par chaque État, tous les deux ans, tel que stipulé au chapitre X[1262].

À ce titre, la Commission de l'UA détermine les critères de mise en œuvre des réformes, et œuvre à une harmonisation des politiques et lois nationales[1263].

Pour mener à bien sa mission, la Commission de l'UA doit définir un cadre de coopération avec chacune des organisations économiques régionales ou communautés économiques régionales (CER)[1264], pour que ces dernières œuvrent en faveur de la ratification ou de l'adhésion de leurs États membres, à la Charte[1265].

À cet effet, les CER doivent se doter des points focaux, chargés, régionalement, de coordonner, suivre et évaluer les reformes tout en s'assurant que celles-ci sont menées de façon largement participative avec, en particulier, une implication, effective et significative, de la société civile[1266].

Cette activité de coordination régionale, permet de remonter à la Commission de l'UA, toutes les données et informations nécessaires à sa mission de coordination panafricaine, tout en coordonnant l'évaluation continentale des reformes intra-étatiques, menées par les autres institutions et organes de l'UA comme le Parlement panafricain (PAP), le CPS, la

---

1262 Ibid.
1263 Ibid.
1264 L'UA reconnait 8 CER

1 – Autorité intergouvernementale pour le développement (IGAD) ;

2 – Communauté de l'Afrique de l'EST (CAE) ;

3 – Communauté de développement de l'Afrique australe (SADC) ;

4 – Communauté économique des États de l'Afrique centrale (CEEAC) ;

5 – Communauté des Etats Sahélo-sahariens (CEN-SAD) ;

6 – Marché commun de l'Afrique orientale et australe (COMESA) ;

7 – Communauté économique des Etats de l'Afrique de l'Ouest (CEDEAO) ;

8 – l'Union du Maghreb arabe (UMA).

Source : Guide de l'Union africaine 2018, au.int, consulté le 29/04/2018.

1265 Ibid.
1266 Ibid.

Commission africaine des droits de l'homme et des peuples (CADHP), la Cour africaine de justice et des droits de l'homme (CAJDH), le conseil économique, social et culturel (CESC) ainsi que le Mécanisme d'évaluation par les pairs, le MAEP institué dans le cadre du NEPAD, le Nouveau partenariat pour le développement de l'Afrique, un programme qui a été intégré dans l'UA.

Cette coordination de l'évaluation doit s'étendre à celles effectuées par les CER ainsi que celles des évaluateurs nationaux.

Au-dessus de l'ensemble du dispositif, la Conférence des Chefs d'État et de Gouvernement, conjointement avec le C.P.S. assurent une veille permanente, pour constater toute violation de la Charte et prendre, s'il y'a eu lieu, des mesures appropriées, tel que le stipule, au chapitre XI, l'article 46[1267].

Comme on peut le constater, il s'agit d'une Charte dont l'ambition est presque révolutionnaire, si l'Afrique se donne les moyens de son application et si la société civile africaine incite chaque État à y adhérer et à la respecter ainsi que si, tous les partenaires de l'Afrique, qu'ils soient américains, européens, asiatiques ou océaniques apportent à l'UA, à ses institutions et organes ainsi qu'à ses États membres, toute contribution et assistance multiformes, car l'Afrique et l'UA font figure de pionner mondial, en se dotant d'une Charte pour la démocratie aussi contraignante et dont ne dispose aucune autre organisation régionale.

Les contributions salutaires des partenaires de l'Afrique et de l'UA consisteraient également à encourager les États africains à devenir parties à la Charte, et de l'appliquer, autant pour l'intérêt des peuples africains et de la stabilité africaine, que pour la sécurisation durable et la prospérité des intérêts et ressortissants de ces États partenaires, sur le sol africain ; tout en étant un moyen de contribuer à la paix et à la sécurité internationales.

L'ambitieuse Charte africaine de la démocratie, des élections et de la gouvernance, est d'autant à promouvoir qu'elle apparaît comme étant la pièce maîtresse du dispositif global constituant l'Architecture africaine de gouvernance et dont la non-application parasiterait gravement les Chartes d'application que sont la Charte africaine des valeurs de la décentralisation et celle des valeurs du service public, qui inaugurent un droit continental de la décentralisation garantissant un développement local inclusif et ainsi

[1267] Ibid.

qu'un droit panafricain de la Fonction publique visant une offre de service public de qualité au bénéfice des usagers et valorisant l'agent public tout en le responsabilisant.

Section 2 : Des Chartes africaines instituant un Droit continental de la décentralisation et un Droit panafricain du service public.

La Charte africaine de la démocratie, des élections et de la gouvernance, principalement en son chapitre IX, vise atteindre l'objectif d'une offre de service public de qualité, en termes d'efficience, d'efficacité et de transparence, en éliminant toute forme de corruption (article 27 paragraphe 5), avec obligation de reddition des comptes (article 32 paragraphe 1) ainsi qu'une transparence dans la gestion de toutes les ressources et dettes publiques, tout en recherchant une équité dans la réparation de la richesse nationale et locale ; dans un cadre favorable à une attractivité des capitaux et d'investissements étrangers (article33)[1268].

Ces généralités de modélisation de l'offre de service public sont précisées dans deux Chartes d'application :

- la Charte africaine sur les valeurs du service public et de l'administration, conclue à Addis-Abeba, en Éthiopie, le 31 janvier 2011, à l'occasion de la XVIe conférence des chefs d'États, et de Gouvernement ;
- la Charte africaine des valeurs et des principes de la décentralisation, de la gouvernance locale et du développement local, conclue le 27 juin 2014, à Malabo, en Guinée Équatoriale, à l'occasion de la XXIIIe session ordinaire de la Conférence des Chefs d'État et de Gouvernement.

Comme pour la Charte africaine de la démocratie, les 2 chartes ci-dessus confèrent à la Commission de l'UA un rôle de supervision et d'accompagnement des reformes convenues, par une assistance, une aide à l'harmonisation des politiques publiques et des lois des États parties ainsi qu'en exerçant des prérogatives pour faire une synthèse des rapports à destiner à la Conférence des Chefs d'État et de Gouvernement, pour mesures appropriées.

[1268] Ibid.

Ainsi, alors que la Charte africaine sur les valeurs du service public et de l'administration assure la promotion d'une offre de service public de qualité et qui soit satisfaisante pour les usagers, tout en valorisant et en responsabilisant l'agent public (II), la Charte africaine des valeurs et des principes de la décentralisation, de la gouvernance locale et du développement local, oblige à promouvoir et à sauvegarder la décentralisation participative aux fins d'un développement inclusif (I).

I – Une Charte africaine obligeant à une décentralisation effective et responsable, pour une gouvernance locale participative et un développement inclusif.

En faisant adopter, le 27 juin 2014, à la 23e session ordinaire de la Conférence des Chefs d'État et de Gouvernement, à Malabo, en Guinée Équatoriale, la Charte africaine des valeurs et des principes de la décentralisation, de la gouvernance locale et du développement local[1269], l'Union africaine envisage promouvoir et protéger une décentralisation fondée autour des valeurs partagées et principes communs engageant à des reformes nationales suivies par la Commission de l'UA (A) aux fins d' une gouvernance locale transparente, responsable et participative (B).

A – Des valeurs et principes de gouvernance locale et démocratique à partager sous le contrôle de la Commission de l'Union africaine.

De même que les rigidités inhérentes au principe de souveraineté des États, en Afrique, n'ont pas suffisamment permis à la Communauté internationale d'avoir un droit de regard, protecteur et promoteur, des Droits de l'Homme et autres valeurs démocratiques, sur le continent africain, de même, une gouvernance fortement centralisée au niveau national, sans suffisante participation citoyenne et, parfois, sans décentralisation réelle dans le cas où cela existe, est l'un des facteurs du sous-développement africain, de la pauvreté et de l'exclusion ; les principales causes de la conflictualité africaine, de la montée du terrorisme dans le continent, de la piraterie maritime et des migrations massives et invasives intra-africaines et en dehors de l'Afrique, notamment vers l'Europe.

1269 Charte africaine des valeurs et des principes de la décentralisation, de la gouvernance locale et du développement local, au.int, consulté le 27/8/2017.

Pour contribuer à y remédier, l'UA envisage promouvoir et protéger une décentralisation participative, en invitant les États parties à des réformes garantissant la mise en place ou la consolidation des instruments de cette décentralisation et dont les principales caractéristiques sont que celle-ci doit être participative et fondée sur les mêmes valeurs et principes (1), sous le contrôle de la Commission de l'Union africaine (2).

1 – Une gouvernance locale voulue participative et obligeant à une culture de reddition des comptes.

Le préambule de la Charte africaine de la décentralisation, en son paragraphe 1, rappelle que les États membres de l'Union africaine, au moment de leur délibération pour l'adoption de ladite Charte et dans le cadre de sa mise en œuvre, sont guidés par les principes « de la bonne gouvernance, de la participation populaire et de l'État de droit »[1270] ; avant d'ajouter au paragraphe 7 que « les gouvernements locaux ou autorités locales [sont des] piliers de tout système de gouvernance démocratique »[1271].

C'est en se basant sur ce socle que la décentralisation promue par la Charte africaine, a pour valeurs fondamentales, à promouvoir et à consolider :

- « la participation communautaire et l'inclusivité »[1272] ;
- « la diversité et la tolérance »[1273] ;
- « la justice, l'égalité et l'équité »[1274] ;
- « l'intégrité »[1275] ;
- « la responsabilité civique et citoyenne »[1276] ;
- « la transparence et l'obligation de rendre compte »[1277] ;
- « la réactivité »[1278].

Sur le fondement de ces valeurs, et quoique le préambule de la Charte, en son paragraphe 10, admet le caractère protéiforme de la décentralisation, qui

[1270] Ibid.
[1271] Ibid.
[1272] Ibid.
[1273] Ibid.
[1274] Ibid.
[1275] Ibid.
[1276] Ibid.
[1277] Ibid.
[1278] Ibid.

peut ainsi se décliner en « dévolution, déconcentration, délégation des sphères politiques, administratives [et/ou] financières »[1279], les États parties sont engagés, par ladite Charte, à des réformes nationales au regard des principes fixés au chapitre II et des obligations de mise en œuvre du chapitre III.

S'agissant des engagements des États parties résultant des principes de la Charte, ces derniers sont tenus de mener des réformes législatives et réglementaires, en déterminant les institutions, organes ou organismes, de mise en œuvre de la décentralisation, leurs prérogatives de gestion, responsable et transparente, de « leur administration et leurs finances [gestion par ces entités dont les textes doivent affirmer que cela doit se faire] à travers des assemblées délibératives et des organes exécutifs démocratiquement élus », en application des stipulations de l'article 5[1280].

La législation nationale doit également déterminer les limites territoriales de chaque entité décentralisée[1281].

Pour toutes les mesures nationales, à prendre par les exécutifs centraux, en termes de législation, de politique ou de programme, les dirigeants ou exécutifs locaux touchés, directement ou indirectement, par des telles mesures, doivent être consultés préalablement[1282].

Les exécutifs centraux doivent légiférer pour accorder aux exécutifs locaux « l'autorité de mobiliser et de libérer les ressources au niveau local pour le développement économique local »[1283], tout en mettant en place des législations relatives aux « mécanismes de contrôle et d'évaluation [...,] pour s'assurer que les pourcentages des recettes collectées aux niveaux national et local sont effectivement transférés aux gouvernements locaux ou aux autorités locales pour le développement économique local » ; tel qu'il ressort de l'article 7[1284].

Des cadres législatifs, financiers et institutionnels, doivent être élaborés pour permettre une collaboration entre les exécutifs nationaux ou centraux,

---

[1279] Ibid.
[1280] Ibid.
[1281] Ibid.
[1282] Ibid.
[1283] Ibid.
[1284] Ibid.

avec les exécutifs locaux, « pour promouvoir les investissements ou les initiatives du secteur privé et le développement communautaire »[1285].

Des lois et règlements doivent clairement définir :

- des mécanismes par lesquels les exécutifs locaux « collectent, gèrent et administrent [.....] de manière responsable et transparente les ressources locales en consultation avec le gouvernement central, la société civile et le secteur privé »[1286] ;
- d'autres mécanismes transparents permettant aux exécutifs locaux d'encourager « la société civile, le secteur privé, les communautés et les entités nationales ou sous-nationales à payer leurs impôts locaux et services aux utilisateurs »[1287].

Des réformes législatives doivent également permettre de déterminer le régime des programmes, projets ou initiatives locaux pour que leur mise en œuvre se fasse « en consultation avec les parties prenantes et [qu'ils soient] exécutés en tenant compte de la diversité culturelle, religieuse et de genre des populations dans les zones urbaines et rurales [ainsi que pour prendre en compte] les réalités, valeurs et coutumes locales », en vertu de l'article 8[1288].

Les lois et règlements pris par les exécutifs centraux doivent également fixer le cadre dans lequel les exécutifs locaux adoptent leurs règlements, élaborent et appliquent « les programmes, projets et initiatives au niveau local »[1289], en vertu du principe de légalité stipulé à l'article 9, alors que les articles 10 à 17[1290] obligent les États parties à légiférer et à prendre des règlements leur permettant de promouvoir et de veiller à l'exercice, par les exécutifs locaux, de leurs prérogatives, dans le respect des principes d'inclusion, d'équité et d'égalité (article 10) ; de responsabilité partagée et de complémentarité (article 11) ; de participation (article 12) ; de représentation (article 13) ; de transparence, de responsabilité et d'éthique (article 14) ; d'intégration du genre, des jeunes et des handicapés (article 15) ; d'efficience en matière d'administration de la gouvernance locale, de mobilisation et d'utilisation des ressources, de renforcement des capacités,

---

1285 Ibid.
1286 Ibid.
1287 Ibid.
1288 Ibid.
1289 Ibid.
1290 Ibid.

des ressources naturelles, du financement de cette gouvernance locale ainsi que de sa gestion financière (article 16) ; de coopération décentralisée avec des entités analogues d'autres pays africains ou d'autres continents ainsi que relativement aux modalités de création d'associations d'exécutifs locaux au niveau national, régional, continental ou mondial, tout en définissant les règles de promotion de la participation desdites associations aux décisions et autres mesures de développement national, régional et continental, tel qu'il ressort de l'article 17.

En plus de ces obligations tirées des principes de la Charte et dont sont tenus les États parties pour engager des réformes et les mettre en œuvre, ces derniers s'obligent également, en vertu du chapitre II, consacré aux mécanismes de mise en œuvre de la Charte, tel qu'il ressort des stipulations du point b du paragraphe 1 de l'article 18[1291] ; à les mener sous le contrôle de la Commission de l'Union africaine.

2 – Une démocratisation locale placée sous la conduite et le contrôle de la Commission de l'Union africaine et des Comités économiques régionaux.

Pour faciliter l'activité de contrôle des réformes par la Commission de l'UA, les communautés économiques régionales, les CER, sont mises à contribution pour permettre à celle-là d'apporter une assistance continentale, d'organiser des évaluations ainsi que d'examiner les rapports établis par les États parties quant aux progrès accomplis, tout en organisant un système pour primer les meilleures innovations en matière de décentralisation.

Ainsi, au niveau régional, les CER sont tenues, en conformité avec leurs instruments constitutifs, et en application du paragraphe 2-a de l'article 18[1292] :

- de promouvoir auprès des États membres de la CER, l'impérieuse nécessité de ratifier la Charte ou d'adhérer à celle-ci et de la mettre en œuvre, tout en assurant son suivi[1293] ;
- d'intégrer, au niveau de chaque CER, les valeurs promues par la Charte, dans les instruments politiques et juridiques desdites CER[1294] ;

[1291] Ibid.
[1292] Ibid.
[1293] Ibid.

- de contribuer à la création d'une plate-forme ou forum régional d'échanges et autres initiatives entre les exécutifs locaux des États membres d'une même CER[1295].

Quant à la Commission de l'Union africaine, elle est tenue de s'investir, au plan continental, en application du paragraphe 2-b de l'article 18, pour :

- orienter la mise en œuvre de la Charte par chaque État partie, en produisant des directives à transposer dans chaque ordre juridique interne[1296] ;
- favoriser « l'harmonisation des politiques et des législations des Etats parties », aux fins d'aider à promouvoir la bonne gouvernance locale et le développement local, sur tout le continent[1297] ;
- contribuer à la création d'une plate-forme ou forum continental d'échanges et d'initiatives multiformes entre les exécutifs locaux de toute l'Afrique[1298] ;
- apporter une assistance multiforme aux États membres pour les aider à se conformer à la Charte[1299] ;
- coordonner l'évaluation de la mise en œuvre de la Charte, tout en organisant, elle-même, une évaluation périodique, assortie des recommandations adressées aux organes de l'Union africaine ayant pouvoir délibérant[1300].

Par ailleurs, Chaque État membre étant tenu de soumettre, à la Commission de l'UA, tous les 3 ans, à compter de l'entrée en vigueur de la Charte dans chaque chef de juridiction, il est confié, à la Commission, la mission de faire la synthèse des différents rapports nationaux sur le niveau de mise en œuvre des reformes d'application de la Charte, pour adresser cette synthèse à la Conférence des Chefs d'État et de Gouvernement, via le Conseil exécutif ou Conseil des Ministres de l'UA, tel qu'il ressort de

---

1294 Ibid.
1295 Ibid.
1296 Ibid.
1297 Ibid.
1298 Ibid.
1299 Ibid.
1300 Ibid.

l'article 19[1301] ; ce qui est un gage d'une démocratisation locale visant un développement inclusif.

B – Une démocratisation locale pour un développement garantissant la prospérité pour tous.

La décentralisation promue par l'Union africaine, vise développement à double acception (1) et cette décentralisation doit être transparente et responsable (2).

1 – Une double acception du développement visée par la Charte africaine de la décentralisation.

Le développement poursuivi par la Charte africaine de la décentralisation, au sens donné par l'article premier[1302], a deux acceptions, car il est convenu que ce développement doit être, à la fois :

- un développement local ;
- un développement économique local.

Vu comme « développement local », tout court, sa finalité principale est d'améliorer et transformer les « conditions de vie des communautés et des collectivités »[1303] locales. Le moyen pour y parvenir est de mobiliser toutes les ressources disponibles, à savoir :

- le capital humain ;
- le potentiel économique dont les ressources naturelles et le potentiel touristique et environnemental ;
- les ressources socioculturelles ;
- les ressources politiques.

Appréhendé comme « développement économique local », il s'agit d'un sous-ensemble du « développement local », dont l'objet est d'attirer les investisseurs, pour que ces derniers créent des activités économiques qui doivent être inclusives, et produire de la croissance et de l'emploi, tout en favorisant une redistribution équitable des ressources, en vue de

---

[1301] Ibid.
[1302] Ibid.
[1303] Ibid.

la prospérité pour tous et pour chacun[1304]. Pour attirer ces investisseurs, il est envisagé qu'il faut mobiliser les ressources endogènes, les connaissances et les compétences locales[1305].

Aux fins de cette double finalité, la gouvernance locale doit être transparente et faire l'objet d'une gestion responsable, conformément au paragraphe 2 de l'article 5 de la Charte qui oblige les États parties, à des réformes de transposition de ces exigences dans chaque ordre juridique interne[1306].

2 – Une décentralisation transparente et responsable à promouvoir et à consolider.

Les modalités de la responsabilisation et de la transparence doivent être fixées par chaque législation nationale, en application de l'article 14 de la Charte, pour :

- définir « clairement les rôles et les responsabilités respectifs des gouvernements nationaux et sous-nationaux, des agences publiques, des fournisseurs des services, des responsables élus et administratifs ainsi que des organisations de la société civile »[1307] ;
- publier les « rapports annuels sur la performance des gouvernements locaux, et en présentant des états financiers complets »[1308] ;
- mettre « en place des mécanismes pour combattre la corruption sous toutes ses formes »[1309] ;
- autoriser et « encourager la dénonciation de toutes les formes et pratiques de corruption, y compris les pots-de-vin, le favoritisme et le népotisme, et en protéger les auteurs » des telles dénonciations[1310].

Les exécutifs locaux sont par ailleurs tenus d'afficher « un comportement éthique et d'intégrité dans l'exercice de leurs fonctions » en application du paragraphe 5 de l'article 14 de la Charte dont le paragraphe 6 dudit article 14

1304 Ibid.
1305 Ibid.
1306 Ibid.
1307 Ibid.
1308 Ibid.
1309 Ibid.
1310 Ibid.

oblige les exécutifs centraux à légiférer pour déterminer les modalités de cette veille éthique et d'intégrité[1311].

Pour asseoir cette transparence et faire prendre conscience aux exécutifs locaux de leur responsabilité collective et individuelle, l'alinéa g du paragraphe 5 de l'article 16 relatif à l'efficience, oblige ces exécutifs locaux à utiliser « des systèmes de comptabilité [matières et financière] de vérification et de gestion pour une gestion transparente, effective et efficiente des ressources financières, dans le strict respect de la législation et des nomenclatures financières et comptables nationales »[1312].

Les garanties de cette transparence et de cette responsabilisation sont renforcées par des mécanismes de participation populaire locale à tous les maillons des politiques, programmes et projets locaux, depuis leur planification, jusqu'à leur évaluation, d'étape ou finale, en passant par les phases de mise en œuvre et de suivi, tel que stipulé à l'article 12[1313].

L'article 13 exige que dans le cadre des élections régulières, démocratiques, libres, justes et transparentes, des exécutifs locaux, qu'il y ait la présence des femmes et des groupes marginalisés, pour que les intérêts de toutes les communautés locales soient protégés, tout en organisant la consultation permanente et régulière des populations[1314].

Ces consultations peuvent se faire au moyen des technologies de l'information et de la communication, les TIC mises à la disposition des résidents locaux et des communautés locales, pour aviser et émettre des doléances ou pour réclamer toute réparation éventuelle.

Aussi, les exécutifs locaux sont-ils « responsables devant les communautés locales en ce qui concerne les décisions et les politiques de développement local, la mise en œuvre de ces décisions et politiques, et la gestion des ressources financières »[1315].

Ainsi, en application de l'article 10 de la Charte, les exécutifs locaux doivent :

[1311] Ibid.
[1312] Ibid.
[1313] Ibid.
[1314] Ibid.
[1315] Ibid.

- exercer « leurs responsabilités et leurs missions de manière inclusive, équitable, et accordent un traitement égal à tous les résidents locaux pour s'assurer que les citoyens et résidents locaux ont un accès équitable aux services de qualité »[1316] ;

- œuvrer pour « que les groupes traditionnellement marginalisés et les communautés pauvres des zones rurales et urbaines [soient] inclus, et que la priorité leur [soit] accordée dans la fourniture des services »[1317] ;

- agir pour abolir toute forme de discrimination, qu'elle soit « fondée sur le sexe, l'âge, l'invalidité, le statut social, la religion, le lieu d'origine, l'origine ethnique ou raciale, l'association linguistique et l'idéologie politique [...] »[1318] ;

- prendre des initiatives en faveur des pauvres, des femmes et des jeunes ainsi que des groupes vulnérables, notamment les personnes âgées, les personnes handicapées, les réfugiés et les personnes déplacées[1319] ;

- tenir « compte du développement durable, qui inclut le développement des générations futures, le développement intergénérationnel et la durabilité de l'environnement »[1320].

Dans le cadre des mécanismes de mise en œuvre de la Charte africaine de la décentralisation, tels qu'ils sont édictés au chapitre III, les exécutifs locaux sont tenus d'être « responsables et comptables devant leur population locale pour la mise en œuvre des objectifs de la [...] Charte et de l'adhésion à ces valeurs et principes [en coopérant] avec le gouvernement central et tout autre niveau sous-national du gouvernement pour réaliser les priorités partagées de développement [et participer] aux associations gouvernementales, nationales et locales et collaborer avec la société civile et le secteur privé pour réaliser les objectifs de la Charte [tout en s'engageant] à créer les conditions favorables à la diffusion et à la mise en œuvre de la [...] Charte [ainsi que] à participer au suivi, à l'évaluation et à l'établissement des rapports sur la mise en œuvre de la [...] Charte »[1321].

Pour la gestion des financements locaux pour le développement local, tel qu'ils doivent résulter de la législation nationale, les « gouvernements locaux

1316 Ibid.
1317 Ibid.
1318 Ibid.
1319 Ibid.
1320 Ibid.
1321 Ibid.

[doivent avoir] l'entière responsabilité de la gestion des ressources financières au niveau local [sans que les exécutifs centraux, tout en assurant une surveillance de cette gestion, ne puissent] porter atteinte au principe de l'autonomie financière locale »[1322] ; dans le cadre des « transferts conditionnels et inconditionnels du gouvernement central aux gouvernements locaux ou autorités locales »[1323].

Ces transferts financiers doivent être « transparents et prévisibles [ainsi que les] conditions d'accès des gouvernements locaux aux prêts, aux marchés financiers et à l'aide au développement »[1324], tel que chaque législation nationale est tenue de fixer les règles en application de la Charte africaine sur les valeurs et des principes de la décentralisation, de la gouvernance locale et du développement local ; ces valeurs et ces principes étant promus, par ailleurs, par la Charte africaine sur les valeurs et les principes du service public et de l'administration, adoptée bien avant, en Éthiopie, en 2011, par l'UA, en promouvant ainsi, un droit panafricain de la Fonction publique qui arrime l'offre de service public africain aux standards internationaux, pour une meilleure satisfaction de l'usager du service public en Afrique et une valorisation et responsabilisation de l'Agent public sur tout le continent.

II – Un droit panafricain du service public garant des droits des usagers et des agents publics, pour des prestations publiques de qualité.

Le 31 janvier 2011, à Addis-Abeba, en Éthiopie, la 16e session ordinaire de la Conférence des Chefs d'État et de Gouvernement de l'Union africaine a adopté la Charte africaine sur les valeurs et les principes du service public et de l'administration[1325].

Les engagements pris par les États parties dans cette Charte, constituent un droit panafricain de la Fonction publique ou du service public, plaçant l'usager en centre, pour qu'il bénéficie d'une offre de service public de qualité et garantissant de ses droits (A), fournie par des agents publics valorisés fonctionnellement protégés et responsabilisés (B).

[1322] Ibid.
[1323] Ibid.
[1324] Ibid.
[1325] Charte africaine sur les valeurs et les principes de l'administration et du service public, peaceau.org, consulté le 28/08/2017.

A – Un droit panafricain du service public garantissant les droits des usagers.

En se plaçant à nouveau sous l'assistance, le suivi et le contrôle de la Commission de l'Union africaine, aidée en cela par les Communautés économiques régionales (CER), tel qu'il ressort des articles 23 à 25 de la Charte africaine sur les valeurs et les principes du service public et de l'administration[1326], les États parties doivent mener des réformes de nature à promouvoir une administration publique de qualité, indispensable aux objectifs d'intégration africaine et de développement durable, tel qu'ils sont réaffirmés dans le préambule[1327] et précisés à l'article 2 dans lequel il est principalement visé d' « assurer des prestations de service innovantes et de qualité répondant aux besoins des usagers »[1328].

À cet effet, il est envisagé que le service public de chaque État partie soit régi par des principes partagés et soit respectueux d'obligations communes.

En ce qui concerne les principes, l'administration publique africaine doit être régie, en application de l'article 3, par le principe d'égalité de tous les usagers du service public ; le principe de non-discrimination ; le principe d'impartialité ; le principe d'équité ; le principe de légalité ; le principe d'intégrité ; le principe d'éthique et de professionnalisme ainsi que le principe de continuité et celui d'adaptabilité aux besoins des usagers[1329].

Dans ce cadrage, les droits des usagers doivent être promus et protégés.

S'agissant des obligations de chaque administration publique, les Droits de l'Homme doivent être respectés, en particulier la dignité de l'usager du service public et son intégrité, tel que stipulé à l'article 4 ; le tout en lui offrant une prestation telle qu'elle doit être prévue par les lois et règlements et en prenant des décisions conformes à la législation en vigueur[1330].

Les institutions et organismes prestataires des services publics doivent être accessibles à tout usager quant à leur situation territoriale, en étant situés le plus proche possible et quant à leurs infrastructures qui doivent permettre,

---

[1326] Ibid.
[1327] Ibid.
[1328] Ibid.
[1329] Ibid.
[1330] Ibid.

notamment aux personnes vivant avec un handicap d'y accéder, en application de l'article 5[1331].

Cette accessibilité physique doit être renforcée par l'accès à l'information qui oblige l'administration publique à fournir toutes les informations liées aux procédures et formalités nécessaires, à notifier aux usagers de toute mesure les concernant en y indiquant les motivations, en application de l'article 6 qui exige, par ailleurs, que les informations données et les documents délivrés, par l'administration, le soit dans un langage simple, pour être accessibles à tous les usagers[1332].

Les prestations doivent être caractérisées par leur effectivité, leur qualité, leur célérité, leur adaptabilité « aux besoins évolutifs des usagers », qui sont de plus en plus exigeants dans une société de la révolution numérique caractérisée par les impératifs de célérité et de comparabilité en innovant à chaque fois que nécessaire et en capitalisant les technologies modernes dont il faut doter l'administration, tel qu'il ressort des stipulations combinées des articles 7 et 8[1333].

Pour fournir des prestations publiques d'une telle qualité et dans les délais, l'agent public doit être soumis à des obligations rigoureuses qui le responsabilisent et justifient sa valorisation qu'il faut opérer en termes des droits dont il doit jouir et de la façon dont il doit être pris en compte par les organismes publics chargés de la gestion des ressources humaines.

B – Une Charte de l'administration publique obligeant à responsabiliser, à valoriser les agents publics et à leur assurer une protection fonctionnelle.

Les États parties à la Charte africaine sur les valeurs et les principes du service public et de l'administration, en s'engageant à offrir, aux usagers du service public, des prestations de qualité, s'obligent à des réformes de leur ordre juridique interne, de nature à valoriser les agents publics à qui d'importants droits doivent être accordés tout en bénéficiant d'une meilleure gestion de leur carrière ou de leurs contrats, en leur assurant une protection fonctionnelle (1) en contrepartie d'une prestation que doit fournir lesdits

---

1331 Ibid.
1332 Ibid.
1333 Ibid.

agents publics, dans un cadre régi par un code de conduite procédant de la législation nationale qu'il faut arrimer aux critères définis par la Charte, pour le responsabiliser et leur assurer une protection fonctionnelle (2).

1 – Un droit panafricain du service public ouvrant droit à une protection fonctionnelle des agents publics.

La valorisation de l'agent public ouvre droit à la protection par les principes d'égalité de tous les agents publics et de non-discrimination, en application de l'article 14 de la Charte[1334].

Tout agent public, par ailleurs, doit jouir de la liberté d'expression, dans la limite de son statut ainsi que de la liberté d'association, notamment la liberté d'être syndiqué et de participer aux activités syndicales ainsi que la liberté d'adhérer à toute association ou parti politique, sans que, de ce fait, sa situation administrative en soi affectée, conformément à l'article 15 de la Charte[1335]. À cet effet, l'agent public doit bénéficier d'un cadre juridique déterminant les procédures et mécanismes de règlement de conflits ainsi que de dialogue et de concertation.

Il doit exercer dans un environnement où sa sécurité est garantie. Cette nécessaire sécurité physique et morale de l'agent public lui donne droit d'être protégé par l'État de toute menace, de toute insulte, de toute agression et de tout harcèlement, y compris le harcèlement sexuel, en application de l'article 16[1336].

Le nouvel agent public africain doit aussi être régi par « un système de rémunération cohérent et harmonisé [dont il doit tirer] une rémunération juste et équitable » au regard de « sa qualification, de sa responsabilité, de sa performance et de son mandat », en application de l'article 17 de la Charte[1337].

1334 Ibid.
1335 Ibid.
1336 Ibid.
1337 Ibid.

À ce droit à rémunération juste et équitable, sont greffés, de façon indivisible, le droit aux congés, le droit à la sécurité sociale et le droit à une pension de retraite, conformément à l'article 18[1338].

Dans le cadre de la gestion de sa carrière ou de son contrat, l'agent public doit être recruté sur la base d'une politique de planification des besoins de l'État, en matière des ressources humaines nécessaires à la fourniture, aux usagers du service public, des prestations publiques de qualité, dans le strict respect des principes de mérite, d'équité, d'égalité et de non-discrimination autre que les discriminations positives, notamment en faveur des femmes , des minorités , des personnes vivant avec un handicap ainsi que des personnes marginalisées ou vulnérables ; le tout étant régi par des procédures de recrutement édictées par la législation nationale et caractérisées par leur esprit de concurrence et l'effectivité de leur transparence, en application de l'article 19 de la Charte[1339].

La progression de l'agent public dans sa carrière ou dans le déroulement de son contrat, ne doit être tributaire que sa performance, dans un cadre juridique organisant la culture du résultat et de ladite performance, grâce à un suivi et à une évaluation continue, dont les critères doivent être préalablement définis et ajustés à chaque fois que nécessaire, pour un meilleur professionnalisme, en application de l'article 20[1340].

Cette quête de professionnalisme pour la performance, ouvre droit, à l'agent public, de bénéficier d'un processus de renforcement des capacités, notamment grâce à la mobilisation, par chaque État partie, des instituts de recherche et de formation et en organisant des dynamiques d'échange d'expertises, des savoirs, des informations ainsi que des bonnes pratiques et savoir-faire, conformément à l'article 21 de la Charte[1341].

En conciliant les exigences, du service public et les besoins de l'agent public, ce dernier, a droit au principe de mobilité, durant sa carrière ou le déroulement de son contrat, en application de l'article 22[1342].

1338 Ibid.
1339 Ibid.
1340 Ibid.
1341 Ibid.
1342 Ibid.

Les impératifs de qualité de l'offre de service public, conjugués à l'importante valorisation des agents publics requièrent leur responsabilisation.

2 – Les États parties tenus de valoriser et responsabiliser leurs agents publics.

En contrepartie de ces différents droits, l'agent public souscrit à un code de conduite dont les exigences sont indispensables à la qualité de l'offre de service public, attendu par les usagers comme étant une aspiration légitime et une obligation incombant à un État, dans un État de droit.

Le Code de conduite à élaborer par partie et pesant sur ses agents publics porte essentiellement sur les grandes lignes suivantes:

- le professionnalisme de l'agent public en termes d'excellence et d'innovation, de courtoisie et, implicitement, d'adaptabilité (article 9)[1343] ;
- l'éthique, l'intégrité et l'impartialité ainsi que la neutralité et la loyauté (article 10)[1344] ;
- les incompatibilités et les conflits d'intérêts, notamment la règle d'abstention, pour prévenir, certes tout acte de nature à affecter l'impartialité et l'intégrité de l'agent public, mais aussi pour sauvegarder sa crédibilité ainsi que celle du service public pertinent et de l'administration publique en général (article 11)[1345] ;
- les règles et mécanismes anticorruption, pour prévenir et réprimer la corruption, dans l'administration publique africaine, ainsi que toute mesure de promotion de l'exemplarité dont doivent faire preuve des agents publics intègres (article 12)[1346] ;
- l'exigence de déclaration de biens et revenus de tout agent public, au début, pendant et à la fin de son service (article 13)[1347].

Mais le fait pour l'Union africaine de s'être appropriée les valeurs démocratiques à travers son Architecture de gouvernance, est-elle une garantie de sa capacité à faire adhérer tous ses États membres aux différents

---

[1343] Ibid.
[1344] Ibid.
[1345] Ibid.
[1346] Ibid.
[1347] Ibid.

instruments et à les mettre pleinement en œuvre dans un contexte où le Docteur Nisrine Eban Nguema fait remarquer que « l'adhésion à ce système ne fait pas l'unanimité au sein des États africains, puisque seule la CADHP [Charte africaine des droits de l'homme et des peuples] a été ratifiée par l'ensemble des États »[1348] ?

La réponse à cette question est d'autant capitale que ces différentes Chartes, et leurs protocoles et annexes, qui composent l'Architecture africaine de gouvernance démocratique, et visant l'unification africaine par des valeurs et règles communes, pour la paix durable et le développement inclusif, sont parasités, dans leur développement, par une instrumentalisation du caractère alternatif proclamé par le pourtant très attractif, économiquement et socialement, du Forum de coopération Sino-africaine, le FCSA (ou FOCAC en anglais).

En effet, tout en assurant la promotion du principe d'unicité chinoise comme étant une clause politique de rang élément essentiel, le FCSA condamne tout autre partenariat économique et/ou commercial et/ou de coopération au développement, essentialisant ou conférant une portée contraignante au respect des Droits de l'Homme ; respect pour lequel ce partenariat Chine-Afrique ne reconnait pas un caractère essentiel en cantonnant cette valeur au simple rang, inférieur, d'élément fondamental. Mais il y a heureusement des raisons de croire que cette instrumentalisation n'est pas irréversible.

Aussi, l'activité parallèle et/ou conjointe de l'Union africaine et de l'Union européenne et/ou des Communautés économiques régionales pour la démocratisation de l'Afrique aux fins d'un développement inclusif et d'une paix durable, coexiste-elle avec un attractif partenariat Chine-Afrique, mais dont le caractère alternatif est toutefois réversible.

1348 Eban Ngema Nisrine, La Commission africaine des droits de l'homme et des peuples et sa mission de protection des droits de l'homme, op.cit.

Titre II : Une coexistence avec un Forum de coopération Sino-africaine, certes attractif, mais au caractère alternatif réversiblement instrumentalisé contre l'unification africaine par les valeurs à partager et règles communes.

L'Afrique commerce avec le monde entier et reçoit des prêts, investissements directs étrangers (IDE) et aides publiques au développement (APD), venant de plusieurs bailleurs, investisseurs et donateurs, qui, en plus de l'Union européenne et de ses États membres, sont notamment la Russie, l'Inde, le Japon, le Brésil, les pays du Golfe, les USA, la Turquie et Israël.

Mais, si avec les USA et le Japon, les violations de Droits de l'Homme, par un État partenaire, dans le cadre des coopérations au développement, peuvent donner lieu à des sanctions, force est de reconnaitre que même si les autres partenaires de l'Afrique peuvent continuer leur coopération en restant indifférents aux violations des Droits de l'Homme, les uns et les autres ne se proclament pas, explicitement, comme étant des alternatives aux partenariats assurant la promotion et la protection des Droits de l'Homme, et autres valeurs démocratiques, en tant qu'élément essentiel [supra].

Seul le Forum de coopération Sino-africaine (FCSA) s'est proclamé, à l'occasion de son lancement, en 2000, d'être une alternative aux partenariats au développement faisant des Droits de l'Homme un élément essentiel [supra], en stigmatisant et en condamnant lesdits partenariats, [infra] à l'instar de ceux liant l'UE à l'Afrique.

Ainsi, la forte attractivité du FCSA, résultant de ses importants et souples Plans d'actions triennaux, est exploitée par certains gouvernants instrumentalisant son caractère alternatif, au nom de la souveraineté, pour retarder ou compromettre le processus d'unification africaine par les valeurs démocratiques dont l'Union africaine s'est appropriées à travers les instruments de son Architecture de gouvernance, aux fins d'un développement garantissant la prospérité pour tous ainsi que d'une paix durable.

Mais, cette instrumentalisation de l'alternativité du FCSA n'est pas irréversible au regard de quelques faits liés aux actes posés par la Chine au Conseil de Sécurité et en faveur de la pacification de l'Afrique dans certains pays en conflits, ainsi que de la nouvelle vision chinoise pour un leadership mondial.

Aussi, est-il démontré que le Forum de coopération Sino-africaine, quoique doté des Plans d'actions attractifs, (Chapitre premier), promeut l'unicité chinoise sans réciprocité, car son caractère alternatif, est instrumentalisé contre l'unification de l'Afrique, par les valeurs démocratiques dont l'Union africaine s'est appropriées, alors que cette instrumentalisation n'est pas irréversible (Chapitre II).

Chapitre premier : Une attractivité du Forum de coopération Sino-africaine résultant d'importants Plans d'action.

La politique africaine de la République Populaire de Chine amorcée avec les fora Chine-Afrique, depuis 2000, trouve ses fondements dans le discours prononcé en 1996, au siège de l'Organisation de l'unité africaine (OUA) supra, avant que cette organisation continentale ne devienne l'Union africaine (UA) supra, par le Président chinois, de l'époque, Mr Jiang Zemin, à l'occasion d'un périple qui l'a conduit dans 6 États africains (Égypte, Éthiopie, Kenya, Mali, Namibie et Zimbabwe).

Dans cette allocution intitulée « Pour une nouvelle œuvre monumentale dans les annales de l'amitié sino-africaine »[1349] le dirigeant chinois annonça les grands principes qui devraient régir la construction de cette « œuvre monumentale », à savoir :

- la non-ingérence ;
- l'appropriation, la confiance et la coopération ;
- l'assistance économique et sans conditionnalité ;
- la défense de la cause de l'Afrique à l'international;
- la promotion d'un environnement international favorable au développement de l'Afrique.

À ces fins, il annonça le projet de lancement futur, d'un cadre formel d'échanges et de délibération, le Forum de coopération Sino-africaine, le FCSA[1350].

Quatre ans après ce discours, les Ministres de tous les 44 États africains ayant, à l'époque, une coopération avec la République Populaire de Chine (RPC), se sont réunis au niveau ministériel, à Beijing (Pékin), en Chine, pour lancer le tout premier Forum de Coopération Sino-africaine, du 10 au 12 octobre 2000[1351].

1349 Pour une nouvelle œuvre monumentale dans les annales de l'amitié sino-africaine, Beijin Review, n°22, beijingreview.sinoperi.com, 27 mai 1996, cité par Moundounga Séraphin, op.cit. p.324.
1350 Ibid.
1351 Ibid.

Les travaux de cette Conférence ministérielle, d'entrée de la Chine et de l'Afrique dans le 21e siècle, furent sanctionnés par une Déclaration conjointe ainsi que par un Programme triennal de coopération économique et social avant qu'il ne devienne Plan d'action[1352] (triennal) depuis le 2e FCSA en 2003.

Le tout dernier Plan triennal remonte à 2015, à l'occasion du 6e Forum de Coopération Sino-africaine tenu à Johannesburg, en Afrique du Sud.

Si les Plans d'action triennaux du FCSA sont attractifs en raison des financements, massifs et multiformes investis pour les infrastructures et l'industrialisation de l'Afrique (section 1), cette attractivité est renforcée par un caractère global avec des programmes sectoriels dont un vaste projet de développement des compétences et d'agents de popularisation du FCSA (Section 2).

Section 1 : Des financements massifs et multiformes chinois, déployés pour le commerce, les infrastructures et l'industrialisation, en Afrique.

Au 6e Forum de Coopération Sino-africaine, du 3 au 5 décembre 2015, en Afrique du Sud, pour le Plan d'action 2016-2018, le Président de la République populaire de Chine, Monsieur XI Jinping, a décidé d'augmenter, de façon particulièrement substantielle, les financements triennaux, pour les faire passer de 10 milliards de dollars dans le Plan d'action précédant, à 60 milliards de dollars, soit une moyenne de 20 milliards de dollars US chaque année .

Aussi, dans le 6e Plan d'action triennal en 8 points, 2016-2018, la Chine s'est engagée à assurer un développement rapide et efficace de l'Afrique en renforçant les Fonds de coopération économique existants et les lignes de crédits destinées aux prêts ainsi qu'en augmentant substantiellement le volume des échanges commerciaux , les investissements directs étrangers chinois et son aide au développement. (I) ; engagements crédibilisés par le bilan d'avant 2016 et celui d'étape du Plan d'action 2016-2018 (II).

[1352] Ibid.

I – Une augmentation substantielle des financements chinois, pour un développement rapide de l'Afrique.

Au bout de 15 années de coopération Chine-Afrique, dans le cadre du Forum de Coopération Sino-africaine (FCSA), qui a aligné 5 fora et mis en œuvre 5 Plans d'actions triennaux, depuis l'année 2000, le 6e FCSA, tenu à Johannesburg, en Afrique du Sud, du 3 au 5 décembre 2015, a fait le bilan d'une exécution, intégrale et efficace, de chacun des Plans d'action.

Aussi, Le 6e FCSA a adopté le 6e Plan d'action qui est particulièrement ambitieux et davantage attractif, en application de la Déclaration de ce 6e FCSA.

En effet, dans la Déclaration en 30 points du 6e FCSA, le point 3 indique qu'il faut faire progresser le partenariat Chine-Afrique, en « un partenariat de coopération stratégique globale »[1353].

Pour être à la hauteur de cette importante ambition, le 6e Plan d'action triennal, en 8 points, pour la période 2016-2018, s'engage de façon volontariste, en matière d'IDE d'aide au développement, de commerce en affichant des financements massifs et multiformes (A), pour les infrastructures et l'industrialisation, d'une ampleur sans précèdent en faveur du continent africain (B).

A – Des financements massifs multiformes chinois consentis à l'Afrique.

En matière d'investissements directs étrangers (IDE) et de l'aide au développement, la Chine s'engage, aux paragraphes 2 et 3 du point 4-1 du Plan d'action du 6e FCSA, à :

- renforcer l'aide y compris l'aide humanitaire, en prenant en compte tous les domaines en rapport avec l'amélioration du bien-être des populations africaines, notamment l'agriculture, la santé, les infrastructures, l'éducation, le développement des ressources humaines, la protection des animaux sauvages et l'environnement[1354] ;

1353 Déclaration du Sommet de Johannesburg du Forum sur la coopération Sino-africaine, focac.org, 15/12/2015, consulté le 18/09/2017.

1354 Plan d'action de Johannesburg (2016-2018), focac.org, 15/12/2015, consulté le 18/09/2017.

- annuler, au profit des PMA africaines et des pays insulaires et enclavés, les « dettes intergouvernementales encourues au titre des prêts sans intérêts, échues et non remboursées à la fin 2015 »[1355].

En ce qui concerne les investissements directs étrangers (IDE), qui n'étaient que de 7,8 milliards de dollars en 2008, la Chine s'est engagée à faire passer ses IDE, notamment dans des zones économiques spéciales (ZES) et des parcs industriels , de 32,4 milliards de dollars en 2011 à 100 milliards de dollars à l'horizon 2020(point 3-7-1) renforçant, par ailleurs, la coopération en matière de protection des investissements (point 3-7-2)[1356] et de coopération fiscale, pour prévenir toute double imposition.

La Chine s'est engagée, au point 3-9-1, à accorder, à l'Afrique, « 35 milliards de dollars américains de prêts préférentiels et de crédits à l'exportation »[1357].

En matière bancaire, la Chine a engagé les institutions financières chinoises, au point 3-9-2[1358], à soutenir les initiatives, programmes et projets de coopération sino-africaine à deux niveaux, à savoir :

- en accordant des financements ;
- en apportant des garanties sous forme d'assurance risques.

Après avoir salué et encouragé au point 3-9-3[1359], « l'investissement des banques centrales des pays africains sur le marché obligataire interbancaire chinois et l'intégration du RMB [le Yan] dans [les] réserves de devises »[1360] desdites banques centrales africaines, la Chine s'est engagée, au point 3-9-4, à encourager et soutenir :

- cette coopération des institutions financières ;
- la création des succursales, des deux côtés ;
- la coopération entre les institutions financières de développement.

La République populaire de Chine a décidé de renforcer 2 Fonds, le Fonds de développement Chine-Afrique et le Fonds de développement des

1355 Ibid.
1356 Ibid.
1357 Ibid.
1358 Ibid.
1359 Ibid.
1360 Ibid.

PME africaines, tel qu'il en ressort aux points 3-9-5 et 3-9-6 [1361] ; l'Afrique étant, par ailleurs, prise en compte dans le Fonds de coopération et d'assistance Sud-Sud, salué par les dirigeants africains au point 4-1-1[1362], pour le financement des Objectifs de développement durable (ODD) à l'horizon 2030.

Les augmentations du 6e FCSA, portant sur le Fonds de développement chinois et sur le Fonds de développement des PME africaines, font passer le premier de 5 milliards à 10 milliards de dollars américains et, le second, de 5 milliards à 6 milliards de dollars américains.

Le Fonds de développement Chine-Afrique (FDCA) fait partie des projets qui ont été décidés à l'occasion du 3e FCSA de Beijing, en Chine, en 2006[1363].

Le FDCA décidé en 2006 avait été immédiatement mis en place en juin 2007[1364].

Destiné à financer les entreprises chinoises désireuses de s'installer en Afrique, le FDCA a lancé, en 10 ans, entre juin 2007 et juin 2017, 90 projets dans 36 pays africains [1365] ; le soutien du FDCA aux entreprises chinoises ayant permis de réaliser « plus de 20 milliards de dollars d'investissements en Afrique »[1366].

Dans ce cadre, « une usine de la société chinoise Hisense, à Atlantis, en Afrique du Sud, produit chaque année 560.000 téléviseurs et 450.000 réfrigérateurs »[1367]. Cette usine chinoise en Afrique du Sud a créé « 500 emplois directs et 2000 emplois indirects »[1368].

1361 Ibid.
1362 Ibid.
1363 Plan d'action 3e FCSA (2007-2009), 16/11/2006, consulté le 18/09/2017.
1364 Le premier fonds chinois destiné aux investissements en Afrique fête ses dix ans, french.china.org.cn, 20 juin 2017, consulté le 19/09/2017.
1365 Ibid.
1366 Ibid.
1367 Ibid.
1368 Ibid.

Selon l'agence Ecofin[1369], le Fonds de coopération pour la capacité industrielle de l'Afrique est destiné à financer l'installation en Afrique des industries dans les domaines :

- manufacturier ;
- des nouvelles technologies ;
- de l'agriculture ;
- de l'énergie ;
- de la finance.

Pour ce qui est du Fonds chinois de développement des PME africaines, passé de 5 milliards de dollars à 6 milliards, à l'occasion du 6e FCSA, des 4 et 5 décembre 2015, à Johannesburg, en Afrique du Sud, il s'agit d' un « Prêt spécial pour le développement des PME africaines »[1370] souvent confrontées à d'énormes difficultés pour lever des fonds sur le marché local ou africain ainsi que sur le marché international; situation qui est l'une des causes de l'incapacité africaine à s'insérer dans le commerce mondial, en dépit des systèmes des préférences tarifaires généralisées, qui lui sont accordées par les grandes puissances économiques, dont l'UE et la Chine.

Cette augmentation du financement des PME africaines fait l'objet des stipulations, au paragraphe 6, du point 3-9 du Plan d'action 2016-2018[1371].

En ce qui concerne le Fonds de coopération et d'assistance Sud-Sud (FCA Sud-Sud), annoncé par le Président chinois Xi Jinping, à l'occasion du 70e anniversaire des Nations unies, à New York, aux USA, en septembre 2015, avant le 6e FCSA, il a été doté d'une première tranche de financement de 2 milliards de dollars[1372].

Destiné à financer les pays en développement, dont ceux d'Afrique, pour la réalisation de l'Agenda 2030 du développement durable, le FCA Sud-Sud, a bénéficié d'une nouvelle attention de la part de la haute autorité chinoise, le Président Xi Jinping, qui, le 14 mai 2017, a décidé d'un apport

---

[1369] Le fonds de coopération Chine-Afrique investira 45 milliards $ sur la capacité industrielle du continent, agenceecofin.com, 9/01/2016, consulté le 20/09/2017.

[1370] La Chine et l'Afrique planifient leur vision stratégique pour la coopération gagnant-gagnant, focac.org 07/12/2015, consulté le 20/09/2017.

[1371] Plan d'action de Johannesburg (2016-2018), op.cit.

[1372] Chine : Le président XI Jinping pour une coopération profitable aux populations afrique-sur7.fr consulté le 19/09/2017.

supplémentaire d'un milliard de dollars US au profit des pays en développement et organisations internationales concernées, dans les 60 milliards de yuans annoncés à l'occasion de l'ouverture du Forum de coopération internationale sur l'initiative « une Ceinture, une Route », dite nouvelle Route de la soie ou, en anglais, le projet ‘‘ One Belt, On road’’ (OBOR)[1373].

En matière des services financiers, alors que jusque-là, les financements venaient des banques chinoises, le FCSA a permis la création à Brazzaville, en République du Congo, de la Banque sino-congolaise pour l'Afrique, qui dispose, depuis octobre 2016, d'un Fonds de 220 millions de dollars US et qui, déjà, envisage d'ouvrir une succursale à Pointe-Noire, la capitale économique du Pays[1374].

Pour ce qui est du Plan d'action 2019-2021, tel qu'il résulte du 7e FCSA tenu à Beijing, en Chine, les 3 et 4 septembre 2018, après qu'il soit posé le constat d'un intégral déploiement de tous les 10 programmes du Plan triennal finissant ainsi que tous leurs financements, sans qu'il n'y ait de problème d'incapacité budgétaire comme c'est très souvent le cas pour le FED, la Chine s'est engagée à financer le Plan triennal suivant à hauteur de 60 milliards de dollars.

Ce nouveau Plan triennal en 5 points couvrant 10 programmes, tel qu'il résulte du point 1-8 du Plan d'action 2019-2021, comprend « huit initiatives majeures »[1375], destinées :

1 - à « la promotion industrielle »[1376] ;

2 - à « l'interconnexion des infrastructures »[1377] ;

3 - à « la facilitation du commerce »[1378] ;

4 - au « développement vert »[1379] ;

1373 Ibid.
1374 Ibid.
1375 FORUM SUR LA COOPÉRATION SINO-AFRICAINE PLAN D'ACTION DE BEIJING (2019-2021) fmprc.gov.cn/fra, 05/09/2018, consulté le 20/09/2018.
1376 Ibid.
1377 Ibid.
1378 Ibid.

5 - au « renforcement des capacités »[1380] ;

6 - à « la santé »[1381] ;

7 - aux échanges humains et culturels »[1382] ;

8 - à promouvoir « la paix et la sécurité »[1383].

Dans ce cadre, les entreprises chinoises, tel que stipulé au point 3-7-2 du Plan d'action investiront « 10 milliards de dollars en Afrique » entre 2019 et 2021 et il sera créé une structure « de responsabilités sociales des entreprises chinoises en Afrique »[1384].

Aussi, au point 3-8-5 du Plan d'action, la Chine s'engage à soutenir la création d' « un fonds spécial de 5 milliards de dollars pour le financement des importations [agricoles] en provenance de l'Afrique »[1385].

Une ligne de crédit de 20 milliards de dollars est ouverte pour des prêts à taux préférentiels et un soutien sera apporté par la Chine pour la création d'un fonds spécial, de 10 milliards de dollars, destiné au financement du développement, tel que stipulé au point 3-9-1 du Plan d'action[1386].

Au point 4-1-4 du Plan d'action, une enveloppe de 15 milliards de dollars est destinée à :

- des aides sans contrepartie[1387] ;
- des prêts sans intérêts[1388] ;
- des crédits préférentiels[1389].

À ces financements, s'ajoute une annulation, « en faveur des PMA et des pays pauvres très endettés (PPTE), des pays en développement sans littoral (PDSL) et des petits États insulaires (PIEP) [africains…], leurs dettes non

---

1379 Ibid.
1380 Ibid.
1381 Ibid.
1382 Ibid.
1383 Ibid.
1384 Ibid.
1385 Ibid.
1386 Ibid.
1387 Ibid.
1388 Ibid.
1389 Ibid.

remboursées liées aux prêts gouvernementaux sans intérêts arrivant à échéance fin 2018 »[1390].

Au point 3-9-4 du Plan d'action, les deux parties s'engagent à créer « un forum financier Chine-Afrique pour le développement et un consortium bancaire Chine-Afrique pour la coopération financière [afin de] fournir aux pays africains différentes formes de financement combiné [tout en attirant…]les investissements et investisseurs institutionnels [désirant] faire des investissements à long terme tels que les compagnies d'assurance et des fonds souverains »[1391].

Par ailleurs, la Chine et l'Afrique ont décidé, au point 3-9-6 du Plan d'action 2019-2021 :

- du renforcement « de transactions en monnaies locales »[1392] ;
- de l'élargissement de « l'utilisation des monnaies nationales dans le commerce bilatéral, l'investissement et le financement […] »[1393] ;
- de la facilitation de « l'intégration du yuan RMB dans les réserves de devises de la partie africaine »[1394].

B – Des programmes sans précédent d'infrastructures et d'industrialisation de l'Afrique par la Chine, renforcés par ceux des « Routes de la soie ».

En plus des projets en cours, dans le cadre du programme chinois « Nouvelles Routes de la soie » encore appelé « une Ceinture, une Route » ou, en anglais « one Belt, one Road » (OBOR)[(infra),] que le Diplomate et géographe français, Monsieur Michel Foucher[1395], estime qu'il s'agit pour la Chine de « marquer son engagement dans la mondialisation sans frontières »[1396], ce vaste projet ferroviaire et maritime, bénéficiera aussi à

1390 Ibid.
1391 Ibid.
1392 Ibid.
1393 Ibid.
1394 Ibid.
1395 Foucher Michel, Chine: La Ceinture et la Route, un projet mondial qui a un train d'avance…., cité par Sciences et Avenir, sciencesetavenir.fr, 13/05/2017, consulté le 20/09/2017.
1396 Ibid.

l'Afrique dont certains pays sont directement concernés parmi 60 pays du monde[1397].

En effet, cette idée des routes de la soie, par le développement du transport ferroviaire, parce que plus rapide et plus sécurisé, que le transport maritime ainsi que moins coûteux que le transport aérien des marchandises avant qu'initialement, envisagées puis abandonnées, par « des industriels européens et américains produisant en Chine »[1398]. Désormais le projet est repris et promu par le Président chinois, Monsieur Xi Jinping. Il fait l'objet d'une cartographie du Diplomate et géographe français, Michel Foucher, qui montre son déploiement en un volet maritime mondial, et un volet maritime et terrestre en Eurasie[1399], et desservira plusieurs pays africains de la Corne de l'Afrique, du pourtour méditerranéen, de l'Afrique australe, dont l'Afrique du Sud et Madagascar, ainsi que de l'Afrique de l'Ouest[1400].

Ce projet OBOR, dont les prémices ont été annoncées, en 2013, par le Président chinois, Monsieur XI Jinping, au cours d'un séjour au Kazakhstan, porte, selon la chercheuse Lauren A. Johnston, sur 5 domaines que sont :

- « la coordination des politiques de développement »[1401] ;
- « la construction d'infrastructures et réseaux de services publics »[1402] ;
- « le développement de la coopération dans le domaine financier »[1403] ;
- « le développement des échanges sociaux et culturels »[1404].

Quand on analyse le domaine infrastructurel de l'OBOR, un regard croisé, entre la cartographie maritime réalisée par le Diplomate et géographe français, Michel Foucher, et l'argument historique invoqué par la chercheuse Lauren A. Johnston, qui met en avant le tout premier lien direct Chine-Afrique, par les flottes maritimes chinoises qui échangeaient avec l'Afrique

---

1397 Ibid.
1398 Ibid.
1399 Ibid.
1400 Ibid.
1401 Johnston Lauren A. L'Afrique et l'initiative chinoise « One Belt, One Road » : pourquoi maintenant, et quel avenir ? ictsd.org, 23/09/2016, consulté le 19/09/2017.
1402 Ibid.
1403 Ibid.
1404 Ibid.

de l'Est, au 14e siècle[1405], pour justifier le choix du Kenya pour être un pôle OBOR de l'Afrique, l'on peut ajouter que ce choix est stratégique, car le volet maritime de l'OBOR impactera positivement le port maritime kenyan de Mombassa.

Envisageant une complémentarité entre Plans d'action du FCSA et investissements de l'OBOR, le MAE chinois, Mr Wang Yi, annonçait le 23 mai 2018 à Abidjan en Côte d'Ivoire : « Nous pouvons combiner les dix principaux plans de coopération sino-africaine proposés par le Président chinois Xi Jinping [au 6e FCSA] l'initiative ''la Ceinture et la Route'', et faire en sorte qu'ils se complètent »[1406].

Déclinant l'objet de l'OBOR, il ajoute :

- « L'initiative '' la Ceinture et la Route '' a pour but de renforcer les stratégies de développement de différents pays, d'obtenir des avantages complémentaires et d'atteindre le développement et la prospérité communs »[1407] ;
- « l'initiative est en fait une tentative de rééquilibrage du processus de mondialisation économique, avec pour objectif ultime de construire une communauté de destin pour l'humanité »[1408].

Ce discours a été prononcé dans le cadre d'un périple l'ayant conduit, outre en Côte d'Ivoire, au Mali, en Mauritanie et au Cap-Vert[1409].

C'est à ce titre que le Kenya bénéficie déjà des financements chinois, qui sont investis, pour connecter, par des voies ferrées, la zone continentale du Kenya au port de Mombassa ainsi que pour interconnecter le Kenya avec ses voisins dépourvus de façade maritime, que sont l'Ouganda, le Soudan du Sud, le Rwanda et le Burundi[1410].

C'est aussi, dans le même cadre stratégique d'interconnections de l'OBOR que China Exim Bank, la banque import-export chinoise, finance à hauteur de 7,6 milliards de dollars, au profit d'un pays voisin du Kenya, la

---

1405 Ibid.
1406 La Chine s'engage à renforcer la coopération avec l'Afrique en ce qui concerne l'initiative '' la Ceinture et la Route'', focac.org, 24 mai 2018, consulté le 30 mai 2018.
1407 Ibid.
1408 Ibid.
1409 Ibid.
1410 Ibid.

Tanzanie pour l'interconnecter à la République démocratique du Congo (RDC).

Ce projet d'interconnexion bénéficiera aussi à l'Ouganda, au Rwanda et au Burundi[1411].

La République démocratique du Congo (RDC), ayant sa capitale, Kinshasa, située à l'autre rive du fleuve Congo, en face de Brazzaville, la capitale de la République du Congo, une interconnexion ferroviaire et/ou routière de toute l'Afrique centrale peut être envisagée avec des possibilités d'extensions pouvant faire une intégration ou une unification africaine par les infrastructures. D'ailleurs le PIDA prévoit un pont-route-rail Kinshasa-Brazzaville [infra].

La Chine s'est, d'ailleurs, engagée, au point 3-3-1, du Plan d'action 2016-2018, à financer des infrastructures d'interconnexion transrégionales grâce à des partenariats « public-privé » (PPP) ou des Buil-Operate-Transfert (BOT)[1412], pour soutenir, notamment le Programme de développement des infrastructures en Afrique (PIDA)[1413] et l'Initiative présidentielle pour promouvoir des champions des infrastructures (PICI)[1414].

1411 Ibid.

1412 Plan d'action de Johannesburg (2016-2018), op.cit.

1413 « Le Plan d'action prioritaire du PIDA (PAP-PIDA), qui s'étend jusqu'en 2020, comprend 51 programmes [...] répartis dans 433 projets portant sur les transports, l'énergie, les technologies de l'information et de la communication, et les secteurs des eaux transfrontières. Le PIDA permettra aux pays de répondre à la demande prévue de services d'infrastructure et de stimuler la compétitivité en : i) augmentant l'efficacité ; ii) accélérant la croissance ; iii) facilitant l'intégration dans l'économie mondiale ; iv) améliorant le niveau de vie ; et v) procédant à la libération du commerce intra-africain. 3. Bien qu'il soit difficile de projeter avec précision le coût en capital de la mise en œuvre à long terme du PIDA jusqu'en 2040 (actuellement estimé à plus de 360 milliards de dollars), le coût en capital global de la mise en œuvre du PAP entre 2012 et 2020 devrait être de près de 68 milliards de dollars, environ 7,5 milliards de dollars par an pour les neuf prochaines années (figure 1). Les projets et programmes relatifs à l'énergie et aux transports représentent environ 95% du coût total, ce qui montre le besoin crucial d'investissements transformateurs dans ces secteurs pour soutenir le commerce africain, promouvoir la croissance et créer des emplois. Les besoins en investissements pour les TIC et l'eau représentent des pourcentages plus faibles ».

Source : Programme de développement des infrastructures en Afrique (le PIDA) Rapport d'étape du Plan d'action prioritaire, au.int, février 2017, consulté le 4/02/2018.

1414 « L'Initiative présidentielle des champions des infrastructures (PICI) naît d'une proposition du Président Jacob Zuma d'accélérer le développement des infrastructures régionales à travers le soutien politique des projets. Cette proposition a été faite en juillet 2010, durant la 23e réunion du Comité d'orientation des Chefs d'État et de gouvernements à Kampala, en Ouganda. Le rôle des champions est d'apporter la visibilité, débloquer les

D'ailleurs en ce qui concerne le projet OBOR, il ressort du point 1-3 du Plan d'action 2019-2021 du 7e FCSA, que la Chine et l'Afrique se sont engagées à « [...] promouvoir la coopération dans l'initiative ''la Ceinture et la Route'' [...] »[1415], tout en exprimant leur volonté, au point 1-4 du Plan d'action de saisir « l'opportunité [...] de l'initiative ''La Ceinture et la Route'' pour développer une coopération tous azimuts, dans de nombreux domaines et à des niveaux approfondis [...] pour un développement partagé »[1416].

Au Point 3-2-3 du Plan d'action, portant sur les infrastructures, il est décidé la mise en synergie du projet chinois des nouvelles Routes de la soie ''la Ceinture et la Route'' avec l'ambitieux Plan africain dénommé « l'Agenda 2063 »[1417].

Dans ce cadre, la Chine s'engage davantage pour la réalisation d'importantes infrastructures en étant disposée à conclure avec l'Union africaine « un plan de coopération Chine-Afrique dans le domaine des infrastructures »[1418] ; tout en soutenant « les entreprises chinoises désireuses d'investir en Afrique »[1419] dans les domaines de l'énergie, du transport, de l'informatique, des télécommunications [...] des ressources en eau transfrontalière [ainsi que] des projets prioritaires d'interconnexion »[1420], tel qu'il résulte du point 3-3-2 du Plan d'action.

Cette nécessaire interconnexion panafricaine a amené la Chine à s'engager au point 3-3-3 du Plan d'action 2019-2021 à :

---

goulots d'étranglement, coordonner la mobilisation des ressources et assurer la réalisation du projet. Il offre l'opportunité aux Chefs d'État et de gouvernement africains de s'impliquer activement dans le développement et la mise en œuvre des projets.
Initialement, huit projets ont été identifiés pour être soutenus par les sept Chefs d'État et de gouvernement sélectionnés. La plupart de ces projets ont été approuvés par la 16e Assemblée de l'UA en janvier 2011 à Addis Abeba, en Éthiopie, alors que d'autres projets à l'instar de LAPSSET Corridor Projet, ont rejoint plus tard la famille du PICI, portant le nombre total de projets à neuf, soutenus par huit Chefs d'État et de gouvernement. L'Afrique du Sud, sous la direction du Président Jacob Zuma, a dirigé le PICI. Les projets portent sur quatre secteurs infrastructurels : le transport, l'énergie, les TIC et l'eau ».

Source : Intiative Présidentielle des Champions des Infrastructures (PICI), nepad.org, consulté le 4/02/2018.

1415 Ibid.
1416 Ibid.
1417 Ibid.
1418 Ibid.
1419 Ibid.
1420 Ibid.

- soutenir le programme africain d'aviation régionale par la construction d' « aéroports et autres infrastructures [connexes] »[1421] ;

- assurer la formation des professionnels de l'aviation aux normes OACI[1422] ;

- soutenir la création des coentreprises Chine-Afrique dans le domaine de l'aviation[1423] ;

- assurer la fourniture « des avions de ligne »[1424].

De même, au point 3-3-4 du Plan d'action, la Chine s'est engagée à soutenir le projet du « Marché unique aérien africain », un instrument de l'Agenda 2063 de l'Union africaine[1425].

En matière des technologies de l'information et de la communication, les 2 parties se sont engagées, au point 3-3-5 Plan d'action 2019-2021 à encourager la coopération entre entreprises de l'économie numérique[1426] ; la Chine s'engageant par ailleurs à soutenir la « construction des ''villes intelligentes'' en Afrique », tel qu'il résulte du point 3-3-6 du Plan d'action[1427].

Quant à la Déclaration du 7e FCSA, il ressort de son point 4-2 que « La coopération entre la Chine et l'Afrique dans le cadre de l'initiative '' la Ceinture et la Route'' offrira plus de ressources, de moyens, des marchés et d'espaces et ouvrira des perspectives diversifiées de l'Afrique »[1428] ; les deux parties s'engageant par ailleurs à associer cette initiative aux Objectifs de développement durable (ODD) de l'ONU à l'horizon 2030 ainsi qu'à l'Agenda 2063 de l'Union africaine[1429].

1421 Ibid.
1422 Ibid.
1423 Ibid.
1424 Ibid.
1425 Ibid.
1426 Ibid.
1427 Ibid.
1428 DÉCLARATION DE BEIJING—CONSTRUIRE UNE COMMUNAUTÉ DE DESTIN CHINE-AFRIQUE ENCORE PLUS SOLIDE, focacsummit.mfa.gov.cn/fra, 12 /09/2018, consulté le 20/09/2018.
1429 Ibid.

Bien avant l'expression, au 7e FCSA, de la satisfaction des deux parties d'avoir engagé l'intégralité des programmes du 6e FCSA, un bilan d'étape était déjà révélateur de la détermination chinoise pour le développement de l'Afrique.

II – Un bilan d'étape du FCSA révélateur de la détermination chinoise pour le développement de l'Afrique.

Pour mesurer l'ampleur de ces investissements chinois, l'on peut s'en convaincre en se référant au tableau « Le projet d'infrastructures à grande échelle financé par la Chine en Afrique », que dresse la chercheuse Lauren A. Johnston, en septembre 2016[1430], et dont la source est constituée par les données de 2015, de Mail and Guardian qui ne prennent pas en compte les projets du Plan d'action 2016-2018.

Le bilan positif, qui en est fait, est renforcé par des nouveaux financements (A) grâce à la célérité des procédures chinoises ayant permis une concrétisation satisfaisante, à mi-parcours du 6e Plan d'action 2016-2018 (B).

A - Un bilan positif des Plans d'actions antérieurs à 2016 renforcé par des nouveaux financements.

Faisant le bilan de la mise en œuvre des Plans d'action chinois en Afrique, Mme Lauren A. Johnston, qui tire sa source des données 2015 fournies par Mail and Guardian, indique :

- pour le Nigéria, 12 milliards de dollars US de financements de la voie ferroviaire littorale, soit 1402 km reliant Lagos, à l'État pétrolier du Delta du Niger et à plusieurs autres États fédérés ;
- pour la Tanzanie, 7 milliards de dollars US affectés à la construction d'un port d'une capacité de 20 millions de conteneurs, par an, à Bagamoyo et qui serait, ainsi, des grands ports de l'Afrique de l'Est, ce port étant pris en compte dans les corridors d'interconnexion des voies ferrées évoquées ci-dessus et dont le Kenya est l'épicentre [supra] ;
- pour l'Afrique du Sud, 7 milliards de dollars US destinés à la construction, à Johannesburg, d'une zone de logements et des loisirs ;

1430 Johnston Lauren A. L'Afrique et l'initiative chinoise « One Belt, One Road », op.cit.

- pour la République démocratique du Congo (RDC), 6 milliards de dollars US, pour un troc minier ;

- pour le Tchad, une somme de 5,6 milliards de dollars US, pour une voie d'interconnexion ferroviaire le soudant avec le Cameroun, longue de 1344 km qui réduira ainsi l'enclavement du Tchad qui n'a pas de façade maritime et peut catalyser les échanges au sein de l'Afrique centrale ;

- pour le Mozambique, 3,1 milliards de dollars US, pour une station d'hydroélectricité de 1,500 mégawatts dont le stockage d'eau du barrage alimentera la ville de Maputo en eau potable ;

- pour le Soudan, dans le contexte des deux désastres humanitaires au Soudan du Sud et au Darfour, une voie ferrée financée par la Chine, à hauteur de 1,3 milliard de dollars et longue de 762 km, a été livrée en 2012.

Dans ce registre des financements colossaux chinois destinés aux projets d'infrastructures en Afrique, la Guinée Conakry, a signé le 5 septembre 2017, un accord de prêt avec la R.P.C., d'un montant de 20 milliards de dollars US sur 20 ans, remboursable par l'attribution, aux entreprises chinoises, des permis miniers[1431], pour financer ses infrastructures.

Avec la célérité des procédures chinoises, il avait été envisagé des décaissements à hauteur de 3 milliards en 2017 et 2018[1432].

Alors qu'en 2014, le Ghana avait renoncé à se faire décaisser, par la Chine, la tranche A (1,5 milliard de dollars US), d'un prêt total de 3 milliards de dollars US, conclu en 2011[1433], et remboursable par des barils de pétrole, à prix de référence fixe de 85 $, même si le prix du baril se dépréciait, en fin juin 2017, il a conclu un mémorandum d'entente de 10 milliards de dollars US avec la Chine, destinés à « développer le projet de bauxite et son chemin de fer et transformer la bauxite en aluminium » sur financement de la Banque chinoise de développement[1434].

[1431] Guinée : 20 milliards $ de la Chine pour financer les infrastructures en échange des concessions minières, agenceecofin.com, 07/09/2017, consulté le 21/09/2017.

[1432] Ibid.

[1433] Pourquoi le Ghana a refusé un décaissement de la Chine ? intellivoire.net, 31/07/2014, consulté le 29/09/2017.

[1434] Le Ghana signe avec la Chine un MOU de 10 milliards $ pour le développement de son industrie de la bauxite, Agence Ecofin citant le Premier Ministre ghanéen Van Asafo-Maafo, agenceecofin.com, 29/06/2017, consulté le 24/09/2017.

Au Niger, le Plan de développement économique et social (PDES) pour la période 2017-2021, dont la recherche de financements a fait l'objet d'une table ronde à Paris les 13 et 14 décembre 2017, le financement du programme prioritaire étant estimé à 13.000 milliards de francs CFA[1435], la chine a déjà apporté 100 millions de yuans[1436].

Bien avant, le Niger a bénéficié d'un financement chinois pour la construction d'une structure hospitalière, dotée des plateaux techniques de dernière génération et d'une capacité de 500 lits, inaugurée en août 2016[1437].

Par ailleurs, l'Établissement financier Exim Bank a financé à plus de 2 milliards l'exploitation et le raffinage du pétrole au nord-est du Niger contribuant ainsi à faire de ce pays un producteur et exportateur de pétrole depuis 2012[1438].

En Égypte, la Chine s'est engagée, à travers la société China Fortune Land Development, à financer, à hauteur de 20 milliards de dollars US, le « projet de nouvelle capitale administrative »[1439].

Pour le Maroc, la Chine est en train d'investir sur un gigantesque projet de cité industrielle à Tanger, au nord du Maroc, ville bordée à la fois par l'Océan atlantique et par la mer Méditerranée, pour un investissement total sur 10 ans de 10 milliards de dollars US[1440]. Cette cité dont le lancement des travaux, le 20 mars 2017, par le Roi Mohamed VI et baptisée « Cité Mohamed VI Tech »[1441], doit s'étendre sur 2000 hectares[1442]. Il est envisagé qu'il y sera créé 100.000 emplois dont 90.000 emplois[1443] pour les Marocains, grâce à 200 entreprises chinoises[1444], qui vont s'y installer pour la production industrielle dans les domaines aussi variés que notamment :

1435 La Chine donne 100 millions de yuans au Niger pour son développement, french.xinhuanet.com, 06/12/2017, consulté le 21/09/2017.
1436 Ibid.
1437 La Chine est un des partenaires les plus importants du Niger ... french.china.org.cn, 04/06/2017, consulté le 21/09/2017.
1438 Ibid.
1439 Égypte : le Chinois CFLD va investir 20 milliards de dollars dans la construction de la nouvelle capitale administrative, agenceecofin.com, 4/10/2016, consulté le 21/09/2017.
1440 Infrastructures : la Chine lance son plus grand chantier africain au Maroc, lepoint.fr, du 21 mars 2017, consulté le 28 janvier 2018.
1441 Ibid.
1442 Ibid.
1443 Ibid.
1444 Ibid.

« l'aéronautique, l'automobile [secteur dans lequel le groupe français, Renault, est aussi installé à Tanger avec sa plus grande usine automobile en Afrique], l'e-commerce, la télécommunication, les énergies renouvelables, le transport, l'électroménager, l'industrie pharmaceutique, les matériaux et l'agroalimentaire »[1445].

La production industrielle, dans le cadre de ce programme objet de la convention entre le groupe chinois Haite ayant son siège à Chengdu et dont le dirigeant a estimé qu'il sera investi 30 milliards de $ US sur 10 ans au Maroc, et portera sur :

- l'aéronautique ;
- l'automobile, secteur où Renault a sa plus grande usine africaine ;
- l'e-commerce ;
- les télécommunications ;
- les énergies renouvelables ;
- le transport ;
- l'électroménager ;
- l'industrie pharmaceutique ;
- les matériaux ;
- l'agroalimentaire.

À Addis-Abeba, l'Éthiopie et la Chine ont inauguré la première des deux lignes de tramway en septembre 2015, dont les travaux ont été lancés 3 ans plus tôt pour 4 milliards de dollars US financés à 85% par la République populaire de Chine[1446].

Selon Lauren A. Johnston, la Chine, en délocalisant progressivement son industrie manufacturière à forte intensité de main d'œuvre, est convaincue que les produits de cette industrie ont une faible valeur ajoutée, qui commence à être incompatible ou à être financée sans rentabilité, au regard des niveaux médians des nouveaux salaires sur le marché du travail chinois[1447].

[1445] Ibid.

[1446] L'Éthiopie inaugure son tramway, bbc.com, 21/09/2015, consulté le 19/09/2017.

[1447] Johnston Lauren A. L'Afrique et l'initiative chinoise « One Belt, One Road » : pourquoi maintenant, et quel avenir ? Passerelles vol 17 N° 7 Sept 2016 endacacid.org, consulté le 19/09/2017.

Lauren A. Johnston explique également qu' « en s'orientant vers une production industrielle interne à forte valeur ajoutée, au détriment de celle où cette valeur ajoutée est devenue faible, la Chine délocalise ou externalise, vers les pays en développement, comme ceux d'Afrique, tout en gardant, toutefois, le contrôle de cette production et en tirant des bénéfices en raison des coûts de facteur favorables sur le continent africain »[1448]. Elle ajoute :

« Mais l'Afrique, bénéficie :

- de la création d'emplois et de richesse ;
- des recettes fiscales qui s'en trouvent cependant atténuées si la production a lieu dans des zones défiscalisées ;
- de la formation du capital humain ;
- du transfert des technologies »[1449].

Aussi, comparant les coûts de production, Lauren A. Johnston estime que si à Guandong, en Chine, le salaire moyen en 2016 était estimé de 300 dollars US, celui-ci ne se situait qu'à 50 dollars US « au parc industriel de Hawassa, en Éthiopie, »[1450] la même année 2016.

C'est pour assurer le financement aisé de cette industrialisation, voulue rapide et efficace, aussi bien par la Chine que par l'Afrique, que la République populaire de Chine s'engage, au point 3-2-5 du 6e Plan d'action 2016-2018, du FCSA de Johannesburg, en Afrique du Sud, des 4 et 5 décembre 2015, à mettre en place un Fonds d'un capital initial de 10 milliards de dollars US, le fonds pour la coopération sino-africaine sur les capacités de production [supra].

B – Une satisfaisante mise en œuvre, à mi-parcours, du Plan d'action 2016-2018.

Détaillant par pays, le bilan du 6e FCSA de décembre 2015, le Directeur du département Affaires africaines du Ministère chinois des Affaires étrangères, Mr Lin Songtian, dans une interview qu'il a donnée, le 4 mai

[1448] Ibid.
[1449] Ibid.
[1450] Ibid.

2017[1451], rend compte qu'il y a eu un important volume des financements investis, notamment pour l'industrialisation de l'Afrique, la création d'emplois, les investissements directs étrangers (IDE) et le développement du secteur des services bancaires.

S'agissant du volume des financements, le Directeur Afrique du Ministère des Affaires étrangères chinois, précise : « Du mois d'avril 2015, jusqu'à août 2016, 189 projets ont été lancés par les entreprises chinoises en Éthiopie, qui ont apporté 50 millions de dollars à la réserve des devises éthiopiennes au cours de cette même période »[1452]. Il ajoute que pour la seule année 2016, « les investissements chinois hors finance ont atteint 3,3 de dollars, soit une hausse de 14% par rapport à l'année précédente »[1453].

Il estime que « les investissements en Afrique ont accumulé plus de 100 milliards de dollars [...], dont 38 milliards de dollars d'investissements directs »[1454].

Pour les IDE, le bilan du Directeur Afrique du MAE chinois[1455], fait ressortir :

- la création, en août 2016, pour 800 millions de dollars, d'une joint-venture en Afrique du Sud, de production de 100.000 voitures par an, entre le producteur automobile chinois Beijing Automobile (BAIC Group) et la Société sud-africaine de développement industriel[1456] ;
- la production par la société Huajian, une usine de fabrication des chaussures haut de gamme en Éthiopie, pour la seule année 2016, de « 2,7 millions de paires de chaussures en toile »[1457] ;
- la participation chinoise au titre des IDE, au projet de Zone économique spéciale (ZES) de Pointe-Noire, en République du Congo, ouverte à d'autres partenaires, par le biais de la China Overseas Infrastructure Dévelopment and Investissent Corporation (COIDIC), et qui accueillera notamment des industries de raffinage des produits

1451 REGARDS DE CHINE : Un nouveau modèle de coopération sino-africaine pour renforcer la capacité de production du continent, french.xinhuanet.com.04/05/2017, consulté le 04/09/2017.
1452 Ibid.
1453 Ibid.
1454 Ibid.
1455 Ibid.
1456 Ibid.
1457 Ibid.

pétroliers, de production chimique, de métaux, des minéraux non métalliques, du bois, du papier, des plastiques, de l'impression et de l'édition, de l'agroalimentaire[1458].

La Chine devient ainsi, selon le rapport 2017 du quotidien économique britannique Financial Times, en 2016, « Pour la première fois depuis 2003 et le début [du] suivi des investissements directs en Afrique, la Chine a dépassé les États-Unis en termes de capitaux investis dans la région »[1459].

La Chine a ainsi investi en Afrique au cours de la seule année 2016 « 36,1 milliards de dollars, soit 15 fois plus que l'année [2015 où elle avait contribué aux investissements en Afrique pour] 2,3 milliards de dollars »[1460].

En matière de création d'emplois, puisque la Chine est souvent critiquée en faisant venir une importante main-d'œuvre chinoise sur ses chantiers africains, il ressort du bilan d'étape que le cas tanzanien permet de constater que le FCSA a permis aux entreprises chinoises de créer 170.000 emplois en Tanzanie, emplois auxquels il faut ajouter 350.000 travailleurs tanzaniens dans le commerce de ce pays avec la Chine[1461].

D'ailleurs, cette prise en compte chinoise des ressources humaines, africaines ayant un caractère global pour favoriser un large spectre des projets sectoriels.

Section 2 : Un investissement chinois pour le développement et l'industrialisation de l'Afrique garanti par un vaste programme de développement du capital humain.

Premier partenaire commercial de l'Afrique qui est répertoriée comme deuxième marché chinois des contrats en génie civil et 3e destination des investisseurs chinois, la Chine comptait 3100 entreprises en 2016, sur le sol africain, tous domaines confondus et 37 Instituts Confucius, pour une

---

1458 Ibid.

1459 La Chine, premier investisseur étranger en Afrique en 2016, tv5monde.com, 01 /09/ 2017, consulté le 28 janvier 2018.

1460 Ibid.

1461 REGARDS DE CHINE : Un nouveau modèle de coopération sino-africaine pour renforcer la capacité de production du continent, french.xinhuanet.com, op.cit.

population chinoise estimée à un million d'individus[1462] ; une présence qui serait désormais « à plus de 10.000 entreprises chinoises actives sur le continent » selon un rapport du cabinet McKinsey, cité par le média français La Tribune[1463].

Ces entreprises chinoises agissent dans le cadre des Plans d'action pour des projets couvrant tous les secteurs (I) appuyés par un vaste programme de formation des compétences et d'agents de popularisation du FCSA (II).

I – Une vaste formation par la Chine du Capital humain africain pour une production de qualité et le transfert de technologie.

Le Plan d'action du 6e Forum de coopération Sino-africaine renforce les programmes sectoriels lancés et mis en œuvre dans le cadre, du premier Programme économique et social, du Forum inaugural de 2000 et des 4 premiers Plans d'actions des fora de 2003, de 2006, de 2009 et de 2012 ; le 6e Plan d'action du FCSA étant désormais global en couvrant les domaines commercial, économique, social, culturel et environnemental.

Au point 3, du Plan d'action du 6e FCSA, de Johannesburg, consacré à la coopération économique, l'engagement chinois pour l'industrialisation, de très grande envergure de l'Afrique, couvre un vaste champ de domaines (A) ainsi qu'une modernisation de la coopération commerciale, notamment par sa numérisation (B).

A – Une coopération désormais tournée vers un vaste programme chinois d'industrialisation multisectorielle de l'Afrique.

La coopération économique déployée par le Forum de coopération Sino-africain est désormais portée, depuis le 6e Forum de coopération Sino-africaine de décembre 2015, par un vaste programme d'industrialisation de l'Afrique couvrant tous les domaines du potentiel économique, environnemental et culturel africain. Cet important programme d'industrialisation concerne :

1462 Une vision, Wenping He, chinafrique.com, 09/05/2017, consulté le 21/09/2017.

1463 Chine-Afrique : un partenariat largement sous-estimé selon McKinsey, afrique.latribune.fr, 29/06/2017, consulté le 28/01/2018.

- l'agriculture et la sécurité alimentaire, pour une « montée en gamme de l'agriculture africaine, accroître la production, le niveau de la transformation et les revenus » tel que stipulé au point 3-1-1[1464], en transférant « les techniques de production de semences et de plantation » (point 3-1-3)[1465], tout en soutenant « la mise en œuvre du Programme détaillé de développement de l'agriculture africaine »[1466] ;

- la construction « des centres de démonstration des techniques agricoles »[1467] qui sont également des plateformes de recherche et formation[1468], animées par 30 groupes d' agronomes chinois, pour assurer le « soutien technique en cultures des céréales, en stockage, en règlements sanitaires et phytosanitaires, en élevage, en transformation agroalimentaire, en sylviculture et en pêche » (point 3-1-8)[1469] ;

- l'industrialisation de l'agriculture et de l'élevage, tel que stipulé au paragraphe 7 du point 3-2[1470], où la Chine s'engage notamment à organiser une « délocalisation, ordonnée, des capacités de production industrielle compétitives et à forte intensité de main-d'œuvre », dans le but de créer des emplois, d'augmenter les recettes dans chaque pays africain ainsi que pour opérer un transfert des technologies ;

- la création des pôles pilotes de démonstration des techniques de construction des zones industrielles, tel qu'il résulte du point 3-2-4[1471] ;

- le transfert des technologies en matière d'avion civile tel que stipulé au point 3-3-5[1472], dans le cadre d'un programme de réseau d'aviations régional africain, avec l'option de construire, en Afrique, un institut sino-africain de l'aviation civile, conformément aux points 3-3-7[1473] ;

- la réalisation du Mémorandum d'entente, Chine-Afrique, dont les stipulations du paragraphe 5 du point 2-4[1474], consacré à la coopération entre la Chine, l'Union africaine et les Comités économiques régionaux (CER), indiquent que cette coopération vise l'intégration du continent africain par son industrialisation, par des infrastructures transrégionales,

---

1464 Plan d'action du 6ème FCSA, op.cit.
1465 Ibid.
1466 Ibid.
1467 Ibid.
1468 Ibid.
1469 Ibid.
1470 Ibid.
1471 Ibid.
1472 Ibid.
1473 Ibid.
1474 Ibid.

notamment routières et ferroviaires, ainsi que le réseau d'aviations régional ;

- le soutien au Nouveau partenariat pour le développement de l'Afrique (NEPAD)[1475] et de l'Agenda 2063 de l'Afrique adopté dans le cadre de l'UA[1476] et qui est déclinable en plans décennaux[1477] ;

- la promotion de la numérisation de la radio et de la télévision en Afrique, ainsi que des réseaux interconnectés en TIC et la construction des villes intelligentes, tout en investissant dans la sécurité informatique, tel que prévu au point 3-3, paragraphes 9 à 13[1478] ;

- le renforcement des capacités africaines en matière de transformation, plus poussée, des ressources énergétiques et autres ressources naturelles, pour la création de plus d'emplois et accroître la valeur ajoutée, tel que convenu au point 3-4, paragraphes 1 et 2[1479] ;

- l'accompagnement, par la Chine, pour aider l'Afrique « à se doter de technologies en matière d'enrichissement de minerais à travers le transfert de technologies », tel qu'il résulte du point 3-4-3[1480] ;

- le transfert de technologies dans le domaine de l'économie océanique ou économie bleue, objet des stipulations du point 3-5 en ses paragraphes 1 à 4, par le biais des stations d'observation, laboratoires et centres de coopération ainsi que de la recherche océanographique autour de l'épicentre qu'est la « Route de la soie maritime »[1481], qui devra agréger les projets en cours et à venir sino-africains, dans les domaines aussi variés que l'aquaculture offshore, le transport maritime, la construction navale, l'environnement marin, la prévention et la réduction des catastrophes en mer, l'économie bleue ainsi que la prospection et l'exploitation en offshore, du pétrole et du gaz[1482].

La Chine se voulant plus précise a réaffirmé sa détermination à contribuer fortement à l'industrialisation de l'Afrique, à l'occasion du 7e FCSA placé sous le thème : « La chine et l'Afrique : Construire une

[1475] Ibid.
[1476] Ibid.
[1477] Ibid.
[1478] Ibid.
[1479] Ibid.
[1480] Ibid.
[1481] Ibid.
[1482] Ibid.

communauté de destin encore plus solide pour la coopération gagnant-gagnant »[1483].

En effet, en présence de toute l'Afrique sauf le Swaziland (devenu eSwatini en avril 2018), et sans plus ou moins le Sahara occidental, la Chine s'est engagée à adapter les machines agricoles chinoises aux spécificités africaines et « développer des concessionnaires africains [pour l']assistance et services après-vente », tel qu'il résulte du point 3-1-2 du Plan d'action 2019-2021[1484].

Par ailleurs, la Chine s'est engagée à :

- lancer « 50 projets d'assistance agricole » en Afrique (point 3-1-3 du Plan d'action)[1485] ;

- former « 500 agronomes » africains[1486] ;

- former des « entrepreneurs agricoles pionniers » africains[1487].

Au point 3-1-4 du Plan d'action du 7e FCSA, elle s'est obligée à assurer la « promotion des hautes technologies et la transformation agroalimentaire »[1488].

La coopération sera renforcée « sur la recherche agricole, la formation technique et le transfert de technologies », tel qu'il résulte du point 3-1-5 du Plan d'action 2019-2021[1489], et un « un centre de recherche Chine-Afrique sur le développement agricole vert » sera créé conformément à l'engagement pris au point 3-1-8[1490]

Pour contribuer davantage au développement d'une agriculture de haute qualité en Afrique, il ressort du point 3-8-3 du Plan d'action 2019-2021 que la Chine importera la production agricole africaine « à valeur ajoutée et les

1483 DÉCLARATION DE BEIJING—CONSTRUIRE UNE COMMUNAUTÉ DE DESTIN CHINE-AFRIQUE ENCORE PLUS SOLIDE, op.cit.
1484 FORUM SUR LA COOPÉRATION SINO-AFRICAINE PLAN D'ACTION DE BEIJING (2019-2021), op.cit.
1485 Ibid.
1486 Ibid.
1487 Ibid.
1488 Ibid.
1489 Ibid.
1490 Ibid.

produits industriels finis de l'Afrique »[1491], grâce au « fonds spécial de 5 milliards de dollars » dont elle s'est engagée à soutenir la création [supra].

En raison de la montée en puissance attendue de la production africaine, la Chine s'est engagée et a amorcé la modernisation de la coopération commerciale avec l'Afrique pour plus de célérité dans les échanges.

B – Une coopération commerciale Chine-Afrique en cours de modernisation.

En matière de coopération commerciale, pour la période triennale 2016-2018, le siège de la matière est le point 3-8, dont le paragraphe 1 engage les deux parties à faire passer leurs échanges commerciaux, de 222 milliards de dollars en 2014, à 400 milliards de dollars à l'horizon 2020[1492] ; soit quasiment le double. Dans ce cadre, les données de fin 2016, soit seulement un an après le 6e FCSA, indiquent que « Les échanges commerciaux sino-africains ont représenté 190 milliards de dollars en 2016 »[1493].

Dans ce cadre commercial, il est envisagé de créer des centres logistiques en Afrique et d'installer des entreprises chinoises pour produire et créer des emplois, tel que stipulé au paragraphe 3 du point 3-8, du 6e Plan d'action[1494].

À cet effet, il a été décidé que la coopération, en matière de sécurité alimentaire et en matière phytosanitaire, soit renforcée, tel que convenu au paragraphe 3 du même point 3-8[1495].

Aussi, la Chine s'est-elle engagée à mettre en place 50 projets d'assistance pour promouvoir le commerce avec l'Afrique et accompagner la libéralisation des échanges commerciaux Chine-Afrique[1496].

Pour accompagner ce processus de libéralisation, la Chine s'est engagée à augmenter la valeur ajoutée des produits africains, au paragraphe 4 du point 3-8[1497].

1491 Ibid.
1492 Ibid.
1493 Le Maroc accueille la deuxième édition du Forum d'investissement Chine-Afrique, rfi.fr 27/11/2017, consulté le 28 janvier 2018.
1494 Plan d'action, op.cit.
1495 Ibid.
1496 Ibid.
1497 Ibid.

Aux paragraphes 5 et 6, du même point 3-8, elle s'est obligée à renforcer son assistance au profit des professionnels du commerce des services, en vue de leur plus grande insertion dans les projets sino-africains où leur sous-traitance est souvent sollicitée , notamment en matière d'études architecturales et autres[1498].

Au profit des pays les moins avancés (PMA), des tarifs douaniers à taux zéro ont été décidés pour 97% des catégories des produits exportés par lesdits PMA, vers la Chine[1499].

Il est prévu, au paragraphe 8 du point 3-8, que « la Chine lancera une coopération sur l'e-commerce avec les pays africains »[1500] et « mettra en place des visas en ligne »[1501] ainsi qu'une certification d'origine, électronique, tout en faisant « progresser le dédouanement, sans-papier, du certificat d'origine »[1502].

Pour accueillir un si vaste et emblématique programme d'industrialisation et d'infrastructures, ainsi que tout cet ensemble des projets économiques et commerciaux, il faut une sécurisation renforcée. Aussi, la Chine et l'Afrique se sont-elles engagées à approfondir leur politique de promotion et de protection des investissements, à travers notamment des facilités douanières et fiscales ainsi que la prévention de la double imposition et les règles et mécanismes de garantie des investissements, tel qu'il résulte du point 3-7-3[1503] ; même si une première sécurisation procède du fait que cette industrialisation est essentiellement destinée à être installée dans des parcs industriels et des zones économiques spéciales , tel que visé aux paragraphes 4 et 5 du point 3-7[1504].

En envisageant un aussi important et rapide développement de l'Afrique, il est apparu indispensable de former le capital humain, en qualité et en quantité, sur le sol africain et en Chine, pour prévenir tout recrutement onéreux, hors d'Afrique , des compétences et de la main-d'œuvre qualifiée

---

1498 Ibid.
1499 Ibid.
1500 Ibid.
1501 Ibid.
1502 Ibid.
1503 Ibid.
1504 Ibid.

ainsi que pour garantir une production arrimée aux normes d'un marché international de plus en plus exigeant.

À cette fin, le 6e FCSA a lancé un vaste plan de formation du capital humain, de conception, de supervision et d'exécution ainsi que des opérateurs économiques africains par la Chine aux fins d'une production de qualité, le transfert des technologies, tout en formant les agents de popularisation de partenariat stratégique Chine-Afrique.

II – Une pro-action chinoise par la formation des compétences et des agents de popularisation du Forum de Coopération Sino-africaine.

L'industrialisation de l'Afrique, par la Chine, pour le transfert des technologies est l'une des mesures phares décidées par le Président Xi Jinping et qui est actée dans la Déclaration en 30 points, du 6e FCSA, de Johannesburg, notamment en son point 25-2[1505], qui engage, à cet effet, au renforcement des capacités techniques et intellectuelles des Africains ; le point 25-3[1506] engageant à la coopération renforcée entre universités et/ou entre think- tanks.

Aussi, dans l'instrument-cadre de programmation des engagements, ou tableau de bord, qu'est le Plan d'action triennal, celui adopté le 5 décembre 2015, à Johannesburg, en Afrique du Sud, pour la période 2016-2018, la Chine s'engage à un vaste programme multi domaines, de développement des compétences africaines, pour une appropriation des savoirs et savoir-faire nécessaires à une production de qualité et garantissant un transfert des technologies (A) ainsi que du capital humain qui doit accompagner cette importante entreprise, en la promouvant pour sa popularisation (B).

A – Un développement par la Chine des compétences africaines pour une production de qualité en Afrique et un gage de transfert des technologies.

L'engagement chinois, à former des experts et techniciens africains, pour une production de qualité et l'appropriation africaine des technologies, porte

[1505] Déclaration du 6e FCSA 2015, focac.org, 15/12/2015, consulté le 28 janvier 2018.

[1506] Ibid.

sur le domaine de la médecine et de la santé, ainsi que dans d'autres domaines techniques, scientifiques et technologiques.

Dans le domaine médicinal et sanitaire, la Chine s'est engagée dans le Plan d'action 2016-2018 :

- au point 4-2-2, à développer des compétences africaines par la formation des médecins et autres personnels de santé, sur des questions épidémiologiques, la prévention et le traitement du paludisme et des maladies infectieuses ainsi que les services spécialisés des hôpitaux , à travers notamment une coopération pilote avec 20 hôpitaux africains [1507] ;

- au point 4-2-3 à créer un centre de l'Union africaine, de contrôle des maladies ainsi que des centres régionaux de recherche médicale[1508].

S'agissant de la coopération technico-scientifique, il est prévu, au point 4-5-1 du Plan d'action, de renforcer le Plan de partenariat technico-scientifique sino-africain, par la création des laboratoires conjoints et centres de recherche conjoints, ainsi que des parcs de démonstration de technologies agricoles ; tout en aidant des jeunes et éminents chercheurs et techniciens africains, à échanger avec leurs homologues chinois et à aller en Chine pour des stages[1509].

Dans ce même cadre, le paragraphe 2 du même point 4-5[1510] engage à des échanges entre entreprises et/ou entre centres de recherche, pour le transfert de technologies, en matière de l'innovation technico-scientifique ainsi que par la construction des parcs technologiques ; la coopération technico-scientifique ayant déjà, par ailleurs, fait l'objet d'une prise en compte, dans le projet phare, le Square Kilometre Array (SKA), tel qu'il résulte du point 4-5-5[1511] ; un épicentre qui agrégera des projets spécifiques ou spécialisés.

Relativement aux échanges entre les universitaires et/ou entre les think tanks, leur mise en œuvre a pour matrice, le Projet d'études conjointes et

[1507] Plan d'action de Johannesburg, op.cit.
[1508] Ibid.
[1509] Ibid.
[1510] Ibid.
[1511] Ibid.

d'échanges sino-africains,[1512] tel qu'il résulte du point 5-3-1 et 5-3-2, du Plan d'action 2016-2018[1513].

Ces coopérations scientifiques ont fait l'objet de l'institution d'un Forum, des think tanks, Sino-Africain[1514], qui est une plateforme d'échanges entre intellectuels africains et intellectuels chinois et où il est pris un engagement à fournir un appui intellectuel novateur, au FCSA, en menant, conjointement avec les instituts de recherche, « des études sur le partenariat industriel [...], les capacités de production industrielle entre la Chine et l'Afrique, la promotion de l'industrialisation et de la modernisation agricole de l'Afrique »[1515].

C'est dans ce balisage qu'il se poursuit la réalisation du Projet 10+10 entre think tanks chinois et think tanks africains, notamment par des visites en Chine de 200 chercheurs africains chaque année[1516].

À ces fins de formation, multi domaines, des cadres nécessaires à l'approbation africaine des technologies, la Chine s'est engagée, dans le Plan d'action 2016-2018, à :

- former 200.000 techniciens et professionnels, directement sur le sol africain[1517] ;
- former en Chine, 40.000 Africains[1518] ;
- renforcer et monter des installations de formation technique et professionnelle et construire des nouveaux centres offrant de tels cursus[1519] ;
- améliorer les compétences des femmes et des jeunes pour l'auto développement de l'Afrique[1520] ;
- accorder 30.000 bourses gouvernementales aux étudiants africains pour mener des études en Chine et fournir des cursus diplômants pour

[1512] Ibid.
[1513] Ibid.
[1514] Ibid.
[1515] Ibid.
[1516] Ibid.
[1517] Ibid.
[1518] Ibid.
[1519] Ibid.
[1520] Ibid.

2000 Africains, tout en formant « plus de professionnels dans le développement économique et la gestion technique »[1521] ;

- former des cadres africains, dans le domaine de « la gestion de haut niveau », au sein de l'Institut de coopération sud-sud pour leur employabilité dans la Haute administration des Gouvernements et autres grandes institutions nationales, régionales et continentales africaines[1522] ;

- poursuivre et perfectionner le Programme de coopération 20+20 entre les établissements d'enseignement supérieur chinois et africains[1523] ; tout en encourageant les universités et universitaires des 2 parties, à coopérer dans des études à caractère national ou régional ;

- soutenir la création, d'une part, des centres de recherche, sur la Chine, par les universités africaines et, d'autre part, des centres de recherche, sur l'Afrique, par les universités chinoises[1524].

Pour le développement des compétences managériales africaines, il est institué et réuni, périodiquement, un Forum d'investissement Chine-Afrique, dont la deuxième édition a été organisée les 27 et 28 novembre 2017 à Marrakech au Maroc en réunissant les opérateurs économiques africains et chinois[1525].

À l'issue du 7e, FCSA, l'engagement chinois pris au point 4-3-3 du Plan d'action pour la formation massive et qualitative des compétences africaines, s'est amplifié en décidant, pour la période 2019-2021 :

- d'attribuer « 50.000 bourses d'études gouvernementales » aux Africains pour se former en Chine[1526] ;

- d'« accueillir 50.000 [autres] Africains dans des séminaires de formation » en Chine[1527] ;

- de « former 1000 personnes africaines hautement compétentes »[1528].

En matière technico-scientifique, la Chine s'engage :

1521 Ibid.

1522 Ibid.

1523 Ibid.

1524 Ibid.

1525 Forum d'investissement Chine-Afrique : des nouveaux projets présentés. rfi.fr 29 novembre 2017, consulté le 28 janvier 2018.

1526 FORUM SUR LA COOPÉRATION SINO-AFRICAINE PLAN D'ACTION DE BEIJING (2019-2021), op.cit.

1527 Ibid.

1528 Ibid.

- au point 4-5-1, à « faire avancer l'application de la Stratégie pour la Science, la Technologie et l'Innovation pour l'Afrique (STISA-2024) »[1529] ;

- au point 4-5-7, à créer des parcs technologiques[1530] ;

- au point 4-5-11, à aider l'Afrique « pour la création des structures d'intermédiation entre le monde de la recherche et de la production (Technology transfert Office [...] : Bureaux de transfert de technologie) »[1531].

Ces Bureaux de transfert de technologie seront chargés de :

- diffuser « auprès des entreprises [les] activités de recherche valorisable »[1532] ;

- « le repérage et l'évaluation du potentiel technologique et économique et la contribution au développement économique local, régional et national »[1533].

En matière climatique et d'écosystèmes, la Chine s'est engagée, au point 4-6-3 du Plan d'action 2019-2021, à construire un centre de coopération environnementale Chine-Afrique[1534].

Pour la valorisation du bambou et du rotin ainsi que pour une exploitation durable de ces deux ressources en Afrique, la Chine s'engage, au point 4-6-5 du Plan d'action :

- à la création d' « un centre de bambou Chine-Afrique »[1535] ;

- au « renforcement des capacités de l'Afrique dans les domaines tels que la gestion durable des ressources en bambou et en rotin [...] »[1536] ;

- à « développer l'industrie du bambou et du rotin »[1537].

Le Forum de coopération sino-africain ne se limite pas seulement à former le capital humain nécessaire à une production de qualité et à opérer

[1529] Ibid.
[1530] Ibid.
[1531] Ibid.
[1532] Ibid.
[1533] Ibid.
[1534] Ibid.
[1535] Ibid.
[1536] Ibid.
[1537] Ibid.

l'appropriation industrielle par le transfert de technologies. Il se préoccupe aussi d'assurer la formation des agents de sa popularisation.

B - Un forum de coopération Sino-africaine pro-agissant en formant les agents de sa popularisation.

La conduite d'un si vaste processus, aussi bien de transfert de technologie, de coopération économique et commerciale ainsi que de développement, doit bénéficier d'un accueil favorable de la part des populations africaines, pour une sécurisation durable offerte par l'hospitalité populaire et non pas seulement par des équipes dirigeantes ou régnantes dont certaines n'ont pour seul soucis que de capter la richesse, au détriment de la prospérité du plus grand nombre et du développement inclusif.

Aussi, le FCSA assure-t-il la formation des agents de sa popularisation, ses « apôtres ».

Cette formation proactive des « apôtres » du FCSA concerne les professionnels des médias, les artistes, les membres de la société civile, les leaders syndicaux, la jeunesse et la femme africaines.

Relativement aux professionnels des médias, la Chine s'engage, au point 5-2-1 du 6e Plan d'action du FCSA, à en former 1000 par an, entre 2016 et 2018, soit 3000 agents de presse et des médias en 3 ans, ainsi qu'à financer l'échange d'envoyés spéciaux entre la Chine et l'Afrique[1538].

Il est également prévu un accompagnement chinois de la numérisation de la radio et de la télévision dans les États africains parties au FCSA ainsi que le développement de l'industrie médiatique[1539] et de la production audiovisuelle africaine[1540].

Au niveau artistique et culturel, la Chine s'est engagée, dans ce 6e Plan d'action 2016-2018 à :

- construire 5 centres culturels en Afrique[1541] ;

[1538] Plan d'action de Johannesburg (2016-2018), op.cit.
[1539] Ibid.
[1540] Ibid.
[1541] Ibid.

- créer 10 grandes « Bases de formation culturelle pour l'Afrique »[1542] et à mettre en œuvre le Programme de formation culturelle dénommé « Mille talents »[1543].

S'agissant de la société civile, les stipulations du point 5-4-7, du Plan d'action 2016-2018, engagent les parties à poursuivre et à renforcer les visites réciproques entre ONG et entre syndicats[1544] ; ce qui s'inscrit dans la continuation des fora populaires Chine-Afrique.

En effet, lancé en 2011, un Forum populaire Chine-Afrique réunit les associations et ONG chinoises et africaines[1545].

Le 5e Forum populaire s'est tenu à Chengdu, province de Sichuan, en Chine, les 23 et 24 juillet 2018 avec la présence des délégations provenant de 30 pays africains[1546].

Les travaux du 5e Forum populaire ont donné lieu à l'adoption du « Programme pour l'amitié et le partenariat entre les peuples de Chine et d'Afrique (2018-2020) »[1547], portant sur 5 domaines suivants :

- « les projets de coopération pour les moyens de subsistance, les dons et le travail d'assistance » notamment « un programme de repas baptisés '' Smiling Children'' et un projet d'eau potable en Éthiopie au Soudan, ainsi qu'un programme de formation des femmes en Éthiopie et un programme d'assistance aux réfugiés en Ouganda et au Soudan du Sud »[1548] ainsi que des programmes d'assistance humanitaire par la Croix-Rouge chinoise ;
- « le renforcement des capacités et les échanges personnels » notamment « des programmes d'éducation sexuelle pour adolescents [...et en] santé reproductive et de prévention du VIH/SIDA [...et...] soins maternels »[1549] ;

1542 Ibid.
1543 Ibid.
1544 Ibid.
1545 30 projets civils dévoilés pour le partenariat Chine-Afrique, french.china.org.cn, 25/07/2018, consulté le 04/09/2018.
1546 Ibid.
1547 Ibid.
1548 Ibid.
1549 Ibid.

- « la promotion du développement »[1550] ;
- « les échanges culturels »[1551] ;
- « les mécanismes d'échanges »[1552].

Ces fora populaires, après ceux de « Nairobi (Kenya) en 2011 [...de] Suzhou (Chine) en 2012 [...de] Khartoum (Soudan) en 2014 et [...de] Yiwu (Chine) en 2015 », sont des cadres d'échanges et d'actions, assurant la promotion du FCSA aux fins d'une pleine et entière adhésion, aux 3 principes de l'amitié Chine-Afrique »[1553] que sont :

- « renforcer l'amitié entre les peuples »[1554] ;
- « promouvoir la coopération »[1555] ;
- « [...] promouvoir la paix dans le monde »[1556].

En ce qui concerne les femmes, les stipulations du point 5-4-6, du Plan d'action 2016-2018, engage à renforcer le dialogue entre femmes leaders, d'Afrique et de Chine, en les mobilisant notamment autour des colloques thématiques ainsi que par des stages de renforcement technique et de développement des ressources humaines[1557].

Pour la jeunesse, en plus de l'engagement chinois de mettre en œuvre le projet des visites réciproques, des jeunes Africains et des jeunes Chinois, et celui de participation, chaque année, de 500 jeunes Africains aux séminaires en Chine, il a été décidé organiser, alternativement, en Afrique et en Chine, une grande rencontre entre jeunes Chinois et jeunes Africains, conformément aux stipulations du point 5-4-4[1558] ; ce qui s'ajoute au Forum de jeunes dirigeants Chine-Afrique[1559].

Cette campagne de formation des agents de popularisation du FCSA est renforcée par le 7e Forum de coopération Sino-africaine dont le Plan d'action

---

1550 Ibid.
1551 Ibid.
1552 Ibid.
1553 Ouverture du 5e Forum populaire Chine-Afrique à Chengdu, french.china.org.cn, 24/07/2018, consulté le 04/09/2018.
1554 Ibid.
1555 Ibid.
1556 Ibid.
1557 Ibid.
1558 Ibid.
1559 Ibid.

triennal en 5 points, 2019-2021 engage, au point 5-1-5, sur la coopération culturelle et échanges humains :

- à la réalisation de 50 projets culturels, sportifs et touristiques[1560] ;
- au soutien chinois aux « pays africains dans les ligues internationales '' Route de la Soie'' des théâtres, des musées et des festivals artistiques »[1561].

Au point 5-4-3 du Plan d'action, le 7e FCSA s'est félicité de la tenue de la toute première réunion d'un Forum des responsables d'associations dédiées à l'amitié sino-africaine[1562].

Il est également mis en place une « plate-forme du réseau de coopération des ONG le long de ''la Route de la soie'' [pour les] échanges et coopération amicaux entre les peuples chinois et africains », tel qu'il résulte du point 5-4-4 du Plan d'action 2019-2021[1563].

Mais, ces importants et vastes Plans d'action du partenariat sino-africain, qui suscitent en Afrique un espoir pour le développement effectif et rapide du continent, notamment grâce à l'industrialisation africaine promue par la Chine et à la formation des compétences, voient leur attractivité connaître une atténuation, en raison d'une exploitation du caractère alternatif du FCSA, ce qui affecte l'unification africaine par les valeurs, telle qu'elle est engagée par l'UA depuis qu'elle s'est appropriée les valeurs démocratiques, alors que l'unicité chinoise est une conditionnalité politique promue par le partenariat Chine-Afrique de façon obligatoire. Toutefois, cette instrumentalisation du caractère alternatif du FCSA parait réversible ; ce qui est indispensable, car l'unification africaine par les valeurs démocratiques est le seul gage d'un développement inclusif ou prospérité pour toutes les Africaines et tous les Africains ainsi que la garantie d'une paix durable.

1560 FORUM SUR LA COOPÉRATION SINO-AFRICAINE PLAN D'ACTION DE BEIJING (2019-2021), op.cit.
1561 Ibid.
1562 Ibid.
1563 Ibid.

Chapitre II : Une instrumentalisation, devenue réversible, du caractère alternatif du Forum de coopération Sino-africaine, pour cesser d'affecter le processus d'unification africaine par les valeurs à partager et règles communes.

La nouvelle politique africaine de la République populaire de Chine, objet des fora Chine-Afrique, depuis 2000, trouve ses fondements dans le discours prononcé en 1996, au siège de l'Organisation de l'unité africaine (OUA), avant qu'elle ne devienne, Union africaine (UA), par le Président chinois, de l'époque, Mr Jiang Zemin, à l'occasion d'un périple qui l'a conduit dans 6 États africains [supra].

Au nom du principe de la non-ingérence, l'ancien dirigeant chinois que l'assistance économique de la République populaire de Chine aux États africains serait exempte de conditionnalité politique.

Il est remarquable de noter que le discours de l'ancien dirigeant chinois prônant une assistance économique sans conditionnalité politique, est prononcé dans un contexte de la relation ACP-UE, marquée par les négociations en vue de la révision, à mi-parcours, de la Convention de Lomé IV pour passer à la Convention de Lomé IV bis, qui venait de faire de la clause, « Droits de l'Homme », un élément essentiel [supra] et en y ajoutant deux autres éléments essentiels, « les principes démocratiques » et « l'État de droit » [supra] ; trois éléments essentiels dont la violation ouvre droit à sanctions, tel que régit, d'une part, par la conditionnalité politique de la Convention de Lomé IV bis de 1995 [supra] et, d'autre part, toujours en 1995, par la conditionnalité politique de l'Accord Euro-Méditerranéen d'Association, UE-Tunisie [supra] avant que cela ne s'étende aux AA UE-Egypte [supra], UE-Maroc [supra] et UE-Algérie [supra].

Au moment où était réuni le tout premier FCSA, les 10 et 12 octobre 2000, venait de se tenir le Sommet ACP-UE, le 23 juin 2000, pour l'adoption de l'Accord de Cotonou ayant renforcé la conditionnalité politique pour inciter et inspirer davantage l'Afrique à se démocratiser pour une unification par des valeurs communes [supra].

Les conditionnalités politiques de Cotonou et des AA rendant contraignant le respect des Droits de l'Homme, les principes démocratiques et l'État de droit, ont contribué, avec le concours de l'Union européenne notamment, à construire, progressivement, les instruments de l'Architecture africaine de gouvernance démocratique et promotrice des Droits de l'Homme afin de favoriser une unification africaine fondée sur des valeurs partagées et des ordres juridiques internes harmonisés au plan continental, grâce à la transposition et à la mise en œuvre, dans chaque État partie des règles communes d'organisation et de fonctionnement nationale et locale supra.

Mais l'Union africaine ne peut pas, sans le concours de l'ensemble des principes partenaires de l'Afrique, faire prospérer cette unification africaine par des valeurs et règles communes.

Cependant, alors que le Forum Chine–Afrique promeut le principe d'unicité chinoise, comme clause élément essentiel (Section 1) son positionnement, en alternative aux partenariats soutenant les Droits de l'Homme et la paix par la démocratisation de l'Afrique, est instrumentalisé pour affecter l'édifice d'unification africaine par les valeurs, quoique cette industrialisation soit devenue réversible dans l'intérêt de l'Afrique, de la Chine et du monde (Section 2)

Section 1 : Une seule Chine, un principe élément essentiel du Forum Sino-africain, induit par l'entrée de la Chine aux Nations Unies.

Si le principe de l'unicité chinoise est promu par le partenariat Chine-Afrique, comme étant élément essentiel ou conditionnalité politique contraignante ou encore obligatoire (II), cette conditionnalité résulte du processus d'admission de la République populaire de Chine à l'ONU (I).

I – L'Unicité chinoise, une conditionnalité politique résultant de l'admission de la Chine à l'ONU et à l'éviction de Taïwan.

À l'ouverture des travaux, début mars 2018, de la session parlementaire annuelle de l'Assemblée nationale populaire chinoise, le Premier Ministre de la République populaire de Chine, Mr Li Keqiang, a annoncé que la Chine

« défendra fermement la souveraineté et l'intégrité territoriale du pays et ne tolérera jamais aucune tentative ou action séparatiste »[1564].

Sur le fondement du principe de souveraineté et du principe d'intégrité territoriale, partagés par tous les États et protégés par le droit international, notamment par la Charte des Nations unies qui proclame « l'égalité souveraine de ses Membres » et interdit toute atteinte à « l'intégrité territoriale ou à l'indépendance politique de tout État », dans ses buts et principes stipulés respectivement au paragraphe 1 et 4 de l'article 2[1565], la République populaire de Chine a exigé et obtenu, à l'occasion de son entrée à l'ONU, que l'unicité chinoise soit, de fait, admise comme étant un principe élément essentiel, en obtenant non seulement le remplacement du Gouvernement retranché dans l'île de Formose (Taïwan), mais aussi l'éviction de Taïwan des Nations unies, car, pour la Chine, il ne s'agit pas d'un État ; c'est une province chinoise.

Ce principe d'unicité chinoise, dite « une seule Chine », est une exigence ou conditionnalité politique qui remonte à l'entrée de la Chine à l'ONU, le 25 octobre 1971, suite au rejet par l'Assemblée du projet de Résolution américain au projet de celle albanaise. (A) ce qui conforterait la République populaire de Chine, à l'imposer dans ses relations internationales (B).

A – Un double vote inaugurant le principe d'une seule Chine, à l'Assemblée générale des Nations unies.

Qu'il s'agisse de la Déclaration des Nations unies du 1er janvier 1942,[1566] signée par 4 États[1567], sous l'égide desquels avait été placée la Conférence tenue le lendemain, le 2 janvier 1942, pour l'adhésion de 22 autres États[1568],

---

1564 Pékin fait monter la pression contre Taiwan, Le Figaro numéro 22881, 6 mars 2018, consulté le 6 mars 2018.

1565 Charte des Nations unies, un.org, consulté le 6 mars 2018.

1566 Déclaration des Nations-Unies de 1942, un.org, consulté le 11/09/2017.

1567 Les 4 États sous l'égide desquels était placée la Conférence sont : les USA, l'URSS, le Royaume-Uni de Grande-Bretagne et d'Irlande du Nord, et la Chine nationaliste de Chiang Kai Chek. Ibid.

1568 Les 22 autres États qui ont adhéré à la Déclaration des Nations unies, le lendemain 2 janvier 1942 sont : Australie, Belgique, Canada, Salvador, Guatemala, Honduras, Luxembourg, Nouvelle-Zélande, Norvège, Yougoslavie, Costa-Rica, Cuba, Tchécoslovaquie, République dominicaine, Grèce, Haïti, Inde, ¨Pays-Bas, Nicaragua, Panama, Union Sud-Africaine et Pologne. Ibid.
La 2ème vague d'adhésion à la Déclaration des N.U. du 1er janvier 1942, voit l'arrivée de la France, 2 Etats subsahariens, le Libéria et l'Ethiopie, ainsi que de 5 Etats arabes, l'Egypte, la

à cette Déclaration, ou de la Conférence de la Charte des Nations-Unies, signée à San Francisco aux USA, 3 ans après, le 26 juin 1945 (entrée en vigueur le 24 octobre 1945) par 46 États[1569] invités dont les 4 premiers initialement signataires de la Déclaration des Nations unies, la Chine avait pour chef de délégation, Tse-Ven Soong (ou Soong TZU-Wen), Ministre des Affaires étrangères chinois, du Gouvernement nationaliste de Chiang Kai Chek.

Mais, après la proclamation par Mao Zedong de la République populaire de Chine en 1949, Chiang Kai Chek s'est retranché sur l'île de Taïwan, à l'époque Formose[1570], avec son Gouvernement, en attendant reconquérir Pékin et tout le continent, alors que Mao Zedong s'était fixé pour objectif, de son côté, qu'il mettrait fin à la dissidence de l'île, un jour. Plusieurs décennies plus tard, le statuquo demeure.

C'est donc la Chine nationaliste et non pas la Chine communiste de Mao Zedong, qui est membre des Nations unies, en qualité de Membre permanent du Conseil de Sécurité, car, la tentative d'entrée de cette dernière, à l'ONU, en 1950 avait rencontré l'opposition des USA.

Lorsque la Chine communiste ou République populaire de Chine, longtemps restée marginalisée par l'opposition américaine, en particulier, doit faire son entrée à l'ONU et, en même temps, occuper le siège de Membre permanent du Conseil de Sécurité des N.U. (article 23 de la Charte),

---

Syrie, l'Arabie-Saoudite, le Liban et l'Iraq, en même temps que l'unique Etat Perse, l'Iran sur un total de 21 nouveaux adhérents. Ibid.

1569 En plus de 46 États invités à la Conférence ouverte le 25 avril 1945, pour la Charte de San Francisco, examinée et votée les 25 et 26 juin 1945, parce qu' ils remplissaient le double critère d'avoir déclaré la guerre contre le Japon et l'Allemagne avant mars 1945 et d'avoir signé la Déclaration des N.U. du 1er janvier 1942, la Conférence, elle-même, avait invité 4 autres États (soit 50 au total) que sont : l'Argentine, le Danemark qui venait d'être libéré de l'occupation allemande (commencée le 9 avril 1940 et qui pris fin le 5 mai 1945) et 2 Républiques socialistes et soviétiques, la Biélorussie et l'Ukraine. 1945 : Conférence de San Francisco, un.org, consulté le 11/09/201.
Mais la Pologne n'avait pas pu être présente à San Francisco le 26 juin 1945, car, elle n'avait formé son Gouvernement que 2 jours après cette Conférence, le 28 juin 1945. Elle signera la Charte de San Francisco, ou Charte des Nations-Unies le 15 octobre 1945, soit 10 jours avant l'entrée en vigueur de ladite Charte. Ibid.
La Charte des N.U. entra en vigueur le 24 octobre 1945, à la suite de sa ratification et au dépôt des instruments des ratifications au Département d'État américain, par les 5 Membres permanents et la majorité des États signataires. Ibid.

1570 Olla Brundu Paola. L'exclusion de Taïwan de l'Organisation des Nations unies : une défaite tactique des Etats-Unis ou une victoire stratégique de la Chine ? diplomatie.gouv.fr, consulté le 11/09/2017.

en remplacement de la Chine nationaliste, Taïwan, une telle possibilité est favorisée par le dégel entre la Chine du Président Mao Zedong, et les USA du Président Richard Nixon, ainsi que par l'intermédiation menée par le politologue et homme d'État américain, Henry Kissinger, auprès du Premier Ministre de la Chine populaire Mr Chou En-lai et, séparément, celle menée par Bush et Rogers auprès des autorités de la Chine nationaliste[1571].

Mais, étant donné la perspective, d'une nouvelle présidentielle à laquelle aspirait se représenter le Président américain, Mr Richard Nixon, pour un second mandat, il fallait tenir compte de l'opinion publique américaine dont les sondages révélaient qu'elle était favorable aux relations avec la Chine nationaliste et moins avec la Chine populaire[1572].

Il ne fallait donc pas, pour les dirigeants américains, abandonner Taïwan pour cette raison comme pour des intérêts stratégiques. Il s'en suivit, une proposition américaine d'une double représentation chinoise à l'ONU[1573].

À cette fin, et parallèlement au projet de résolution albanaise pour l'admission de la Chine communiste à l'ONU, les USA proposèrent une résolution de double représentation de la Chine aux N.U. mais dont le siège au Conseil de Sécurité devrait échoir à la Chine communiste ou Chine populaire en remplacement de la Chine Taïwan qui devrait demeurer toutefois membre de l'ONU[1574].

Mais, l'Assemblée générale de l'ONU, s'exprimant le 25 octobre 1971, décida autrement, en votant contre la résolution américaine « par 59 voix contre, 55 voix pour et 15 absentions »[1575].

Quant à la résolution albanaise, l'Assemblée générale approuva l'admission de la Chine populaire ou Chine communiste à l'ONU par « 76 voix contre 35 et 17 abstentions »[1576].

Par un tel résultat, qui a contraint les U.S.A. à retirer leur projet de double représentation chinoise, Taïwan s'en est trouvé exclu de l'ONU ; la République populaire de Chine entrant ainsi dans cette organisation matrice

---

1571 Ibid.
1572 Ibid.
1573 Ibid.
1574 Ibid.
1575 Ibid.
1576 Ibid.

des relations internationales, avec le statut de Chine unique, grâce à une A.G. dont les votes contre la résolution américaine ou les abstentions, provenaient à la fois des pays européens C.E.E. (désormais UE) sauf l'Espagne ; des membres de l'OTAN sauf « La Grèce, le Portugal et le Luxembourg »[1577], et notamment tous les pays africains venus grossir les rangs de l'A.G., depuis leur adhésion massive, aux N.U., au lendemain de la vague des indépendances des années 1960 ; l'Assemblée générale délibérant à la majorité de ses membres, sans que cela ne soit limité par un véto des Membres permanents qui ne le sont et ne peuvent l'exprimer que dans le strict cadre des réunions et résolutions du Conseil de Sécurité.

Depuis ce vote, la République populaire de Chine a obtenu implicitement que le principe d'une seule Chine soit une conditionnalité politique, de rang élément essentiel, pour coopérer avec elle, qu'il s'agisse de ses relations avec les États d'Afrique, d'Asie, d'Europe, d'Amérique ou d'Océanie.

B – Un principe d'unicité chinoise imposée par la Chine dans ses relations internationales.

Relativement à l'Afrique, les différents États africains ont rompu, tour à tour, leurs relations diplomatiques avec Taïwan, et en ont conclu des accords bilatéraux avec la République populaire de Chine en reconnaissant, ainsi, l'unicité chinoise ou principe d'une seule Chine ; ce qui fait passer Taïwan pour une composante de la République populaire de Chine, composante avec laquelle on peut toutefois commercer, tout au plus.

Ainsi, en Afrique, seul 1 État, le Swaziland (devenu eSwatini en avril 2018), continue à avoir des relations diplomatiques avec Taïwan; Sao Tomé et Principe et le Burkina Faso ayant rejoint la République populaire de Chine, respectivement en décembre 2016[1578] et en 2018 [infra], après la Gambie en 2013.

L'Afrique du Sud, la Libye[1579] et le Nigéria se limitent aux missions ou bureaux commerciaux ou encore aux bureaux de liaison, comme le font d'ailleurs, eu Europe, les États de l'UE, avec les bureaux de représentation

---

[1577] Ibid.
[1578] Taiwan n'a plus que deux alliés en Afrique, mobile.lemonde.fr, 2 janvier 2017, consulté le 12/07/2018.
[1579] Représentations diplomatiques de Taïwan, fr.m.wikipedia.org, consulté le 12/09/2017.

ainsi que la Russie, sauf le Vatican qui a une relation au niveau des Ambassadeurs[1580].

En Asie, l'Inde s'est limitée à un centre économique et culturel avec Taïwan ; le Japon et l'Arabie-Saoudite, Singapour, Israël et la Malaisie, à des bureaux de représentation alors que le Koweït, les Émirats arabes unis, s'en tiennent à des bureaux commerciaux[1581].

En Amérique, au nord, les USA et le Canada sont confinés à des bureaux de représentations, y compris, au sud et au centre, pour la quasi-totalité des grands États, à l'exception de 11 États dont plusieurs petites îles : Belize, Guatemala, Haïti, Honduras, Nicaragua, Panama, Paraguay, République dominicaine, Saint-Christophe-et-Niévès (ou Saint-Kitts-et-Nevis), Saint-Vincent-et-les-Grenadines et Sainte-Lucie, qui ont, encore, des relations avec Taïwan au niveau des Ambassadeurs[1582].

Rappelant, l'isolement de Taïwan face aux ralliements diplomatiques des États à la Chine, la reconnaissance d'un État ou d'un Gouvernement par un autre ou par une organisation internationale étant un acte discrétionnaire, car non régi par une norme internationale, le média français, Le Monde diplomatique, au moment de la rupture des relations diplomatiques avec Taïwan par le Salvador pour rejoindre la République populaire de Chine, en août 2018, cite le journaliste Guillaume Beaulande pour son article publié en 2016 et qui indique : « Parmi les vingt-deux pays qui reconnaissent Taïwan, six se situent dans l'isthme centre américain, cinq en zone caribéenne (Haïti, République dominicaine, Sainte-Lucie, Saint-Vincent-et-les-Grenadines, Saint-Kitts-et Nevis[(ou Saint-Christophe-et-Niévès)]. En Amérique du Sud, seul le Paraguay maintient des relations diplomatiques avec l'île [de Taïwan] »[1583].

En Océanie, si Taïwan est dans les bonnes grâces de toutes les petites îles, avec des représentations au niveau des Ambassadeurs, sauf la Papouasie-Nouvelle-Guinée (Mission commerciale) ; les 2 géants de ce

---

1580 Ibid.
1581 Ibid.
1582 Ibid.
1583 Beaulande Guillaume, L'Amérique centrale lâche Taipei, monde-diplomatique.fr, 22/08/2018, consulté le 23/08/2018.

continent, l'Australie et la Nouvelle-Zélande, s'en tiennent à des bureaux économiques et commerciaux avec Taipeh[1584].

Cette hégémonie chinoise, du fait de son attractivité mondialement inégalée, a fait réagir la Présidente de Taïwan, lorsque le 21 décembre 2016, Sao Tomé-et-Principe, a quitté sa barque, pour rejoindre celle de République populaire de Chine, en ces termes : « Il nous reste vingt et un alliés [dans le monde], nous devons les choyer »[1585].

La Chine a ainsi exigé et obtenu, quasiment du monde entier, qu'il n'y ait aucun « contact officiel entre ses partenaires étrangers et des dirigeants de Taïwan », au point de susciter des remous, lorsque le nouveau Président américain, Mr Donald Trump, a rompu avec la tradition américaine, en décrochant un appel téléphonique de la Présidente de Taïwan[1586]. La même réprobation chinoise, s'est manifestée, début mars 2018, à l'encontre du « vote par le Sénat américain du Taïwan Travel Act, qui appelle à encourager les dirigeants taïwanais à se rendre aux États-Unis pour y rencontrer des hauts responsables américains »[1587].

II – Un partenariat Chine-Afrique en quête d'un nouvel ordre international et faisant de l'unicité chinoise une clause politique élément essentiel.

Le FCSA dans une démarche non contraignante et réciproque, œuvre à l'avènement d'un nouvel ordre international (A) tout en promouvant de façon contraignante le principe d'une seule Chine qui est une conditionnalité politique de rang élément essentiel ou préalable à être admis au sein de ce partenariat ou d'y demeurer (B).

A – Un engagement des parties au FCSA pour un nouvel ordre international, certes non contraignant, mais favorisant l'affirmation de la Chine comme puissance mondiale.

Depuis le premier FCSA de Beijing, en Chine, les 10 et 12 octobre 2000, la Chine et les 44 premiers États africains ayant sur les fonds baptismaux le

[1584] Ibid.
[1585] Taiwan n'a plus que deux alliés en Afrique, op.cit.
[1586] Ibid.
[1587] Pékin fait monter la pression contre Taiwan, Le Figaro, numéro 22881, 6 mars 2018, consulté le 6 mars 2018.

partenariat Chine-Afrique, les parties à ce Forum sont engagées à œuvrer à l'avènement d'un multilatéralisme équilibré.

En effet, dans le concert international, pour l'avènement d'un nouvel ordre politique et économique, les États africains se sont engagés à œuvrer, avec la Chine, à des reformes pour un rééquilibrage des institutions internationales.

Ces reformes visaient principalement l'ONU et ses organes et organismes spécialisés, tel qu'il ressort des paragraphes 4 et 5 du préambule[1588] de la Déclaration de Beijing du 12 octobre 2000, ainsi que du paragraphe 3 de ladite Déclaration et aux points 1-2 et 19 du Programme de coopération sino-africaine sur le développement économique et social, en 20 points, 2001-2003[1589].

Ce tout premier instrument de mise en œuvre des objectifs du FCSA, quoique triennal comme les 5 suivants, n'avait pas encore pris la dénomination « Plan d'action », sans en être, toutefois, moins important.

L'engagement africain pour aider la Chine à l'avènement d'un nouvel ordre international comme celui chinois envers l'Afrique, restent constants et renouvelés lors du 2e FCSA des 15 et 16 décembre 2003, à Addis-Abeba, en Éthiopie, dont le Plan d'action a été adopté pour la période 2004-2006 (44 États africains)[1590] ; comme à l'occasion :

- du 3e FCSA qui constitue la 3e Conférence ministérielle et le tout premier Sommet de 48 chefs d'État et de Gouvernement d'Afrique avec des représentants de l'UA autour du Président chinois Hu Jintao les 4 et 5 novembre 2006 à Beijing (Pékin) en Chine, et dont le Plan d'action couvrait la période 2007-2009[1591] ; premier Sommet ayant décliné de façon précise la politique chinoise pour l'Afrique ;
- du 4e FCSA qui a réuni les Ministres de 49 États africains les 8 et 9 novembre 2009, en pleine crise financière mondiale, à Cham el-Cheick, en Égypte et dont la délégation chinoise étaient conduites par le Premier Ministre chinois Wen Jiabao, et qui a été rehaussé par la présence de 17

[1588] Déclaration de Beijing 2000.focac.org, consulté le 08/09/2017.

[1589] Programme de coopération sino-africaine sur le développement économique et social, 2001-2003, focac.org, consulté le 09/09/2017.

[1590] 2e Forum de coopération Sino-africaine, focac.org, consulté le 08/09/2017.

[1591] 3e Forum de coopération Sino-africaine, focac.org, consulté le 08/09/2017.

Chefs d'État et de Gouvernement africains ; ce 4e Forum ayant salué la nomination par la Chine d'un représentant spécial pour l'Afrique ; tel qu'il ressort au point 2-6-3 du Plan d'action 2010-2012[1592] ;

- du 5e FCSA, du 19 et 20 juillet 2012, à Beijing, en Chine, qui a réuni 50 États africains et dont le Plan d'action triennal s'étend de 2013 à 2015[1593] ;

- du 6e FCSA, qui, en plus de la traditionnelle réunion ministérielle, a constitué le 2e Sommet des Chefs d'État et de Gouvernement de 51 pays d'Afrique, autour du Président chinois XI Jinping, du 3 au 5 décembre 2015, à Johannesburg, en Afrique du Sud et dont le Plan d'action triennal couvre la période 2016-2018[1594].

L'objet politique visé par cet engagement sino-africain est la réforme de l'ordre politique et économique international, en vue de rééquilibrer et de démocratiser le Conseil de Sécurité des Nations-Unis, les institutions de Bretton Woods que sont la Banque mondiale (BM) et le Fonds monétaire international (FMI) ainsi qu'un engagement à une solidarité afro-chinoise, lors des négociations internationales notamment à l'occasion des différents cycles de l'Organisation mondiale du commerce (OMC).

Les deux principales institutions financières du système des Nations unies, le FMI et la BM ont des différences, notamment relativement à leurs sources de financement et à l'objet des prêts consentis.

Le FMI a pour ressources financières, principalement les quotes-parts des États membres alors que la Banque Mondiale est financée par les contributions des États membres plus des émissions d'obligations. Les prêts de la Banque Mondiale financent le développement à long terme là où le FMI agit, sur le court et moyen terme, pour aider à payer la dette extérieure et à protéger les monnaies des assauts des fonds spéculatifs qui peuvent créer l'effondrement desdites monnaies.

C'est dans la même logique de coalition, pour une pression internationale dont la Chine se positionne comme chef de file, qu'est organisé le groupe

---

1592 4e Forum de coopération Sino-africaine, focac.org, consulté le 08/09/2017.

1593 5e Forum de coopération Sino-africaine, focac.org, consulté le 08/09/2017.

1594 6e Forum de coopération Sino-africaine, focac.org, consulté le 08/09/2017.

des BRICS (Brésil, Russie, Inde, Chine, et Afrique du Sud)[1595], même si, ici, la Russie et l'Inde sont aussi deux géants aux ambitions internationales avérées et assumées ; les uns et les autres étant unis pour une multipolarité internationale, là où les USA visent une position d'hyperpuissance et l'UE, un multilatéralisme efficace.

Dans cette quête d'un rééquilibrage des institutions internationales, si l'on peut noter que la réforme du FMI, du 5 novembre 2010, entrée en vigueur en 2015, quant à sa gouvernance et à ses quotes-parts par pays membre ainsi qu'à ses droits de vote, a profité à la Chine, l'on constate en même temps que les États d'Afrique restent à la traîne.

En effet, avec le dédoublement des quotes-parts du FMI porté à 660 milliards de dollars américains, la Chine a remporté une nette victoire en doublant quasiment la sienne, avec un peu plus de 6% du capital, après les USA et le Japon, mais devant la France et l'Allemagne[1596].

L'enjeu au FMI, est que le déséquilibre est abyssal en raison de 9 États dont la puissance économique leur permet de concentrer plus de 50% du PIB mondial ; ce qui fait que leurs quotes-parts, très élevées au FMI, leur confèrent un contrôle de plus de la majorité des voix[1597].

Ainsi, si désormais la Chine pèse 6% au FMI depuis 2015, la force de L'UE s'amenuise avec la sortie, en cours, de la Grande-Bretagne, suite au Brexit, car l'UE pesait 29,6% en 2012 et les USA, seuls 16,5% ;[1598] ce qui faisait que le premier, l'UE (par le biais de la France), sur une entente tacite avec le second, les USA, monopolise, la Direction générale du FMI, en contrepartie de quoi, la Présidence de la Banque mondiale demeure sous le contrôle américain.

[1595] L'acronyme « BRIC » a été créé par l'économiste Jim O'Neill, de la banque américaine Goldman Sachs, dans une note du 30 novembre 2001 sur les grandes économies émergentes du XXIe siècle, le Brésil, la Russie, l'Inde et la Chine.

Source : O'NEILL Jim,« Building Better Global Economic BRICs », Goldman Sachs, Global Economics Paper n° 66, 16 pp., 30 novembre 2001, goldmansachs.com, cité par Moundounga Séraphin, Thèse de doctorat non éditée « L'Union européenne et la paix en Afrique subsaharienne », soutenue le 20 décembre 2012 Université de Grenoble 2, pp 844, p.289.

[1596] Droits de vote : la Chine, grand vainqueur de la réforme du FMI, lefigaro.fr, 20/12/2015, consulté le 10/09/2017.

[1597] Ibid.

[1598] Ibid.

L'Afrique, dans tout ça, en dépit de ses 54 Etats, n'a que 4,84% de voix[1599] alors même que la Chine a réalisé un autre exploit, en obtenant que le FMI mette la monnaie chinoise, « le Yuan, dans le panier des grandes devises mondiales »[1600] ; cette mesure décidée en 2015, ayant pris effet le 1er octobre 2016[1601], aux côtés des 4 autres devises constituant le Droit de tirages spéciaux (DTS) : dollar US, euro, Yen et livre sterling[1602].

Mais, la réforme du FMI n'a pas entrainé celle de la Banque Mondiale. Aussi, la Chine a-t-elle lancé une alternative à cette dernière en créant, en 2015, la Banque asiatique d'investissement dans les infrastructures (BAII) destinée à financer les investissements, partout dans le monde et à laquelle ont déjà adhéré certains États européens, asiatiques, océaniques et africains, mais au sein de laquelle la Chine détient 26% de sièges, en plus de la présidence qu'elle assure, tout en contrôlant 50% du capital soit 50 milliards de dollars US sur les 100 Milliards[1603].

Répondant à l'actualité économique et politique internationale, le 7e FCSA a interpellé la Communauté internationale, au point 12 de la Déclaration en 24 points, pour « faire évoluer la mondialisation économique »[1604] en condamnant « la situation actuelle [née de la guerre commerciale américaine contre le reste du monde] »[1605], tout en exprimant l'opposition des parties à l'unilatéralisme et au protectionnisme ambiants aux USA. Aussi, le 7e FCSA a demandé le rétablissement de la primauté du multilatéralisme, notamment le respect des règles de l'OMC dont les acquis doivent être sauvegardés[1606].

Si la conditionnalité politique du FCSA, relative à la quête d'un nouvel ordre mondial a un caractère non contraignant inhérent à tout élément

---

1599 Ibid.
1600 Ibid.
1601 Le FMI inclut le renminbi dans le panier de devises des droits de tirage spéciaux, imf.org, 30/09/2016, consulté le 10/09/2017.
1602 Ibid.
1603 La BAII, la banque chinoise qui finance les nouvelles routes de la soie, lefigaro.fr, 18/01/2017 consulté le 10/09/2017.
En Europe les premiers adhérents à la BAII sont l'Allemagne, la GB et la France. En Afrique, les premiers adhérents à la BAII sont l'Éthiopie et l'Afrique du Sud. En Asie, la Corée du Sud et en Océanie, l'Australie, ibid.
1604 DÉCLARATION DE BEIJING—CONSTRUIRE UNE COMMUNAUTÉ DE DESTIN CHINE-AFRIQUE ENCORE PLUS SOLIDE, op.cit.
1605 Ibid.
1606 Ibid.

fondamental, il en est autrement s'agissant de la clause d'unicité chinoise inscrite, sous l'expression « Une seule Chine », depuis le 3e FCSA de 2006, car la violation de ce principe amène la Chine à prendre des mesures appropriées.

B – Un engagement sino-africain pour une promotion contraignante de l'unicité chinoise.

Si la toute 1re Déclaration conjointe, la Déclaration de Beijing, à l'issue du 1er Forum de coopération Sino-africaine, tenu en Chine, du 10 au 12 octobre 2000, au niveau ministériel, ne mentionne pas, expressément, le principe d' « une seule Chine », force est de constater que seuls les 44 États africains ayant des relations diplomatiques avec la République populaire de Chine, mais sans en avoir avec Taïwan, ont été invités à Pékin [supra].

À l'occasion du 2er FCSA de 2003 comme lors de celui de 2000, la Chine, tout en faisant prévaloir le principe d'une seule Chine dans les relations internationales, ne l'a pas fait mentionner dans les principaux instruments juridiques du partenariat Chine-Afrique, à savoir la Déclaration de 2003 du Forum de coopération Sino-africaine et le Plan d'action d'Addis-Abeba de 2003, pour la période 2004-2006 [supra].

Il a fallu attendre le 3e FCSA de 2006, qui a été en même temps le premier Sommet de Chefs d'État et de Gouvernement de la Chine et de l'Afrique, pour qu'il soit mentionné, expressément, le principe d'une seule Chine en ces termes au paragraphe 10 de la Déclaration de Beijing 2006 : « Les pays africains sont vivement encouragés par l'essor rapide de l'économie chinoise. Ils adressent leurs félicitations à la Chine et souhaitent qu'elle remporte de plus grands succès dans son édification nationale. Ils réaffirment leur attachement au principe de l'unicité de la Chine et apportent leur soutien à la réunification pacifique de celle-ci »[1607].

Lors du 4e Forum de coopération Sino-africaine de 2009, les pays africains ont réitéré leur engagement au principe d'une seule Chine ainsi que leur soutien à la lutte menée par la R.P.C., pour une réunification pacifique,

[1607] Déclaration du Sommet de Beijing du Forum sur la Coopération sino-africaine, focac.org, 16 novembre 2006, consulté le 10/09/2017.

tel qu'il ressort du dernier tiret du paragraphe 20 de la Déclaration de Charm El-Cheikh (Égypte) du FCSA[1608].

Si le 5e Forum de coopération Sino-africaine tenu à Beijing, en Chine, les 19 et 20 juillet 2012, n'invoque pas expressément le principe d'unicité chinoise dans ses 2 principaux instruments que sont la Déclaration et le Plan d'action, ce principe revient en force au 6e FCSA, à deux niveaux, à savoir : dans le discours solennel du Président Xi Jinping qui a été particulièrement explicite ainsi que dans la Déclaration de Johannesburg de 2015 [infra].

En ce qui concerne le discours du Président Xi Jinping, déclinant la nouvelle

politique de la Chine pour l'Afrique, au 6e FCSA, le 4 décembre 2015, à Johannesburg, en Afrique du Sud, il rappelle : « Le principe de l'unicité de la Chine constitue la condition préalable et la base politique de l'établissement et du développement des relations avec les pays africains », avant d'ajouter que la Chine « apprécie l'attachement ferme des pays africains à ce principe, leur soutien à l'œuvre grandiose de réunification de la Chine, et leur engagement de ne pas développer des rapports ou échanges officiels avec Taïwan »[1609].

Sur le fondement de ce préalable respect du principe d'unicité chinoise, les pays africains se sont, à nouveau, engagés, au point 22 de la Déclaration du 6e FCSA, de Johannesburg, de décembre 2015, à soutenir ce principe « et à promouvoir la grande cause de la réunification nationale »[1610].

À la suite du 6e FCSA, Sao Tomé-et-Principe ayant rejoint la Chine en 2016 [supra], le rappel de l'Afrique, par la République populaire de Chine, du caractère particulièrement contraignant ou obligatoire du respect du principe d'une seule Chine, a été fait à l'occasion de l'annonce conjointe, par les Ministres chinois et burkinabè des Affaires étrangères, du rétablissement des relations diplomatiques, de même que dans la lettre de l'Accord de ce rétablissement [infra]; ce contexte permettant de se souvenir de l'affaire de l'extradition, par le Kenya, de ressortissants taiwanais, non pas vers Taïwan, mais plutôt à destination de Pékin [infra].

S'agissant du Kenya, le principe ou conditionnalité politique, contraignante ou élément essentiel qu'est l'unicité chinoise, a été rappelé au

---

1608 DÉCLARATION DE CHARM EL-CHEIKH DU FORUM SUR LA COOPÉRATION SINO-AFRICAINE, focac.org, 12/11/2009, consulté le 10/09/2017.
1609 Ibid.
1610 DÉCLARATION DU SOMMET DE JOHANNESBURG DU FORUM SUR LA COOPÉRATION SINO-AFRICAINE, focac.org, 15/12/2015, consulté le 10/09/2017.

monde, en général, et à l'Afrique, en particulier, dans l'affaire d'extradition des ressortissants taïwanais, par le Kenya, non pas vers Taïwan, mais plutôt à destination de la R.P.C., par un propos particulièrement incisif du porte-parole du Ministère chinois des Affaires étrangères, Lu Kang, en août 2016, en ces termes : « La politique d'une Chine unique [est une condition sine qua non] des relations bilatérales entre la Chine et le reste du Monde »[1611].

Si Taipeh était en droit de protester, au regard d'une telle extradition de ses ressortissants dont il est tenu d'assurer protection en tout lieu, force est de constater qu'en l'absence de relations diplomatiques entre le Kenya et Taïwan, il ne peut y avoir de convention bilatérale sectorielle et, en l'espèce, un accord de coopération judiciaire et d'extradition, entre eux, alors qu'un tel accord sectoriel n'existe qu'entre le Kenya et la République populaire de Chine.

En 2018, le principe d'unicité chinoise est rappelé, avec force et vigueur, au moment où le Burkina Faso rejoint, à nouveau, la République populaire de Chine, en quittant préalablement Taïwan.

En effet, le Communiqué conjoint de rétablissement des relations diplomatiques entre les deux pays stipule en son paragraphe 4 : « Le Gouvernement du Burkina Faso reconnaît qu'il n'y a qu'une seule Chine dans le monde, que le Gouvernement de la République populaire de Chine est l'unique gouvernement légal représentant toute la Chine et que Taiwan fait partie intégrante du territoire chinois. Le Gouvernement du Burkina Faso s'engage à n'avoir aucune relation officielle ni aucun échange officiel avec Taiwan. Le Gouvernement de la République populaire de Chine apprécie les positions susmentionnées du Gouvernement du Burkina Faso »[1612].

En effet, rétablies, en 1994, sous le Président Blaise Compaoré, les relations diplomatiques entre le Burkina Faso et Taïwan ont été préalablement rompues par le Président Roch Marc Christian Kaboré, le 24 mai 2018, dans un contexte contraint, de financement de la force conjointe G5 Sahel, de lutte contre le terrorisme [supra] et pour lequel le média français le

---

1611 Taïwan-Chine : Afrique champ de bataille diplomatique ; afrique.le360.ma, 12/08/2016, consulté le 12/09/2017.

1612 COMMUNIQUÉ CONJOINT SUR LE RÉTABLISSEMENT DES RELATIONS DIPLOMATIQUES ENTRE LA RÉPUBLIQUE POPULAIRE DE CHINE ET LE BURKINA FASO, fmprc.gov.cn/fra, 28/05/2018, consulté le 12/09/2018.

Monde cite le Ministère des Affaires étrangères burkinabé en ces termes : « lors de la table ronde des partenaires pour le financement de la force conjointe du G5 Sahel [réunissant la Mauritanie, le Niger, le Mali, le Tchad et le Burkina Faso] le délégué chinois a été clair : pas de financement au G5 Sahel à cause du Burkina Faso. C'était une situation inconfortable pour nous et aussi nos voisins »[1613].

Pourtant, le principe d'une seule Chine a fait l'objet d'un accord, le « Consensus de 1992 » que le parti nationaliste taïwanais, le Knomintang (KMT), favorable à cette unification, à terme, appelle de façon nuancée, « Une Chine, différentes interprétations »[1614], tel que le rappelait en 2008 le Professeur Tangui le Pesant de l'Université nationale centrale de Taïwan.

Le consensus de 1992 est un accord signé le 27 avril 1993, à Singapour, entre deux associations qui s'étaient préalablement rencontrées à Hong Kong en 1992.

Il s'agit de l'association ARATS affiliée au Gouvernement de la République populaire de Chine la Fondation SEF, rattachée au Gouvernement de Taïwan.

Cet accord indique « que la Chine continentale et Taïwan appartiennent à une seule Chine », mais sans indiquer qui gouverne cette Chine unique ni préciser s'il s'agira ou pas de transposer le statut Chine-Hong Kong[1615].

Le principe d'unicité chinoise a été réaffirmé par le 7e FCSA au point 8 de la Déclaration en 24 points, comme principe à promouvoir par l'Afrique en ces termes : « Les membres africains du FCSA réaffirment leur engagement à poursuivre fermement le principe d'une seule Chine, à soutenir l'unification de la Chine […] »[1616].

Comme conditionnalité politique de portée contraignante, il est stipulé au même point 8 que « La Chine réaffirme sa volonté de développer avec tous

---

1613 Pourquoi le Burkina Faso tourne le dos à Taïwan, lemonde.fr, 28/05/2018, consulté le 30/05/2018.

1614 Le Pesant Tangui, Chine-Taïwan : Le retour du Kuomintang, cairn.info, consulté le 30/05/2018.

1615 Maintenir coûte que coûte le Consensus de 1992, chine-magazine.com, 01/12/2015, consulté le 30/05/2018.

1616 DÉCLARATION DE BEIJING—CONSTRUIRE UNE COMMUNAUTÉ DE DESTIN CHINE-AFRIQUE ENCORE PLUS SOLIDE, op.cit.

les pays africains, sur la base du principe d'une seule Chine, les relations d'amitié et de coopération et de partager avec eux ses opportunités de développement »[1617].

Mais, alors que pour l'intérêt du peuple chinois et de la puissance de la Chine, l'unicité chinoise est promue par cette dernière, avec le soutien de l'Afrique, dans le cadre du FCSA, de façon obligatoire, parce que ce principe ou conditionnalité politique a le rang d'élément essentiel, à l'instar des conditionnalités politiques promouvant les Droits de l'Homme, les principes démocratiques et l'État de droit dans les Accords de partenariat économique Afrique-Union européenne, force est de constater que le même FCSA, s'interdit de promouvoir de façon contraignante les valeurs démocratiques dont s'est appropriée l'Union africaine[infra].

Aussi, lorsqu'au point 3-9-2 du Plan d'action du 7e FCSA des 3 et 4 septembre 2018, il est stipulé que « Dans la coopération avec l'Afrique en matière d'investissement et de financement, la partie chinoise tient à ne jamais assortir la coopération de condition politique [...] »[1618], cela est salué au point 4-1-2 dudit Plan d'action par l'Afrique en ces termes : « La partie africaine salue les aides sans condition politique accordées depuis des longues années par la Chine aux pays africains [...] »[1619].

Ainsi, l'objectif poursuivi par l'UA, d'unification des Africains, par les valeurs à partager et règles communes, pour un développement inclusif et une paix durable, s'en trouve affecté par cette position alternative prise par le FCSA qui, en reléguant les valeurs d'unification africaine au rang d'éléments non essentiels, voit son alternativité être instrumentalisée dans certains États pour retarder cette unification africaine par les valeurs ; ce qui est de nature à retarder à la fois, l'avènement d'un développement inclusif sur le continent et d'une paix durable[infra].

Toutefois, il est fort heureux de constater que cette instrumentalisation est de moins en moins irréversible, au regard d'un ensemble des faits prouvant qu'il y a une positive modification de la position chinoise, aux Nations Unies où la Chine a cessé de soutenir systématiquement des régimes

---

1617 Ibid.

1618 FORUM SUR LA COOPÉRATION SINO-AFRICAINE PLAN D'ACTION DE BEIJING (2019-2021), op.cit.

1619 Ibid.

africains violant les Droits de l'Homme, ainsi que dans certains pays d'Afrique où les soulèvements populaires ont conduit à la chute de certains régimes ; la Chine accordant désormais primauté à une sécurisation renforcée de ses intérêts de plus en plus croissants et de ses ressortissants, davantage nombreux dans tout le continent [infra].

Ainsi, si le caractère alternatif du Forum de coopération Sino-africaine, qui fait de la promotion des Droits de l'Homme un élément non essentiel, est instrumentalisé pour retarder l'adhésion de certains États africains aux Chartes d'unification africaine par les valeurs et règles communes, cette instrumentalisation est devenue réversible au regard du revirement positif de la position chinoise qui cesse progressivement de soutenir systématiquement les auteurs des violations des Droits de l'Homme, en raison de la primauté qu'elle accorde désormais à la sécurisation durable de ses intérêts et de ses ressortissants en Afrique.

Section 2 – Un caractère alternatif du Forum Sino-africain réversiblement instrumentalisé, contre l'unification africaine par les valeurs à partager et règles communes.

En adoptant à Addis-Abeba, en Éthiopie, lors de la 24e session ordinaire de la Conférence des Chefs d'État et de Gouvernement, l'Agenda 2063, l'Union africaine s'est dotée d'une vision commune et d'un Plan d'action dont la mise en œuvre se subdivise en Plans décennaux dont le tout premier a été décidé à l'occasion de la Conférence de juin 2015, à Johannesburg, en Afrique du Sud[1620].

En visant une prospérité de l'ensemble du continent « fondée sur une croissance inclusive et un développement durable »[1621], l'Agenda 2063 se propose d'atteindre également les objectifs d'intégration africaine par des infrastructures et par le partage des valeurs de bonne gouvernance, de démocratie, de respect des Droits de l'Homme, de justice et d'État de droit, telles qu'elles résultent des principaux instruments de l'Architecture africaine de gouvernance que sont la Charte africaine des droits de l'homme et des peuples [supra] ; la Charte africaine de la démocratie, des élections et de la gouvernance [supra] ; la Charte africaine des valeurs et des principes de la

[1620] Agenda 2063, un.org, consulté le 28 janvier 2018.
[1621] Ibid.

décentralisation, de la gouvernance locale [supra] et du développement local ; la Charte africaine sur les valeurs et principes du service public et de l'administration [supra].

Mais, si les projets d'intégration économique et commerciale africaine sont soutenus par toute la Communauté internationale, notamment l'Union européenne et la Chine, à travers les zones de libre-échange sous régionales et celle continentale (ZLEC) ainsi que les programmes d'infrastructures transrégionales, le soutien de la Chine ne prend pas suffisamment en compte le projet d'unification ou d'intégration africaine par les valeurs démocratiques et règles communes promues par l'Union africaine et les Communautés économiques régionales (CER) avec le soutien de l'Union européenne.

En effet, alors que le principe d'unicité de la Chine est ainsi promu de façon obligatoire dans le FCSA, il n'en est pas le cas s'agissant de l'unification africaine par des valeurs et règles partagées, telles qu'elles sont envisagées par l'Architecture africaine de gouvernance [supra] et pour lesquelles l'Union européenne soutient l'Union africaine.

Plus grave, non seulement le FCSA ne rend pas contraignante la promotion des Chartes d'unification africaine par les valeurs, mais aussi en se positionnant comme étant une alternative aux partenariats qui participent à ce processus, les stigmatisent et les condamnent.

Il s'en suit que cette posture alternative du Forum de coopération Sino-africaine est instrumentalisée pour affecter le processus d'unification africaine par des valeurs et règles communes ; ce qui retarde les ratifications et adhésions aux Chartes de l'Union africaine (I) même si, pour l'intérêt de la Chine cette instrumentalisation est réversible (II).

I – Une unification africaine par les valeurs à partager et règles communes affectée par l'instrumentalisation du caractère alternatif du partenariat Chine-Afrique.

Le Forum de coopération Sino-africaine, dès son lancement le 10 et 12 octobre 2000, à la Conférence de Beijing (Pékin), en Chine, se proclame dans la Déclaration de Beijing de 2000, être alternative, en stigmatisant et en condamnant les autres partenariats internationaux assurant la promotion contraignante des Droits de l'Homme (A) ; ce qui est exploité pour retarder l'unification africaine par les valeurs et règles communes (B).

A – Une condamnation par le partenariat Chine-Afrique des partenariats économiques assurant une promotion contraignante des Droits de l'Homme.

Comme envisagé dans le discours, de 1996, du Président Jiang Zemin, la Déclaration de Beijing de 2000, en 10 points précédés d'un préambule, ne renferme aucune conditionnalité démocratique ou relative aux Droits de l'Homme, autre qu'une simple invite à respecter leur universalité en même temps que les libertés fondamentales, tel que stipulé au point 4[1622], mais sans faire référence au caractère indivisible desdits Droits de l'Homme.

Si le point 4 de la Déclaration de Beijing de 2000, indique qu' « Il convient de respecter les droits de l'homme et les libertés fondamentales », il est immédiatement ajouté une atténuation de cette universalité en ces termes : « Comme les pays du monde diffèrent les uns des autres par leurs systèmes sociaux, leurs niveaux de développement , leurs contextes historiques et culturels ainsi que leurs conceptions des valeurs , ils ont le droit de choisir leurs propres approches et modèles pour promouvoir et protéger les droits de l'homme chez eux »[1623].

Comme pour démontrer que la Déclaration de Beijing, adoptée les 10 et 12 octobre 2000, constituait une riposte, notamment contre l'Accord de Cotonou ACP/UE, conclu quelques mois avant, le 23 juin 2000, ainsi que contre les Accords Euro-Méditerranéens d'Association, ce même point 4 assène : « De plus, les pratiques visant à politiser les droits de l'homme et assortir l'assistance économique des conditions en matière des droits de l'homme sont à condamner vigoureusement, parce qu'elles constituent elles-mêmes des actes de violation des droits de l'homme ».[1624]

Une telle promotion, à géométrie variable, des Droits de l'Homme est une menace à la paix et à la sécurité de l'Afrique et du monde, car les violations des droits de l'Homme et les atteintes à ceux-ci, pour le contrôle du pouvoir aux fins de la prédation des richesses africaines sont la principale

---

[1622] Forum sur la Coopération sino-africaine-Déclaration de Beijing, focac.org, consulté le 28 janvier 2018.
[1623] Ibid.
[1624] Ibid.

cause de la conflictualité dans la plupart des États, avec les variantes suivantes :

- les guerres de légitimité ou guerres de sens, qui sont des conflits se traduisant par « l'impossibilité pour les populations de vivre ensemble ou sous une certaine autorité [du fait] de la faiblesse de l'État »[1625] faiblesse qui se traduit notamment par la répression systématique et violente de toute manifestation pacifique ou par leur interdiction totale et/ou autres privations systématiques et massives des libertés, à l'instar des arrestations et détentions arbitraires des opposants et/ou des leaders de la société civile et des ONG , des journalistes, ainsi que les interdictions extrajudiciaires de sortie du territoire ;
- les conflits identitaires nés de « la certitude qu'un ou plusieurs groupes ont convenu, plus ou moins secrètement, de supprimer »[1626] un ou plusieurs autres groupes sociolinguistiques et/ou culturels, que cette suppression suspectée d'un groupe humain soit matérielle ou qu'elle soit culturelle, comme ce fut le cas du génocide au Rwanda ou du désastre humanitaire au Darfour ;
- les guerres moléculaires, ou guerres civiles au motif endogène, certes, mais des guerres sans projet stratégique majeures autres que le rapt, le meurtre et le pillage, leur caractère moléculaire étant que leurs acteurs ne sont pas encore massifs[1627].

Ces trois formes de guerres tribales étant dominantes dans la conflictualité africaine, et qu'elles procèdent essentiellement des violations des Droits de l'Homme et ses corollaires, l'État de droit, les principes démocratiques et la bonne gouvernance, leur promotion et leur sauvegarde par des instruments internationaux de coopération au développement, est un gage d'un développement qui soit inclusif et, ainsi, bénéficier pleinement aux peuples des États concernés afin que la prospérité attendue le soit pour tous et pour chaque Africain, pour garantir une paix durable.

Cette posture alternative prise par le FCSA, dès 2000, non seulement paralyse les initiatives internationales de promotion de la paix par les Droits

---

1625 P.Delmas, le bel avenir de la guerre, cité par Guillhandis Jean-François Relations internationales contemporaines : 2d. Juris-Classeur, Coll. Litec, 856 pp, p.645 et 2002. 646.
1626 F.Thual, les conflits identitaires, cité par Guillhandis Jean-François. Ibid.
1627 Hans-Magnus Enzensberger Vues sur les guerres civiles, cité par Guilhandis Jean-François, ibid.

de l'Homme et la démocratie en Afrique, mais également empêche le développement rapide et efficace de l'Architecture africaine de gouvernance, qui vise l'unification de l'Afrique autour des valeurs démocratiques dont l'UA s'est appropriée dans ses Chartes pour amener tous les États africains à muer vers des régimes démocratiques respectueux des Droits de l'Homme, de l'État de droit et de la bonne gouvernance.

C'est cette alternativité du Forum de coopération Sino-africaine qui est instrumentalisée par des dirigeants africains auteurs des violations des Droits de l'Homme, pour neutraliser les sanctions prises par la Communauté du monde libre, visant faire cesser lesdites violations ou contribuer à promouvoir des alternances démocratiques et pacifiques.

B – Un caractère alternatif du FCSA, instrumentalisé comme refuge pour auteurs des violations des Droits de l'Homme, aux fins de retarder l'unification africaine par les valeurs, le développement inclusif et la paix durable.

Lorsque des mesures appropriées (sanctions) sont prises par la Communauté internationale et/ou par l'UA ou un Comité économique régional, pour faire pression aux auteurs des violations et/ou atteintes des Droits de l'Homme, sur le continent africain, ces derniers instrumentalisent le Forum de coopération Sino-africain en sollicitant des financements alternatifs de la part de la Chine, comme on a pu le constater, notamment avec le Soudan, le Burundi et le Gabon.

Relativement au Soudan, dont les populations du Darfour et celles du Soudan du Sud étaient confrontées à un désastre humanitaire du fait de 2 conflits armés, les sanctions européennes et américaines, économiques et ciblées, n'ont pas permis d'avoir raison sur les dirigeants de Khartoum, qui parviennent à résister grâce, en grande partie, à la présence économique, commerciale et financière chinoise, notamment en matière de pétrole[1628].

En ce concerne le Burundi, un article du média La Libre Afrique, du 12 mai 2017, accuse : « Alors que l'Union européenne et ses membres [...] ont suspendu leur coopération avec Bujumbura depuis un an, en raison de l'accumulation des violations des droits de l'homme, des discours

[1628] D'Aboville Robert, SUN Qian, « Investissements pétroliers chinois en Afrique – Conséquences géopolitiques », Éd. L'Harmattan, 4 mai 2010, 190 pp, p.112.

encourageant la violence ethnique et du refus du gouvernement de dialoguer pour trouver une issue à la crise, le vice-Président chinois Mr Li Yuanchao était à Bujumbura ces mercredi et jeudi, pour la première visite chinoise de cette importance depuis que les deux pays ont noué des relations diplomatiques en 1963 »[1629].

Reprenant le discours prononcé par le haut responsable chinois, le média précise que la position chinoise est justifiée par le « respect de la souveraineté nationale » et « la lutte contre l'ingérence extérieure »[1630].

C'est pourquoi le Vice-Président chinois avait affirmé : selon le même média, « Nous allons continuer à fournir au Burundi des aides, aussi bien alimentaires que budgétaires, sans contrepartie »[1631].

S'agissant du Gabon, dans le cadre du conflit postélectoral de la présidentielle du 27 août 2016, alors que le Parlement européen, sur rapport des observateurs électoraux de l'Union européenne, demandait, des sanctions à la suite du refus, par le pouvoir sortant, d'un décompte transparent des votes, pourtant exigé par toutes les chancelleries occidentales installées à Libreville, la première visite officielle, bilatérale, effectuée par le Président sortant, Mr Ali Bongo, hors d'Afrique, demeure, plus d'un an plus tard, celle effectuée en Chine, début décembre 2016, suivie de celle à Cuba en début juillet 2017[1632].

Au moment de son départ pour la Chine, le Président sortant gabonais, Mr Ali Bongo, dans une interview accordée à l'agence de presse Chine nouvelle, annonçait : « Le Gabon est une terre d'opportunité. Et nous appelons les entreprises chinoises, qui sont déjà présentes au Gabon, à venir encore plus nombreuses à investir. Et c'est donc le message naturel qui est le mien vis-à-vis d'un de nos plus gros partenaires qui est la République populaire de Chine »[1633].

1629 Burundi : La Chine à la rescousse du régime Nkurunziza, afrique.lalibre.be, 12 mai 2017, consulté le 28 janvier 2018.
1630 Ibid.
1631 Ibid.
1632 Gabon : après la Chine, Ali Bongo à Cuba à la recherche d'alliés alternatifs à l'occident, afrique.latribune.fr, 10 juillet 2017, consulté le 28 janvier 2018.
1633 Gabon : Ali Bongo en Chine pour une visite d'Etat, rfi.fr, 6/12/2016, consulté le 28 janvier 2018.

Cette instrumentalisation du FCSA, pour en faire un refuge d'auteurs de violations des Droits de l'Homme en Afrique, affecte gravement l'Architecture africaine de gouvernance, dont les instruments nouveaux peinent à trouver la pleine adhésion de nombreux États alors que la Charte pionnière, la Charte africaine des droits de l'homme et des peuples connait une application malaisée.

En effet, en application de l'article 2 paragraphe 1 de la Déclaration universelle des droits de l'homme, consacrant le caractère indivisible desdits droits[1634], la Charte africaine des droits de l'homme et des peuples transpose cette indivisibilité au paragraphe 8 en ces termes : « ….les droits civils et politiques sont indissociables des droits économiques, sociaux et culturels, tant dans leur conception que dans leur universalité, et que la satisfaction des droits économiques, sociaux et culturels garantie la jouissance des droits civils et politiques »[1635].

Pour éviter toute équivoque et marquer qu'il n'y pas de primauté de certains Droits de l'Homme sur d'autres, l'article 6 de la Charte africaine sur la démocratie, des élections et de la gouvernance précise : « Les États parties s'assurent que les citoyens jouissent effectivement des libertés et droits fondamentaux de l'homme en prenant en compte leur universalité, leur interdépendance et leur indivisibilité »[1636].

Ces 2 Chartes ainsi que les autres instruments de l'Architecture africaine de gouvernance [supra], étant placés sous la protection des organes et juridictions de l'Union africaine, cette dernière ne peut que rencontrer d'importantes difficultés à trouver des adhésions et/ou ratifications et à faire appliquer lesdits instruments si elle n'est pas soutenue par la Communauté internationale en général et, en particulier les principaux partenaires

---

[1634] L'article 2 de la Déclaration universelle des droits de l'homme de 1948 stipule en son paragraphe 1 : « Chacun peut se prévaloir de tous les droits et de toutes les libertés proclamés dans la présente Déclaration, sans distinction aucune, notamment de race, de couleur, de sexe, de langue, de religion, d'opinion politique, ou de toute autre opinion, d'origine nationale ou sociale, de fortune, de naissance ou de toute autre situation ».

Source : Déclaration universelle des droits de l'homme. Résolution 217 A (III) du 10/12/1948, un.org.

[1635] Charte africaine des droits de l'homme et des peuples, achpr.org, consulté le 28 janvier 2018.

[1636] Charte africaine des droits de l'homme et des peuples, op.cit.

commerçant, avec l'Afrique, y exploitant ses ressources naturelles et/ou y investissant, notamment l'Union européenne, la Chine et les USA.

En effet, « Au 15 juin 2017, sur les 55 États membres de l'UA, 45 avaient déjà signé la CADEG [Charte africaine de la démocratie, des élections et de la gouvernance], 30 seulement l'avaient ratifiée et déposée leurs instruments de ratification »[1637].

À la date du 10/05/2018, les États ayant ratifié cette Charte ou qui y ont adhéré sont passés à 31 et tous les 31 ont déposé chacun son instrument de ratification ou d'adhésion[1638].

Il s'en dégage que 9 États ne sont pas encore signataires de cette Charte et que 15 autres États se sont limités à la signer, mais sans la ratifier, alors même que la CADEG a été adoptée depuis 2007 [supra].

Ainsi, si conformément au droit des traités, les 15 signataires, sans ratification, sont tenus de ne pas poser des actes de nature à vider la CADEG de son objet et de son but [supra], il reste que les 9 autres États de l'UA ignorent encore cette Charte.

Mais la Chine invoque les principes de la coexistence pacifique dont celui de la non-ingérence pour justifier une promotion des Droits de l'Homme, dans le FCSA, car les Droits de l'Homme y sont réduits au rang d'élément non essentiel, un élément fondamental, dont la violation n'ouvre droit à aucune sanction de la part d'autres membres de ce Forum, faute de valeur contraignante.

En effet, la Chine a une perception des Droits de l'Homme distinguant la jouissance des droits civils et politiques de celle des droits économiques, sociaux et culturels, en privilégiant les seconds au bénéfice de l'ensemble du peuple chinois et en n'ouvrant droit aux premiers, essentiellement aux cadres

---

1637 Numéro spécial Revue africaine de la démocratie et de la gouvernance (RADG) Commémorant le 10e anniversaire de la Charte africaine de la Démocratie, des Élections et de la Gouvernance (CADEG), aga-platform.org, consulté le 28/01/2018.
Tableau de ratification : Charte africaine de la Démocratie, des Élections et de la Gouvernance, achpr.org, consulté le 28/01/2018.

1638 LIST OF COUNTRIES WHICH HAVE SIGNED, RATIFIED/ACCEDED TO THE AFRICAN CHARTER ON DEMOCRACY, ELECTIONS AND GOVERNANCE,
LISTE DES PAYS QUI ONT SIGNE, RATIFIE/ADHERE CHARTE AFRICAINE DE LA DEMOCRATIE, DES ELECTIONS ET DE LA GOUVERNANCE, au.int, 10/05/2018, consulté le 28/01/2018.

du parti communiste chinois, selon les modalités régies par les textes dudit parti et transposées dans les règles régissant le fonctionnement de l'État ; ce qui justifie que si la Chine est pleinement partie au Pacte international sur les droits économiques, sociaux et culturels de 1966 [supra], qu'elle a signé en 1997[1639] et ratifié, elle s'est limitée à signer, en 1998[1640], sans le ratifier, l'autre Pacte international pourtant adopté le même jour en 1966 par l'Assemblée générale des Nations unies, le Pacte international relatif aux droits civils et politiques[1641]. De façon limitée, les droits civils et politiques sont reconnus aux membres des partis dits « démocratiques ».

Si ces deux Pactes internationaux sont une application de la Déclaration universelle des droits de l'homme de 1948, c'est le Pacte des droits civils et politiques qui promeut et sauvegarde notamment le droit à la vie, la liberté de conscience et d'expression, la liberté d'association politique ou apolitique ainsi que celle de se réunir et celle de manifester, le droit d'être voté et de voter, le droit à la dignité humaine et à l'intégrité physique et morale de chaque individu, le droit d'informer et d'être informé, etc...

C'est pour partager à l'Afrique cette conception chinoise des Droits de l'Homme, que le suivi de la mise en œuvre du FCSA, donne lieu à des colloques Chine-Afrique réunissant les hauts fonctionnaires des deux parties, à l'instar de celui organisé en 2004, et pour lequel il ressort, de l'allocution de remerciements, aux autorités chinoises, par la Chef de délégation africaine, la Togolaise Nakpa Polo (devenue membre du Gouvernement togolais début août 2016), la satisfaction suivante : « Après ces trois jours de réflexion sur les divers thèmes qui ont meublé nos assises, je peux vous assurer, sans grand souci de me tromper, que la conception chinoise des droits de l'homme rejoint à plus d'un titre celle de nos pays respectifs, à savoir qu'il faut d'abord assurer à son peuple :

- le droit à la santé ;

1639 Chapitre IV. Droits de l'homme. Pacte international relatif aux droits économiques, sociaux et culturels, traties.un.org, 16/12/1966, consulté le 28/01/2018.

1640 Ibid.

1641 Chapitre IV. Droits de l'homme. Pacte international relatif aux droits civils et politiques, traties.un.org, consulté le 28/01/2018.

- le droit à l'alimentation ;
- le droit au logement ;
- le droit à l'éducation.

Bref, je veux dire, l'ensemble des droits collectifs qui assurent le bien-être de l'individu »[1642].

Cette conclusion à laquelle est parvenue la délégation africaine, est d'autant un paradoxe, qu'un scandale, que la Charte africaine des droits de l'homme et des peuples consacre, en son paragraphe 8, l'indissociabilité des droits civils et politiques , des droits économiques, sociaux et culturels ; cette Charte ayant été adoptée plusieurs années avant ce colloque, en 1981, [supra] par l'OUA avant l'UA qui lui a succédé. Cette Charte était en vigueur depuis 1984 [supra].

La position de la délégation africaine est davantage grave quand il y est ajouté : « ...il ne faut pas perdre de vue que la consolidation de la démocratie est intimement liée à l'amélioration des conditions socio-économiques des populations. La démocratie ne saurait être réduite au simple exercice des droits civils et politiques. La prise en compte des droits économiques et sociaux est d'une importance majeure, car, si on n'y prend pas garde, l'extrême paupérisation des populations pourrait hypothéquer la paix sociale et fragiliser les avancées démocratiques accomplies ces dernières années par nos pays respectifs »[1643].

Ainsi, la thèse de la non-ingérence se développe dans le partenariat du FCSA au détriment des Droits de l'Homme [supra], tels qu'ils sont promus par l'ensemble des instruments de l'Architecture africaine de gouvernance qui s'efforce d'appliquer la Déclaration universelle des droits de l'homme, ainsi

---

[1642] Allocution de Mme Polo Nakpa au nom des délégués africains au dîner de clôture du Colloque Chine-Afrique sur les Droits de l'Homme. focac.org, 29 octobre 2004, consulté le 28 janvier 2018.
[1643] Ibid.

que ses deux Pactes d'application, le Pacte international sur les droits civils et politiques [supra] et le Pacte international sur les droits économiques, sociaux et culturels [supra].

Cependant, il ne peut être invoqué le principe de non-ingérence lorsque, par un accord bilatéral ou multilatéral, il est volontairement convenu que chaque partenaire puisse avoir un droit de regard réciproque sur les affaires d'un autre, pour la survie et l'efficacité du partenariat et pour les intérêts réciproques des peuples des parties à l'Accord.

En effet, en droit international, le principe de souveraineté reconnu aux États, et dont découle celui de non-ingérence, « ne s'oppose pas à ce qu'existe un droit international s'imposant aux États »[1644], tel que le souligne le Professeur Jean-François Guilhaudis et qui ajoute : la souveraineté, « on ne doit pas l'oublier, n'est pas hors du droit, elle fait partie du droit international… »[1645].

D'ailleurs, lorsque la Commission africaine des droits de l'homme et des peuples prend ses résolutions suite à une communication dénonçant devant elle des violations de Droits de l'Homme, lesdites résolutions sont conclues par un appel à la Communauté internationale pour aider à faire cesser les violations qu'elle constate [supra].

Dès lors, tout partenaire de l'Union africaine est en droit d'être solidaire à cette dernière et à ses organes, notamment en répondant favorablement aux appels de la Commission africaine des droits de l'homme et des peuples et, prochainement, aux appels de la Cour africaine de justice et des droits de l'homme [supra].

Mais, en dépit de ces considérations juridiques prouvant la légalité internationale de l'action de l'Union européenne pour contribuer à la démocratisation de l'Afrique, ainsi que l'appropriation des valeurs démocratiques par l'Union africaine, l'instrumentalisation observée, du caractère alternatif du FCSA, pour retarder l'unification africaine par les valeurs à partager et règles communes, pour une démocratisation aux fins d'un développement inclusif et génératrice d'une paix durable, est-ce que :

1644 Guilhaudis Jean-François, op.cit. p 61.
1645 Ibid.

1 - L'UA et les CER pourront-ils faire adhérer aisément les États africains aux instruments de l'Architecture africaine de gouvernance et obtenir leur pleine et entière application ?

2 - L'UE ne se heurtera-t-elle pas davantage à la surenchère et aux dénonciations, dans la mise en œuvre des 9 initiatives phares à caractère politique et sécuritaire de la Stratégie commune Afrique-UE ainsi que pour l'organisation des procédures des conditionnalités politiques de Cotonou et des AA quoique ces conditionnalités soient sauvegardées et pérennisées par les APE ?

3 - Si les MOE UE ne sont plus invitées, le manque de confiance dans les élections ne risquent-ils pas d'aggraver la violence politique, la conflictualité guerrière et leurs conséquences que sont notamment la vascularisation terroriste et les migrations massives perçues comme de plus en plus invasives ?

Si les risques d'affaiblissement potentiel de l'UA et de l'UE dans leur œuvre de démocratisation des États africains, pour la paix et la sécurité mutuelles et internationales, sont réels, néanmoins, avec le changement de paradigme, induit par l'UA qui s'est appropriée les valeurs démocratiques, il est devenu possible de capitaliser cette nouvelle donne.

Cette capitalisation de ce nouveau paradigme peut notamment amener l'Union européenne à adopter une nouvelle posture en agissant davantage en soutien à l'UA et aux CER, conjointement ou parallèlement pour accélérer l'unification africaine par les valeurs, aux fins de l'avènement, sans délai, de la paix durable et du développement inclusif ou prospérité pour tous, si tel est le désir des Africains et des Européens et de tous les épris de paix, dont les Chinois et le reste du monde.

Une telle mobilisation africaine, européenne et/ou chinoise et/ou mondiale a autant de chances de réussir que nous sommes dans un contexte où l'instrumentalisation du caractère alternatif du FCSA, n'est plus irréversible, car les présumés auteurs des violations des Droits de l'Homme en Afrique ne sont plus systématiquement soutenus par la Chine, au Conseil de Sécurité des Nations unies, de même qu'il est constaté que la R.P.C. accorde désormais primauté à la sécurisation durable de ses ressortissants et de ses intérêts en Afrique où elle laisse des régimes et dirigeants s'effondrer sous la pression populaire ou partisane dans des pays où elle est pourtant particulièrement présente.

II – Des faits probants de la réversibilité de l'instrumentalisation, contre les Droits de l'Homme, du caractère alternatif du Forum sino-africain.

L'instrumentalisation du FCSA, par des auteurs des violations des Droits de l'Homme, en Afrique, et qui font de ce Forum leur refuge, pour échapper aux sanctions internationales, ou même pour les dissuader, devient réversible. En effet la Chine n'apporte plus un soutien systématique à des dirigeants auteurs des violations des Droits de l'Homme, ni au Conseil de Sécurité des Nations unies ni dans les Etats concernés, où elle recherche, avant tout ; une sécurisation durable de ses ressortissants et intérêts en Afrique (A), ou son indifférence devant l'effondrement des dirigeants autoritaires africains paraît symptomatique d'une aspiration à une meilleure gouvernance africaine réciproquement bénéfique (B).

A – Un positif changement d'attitude chinoise face aux violations des Droits de l'Homme en Afrique, pour accorder primauté à la sécurité durable de ses ressortissants et intérêts.

La Chine cesse progressivement de soutenir systématiquement au Conseil de sécurité des Nations unies ses partenaires africains auteurs des violations ou d'atteintes massives des Droits de l'Homme (1), la sécurisation durable de ses ressortissants et de ses intérêts en Afrique étant devenue prioritaire (2).

1 – Une cessation progressive du soutien systématique chinois, au Conseil de Sécurité, des partenaires Africains accusés de violations massives des Droits de l'Homme.

Relativement au Conseil de Sécurité des Nations-Unies, où la Chine soutenait systématiquement les autorités de Khartoum, son revirement a permis à cette instance :

- d'adopter la résolution 1706, en 2006, mettant en place la Mission des Nations unies au Soudan, la MINUS, sous chapitre VII de la Charte, grâce à la double abstention de la Chine et de la Russie, alors qu'un vote contre venant de l'un ou l'autre de ces deux membres permanents, aurait suffi à paralyser le projet de résolution initié par les USA, le Royaume-Uni et la Slovaquie[1646] ; même si la mise en œuvre de cette résolution était subordonnée à une acceptation des autorités de Khartoum ;

- d'adopter la résolution 1769, en 2007, à l'unanimité des 5 membres permanents du Conseil de Sécurité et des 10 membres non permanents (15 membres au total), mettant en place une force hybride ONU/UA, la MINUAD, pour prendre le relais de la force de l'Union africaine au Soudan, la MUAS[1647] ;

- d'adopter la résolution 1593, le 31 mars 2005, grâce à l'abstention de la Chine et des USA, deux membres permanents, qui n'ont pas exercé leur droit de véto ; ce qui aurait pu bloquer cette résolution de saisine de la Cour pénale internationale, la CPI, sur les crimes contre l'Humanité allégués au Darfour, depuis le 1er juillet 2002[1648] ;

- de ne pas bloquer, en juillet 2008, le mandat d'arrêt international lancé par la CPI contre le Président soudanais Mr Omar El-Bachir, la Chine s'étant limitée à soutenir le projet de résolution libyen et sud-africain de suspension du mandat d'arrêt pendant un an, car la Chine craignait pour sa réputation, en lien avec les Jeux olympiques d'été qu'elle devait accueillir en début août de cette année 2008[1649].

Aussi, il est notable de constater que le souci Chine, quant à sa réputation internationale, va au-delà des périodes d'évènements temporaires, pour s'inscrire dans une volonté de permanence.

En effet, après les Jeux olympiques d'août 2008, la Chine répondit, par la négative, aux sollicitations des autorités soudanaises d'obtenir de cette dernière qu'elle s'impliquât, au Conseil de Sécurité, pour faire obstacle au mandat d'arrêt de la CPI contre leur Président, Mr Omar El-Bachir. [1650] Bien avant, les autorités soudanaises avaient déjà dénoncé, publiquement, leur délaissement par la Chine lorsqu'elle s'était abstenue le 31 mars 2005 lors

---

1646 Le conseil de sécurité autorise la mission des Nations unies au Soudan à prendre la relève de l'Union africaine au Darfour. un.org, 31 août 2006, consulté le 28/092017.

1647 Le Conseil de sécurité autorise le déploiement d'une opération hybride [...] au Darfour un.org 31 juillet 2007 consulté de 28/09/2017.

1648 Soudan : le conseil de sécurité saisit la cour pénale internationale de la situation au Darfour, un.org 1er avril 2005, consulté le 28/09/2017.

1649 Richard Alice, La Chine à l'épreuve du Soudan : L'impact de la crise du Darfour sur la gestion chinoise du dossier soudanais, ecitydoc.com, décembre 2008, consulté le 28/09/2018.

1650 Ibid.

du vote de la résolution 1953 [supra], de saisine de la CPI par le Conseil de Sécurité[1651].

2 – Une primauté accordée, désormais par la Chine, à la sécurisation durable de ses ressortissants et intérêts, en Afrique.

Autre fait révélant que la Chine privilégie de la sécurité durable de ses intérêts, c'est l'anticipation chinoise d'avoir des contacts directs avec le Mouvement de libération du Soudan du Sud[1652], une fois signé l'Accord de paix global en 2005, avec Khartoum, mais avant le référendum d'autodétermination sud-soudanaise, en 2011, alors qu'en application du principe de réciprocité et au regard d'une seule Chine [supra], l'unicité soudanaise devrait prévaloir jusqu'à la tenue du référendum convenu par les deux parties.

Selon une note de synthèse de Mme Alice Richard, les contacts directs et officiels de la R.P.C., avec les responsables du Mouvement de la libération du Soudan du Sud avant l'indépendance en 2011, commencèrent :

- à partir de février 2007, quand le Président chinois Mr Hu Jintao, en visite à Khartoum, avait reçu le Chef du Mouvement de libération du Sud Soudan, le Président Salva Kiir Mayardit[1653] ;
- avec la visite officielle à Pékin (Beijing), en Chine, de ce dernier, au mois de juillet de la même année 2007[1654] ;
- avec l'ouverture, en septembre 2008, d'un Consulat général au Soudan du Sud[1655], là où à Taïwan, même les grandes puissances ne s'en tiennent qu'à des missions et bureaux commerciaux [supra], en application du principe d'une seule Chine [supra].

Ainsi, lorsque la R.P.C., annonça, le 1er décembre 2008, qu'elle apportait une aide de 3 millions de dollars US au Soudan, elle indiqua, paradoxalement, qu'il s'agissait d'une aide au « renforcement de l'unité nord-sud du pays »[1656], une « aide à l'unité nationale »[1657] alors que, pour la

---

1651 Ibid.
1652 Ibid.
1653 Ibid.
1654 Ibid.
1655 Ibid.
1656 Ibid.
1657 Ibid.

sécurisation de ses intérêts, elle anticipait l'éventualité de l'indépendance du Sud, grâce à des informations venant de ses ressortissants présents aussi bien au Consulat que ceux opérant dans les exploitations pétrolières et dans des PME.

Par ailleurs, pour améliorer son image, la Chine avait accordé une aide de 80 millions de dollars US au Darfour[1658].

L'intérêt pour la Chine d'une sécurisation durable de ses ressortissants et de ses investissements est d'autant important que la Chine a dû voir ses entreprises quitter la Libye à la suite de la déstabilisation de ce pays en 2011 et que son Ambassade avait été fermée en 2014[1659].

La sécurisation des ressortissants et des investissements chinois en Afrique est primordiale pour la Chine qu'elle envisage, selon La Lettre du continent, citée par le journal en ligne malijet, revenir sur l'important projet de voie ferrée Sénégal-Mali, en raison du climat d'insécurité régnant dans la partie nord du Mali où 5 travailleurs chinois ont été assassinés en décembre 2017[1660]. Le journal précise : « Pékin, qui s'était déjà positionné sur ce marché, est en train de tout faire pour travailler avec Dakar uniquement et écarter Bamako, du moins dans un premier temps. [...] la China Railway Construction Corp (Crcc) a été retenue par les deux pays comme opérateur pivot, en décembre 2015. Cependant, des questions sécuritaires ont amené la Chine à vouloir revoir son offre. ''(...) L'assassinat, en décembre dernier, de cinq employés d'une société chinoise de télécommunication, dans la région de Tombouctou, a poussé Pékin à reconsidérer son intérêt pour ce projet et, plus généralement, son modus operandi dans la zone sahélienne »[1661]. Il ajoute : « le président Xi Jinping travaille auprès du chef de l'État sénégalais Macky Sall pour qu'en lieu et place d'un train Dakar - Bamako (1 286 km), que le projet s'arrête à Kidira, la ville sénégalaise frontalière du Mali, soit 644 km ; avec possibilité de s'occuper de la partie malienne quand les voyants sécuritaires seront au vert. De ce fait, le financement va passer d'un

---

[1658] Ibid.

[1659] La Libye cherche à obtenir l'aide de la Chine dans la relance de son économie et la résolution de sa crise politique, french.china.org, 20-02-2018, consulté le 28 janvier 2018.

[1660] La Chine convoite le chemin de fer Dakar Bamako, malijet.com, 22 février 2018, consulté le 10 mars 2018.

[1661] Ibid.

coût initial de 1 330 milliards de francs CFA (2,5 milliards dollars) à 638 milliards de francs CFA (1,2 milliard dollars) »[1662].

Aussi, peut-on constater que la Chine est bel et bien préoccupée par la sécurisation de ses ressortissants et de ses investissements, en Afrique et que c'est dans son intérêt qu'elle doit participer à la stabilité durable du continent.

Or cette stabilité peut être obtenue qu'en mettant un terme aux différents conflits pour le contrôle du pouvoir politique, tel que cela est prévu dans les différents instruments de l'Architecture africaine de gouvernance [supra] et tel que cela est promu par les conditionnalités politiques des accords économiques, commerciaux et de coopération au développement signés notamment entre l'Afrique et l'Union européenne [supra].

La présence chinoise est appelée à croître en Afrique, selon le rapport McKinsey de juin 2017, cité par le média français Le Point, qui constate qu'il y a « plus de 10.000 entreprises chinoises dont 90% sont privées »[1663] ainsi qu' « une croissance des échanges de 20% par an » depuis 10 ans et, sur la même période, une augmentation des IDE chinois à hauteur de 40 % par an[1664].

C'est dans cette perspective qu'au moment où la Chine a annoncé son vaste programme d'industrialisation de l'Afrique, notamment par ses investissements directs étrangers IDE, elle a en même temps proposé « renforcer sa coopération avec d'autres pays et les organisations régionales internationales [aux fins d'établir] une coopération trilatérale [ou même] une coopération multilatérale pour contribuer, ensemble, à la paix, à la stabilité et au développement du continent africain »[1665].

Par une telle ouverture à un partenariat triangulaire Chine-Afrique-organisations régionales à l'instar de l'UE, ou avec une autre puissance internationale, la Chine offre une opportunité d'aboutissement de toute demande africaine, européenne ou internationale, si elle est intense, pour

---

1662 Ibid.

1663 Chinois en Afrique : ce qu'ils représentent vraiment, lepoint.fr, 03/07/2017, consulté le 15/09 /2017.

1664 Ibid.

1665 La Politique de la Chine à l'égard de l'Afrique, focac.org, 05/12/2015, consulté le 03/10/2017.

obtenir de la R.P.C. qu'elle apporte un soutien à l'Architecture africaine de gouvernance, en plus du soutien qu'elle apporte déjà à l'Architecture africaine de paix et de sécurité, dans le domaine militaire.

Affirmant que « la paix et la sécurité représentent [des] domaines de coopération [tripartite] envisageables »[1666], Mme He Wenping directrice de la section Afrique de l'Académie des sciences sociales de Chine, argue en janvier 2016, qu'à la suite des évènements libyens de 2011, la Chine a amorcé « une réflexion sur les moyens de préserver les intérêts chinois en Afrique, notamment économiques, dans le contexte d'une certaine instabilité politique dont les répercussions pourraient être graves pour les rapports sino-africains »[1667]. Elle ajoute : « comme la sécurité économique est profondément liée à la sécurité politique africaine, certains pensent que la coopération tripartie peut éventuellement être un moyen de renforcer la sécurité économique chinoise »[1668] ; même si elle nuance que « l'idée la plus répandue est que la Chine n'a besoin ni des États-Unis ni de l'Union européenne, car [....] une telle coopération [serait de nature à] compliquer les choses »[1669].

En effet, même si la Chine se positionne militairement en Afrique, avec sa nouvelle base militaire à Djibouti [supra], elle ne pourra pas aligner un soldat derrière chacun de ses ressortissants en Afrique, ni des bataillons de sécurité publique et privée devant toutes ses usines et chantiers dans les grands travaux, pour les protéger des soulèvements populaires qui résulteraient du refus par certains États d'adhérer aux Chartes de l'Union africaine.

La trilatéralisation de la coopération chinoise en Afrique est possible, car si Mme He Wenping, de l'Académie des sciences sociales de Chine, estimait en janvier 2016, que cela n'est pas prioritaire pour la Chine, ni souhaité en Afrique, elle tempère en ces termes : « Quand Li Kegiang est venu en Europe, il a évoqué la question d'une coopération tripartite ce qui serait à rapprocher de la décision de la Chine d'intégrer le Centre de développement de l'OCDE »[1670].

1666 Wenping He, Les coopérations tripartites « France-Chine-Afrique » pairault.fr, 15/02/2016. Consulté le 03/10/2017.
1667 Ibid.
1668 Ibid.
1669 Ibid.
1670 Ibid.

Faisant un lien de ce changement de posture chinoise en Afrique, avec l'effondrement guerrier libyen en 2011, elle précise que la Chine a peiné pour « évacuer ses citoyens et les dommages économiques [...] ont été considérables (environ deux milliards de dollars »[1671]. Elle ajoute que si cette trilatéralisation Chine-Afrique-Europe pouvait être envisagée, celle avec les USA serait difficile en raison « des différends importants avec les États-Unis »[1672], et que « Dans le contexte de la coopération avec les pays africains, ce différend [route de la soie] pourrait jouer en faveur de l'Europe contre les États-Unis »[1673].

C'est cette trilatéralisation que prônait, à Beijing (Pékin), en Chine, l'ancien Premier Ministre français, Mr Jean-Pierre Raffarin, à l'occasion du séminaire « Afrique-Chine-France pour un trio gagnant »[1674].

La volonté chinoise de participer aux efforts de paix en Afrique, se traduit aussi par un engagement militaire progressif dans les opérations de maintien de la paix des Nations unies (OMP) dont elle est devenue, le premier contributeur en troupes parmi tous les 5 membres permanents du Conseil de Sécurité, avec, en 2012, près de 1900 militaires déployés[1675].

De même, c'est en Afrique, à Djibouti, que la Chine a décidé d'installer en 2017, sa première base militaire à l'étranger.[1676] C'est aussi, en Afrique, au Soudan du Sud où elle est présente dans le pétrole, que la Chine a déployé ses premiers éléments combattants de l'armée populaire de libération (APL), même si la section d'infanterie envoyée, était destinée à la protection du personnel chinois du génie militaire, de la médecine militaire et les éléments de la police chinoise[1677].

Lorsque la Chine, participe pour la première fois, avec une force combattante complète, à une opération de maintien de la paix (OMP) des

---

[1671] Ibid.
[1672] Ibid.
[1673] Ibid.
[1674] Ouverture du séminaire « Afrique-Chine-France pour un trio gagnant-gagnant » à Beijing, french.china.org.cn, 14/09/2017, consulté le 15/09/2017.
[1675] Pflimlin Edouard, Chine et opérations de maintien de la paix : un changement radical ? iris-france.org, consulté le 02/10/2017.
[1676] La Chine inaugure à Djibouti sa première base militaire à l'étranger, lexpress.fr, 01/08/2017, consulté le 15/9/2017.
[1677] Hartnett Daniel M., « China's First Deployment of Combat Forces to a UN Peacekeeping Mission – South Sudan », U.S.-China Economic and Security Review Commission, 13 mars 2012, uscc.gov, consulté le 10 mars 2018.

Nations unies, c'est encore en Afrique qu'elle le fait, au Mali, tel que l'affirmait, le 27 juin 2013, le Ministre chinois des Affaires étrangères de l'époque, Mr Wang Yi en ces termes : « nous allons envoyer des forces de sécurité complètes au Mali pour la première fois »[1678].

Aussi, la Chine a-t-elle envoyé 500 hommes dont 155 pour le génie au Mali,[1679] conformément à l'engagement pris au Point 2-6-3 du Plan d'action triennal 2013-2015, adopté à l'occasion du 5e FCSA en 2012[1680]. Elle confirme son engagement aux opérations de maintien de la paix de l'ONU dans le Plan d'action 2015 -2018, du 6e FCSA de décembre 2015, en son point 6-1-6[1681].

Au-delà de cette participation chinoise à la paix en Afrique par le déploiement des forces dans les opérations onusiennes, la Chine s'est engagée, depuis le Plan d'action du 5e FCSA, en son même point 2-6-3 à :

- lancer « l'initiative du partenariat de coopération Chine-Afrique pour la paix et la sécurité » [supra] ;
- apporter un soutien financier et technique à l'Architecture africaine de paix et de sécurité (AAPS) [supra] ; un soutien réaffirmé au point 6-1-2 du Plan d'action 2015-2018, du 6e FCSA, pour un financement de 60 millions de dollars US, d'aide militaire chinoise, sans contrepartie[1682].

Le soutien chinois à l'AAPS est réaffirmé par la Déclaration en 24 points du 7e FCSA des 3 et 4 septembre 2018, en son point 16-2, notamment au profit de la Force africaine en attente (FAA) et de la Capacité africaine de réponse immédiate aux crises ainsi qu'en soutenant les États et organismes africains luttant contre le terrorisme[1683]. Dans cet engagement il n'est nullement fait mention d'un soutien à l'Architecture africaine de gouvernance (AAG) qui est pourtant constitué d'un ensemble d'instruments de prévention des conflits violents et du terrorisme.

1678 Pflimlin Edouard, op.cit.
1679 Ibid.
1680 Plan d'action FCSA, 2013-2015, focac.org, consulté le 02/10/2017.
1681 Plan d'action 5e FCSA, Op.cit.
1682 Ibid.
1683 DÉCLARATION DE BEIJING—CONSTRUIRE UNE COMMUNAUTÉ DE DESTIN CHINE-AFRIQUE ENCORE PLUS SOLIDE, op.cit.

Cette quête de sécurisation renforcée des intérêts et ressortissants peut amener la Chine à soutenir l'Architecture africaine de gouvernance, eu égard aux nouvelles évolutions politiques.

B – Une indifférence chinoise à l'effondrement des dirigeants autoritaires africains symptomatiques d'une aspiration à une meilleure gouvernance africaine réciproquement bénéfique.

Dans la recherche d'exercice d'un leadership mondial autour des questions de libre-échange et de libéralisation des investissements internationaux, la Chine aura davantage besoin d'une baisse de l'intensité de la conflictualité violente, ainsi que des institutions fortes en lieu et place des seuls hommes forts dans les zones et pays où elle s'investit et où investissent massivement ses ressortissants, notamment le long de ses nouvelles routes de la soie [supra] ainsi qu'en Afrique, en se mettant du côté de la volonté populaire exprimée dans chaque pays.

Relativement à l'Afrique, où la Chine fera passer la nouvelle route de la soie [supra], et où elle investit massivement, dans les infrastructures [supra] et dans les programmes d'industrialisation [supra], l'on a pu constater que face à des revendications populaires ou à des revendications militantes fortes, dans des appareils politiques de certains États, comme l'Éthiopie, l'Afrique du Sud et le Zimbabwe, les autorités chinoises, n'ont pas empêché la chute des dirigeants de ces trois pays, où pour les 2 premiers il fallait mettre un terme aux violations massives des Droits de l'Homme, et le dernier en raison déficit de gouvernance (1) ; un prélude au soutien chinois de l'AAG (2).

1 – Une abstention chinoise à soutenir des dirigeants africains déchus par leur peuple pour violation des Droits de l'Homme, caractéristique d'un appui implicite au droit d'exercice de leur souveraineté par les peuples africains.

Pour ce qui est de l'Éthiopie, les populations du groupe Oromo et du groupe Amhara contestant leur marginalisation politique au profit des Tigréens, qui contrôlent tous les rouages de l'État, alors, même qu'ils sont démographiquement minoritaires, ont massivement manifesté pour dénoncer ce déficit démocratique[1684].

1684 Ibid.

Mais leurs manifestations, ont fait l'objet d'une répression, particulièrement violente, entre 2015 et 2016, ainsi que des arrestations de masse, touchant des opposants et des journalistes, le constat du nombre de morts établi par la Commission éthiopienne des droits de l'homme, ayant été de 940 victimes[1685].

Sous la pression populaire, le Premier Ministre éthiopien Mr Hailemariam Desalegn, après avoir décrété l'état d'urgence qui a duré plusieurs mois, d'octobre 2016 à août 2017, a promis et décidé, pour tenter de baisser la tension, de faire libérer plusieurs personnes détenues, dont certains journalistes et certains opposants avant de craquer en démissionnant en mi-février 2018[1686]. Pour justifier son départ, il le fit en ces termes : « les troubles et la crise politique ont causé des morts et provoqué des déplacements de population »[1687] ; avant d'ajouter, « Je considère ma démission comme inévitable pour permettre de mener les réformes qui établiront une paix durable et la démocratie »[1688].

Alors qu'en annonçant la libération des prisonniers, il justifiait cela comme un moyen d' « améliorer le consensus national »[1689], cette quête est implicitement la reconnaissance par le Premier Ministre Hailemariam Desalegn, qui dirigeait le pays depuis 2012[1690], que ce consensus national était particulièrement rompu sous son magistère.

En justifiant, par ailleurs, sa démission comme étant essentielle, pour mener des réformes en vue de parvenir à la paix durable et d'instaurer la démocratie, le dirigeant éthiopien, sur le départ, avouait, ainsi, que l'organisation et le fonctionnement de l'État à la tête duquel il cessait d'exercer, ne garantissaient pas la paix, tel que le dénonçaient les manifestants pour sortir de leur marginalisation, en même temps que ladite organisation et ledit fonctionnement de l'État, n'étaient pas démocratiques.

Aujourd'hui, il revient aux populations éthiopiennes qu'il s'agisse des Oromos comme des Amhara ainsi que des Tigréens, d'être capables de

---

1685 Éthiopie : le premier ministre a présenté sa démission, mobile.lemonde.fr, 15/02/2018, consulté le 12 mars 2018.
1686 Ibid.
1687 Ibid.
1688 Ibid.
1689 Ibid.
1690 Ibid.

mener, ensemble, des négociations et reformes en vue de bâtir une véritable démocratie, garante d'une paix durable, grâce à des réformes en profondeur qui doivent être inspirées par l'Architecture africaine de gouvernance [supra] et guidées par les instruments panafricains de garantie de cette Architecture ainsi qu'avec le concours des partenaires de l'Afrique, épris de démocratie et de paix, et tous ceux qui investissent massivement dans ce pays, car la sécurisation durable de leurs intérêts est tributaire des institutions fortes et non pas d'un seul homme fort tout aussi fort. Cette sécurisation durable des intérêts étrangers passe par un accueil ou une hospitalité populaire de l'ensemble des communautés constituant le peuple éthiopien.

En ce qui concerne le Zimbabwe, le Président Robert Mugabe, qui apparaissait comme étant un inébranlable homme fort du pays, s'est rendu compte du contraire, parce que soupçonner de vouloir imposer son épouse pour lui succéder, au détriment d'autres cadres du parti et surtout en évinçant le Vice-Président de l'époque, l'actuel Président Emerson Mnangagwa.

Lui-même, l'ancien Président Robert Mugabe, ainsi que ses proches, et partenaires ont appris, à leurs dépens qu'il est mieux d'avoir des institutions fortes qu'un d'avoir un homme fort, lorsqu'il a été marginalisé et mis sous pression, à la fois par ses compagnons de lutte pour les indépendances, par l'armée nationale ainsi que par tout l'appareil du parti au pouvoir, la ZANU-PF dont les militants se sont, pour la circonstance, réconciliés avec les militants des partis de l'opposition ; les uns et les autres brandissant des pancartes le jour de sa démission le 21 novembre 2017 et sur lesquels on pouvait lire : « Mugabe va-t-en maintenant »[1691] ; « Des élections libres, pas des brutalités policières »[1692] ; « Du travail, de l'électricité, de la nourriture, de l'eau »[1693].

Si sur ces pancartes exprimant les attentes du peuple zimbabwéen, la première demande est une aspiration à l'alternance, celle-ci, est voulue de façon pacifique en réprouvant toute brutalité policière et en l'obtenant à travers des élections véritablement libres, tel que cela est promu dans la Charte africaine de la démocratie, des élections et de la gouvernance ainsi

---

1691 Zimbabwe : le président Mugabe démissionne après 37 ans de pouvoir, lefigaro.fr, 21/11/2017, consulté le 12 mars 2018.
1692 Ibid.
1693 Ibid.

que dans la Charte africaine des valeurs et des principes de la décentralisation, de la gouvernance locale et du développement local.

Le peuple zimbabwéen, en général, et sa jeunesse, en particulier, tout en étant demandeurs, de droits économiques et sociaux, que sont le travail, l'électricité, la nourriture et l'eau, priorisent, dans leur classement, le droit à l'alternance et le droit à des élections libres, qui sont des droits civils et politiques et aspirent à ces droits fondamentaux de l'homme de première et de deuxième génération, dans une même demande populaire, comme pour indiquer que les Droits de l'Homme sont indivisibles et qu'ils doivent être exercés en Afrique, tel que cela est promu par la Charte africaine des droits de l'homme et des peuples et les autres instruments de l'Architecture africaine de la gouvernance.

Pour ce qui est de l'Afrique du Sud, même si l'on peut déplorer que dans un pays qui a longtemps souffert du régime de l'Apartheid (ségrégation raciale) au détriment des populations noires, aucun successeur du Président Nelson Mandela, n'est parvenu à arriver au terme de son deuxième mandat, force est de reconnaître, que lorsqu'un appareil politique, en l'espèce, le Congrès national africain (ANC), est profondément épris de bonne gouvernance, tout dirigeant qui s'en écarte peut être déchu.

En effet, l'ANC a obtenu d'une part, que ne puisse succéder au Président Jacob Zuma, à la tête du parti puis de l'État, son ex-épouse et ancienne présidente de la Commission de l'Union africaine, Mme Nkosazana Diamini-Zuma et, d'autre part, que son mandat soit à la tête de l'État en obtenant sa démission le 14 février 2018, en raison « de son règne de neuf ans terni par les scandales de corruption »[1694].

Même si la conditionnalité politique de Cotonou ACP-UE n'a pas pu faire de la bonne gestion des affaires publiques ou bonne gouvernance, une clause élément essentiel, en la limitant au rang inférieur de clause élément fondamental [supra], et que les Accords Euro-Méditerranéens d'Association UE avec chacun des États africains du voisinage (sauf Libye), n'en font pas mention [supra], l'Afrique vient de démontrer, qu'avec la démission forcée du Président Jacob Zuma, des fonctions de Chef d'État d'Afrique du Sud, on est porté à croire que les objectifs de transparence et les valeurs et principes de

---

1694 Afrique du Sud : Zuma démissionne sous la pression de l'ANC, lefigaro.fr, 14/02/2018, consulté le 12 mars 2018.

gestion vertueuse, tel que cela est promu par l'Architecture africaine de gouvernance, instituant l'obligation de reddition de comptes, finiront par être appliqués et promus partout en Afrique, progressivement.

Avec cet exemple le Sud-africain, le projet de bonne gouvernance promu par les instruments de l'Union africaine, peut compter sur le soutien de tous ses partenaires menant une lutte mondiale contre la corruption, conformément à la Convention des Nations unies contre la corruption, objet de la résolution 58/4 de l'Assemblée générale du 31 octobre 2003, et entrée en vigueur le 14 décembre 2003[1695].

La République populaire de Chine peut donc soutenir à juste titre, les instruments africains de gouvernance en répondant à la demande des peuples africains et particulièrement de sa jeunesse [supra], tel que cela a été exprimé dans les pancartes brandies par le peuple zimbabwéen et sa jeunesse, comme gage de sécurisation durable de ses intérêts de plus en plus croissants en Afrique ; le refus chinois de soutenir des dirigeants accusés des violations des Droits de l'Homme ou de gouvernance peu orthodoxe apparait alors comme un prélude à un soutien de l'Architecture africaine de bonne gouvernance.

2 – Un implicite soutien chinois aux peuples africains pouvant se renforcer par une promotion, multiforme et mutuellement profitable, de l'Architecture africaine de gouvernance.

L'Afrique peut obtenir un soutien de la Chine, en matière de bonne gouvernance, puisque cette dernière principalement depuis l'arrivée au pouvoir du Président Xi Jinping, mène une croisade, jusqu'au-delà de ses frontières, pour traquer ceux de ses ressortissants impliqués dans des cas de corruption ou de détournement des deniers publics, en application du code de frugalité du parti, le P.C.C. ; un code en 8 points, adopté en 2012 et permettant, par sa mise en œuvre, de maintenir un lien fort entre les cadres du parti et les masses, grâce à l'exemplarité du comportement de ces cadres[1696].

1695 Convention des Nations unies contre la corruption, unodc.org, consulté le 12 mars 2018.

1696 La Chine poursuit sa lutte contre la corruption, french.xinhuanet.com, 10/10/2017, consulté le 12 mars 2018.

En effet, dans la lutte menée en Chine contre la corruption et le détournement de fonds publics, sont poursuivis et jugés, aussi bien des membres du parti à la base, qualifiés de « mouches »[1697], mais aussi ceux qualifiés de « tigres »[1698], parce que situés à un niveau élevé de responsabilité.

En direction des pays étrangers, la Chine a lancé 2 opérations anticorruptions et contre le détournement des fonds publics, l'opération « sky net »[1699] (ou ciel propre) et l'opération « fox hunt »[1700] (ou chasse au renard) ; ceux ainsi qualifiés « renards » étant les ressortissants chinois accusés des cas de corruption ou de détournement des fonds publics, mais en fuite à l'étranger.

Parmi ces fugitifs, il a été estimé, en août 2017, que « 3339 [Chinois] avaient été capturés dans 90 pays et régions, dont 668 anciens responsables »[1701] ; ce qui a permis de récupérer « 9,36 milliards de yuans (environ 1,41 milliard de dollars) »[1702], grâce à une collaboration internationale.

Pour justifier cette croisade contre la corruption et le détournement des fonds publics, il est expliqué que dans le Parti communiste chinois qui compte « plus de 80 millions de membres, nul ne peut fermer les yeux sur les règles et règlements politiques. Il est impératif que [ses membres] consolident leur croyance communiste, respectent la ligne fondamentale du parti et gagnent la confiance du public »[1703] ; c'est pourquoi, le P.C.C. « poursuivra sa lutte et éradiquera ce fléau menaçant sa survie »[1704].

Aussi, peut-on être porté à croire que la Chine pourrait participer au développement des instruments de l'Architecture africaine de gouvernance, assurant la promotion de la justice en Afrique tel que le Plan d'action du 6e Forum de coopération Sino-africaine de 2015 engage les parties, au point 6-2-3, à coopérer et à s'entraider, en concluant « des traités d'entraide

---

1697 Ibid.
1698 Ibid.
1699 Ibid.
1700 Ibid.
1701 Ibid.
1702 Ibid.
1703 Ibid.
1704 Ibid.

judiciaire en matière pénale et d'extradition, et renforcer la coopération dans la prévention et la lutte contre la criminalité transnationale, le trafic d'êtres humains, la corruption et le commerce illégal des produits de la faune et de la flore et des produits dérivés, tout en intensifiant le contrôle de stupéfiants, l'extradition des fugitifs, le rapatriement des fonds illicites, le recouvrement des avoirs criminels, la cybersécurité et le renforcement des capacités de l'application de la loi »[1705].

S'engageant au point 6-2-4, du 6e Plan d'action, à lutter « contre la criminalité organisée transnationale, conformément aux traités bilatéraux et conventions multilatérales »[1706], les parties ont convenu :

- au point 6-2-5, de coopérer davantage en matière judiciaire pour une maîtrise réciproque des systèmes judiciaires chinois et africains, notamment pour garantir une meilleure « circulation des personnes et la protection de leurs droits et intérêts légitimes »[1707] ;
- au point 6-2-6, d'institutionnaliser un Forum juridique Chine-Afrique, de renforcer les échanges entre professionnels du droit ainsi que leur formation, notamment dans un futur centre, à construire en Afrique, ainsi qu'un centre d'études juridiques Chine-Afrique et un centre de recherche en matière de droit international, dans le cadre du « Programme Chine-AALCO »[1708] ; « un centre d'arbitrage Chine-Afrique »[1709] étant par ailleurs prévu pour garantir la sécurité des opérateurs chinois et africains en matière commerciale et d'investissement.

[1705] 6e Plan d'action du Forum de coopération sino-africain, focac.org, op.cit.
[1706] Ibid.
[1707] Ibid.
[1708] AALCO (Organisation consultative juridique Asie-Afrique) fût créée en 1956 et comptait 47 États membres asiatiques et africains en 2017.

Source : La Chine et des pays africains renforcent les échanges dans le domaine du droit international, french.china.org.cn, 03/05/2017, consulté le 12 mars 2018.

L'AALCO avait été créé dans l'esprit de la Conférence de Bandug des 18 et 24 avril 1955, en Indonésie et entre pays africains de l'époque et ceux asiatiques, pour condamner l'impérialisme et la colonisation et inviter à une position de neutralité (le non-alignement) entre le bloc soviétique et le bloc occidental, qui étaient en guerre froide.

Source : Conférence de Bandug, wikipedia.org, consulté le 12 mars 2018.

[1709] 6e Plan d'action du Forum de coopération sino-africaine, focac.org, op.cit.

Dans la quête d'une meilleure gouvernance économique et financière aussi bien en Afrique qu'en Chine, les deux parties se sont engagées dans la Déclaration du 7e FCSA, des 3 et 4 septembre 2018, à Beijing, en Chine, à renforcer leur coopération contre la corruption sur la base du principe « tolérance zéro »[1710], tel qu'il résulte du point 10 de ladite Déclaration et ont salué le lancement de « l' ''Année africaine de lutte contre la corruption'' »[1711] tout en s'engageant à « promouvoir l'intégrité »[1712].

Avec cette forte quête de sécurisation renforcée, juridique et physique, de ses ressortissants et de ses investissements en Afrique, la Chine, si les Africains la sollicitent, pourrait également s'engager à soutenir la Charte africaine des valeurs de l'administration et du service public [supra], pour que ses ressortissants puissent bénéficier de la qualité d'un service public de qualité, tel qu'il est promu par cette Charte et, ainsi, d'être servie par des agents publics africains suffisamment professionnalisés et dont la probité, envisagée, mettrait les chinois et la Chine à l'abri des tentatives de corruption, passive ou active, sur un sol africain tel que l'Union africaine s'organise pour assainir l'administration publique de tous les États membres adhérant aux différentes Chartes de l'Architecture de gouvernance, avec le concours de tous ses partenaires.

De même, au profit de l'Afrique comme de la Chine, ainsi que d'autres partenaires internationaux agissant déjà auprès de l'Union africaine ou qui envisagent de le faire, si le soutien chinois à la Charte africaine des valeurs et des principes de la décentralisation, de la gouvernance locale et du développement local [supra], accélérait le processus garantissant aux exécutifs locaux qu'ils ne soient plus marginalisés par les exécutifs centraux. Le soutien chinois à cette Charte de la décentralisation contribuerait à une rapide responsabilisation plus accrue des exécutifs locaux qui seraient tenus d'une obligation de reddition de comptes ; un gage d'une gestion participative locale, d'un développement local inclusif ou assurant une prospérité pour tous et un développement aussi bien des capitales administratives des différents pays africains ainsi que d'autres villes et le milieu rural.

1710 DÉCLARATION DE BEIJING—CONSTRUIRE UNE COMMUNAUTÉ DE DESTIN CHINE-AFRIQUE ENCORE PLUS SOLIDE, op.cit.

1711 Ibid.

1712 Ibid.

Enfin, en sollicitant la Chine pour soutenir la promotion et la mise en œuvre de la Charte africaine de la démocratie, des élections et de la gouvernance [supra], en plus de l'appui d'autres partenaires de l'Union africaine qui le font déjà, la Chine participerait à la baisse de la conflictualité inhérente aux alternances politiques violentes et à la prévention ou le règlement des conflits violents pour parvenir ou se maintenir au pouvoir.

En effet, la Charte africaine de la démocratie vise faire baisser l'intensité de la conflictualité politique, à travers ses deux principaux objectifs, à savoir :

- permettre des alternances pacifiques en Afrique [supra] ;
- prévenir et sanctionner les alternatives anticonstitutionnelles [supra].

Mais, relativement à cette Charte africaine de la démocratie et de la gouvernance, les Africains sont dubitatifs quant à son application, en raison de l'instrumentalisation du caractère alternatif du FCSA [supra]. Ils ne pensent guère que la Chine accepterait de soutenir cette Charte, qui promeut, indivisiblement, les droits civils et politiques et les droits économiques, sociaux et culturels.

Pourtant, et quoique la Chine distingue dans les Droits de l'Homme ceux à caractère civil et politiques de ceux à caractère économique sociaux et culturels, son expérience et son expertise en matière d'alternance, pacifique, intergénérationnelle, pourraient être utilement enseignées aux Africains.

En effet, même si la dernière révision constitutionnelle chinoise a abrogé la limitation, à deux du nombre de mandats consécutifs présidentiels, en Chine, une telle non-limitation n'est pas une singularité chinoise, car en Europe, une grande démocratie comme la France, a vécu et vaincu cette non-limitation, lorsque, en 2002, sous la cohabitation Président Jacques Chirac et Premier Ministre Lionel Jospin, la révision constitutionnelle avait institué un mandat présidentiel, de 5 ans, renouvelable sans limites.

À cet égard et en dépit de cette abrogation de non-cumul de plus de 2 mandats consécutifs, lorsque le Président Jacques Chirac a terminé son second mandat, tout le monde a constaté qu'il ne s'est pas porté candidat pour un troisième alors que la Constitution révisée le lui autorisait.

La non-limitation du nombre de mandats par la Constitution peut, ainsi, ne pas être un frein à l'alternance démocratique, lorsque la classe politique, composée des acteurs, de l'opposition comme de la majorité, sous le regard d'une société civile et d'une jeunesse suffisamment active, fait preuve d'un minimum de responsabilité et est soucieuse de la sauvegarde des valeurs essentielles au vivre ensemble.

La France a dû attendre l'arrivée au pouvoir du Président Nicolas Sarkozy pour qu'une nouvelle révision constitutionnelle puisse ramener, à nouveau, la limitation de mandats présidentiels à deux au plus.

Cette limitation à deux mandats présidentiels ne l'étant que pour des mandats consécutifs ou successifs, cela laisse ouvert le droit pour un ancien Chef d'État français, après qu'il ait laissé un ou plusieurs successeurs exercer la Magistrature suprême, de se porter candidat et de se faire élire à nouveau à la tête de l'État.

Pourtant, comme on peut le constater depuis les mandats de 7 ans limités à deux, puis de 5 ans limités également à deux, aucun ancien Président français, sous la Vème République, n'est revenu se représenter.

Dans une autre grande démocratie européenne, d'abord sous la RFA et, ensuite, sous l'Allemagne réunifiée, la non-limitation du nombre de mandats n'ôte pas à ce pays son caractère de grande démocratie, en raison de la vitalité de la vie politique allemande et des garanties de jouissance par tous les citoyens et résidents, de leurs droits civils et politiques ainsi que de leurs droits économiques, sociaux et culturels, sans entrave aucune, sous le contrôle de l'ordre juridique national, de l'ordre juridique de l'Union européenne, et de l'ordre juridique du Conseil de l'Europe, notamment à travers sa juridiction, la Cour européenne des droits de l'homme qui, depuis Strasbourg, en France, surveille tous les États membres du Conseil de l'Europe.

C'est dans ce cadre que les élections politiques organisées de façon transparente en Allemagne ont été des occasions, pour les différents partis politiques, de concourir à l'expression du suffrage universel, direct puis indirect, pour se choisir leurs différents Chanceliers.

Ainsi, sous la République fédérale allemande, le Chancelier Konrad Adenauer a eu 4 mandats successifs, du 15 septembre 1949 au 11 octobre

1963[1713]. Le Chancelier Helmut Schmidt a eu 3 mandats, du 16 mai 1974 au 1er octobre 1982[1714]. Le Chancelier Helmut Kohl a fait un premier mandat sous la RFA du 1er octobre 1982 au 11 mars 1987, avant de commencer un second mandat du 12 mars 1987, mais qu'il termina le 18 janvier 1991, sous la réunification allemande, le 3 octobre 1990, avant de faire son troisième et son quatrième mandat du 11 janvier 1991 au 27 octobre 1998, sous l'Allemagne réunifiée[1715]. Son successeur, le Chancelier Gerhard Schröder, fit 3 mandats, du 2 octobre 1998 au 22 novembre 2005, avant que ne lui succède la Chancelière Angela Merkel, le 22 novembre 2005, qui le demeure pour un quatrième mandat[1716], depuis sa réélection, le 14 mars 2018, avec 364 voix contre 315, par le Bundestag, la Chambre basse du Parlement[1717].

[1713] Liste des chefs du gouvernement allemand, wikipedia.org, consulté le 12 mars 2018.
[1714] Ibid.
[1715] Ibid.
[1716] Ibid.
[1717] Allemagne : le Bundestag confie à Angela Merkel un quatrième mandat de Chancelière, le point.fr, 14 mars 2018, consulté le 28 mars 2018.

Bilan – conclusion deuxième partie.

Inspirée et soutenue par l'Union européenne, l'Union africaine a bâti une Architecture de gouvernance, composée d'ambitieuses Chartes d'unification de l'Afrique par les valeurs démocratiques, aux fins d'un développement inclusif et d'une paix durable sur l'ensemble du continent.

En s'appropriant les valeurs démocratiques, l'Union africaine opère un changement de paradigme qui peut être capitalisé par elle-même comme par ses partenaires internationaux, notamment l'Union européenne, conjointement ou complémentairement, pour accélérer le processus d'unification africaine ainsi engagée. L'action extérieure de l'Union européenne en Afrique ne serait plus perçue comme étant une croisade civilisatrice, mais plutôt un important appui multiforme au processus engagé par l'Union africaine et/ou certaines Communautés économiques régionales.

En effet, l'Architecture africaine de gouvernance (AAG) est principalement composée de :

- la Charte africaine des droits de l'homme et des peuples de 1981, entrée en 1984 [supra] ;
- la Charte africaine de la démocratie, des élections et de la gouvernance, de 2007, entrée en vigueur en 2012 ;
- la Charte africaine des valeurs et principes de la décentralisation, de la gouvernance locale et du développement local, de 2014 ;
- la Charte africaine sur les valeurs du service public et de l'administration, de 2011.

S'agissant de la Charte africaine des droits de l'homme et des peuples, elle promeut et sauvegarde, outre le droit des peuples, tous les droits civils et politiques ainsi que tous les droits économiques, sociaux et culturels, tels qu'ils résultent, essentiellement, des Pactes onusiens d'application de la Déclaration universelle des droits de l'homme et de 1948 [supra], à savoir : le Pacte international de 1966, sur les droits civils et politiques [supra] et le Pacte international sur les droits économiques, sociaux et culturels, de 1966 également [supra].

Cette Charte africaine des droits de l'homme et des peuples, promeut et protège lesdits droits en les plaçant sous la double protection, quasi-juridictionnelle auprès de la Commission africaine des droits de l'homme et des peuples (CADHP) [supra], ainsi que juridictionnelle, auprès de la Cour africaine de Justice et droits de l'homme (CAJDH) [supra] ; le tout étant sous le contrôle politique du Conseil de paix et de sécurité de l'Union africaine (CPS) ainsi que la Conférence des Chefs d'État et de Gouvernement [supra].

En envisageant un droit de recours individuel devant la CAJDH, sous réserve de la déclaration à cet effet, l'UA affiche sa volonté de renforcer la personnalité internationale de l'individu, dans les États qui feraient cette déclaration ; accordant ainsi ce droit à leurs citoyens et résidants.

En ce qui concerne la Charte africaine de la démocratie, des élections et de la gouvernance, elle engage à des profondes réformes constitutionnelles, de rééquilibrage institutionnel, dans les États parties, sous le contrôle externalisé à l'Union africaine, en atténuant, ainsi, les souverainetés étatiques, pour renforcer et autonomiser les parlements nationaux et la justice ainsi que pour faire jouer un rôle accru, aux partis politiques et à la société civile, développer une culture de la démocratie et de la reddition des comptes [supra].

Cette Charte institue l'observation électorale de l'Union africaine, car l'UA est partie à la Déclaration onusienne des principes pour l'observation internationale d'élections, de 2005 [supra], même s'il faut, toutefois, noter que la Charte ne destine les rapports des MOE UA qu'aux dirigeants sortants de l'État hôte et à la Commission de l'UA [supra], qui toutefois publie certains rapports de MOE UA sur le site « au.int/en/documents » de l'Union africaine, sans publier d'autres MOE UA sur le même site, à l'instar du rapport de la MOE UA sur la présidentielle gabonaise du 27 août 2017 qui n'y figure pas à la date du 28 juillet 2018.

Ces rapports ne sont ainsi destinés ni aux candidats à une élection politique, ni à la société civile et à la presse et encore moins, au grand public ; ce qui n'est pas de nature à renforcer la confiance dans les élections et la crédibilité des résultats, ni à prévenir les conflits violents postélectoraux, l'un des objets de ladite Charte, aux côtés de la prévention des alternatives anticonstitutionnelles et celles qui provoquent des alternances guerrières, tel que cela est interdit par la Charte qui fixe, à cet effet, les mesures appropriées en cas de leur survenance [supra].

Pour ce qui est de la Charte africaine sur les valeurs et principes de la décentralisation, non seulement elle exige que cette décentralisation soit effective et réelle, dans tous les États parties, mais aussi oblige que les structures de celle-ci soient dirigées par des exécutifs locaux, démocratiquement élus, pour mettre en œuvre une gouvernance transparente, responsable et participative, avec obligation de reddition des comptes, en attirant les investisseurs, aux fins des synergies multiformes, de nature à impulser ou dynamiser un développement local qui soit inclusif [supra].

Quant à la Charte africaine sur les valeurs et principes du service public, elle vise promouvoir, partout en Afrique, une offre de service public arrimée aux meilleurs standards internationaux, au bénéfice des usagers, grâce à des prestations qui doivent être fournies par des agents publics, qu'il faut responsabiliser et valoriser, en contrepartie de quoi, ils doivent faire preuve, notamment de professionnalisme, d'impartialité, d'équité et d'intégrité, au sein d'une administration publique basée sur la culture du résultat et de la performance [supra].

Pour relever un tel haut niveau de défi continental, la Commission de l'Union africaine est chargée, par les 3 dernières Chartes d'accompagner chaque État partie dans les processus d'harmonisation des législations nationales et de coordonner et contrôler la mise en œuvre des réformes, en lien avec les Communautés économiques régionales (CER) ; ces dernières étant invitées d'arrimer leur structuration en valeurs principes des chartes et d'encourager les États de leurs régions à adhérer auxdites Chartes ou à les ratifier [supra].

Mais, cette mobilisation de la Commission et des CER ainsi que celle de toutes les autres institutions et de tous les organes et de l'UA suffit-elle à faire aboutir, de façon aisée, un si ambitieux et indispensable programme d'unification de l'Afrique par les valeurs et règles communes, pour un développement inclusif et une paix durable ?

Ce n'est pas évident.

Il est nécessaire que tous les partenaires de l'Union africaine et de l'Afrique apportent un soutien multiforme, sollicité ou spontané, car l'œuvre à réaliser est immense et les obstacles et hésitations sont multiples, notamment l'instrumentalisation, par certains dirigeants violant les valeurs démocratiques, du caractère alternatif du Forum de coopération Sino-africaine (FCSA) [supra]. En procédant ainsi, les auteurs des violations des Droits de l'Homme transforment le FCSA en refuge, pour, certes, tirer profit des très attractifs Plans d'actions triennaux finançant les infrastructures, les industries, le commerce, et autres programmes de développement, mais en retardant l'unification africaine par les valeurs ; ce qui n'est pas un gage d'un développement inclusif ni d'une paix durable [supra].

Pourtant le FCSA, promeut le principe d'unité chinoise, qu'il faut respecter de façon absolue, tel qu'induit, en 1971, par la résolution de l'Assemblée générale de l'ONU ayant admis l'entrée de la République Populaire de Chine aux Nations unies et ayant aussi acté l'expulsion de Formose (Taiwan) [supra].

Toutefois, le fait d'avoir observé, au Conseil de sécurité des Nations unies, que la Chine n'y soutient plus, systématiquement, des dirigeants africains accusés des violations graves des Droits de l'Homme, à l'instar de ceux du Soudan, pour sauvegarder l'image chinoise à l'international, l'on est porté à croire que cette instrumentalisation, du FCSA, est réversible, si on s'y prend bien [supra].

Cette instrumentalisation du FCSA, n'est davantage par irréversible, dès l'instant où l'on observe, également, que la Chine privilégie la sécurisation durable de ses intérêts et de ses ressortissants, en recherchant une hospitalité des populations africaines, notamment en anticipant des coopérations avec des rebellions armées, comme cela s'est fait au Soudan, avec les dirigeants de la rébellion du Soudan du Sud, plusieurs années avant le référendum d'indépendance de 2011 [supra].

La sécurité des intérêts de la Chine et de ses ressortissants préoccupe désormais cette dernière, car elle a été amenée à fermer son Ambassade à Tripoli et à voir les entreprises chinoises quitter la Libye, suite à l'effondrement conflictuel de ce pays [supra].

Par ailleurs, en raison du terrorisme sévissant au nord du Mali, la Chine envisage reporter, à plus tard, la réalisation du tronçon de voie ferrée, côté Mali, dans le cadre du programme, qu'il finance, de chemin de fer Sénégal-Mali, pour se limiter seulement au tronçon sénégalais [supra].

Enfin, la sécurité des Chinois et des intérêts chinois en Afrique ainsi que les droits des Africains, sont privilégiables par la Chine, car l'on constate, spectaculairement, que les dirigeants chinois ont choisi, implicitement, les peuples africains mobilisés, en laissant s'effondrer, en fin 2017 et début 2018, deux dirigeants africains accusés des graves violations des Droits de l'Homme et de déficit démocratique, en Éthiopie [supra], et au Zimbabwe [supra], ainsi que celui accusé de corruption en Afrique du Sud [supra] ; 3 pays pourtant dans lesquels la présence chinoise est particulièrement importante, notamment en termes de programmes d'infrastructures et d'industrialisation [supra].

Surtout, pour l'Afrique du Sud, la non-immixtion de la Chine dans l'affaire, intra-Congrès national africain (ANC), d'éviction du Président Jacob Zuma, est en parfaite harmonie, avec le programme chinois de croisade contre la corruption en Chine et dans le monde [supra]. Cette lutte contre la corruption est l'un des objectifs pour lesquels le 6e Forum de coopération Sino-africaine engage les parties à une coopération judiciaire et juridique [supra].

Si ces cas de revirement positif de la politique de la Chine, peuvent être regardés comme étant un soutien implicite au programme d'unification africaine par les valeurs démocratiques, peut-on croire que la Chine serait-elle disposée à soutenir les 4 chartes composant l'Architecture africaine de gouvernance, puisqu'elle finance l'Architecture africaine de paix et de sécurité militaire (AAPS) [supra], et qu'elle participe, aux Opérations de maintien la paix (OMP) des Nations unies [supra], ainsi qu'aux médiations politiques, afin que le développement de l'Afrique soit inclusif et que la paix y soit durable ?

Il est du devoir des Africains de solliciter la Chine, pour leur unification, rapide et aisée, grâce au partage des valeurs et règles définies dans les Chartes africaines composant l'Architecture de gouvernance (AAG), aux fins d'un développement qui les enrichit, tous et chacun, et d'une paix durable qui les sécurise et stabilise l'Afrique, tout en sécurisant, durablement, les intérêts croissants de la Chine.

Cette demande africaine, à la Chine, en faveur de l'AAG, peut être l'œuvre de l'Union africaine, elle-même, comme elle peut provenir des dirigeants d'organisations sous régionales ou de chaque État, ainsi que de la société civile africaine, des oppositions politiques africaines, mais, également, la demande peut provenir de la jeunesse et de la femme africaine.

Des synergies en faveur de l'Architecture d'unification africaine par les valeurs partagées et règles communes, peuvent être tissées dans le cadre des partenariats internationaux impliquant la Chine dans des processus de sécurisation durable, conjointe, de l'ensemble des intérêts étrangers en Afrique, tout en participant à la paix, à la sécurité et à la stabilité, africaines et internationales, car le déploiement de l'Architecture africaine de gouvernance, dans toute l'Afrique, est une garantie indispensable à la stabilisation de ce continent.

Conclusion générale

L'Union européenne, depuis sa création en tant que Communauté économique, a alterné des mécanismes de coopération économique et commerciale pour la paix par le développement, passant du libre-échange préférentiel aux systèmes des préférences tarifaires asymétriques (ou non réciproques) et discriminant d'autres États au profit de l'Afrique, par dérogation aux règles de l'OMC, notamment de la clause de la nation la plus favorisée, dans une quête permanente d'équilibre d'échanges commerciaux qui justifie un accompagnement financier par le Fonds européen de développement (FED) ainsi un remplacement en cours des anciens mécanismes commerciaux, les SPG, par un libre-échange graduel que régissent les nouveaux Accords de partenariat économique (APE). Ces APE sont promus au moment où, l'Union européenne, pour le développement inclusif en Afrique comme pour la prospérité et la stabilité de l'Europe, lance un financement innovant venant en renfort au FED et prenant en compte toute l'Afrique, le Fonds européen de développement durable (FEDD) qui, dans le cadre de la mise en œuvre du Plan d'investissement extérieur de l'UE, est de nature à accélérer la Stratégie commune Afrique-UE, dite Stratégie de Lisbonne.

Mais, si la coopération économique, commerciale et au développement est relativement moins problématique, celle de coopération politique régie par la conditionnalité de Cotonou et par celle des AA, à travers le dialogue politique, les consultations et l'observation électorale européenne en Afrique, en toute conformité avec le Droit international, engendre d'importantes controverses observées notamment au Togo et au Gabon. Cette controverse prend souvent des proportions importantes lorsque certains régimes antidémocratiques exploitent le caractère alternatif du partenariat Sino-africain pour marginaliser la coopération avec l'Union européenne.

Toutefois, la détermination de l'Union européenne demeure, car elle soutient la démocratisation africaine non pas pour les seuls intérêts de l'Afrique et des Africains, mais aussi pour sa stabilité et prospérité ainsi que pour la sécurité internationale ; la dépendance de la sécurité interne européenne étant prouvée par la crise migratoire qui déstabilise l'Europe et la vascularisation du terrorisme qui porte atteinte à la sécurité des intérêts et citoyens européens et autres ressortissants et investissements étrangers en Afrique, confirmant ainsi la théorie kantienne, la paix démocratique, telle qu'elle a été précisée par les Américains Michael W. Doyle et Bruce Russet [supra] ; la vascularisation du terrorisme en Afrique résultant principalement d'une gestion antidémocratique du Printemps arabe libyen par les autorités de l'époque en privilégiant une gestion guerrière qui a provoqué l'effondrement de l'État.

Par ailleurs, l'Union africaine s'étant appropriée les valeurs démocratiques, il y a un changement de paradigme qui, capitalisé par cette dernière et/ou par l'Union européenne, permettrait à l'Europe de sortir de la posture controversée de puissance civilisatrice à celle d'une puissance non seulement normative et constructiviste, mais également libératrice de peuples d'Afrique grâce à sa contribution à la démocratisation de l'ensemble du continent africain pour le développement inclusif en Afrique, la paix durable et la pleine jouissance par les Africains de tous les droits et de toutes les libertés.

En effet, dans le cadre de cette coopération UE-Afrique, l'Union africaine (à la suite de l'Organisation de l'unité africaine, l'OUA), se construit, depuis la Charte africaine des droits de l'homme et des peuples de 1981, un vaste et ambitieux programme, d'appropriation des valeurs démocratiques en bâtissant une Architecture africaine de gouvernance (AAG), obligeant à des profondes réformes nationales, pour une unification des Africains par des valeurs à partager et des règles communes aux fins d'un développement inclusif et d'une paix durable, tel que stipulé par les principaux instruments de cette Architecture, à savoir :

- la Charte africaine des droits de l'homme et des peuples de 1981, entrée en vigueur en 1984, qui renforce la personnalité internationale de l'individu en offrant un droit de recours individuel devant une quasi-juridiction, la Commission africaine des droits de l'homme et des peuples, dont les recommandations sont courageuses quoique non contraignantes, ainsi que devant une juridiction, la Cour africaine de justice et des droits de l'homme dont les décisions ont force exécutoire et frappées de l'autorité de la chose jugée même si le droit de recours individuel devant ladite Cour est subordonné à la condition de reconnaissance préalable de sa compétence par l'État mis en cause ;

- la Charte africaine de la démocratie, des élections et de la gouvernance, de 2007, entrée en vigueur en 2012, qui oblige à des reformes nationales de démocratisation, sous l'assistance et le contrôle de l'UA et CER, tout en promouvant, des critères d'alternance démocratique ainsi qu'en instituant l'observation électorale panafricaine même si ses conclusions ne sont pas destinées au public et interdisant sous peine de mesures appropriées les alternatives anticonstitutionnelles de changement de gouvernement démocratiquement élu ;

- la charte africaine des valeurs et des principes de la décentralisation, de la gouvernance locale et du développement local de 2014, non encore en vigueur, qui vise une gouvernance locale caractérisée par une gestion participative, assurée par les exécutifs locaux élus, responsabilisés et tenus d'une obligation de reddition des comptes, pour un développement inclusif, garantissant la prospérité pour tous ;

- la Charte africaine des valeurs et principes de l'administration et service public de 2011, non encore en vigueur instituant un droit panafricain du service public à transposer dans État adhérant pour que l'offre de service public soit de haute qualité partout en Afrique en étant fournie par des agents publics très professionnalisés, valorisés et responsabilisés et fonctionnellement protégés ainsi que tenus d'une obligation de probité et de neutralité dans leurs rapports avec les usagers du service dont les droits sont dûment garantis.

Mais la pleine adhésion à ces Chartes particulièrement ambitieuses, et leur mise en œuvre effective sont tributaires du soutien qu'elles obtiennent et/ou obtiendront des Africains et de l'appui de tous les partenaires de l'Union africaine, car dans certains pays auteurs des violations des Droits de l'Homme et/ou réfractaires aux processus engagés de démocratisation de la gouvernance, l'unification africaine par les valeurs démocratiques est affectée en instrumentalisant, contre les partenaires internationaux, notamment l'UE, le Forum de coopération Sino-africaine, qui, dès son lancement en 2000, s'est affirmé comme étant une alternative à tout partenariat économique ayant une conditionnalité politique promotrice des Droits de l'Homme de façon contraignante .

Si une telle instrumentalisation affecte l'action extérieure de l'Union européenne, elle retarde gravement l'unification africaine par les valeurs à partager et règles communes, alors que le même partenariat Chine-Afrique promeut, de façon obligatoire et absolue, une conditionnalité politique, le principe de l'unicité chinoise, tel qu'il résulte de l'entrée de la République populaire de Chine à l'ONU en 1970, en remplacement de Taïwan [supra] dont l'isolement mondial et plus que patent depuis le rétablissement des relations diplomatiques avec la Chine populaire en 2017 et 2018, de 2 des 3 derniers pays africains qui étaient encore diplomatiquement liés à Taïwan, Sao Tomé-et-Principe et le Burkina Faso [supra].

Aussi, alors que le Forum de coopération Sino-africaine est très attractif en raison de ses importants plans d'actions triennaux pour les infrastructures, l'industrialisation de l'Afrique et le transfert de technologies, en allouant des financements si massifs qu'ils sont largement supérieurs au Fonds européen de développement (FED) et qu'ils le sont aussi vis-à-vis du Fonds européen de développement durable (FEDD) au moment de son lancement, il est préoccupant de relever, cette instrumentalisation du caractère alternatif du partenariat Chine-Afrique, car elle affecte le processus engagé de démocratisation de la gouvernance africaine, sur le chemin du développement inclusif et de la paix durable.

Toutefois l'espoir est permis, car ambitionnant l'exercice d'un leadership mondial, la Chine, devenue un fervent soutien du droit international, accorde de plus en plus, une primauté à la sécurité de ses ressortissants et de ses intérêts en Afrique, en cessant notamment son soutien systématique au Soudan, au Conseil de Sécurité des Nations unies [supra].

D'autres faits probants de la primauté de la sécurisation de ses intérêts et ressortissants en Afrique, doivent être lus à travers :

- les liens officiels établis par la Chine avec la rébellion du Soudan du Sud après le référendum d'autodétermination de 2005, mais avant que l'Etat sud-soudanais ne soit proclamé en 2011 ;
- l'éviction populaire pour violations massives des Droits de l'Homme et/ou déficits démocratiques ou encore pour gestion financière dénoncée comme non orthodoxe, des dirigeants de 3 États africains où la Chine est très présente notamment dans des grands projets d'infrastructures et d'industrialisation, l'Éthiopie, le Zimbwabwe et l'Afrique du Sud, sans que la Chine ne se soit interposée contre les soulèvements du peuple éthiopien, ni contre la révolution partisane puis populaire des Zimbabwéens et encore moins contre la pression du Congrès national

africain, l'ANC ayant contraint à la démission du Président sud-africain Mr Jacob Zuma ;

- les craintes de la Chine à réaliser le tronçon malien de la voie ferrée Sénégal-Mali, en raison de la prolifération terroriste notamment au centre et au nord du Mali et où des ressortissants chinois en ont été des victimes [supra].

De façon plus générale, si la Chine soutient les 4 principaux instruments de l'Architecture africaine de gouvernance, en sus du soutien européen, tous les partenaires internationaux de l'Afrique bénéficieraient d'une gouvernance de nature à garantir la sécurité juridique et physique de leurs ressortissants et de leurs investissements sur l'ensemble du continent.

En effet, en appuyant l'Union africaine dans le processus engagé d'harmonisation des règles et des valeurs :

- la pleine adhésion à la Charte africaine des valeurs et principes de l'administration et du service public et son entière transposition et application dans les ordres juridiques nationaux, garantiraient aux investisseurs internationaux une offre de service public de qualité et vertueuse ainsi que des règles juridiques et valeurs harmonisées dans toutes les administrations ;
- la promotion internationale de la Charte africaine de la démocratie des élections et de la gouvernance contribuerait à réduire l'intensité de la violence politique au profit des Africains, certes, mais aussi pour la sécurité physique et juridique des ressortissants et des investissements étrangers et leurs intérêts stratégiques [supra] ;
- le soutien de la Communauté internationale à la Charte africaine des valeurs et principes de la décentralisation, de la gouvernance locale et du développement local, engendrerait un développement inclusif dont la prospérité et le mieux-être qui en découlerait dans les localités de chaque État membre, sont un gage d'une hospitalité des populations africaines au bénéfice de la sécurité renforcée d'investisseurs étrangers et de leurs investissements ainsi que des touristes.

Un tel contexte africain réduirait aussi la violence terroriste ainsi que les mouvements migratoires, même si François Héran, du Collège de France, cité par l'institut de recherche international et stratégique (IRIS) estime que « plus un pays est pauvre, moins ses habitants ont des chances de migrer au loin »[1718], car il ajoute immédiatement « [...] à partir d'environ 6000 dollars de revenu par habitant [...] le taux d'émigration fléchit »[1719] ; ce qui indique qu'en contribuant à atteindre un niveau de développement inclusif en Afrique, grâce à la combinaison de l'aide au développement et de la démocratisation de la gouvernance africaine, les vagues migratoires connaîtront à terme une décrue importante.

C'est d'ailleurs la vision de l'UE dans le déploiement de son Plan d'investissement extérieur (PIE) destiné à externaliser le développement en Afrique et dans son voisinage pour la sécurité et la stabilité de l'Union européenne tel que le rappelle le Commissaire européen chargé des politiques du voisinage, Mr Johannes Hahn, en ces termes : « Il s'agit d'un investissement à long terme dans la stabilité et la sécurité de nos partenaires du voisinage et pour l'Europe »[1720]. Son collègue, le Commissaire Neven Dimica, chargé de la coopération et du développement ajoute : « depuis [...le] lancement [du PIE] nous avons déjà mobilisé 800 millions d'euros sous forme de garantie et 1,6 milliard d'euros sous la forme de financements mixtes [...(subventions et prêts)...]. Cela soutiendra les investissements indispensables dans le développement durable et la création d'emploi décents, en particulier en Afrique »[1721].

Par ailleurs, dans le rapport économique OCDE de 2017, mené dans 10 États dont 3 pays africains (Burkina Faso, Côte d'Ivoire et Maroc) indiquant que les « migrants internationaux [ont] doublé ces 25 dernières années, atteignant plus de 240 millions de personnes », il est argué que l'insertion des questions migratoires « dans le Programme de développement durable à l'horizon 2030 [les ODD], confirme et renforce l'importance de la relation entre les migrations et le développement »[1722].

Et si on pouvait conclure au stade actuel des faits et du droit applicable ou en gestation, on répondrait à la question de savoir quel jeu et quels enjeux dans le triangle Europe-Afrique-Chine ?

1718 Héran François, Migration et développement : trois graves erreurs, iris-France.org, 20 septembre 2018, consulté le 21/09/2018.
1719 Ibid.
1720 Le plan d'investissement extérieur de l'UE : premiers projets en Afrique et dans le voisinage de l'Union, europa.eu, 11/07/2018, consulté le 20 juillet 2018.
1721 Ibid.
1722 OCDE (2017) : Interactions entre politiques publiques, migrations et développement, les voies de développement, éd. OCDE, Paris, dx.doi.org, p 3, 302 pp.

La réponse à cette question est fonction de la perception que chacun se fait de ce triangle.

En effet, si pour Mme Catherine Gegout, Maître de conférences en Relations internationales, à l'Université de Nottingham, au Royaume-Uni, l'UE et la Chine appliquent en Afrique une approche dominée par le réalisme et que pour elle, l'approche constructiviste y est marginale[1723], le présent ouvrage démontre, en ce qui concerne l'Union européenne, que la puissance normative européenne a aidé, dans le cadre de l'approche constructiviste, à la construction d'une Ambitieuse architecture de gouvernance pacifique et promotrice des Droits de l'Homme, de l'État de droit ainsi que des principes démocratiques [supra].

Estimant que « [...] l'Europe ne met pas en œuvre ses propres valeurs et que de son côté la Chine ne semble pas vouloir adopter des politiques de plus en plus morales vis-à-vis de l'Afrique, malgré la pression de la Communauté internationale »[1724], Mme Catherine Gegout, se fondant sur l'analyse des rares publications, portant sur le triangle UE-Afrique-Chine, entre 1990 et 2013, notamment Barton, Maurizio Cabone, Desch, Keohane, Nye, Susan Strange, ajoute que les politiques menées par l'Europe et par la Chine sont toutes les deux « peu profitables au continent africain »[1725]. Par cet ouvrage, il est apporté une analyse nuancée, car tout est fonction de la façon dont se sont organisés ou pas, les Africains et tout est tributaire de la façon dont seront capitalisés, dans le futur, les atouts offerts par les deux partenariats et surtout la pleine et entière adhésion à tous les instruments de l'Architecture africaine de gouvernance [supra].

En effet, l'appropriation par l'Union africaine, des valeurs démocratiques promues par les instruments de son Architecture de gouvernance, modifie le paradigme de la relation traditionnelle UE-Afrique qu'il est désormais possible de transformer pour la faire passer de la posture d'une Europe en croisade civilisatrice, vers une dynamique nouvelle, d'une Afrique sollicitant l'UE et l'ensemble des puissances mondiales, pour aider l'UA et les Communautés économiques régionales (CER), dans le processus engagé de

---

1723 Gegout Catherine, Le retrait de l'Europe et la montée en puissance de la Chine en Afrique, in, L'Union européenne et le nouvel équilibre des puissances, revue Politique européenne, pp.44-75 n° 39/2013, cairn.info, consulté le 18 mai 2018.

1724 Ibid.

1725 Ibid.

démocratisation de l'Afrique, de promotion et de consolidation de l'État de droit, des Droits de l'Homme et de la bonne gouvernance.

Citant les réalistes, notamment Waltz, Gilpin, Mearsheimer et Kennan, pour leurs publications entre 1980 et 1990, Mme Catherine Gegout estime que chez « les réalistes, les politiques définies par les États ont pour objectif de protéger leurs intérêts stratégiques, leur sécurité interne, leurs intérêts économiques et leur prestige international »[1726] et que, pour Van Evera « les événements politiques [en Afrique] ne présentent pas de menace pour la sécurité interne de l'Europe ou de la Chine »[1727] dans une publication de 1990, le présent ouvrage démontre une identité de vue entre les réalistes qui accordent primauté à la sécurité des intérêts matériels et stratégiques de chaque État dans les relations internationales, tout en infirmant, pour ce qui est de l'Europe, la perception de Van Evera.

En effet, cet ouvrage démontre que depuis Emmanuel Kant [supra], la théorie libérale de la paix interne par l'externalisation de la démocratie, l'a emporté sur les théories réalistes contraires, car l'Union européenne en fait un fondement sécuritaire pour s'obliger à une externalisation des valeurs démocratiques dans ses instruments internes d'action extérieure, notamment les dispositions pertinentes du Traité de Lisbonne sur l'Union européenne et du Traité sur le fonctionnement de l'Union européenne [supra]. C'est cet objectif de quête de paix interne qui justifie la promotion, par l'UE, des valeurs démocratiques pour l'externalisation de la démocratie et du développement, dans les instruments internationaux qu'elle conclut et met en œuvre avec ses partenaires, notamment les instruments de coopération économique et commerciale, des coopérations au développement ainsi que ceux de dialogue politique avec le reste du monde. À ce titre, lesdits instruments sont assortis des conditionnalités politiques ou démocratiques [supra]. C'est notamment le cas, est-il démontré dans cet ouvrage, de l'Accord de Cotonou ACP-UE [supra], des Accords euro-méditerranéens d'Association (AA) [supra] UE-Algérie, UE-Egypte, UE-Maroc, UE-Tunisie ainsi que des nouveaux Accords de partenariat économique (APE) [supra]. Il en est de même dans la Stratégie commune Afrique-UE [supra]; le respect de ces clauses politiques étant la condition pour accéder à l'aide européenne, notamment les financements de l'Instrument européen de voisinage (IEV) [supra], du Fonds européen de

[1726] Ibid.
[1727] Ibid.

développement (FED) [supra] et du tout nouveau Fonds européen de développement durable (FEDD) adopté dans le cadre de la mise en œuvre du Plan d'investissement extérieur (PIE) de l'UE [supra].

L'affirmation selon laquelle « les évènements politiques [en Afrique] ne présentent pas de menace pour la sécurité de l'Europe ou de la Chine » [supra] est infirmée par la démonstration dans cet ouvrage des conséquences des déficits démocratiques africains (vagues migratoires et terrorisme) qui menacent la sécurité de l'Europe et celle des ressortissants de cette dernière et de ceux de la Chine ainsi que celle des intérêts des deux puissances internationales en Afrique [supra].

Pour ce qui est de la Chine, il est en effet démontré que si son territoire n'est pas directement menacé par les conséquences des déficits démocratiques africains, cette dernière est affectée par l'insécurité qui en résulte, au point où la Chine, en phase avec les théories réalistes, accorde désormais primauté à la sécurisation de ses intérêts et de ses ressortissants en Afrique en ne protégeant plus, systématiquement, des dirigeants africains auteurs des violations des Droits de l'Homme, aussi bien au Conseil de Sécurité des Nations Unies que dans les États africains où elle est présente, pourtant de façon particulièrement importante (Éthiopie, Soudan, Zimbabwe) [supra].

C'est pourquoi, il est porté à croire que l'Afrique sera un terrain de jeu profitable aux Africains, comme aux Européens, aux Chinois et au reste du monde, sans exclure qu'elle peut aussi devenir un théâtre d'opérations guerrières, aggravées par des conflits, entre puissances internationales, par communautés identitaires africaines interposées, sous le prétexte des luttes pour le contrôle du pouvoir politique, mais, en réalité, pour le contrôle des richesses naturelles africaines.

Pour une Afrique qui serait profitable aux Africains, aux Européens, aux Chinois et à tous les partenaires du continent, il est impérieux de soutenir les instruments de l'Architecture africaine de gouvernance, visant une unification africaine par des règles communes et des valeurs à partager, pour tendre vers une éradication des alternances politiques violentes, ainsi que pour parvenir à un développement inclusif ; les deux principaux leviers indispensables à inverser la courbe migratoire ainsi qu'à tarir les causes de l'attrait suscité auprès de la jeunesse par les groupes terroristes affiliés à l'État islamique et à Al Qaïda [supra].

Si, par contre, cette unification africaine par les valeurs est délaissée, les conflits internes à chaque État pourraient s'aggraver dans les anti-démocraties où les alternances politiques violentes ne pourraient cesser tout en augmentant le dilemme de la sécurité [supra], dans les rapports avec les pays voisins et en aggravant la pauvreté, la migration perçue comme massive et invasive [supra], notamment celle de la jeunesse, qui serait, par ailleurs, davantage à la merci des recruteurs d'un terrorisme vascularisé [supra].

Cette migration massive et invasive, ainsi que ce terrorisme vascularisé déstabiliseraient davantage l'Europe sur son sol, tout en affectant, encore plus, la paix et la sécurité internationale, ainsi que les intérêts stratégiques et matériels de toutes les puissances internationales présentes en Afrique [supra].

Aussi, le jeu et les enjeux en Afrique, sont fonction de l'existence ou pas d'une intensive et permanente demande africaine, publique et/ou privée ; politique et/ou civile, à l'endroit de l'Union européenne et de la Chine, comme du reste du monde, pour mettre en demeure les anti-démocraties africaines, en vue de plus de gouvernance démocratique et plus de promotion et de sauvegarde des Droits de l'Homme, de l'État de droit et de bonne gouvernance, pour que l'industrialisation amorcée et le développement envisagé, soient au service de la prospérité pour tous et pour chaque Africain en même temps qu'ils participeraient au rayonnement international des grandes puissances ainsi qu'à la paix et à la sécurité internationales.

Cette perspective est d'autant plausible que le terrorisme se vascularisant en Afrique, si l'on excepte le groupe Boko Haram dont l'une des doctrines est l'anti-occidentalisation de l'éducation, et les migrations favorisées en Libye, portent à croire qu'il s'agit d'un terrorisme et d'une immigration de survie-subsistance.

Cette conclusion est notamment suggérée par le constat posé en 2015 par le Ministre tunisien de l'Intérieur, estimant que les 3000 jeunes Tunisiens enrôlés par les groupes terroristes sont « des laissés pour compte du Printemps arabe » [supra].

Aussi, la démocratisation de la gouvernance africaine pour le développement inclusif engendrant une vie paisible et prospère freinerait les migrations et le terrorisme de survie-subsistance et parait-elle être un gage :

- de paix durable en Afrique ;

- de stabilité et prospérité en Europe ;

- de sécurité internationale et de sécurisation des ressortissants, investissements et autres intérêts européens, chinois et ceux d'autres États et nations étrangères en Afrique.

Mais comment associer la Chine à ce processus étant donné que son partenariat avec l'Afrique voit son caractère alternatif exploité ou instrumentalisé par certains régimes pour installer ou consolider l'antidémocratisme ?

Une vaste question suggérant plusieurs réponses dont celle imaginant que l'Afrique ou l'Afrique et l'Europe, dans le cadre institutionnel ou par le biais de leur société civile, de leur jeunesse ainsi que par la femme africaine et par la femme européenne peuvent, doivent, dans leurs intérêts réciproques, montrer et démontrer qu'il est de l'intérêt de l'État chinois qui en a déjà commencé à prendre conscience, et pour la sécurisation de ses ressortissants et investissements grandissants, que la gouvernance africaine se démocratise tel qu'envisagé par l'Union africaine et soutenu par l'Union européenne.

BIBLIOGRAPHIE

Ouvrages spécifiques et thèses de Doctorat

Battistella Dario, Théories des relations internationales, Paris, Presses de Sciences-Po, Coll. « Références inédites », 3e édition, août 2009, 694 pp.

Combacau Jean et Sur Serge, Droit public international, éd. LGDJ, coll. Précis Domat, 12e édition, Paris, 2016, 832 pp.

Couston Mireille, Droit de la sécurité internationale, éd. Larcier, coll. Paradigme, 1re édition, Bruxelles, 2016, 345 pp.

D'Aboville Robert, SUN Qian, « Investissements pétroliers chinois en Afrique – Conséquences géopolitiques », éd. L'Harmattan, 4 mai 2010, 190 pp.

Guilhaudis Jean-François, Relations internationales contemporaines, éd. Juris Classeur, coll.Litec, 2002, 856 pp.

Montas Arnaud, Droit maritime, éd. Vuibert, coll. Dyna'Sup, Droit, 272 pp, 2012.

Moundounga Séraphin, L'Union européenne et la paix en Afrique subsaharienne, Thèse de Doctorat Droit public, non-éditée, soutenue le 20 décembre 2012, Université de Grenoble 2, 844 pp, tel.archives-ouvertes.fr.

Nikabou Lantame Jean, Les conventions ACP-UE et les sanctions économiques de l'Union européenne contre les États ACP : le cas du Togo, Thèse de Doctorat Droit public, soutenue le 9 novembre 2013, Université de Strasbourg, 488 pp. tel.archives-ouvertes.fr.

Revues et articles scientifiques

africmemoire.com

- Van Horreweghe Ngoy Christiana, La prolifération des groupes terroristes en Afrique : cause, enjeux et actions à entreprendre.

Bruxelles2Pro (club.bruxelles2.eu).

- Première partie - Il était une fois... Les prémices, les soubresauts et les avancées.

CACID : Centre africain pour le commerce, l'intégration et le développement (endacacid.org).

- Johnston Lauren A. L'Afrique et l'initiative chinoise « One Belt, One Road » : pourquoi maintenant, et quel avenir ? Passerelles vol 17 N° 7 Sept 2016.

CAIRN.INFO (cairn.info).

- Gegout Catherine, Le retrait de l'Europe et la montée en puissance de la Chine en Afrique, in, L'Union européenne et le nouvel équilibre des puissances, revue Politique européenne, pp. 44-75 n° 39/2013.

- Le Pesant Tangui, Chine-Taïwan : Le retour du Kuomintang.

CHINE-AFRIQUE (pairault.fr).

- Wenping He, Les coopérations tripartites « France-Chine-Afrique » 15/02/2016.

DALLOZ.actualité (dalloz-actualite.fr).

- Peniguet Maxence. Droits de l'homme : l'histoire du Magnitsky Act et sa possible adoption en France.

- Cantier François et Fleuris Béatrice. Aquarius : au-delà de l'urgence migratoire, les règles juridiques applicables, 09/06/2018.

ECITYDOC.com (ecitydoc.com).

- Richard Alice, La Chine à l'épreuve du Soudan : L'impact de la crise du Darfour sur la gestion chinoise du dossier soudanais, décembre 2008.

FONDATION ROBERT SCHUMAN (robert-schuman.eu).

- Boussemart Jean-Michel et Godet Michel, Europe 2050 : suicide démographique et croissance molle, in Rapport Schuman sur l'Europe, État de l'Union 2017, 315 pp, éd. Lignes de repères, 2017.

- Deloy Corinne, Les forces populistes sont les grands vainqueurs des élections parlementaires italiennes, 04/03/2018.

- Deloy Corinne, Viktor Orbàn s'impose largement pour la 3e fois consécutive aux élections législatives hongroises, 8 avril 2018.

- Giuliani Jean-Dominique, Enjeux politiques, L'Europe malade de ses États ? in Rapport sur l'État de l'Union 2017.

FranceArchives (francearchives.fr) Légifrance (legifrance.gouv.fr).

- Chaline Olivier, Publication du projet pour rendre la paix perpétuelle en Europe de l'Abbé Saint-Pierre, in Recueil des Commémorations nationales 2013, 2014-2015.

Golman Sachs (goldmansachs.com).

- O'NEILL Jim. « Building Better Global Economic BRICs », Goldman Sachs, Global Economics Paper n° 66, 16 pp. 30 novembre 2001.

Institut de Relations Internationales et Stratégiques (iris-france.org).

- Héran François, Migration et développement : trois graves erreurs, 20 septembre 2018.

- Pflimlin Edouard, Chine et opérations de maintien de la paix : un changement radical ?

- Kader Abderrahim, Retour du Maroc au sein de l'Union africaine : quels enjeux ? 02/02/2017.

Institut des hautes études de défense nationale (ihedn.fr).

- Bauchard Denis, Bilan du printemps arabe, in La Géopolitique du monde arabe, 6e séminaire de Bruxelles, 03 juillet 2014.

INTER PRESS SERVICE (ips.org).

- « L'UE pourrait reprendre sa coopération avec le Togo », Inter Press Service, 30 décembre 2004.

La documentation Française (ladocumentationfrancaise.fr).

- De 1957 à 2000 : histoire des Conventions avec les pays ACP, 2001.

Le dico du commerce international (glossaire-international.com).

- Système de préférence généralisée (SPG).

Le service des délégués commerciaux du Canada (deleguescommerciaux.gc.ca).

- Réglementation sur les importations-France, septembre 2015.

Les clés du Moyen-Orient (lesclesdumoyenorient.com).

- Germain Valentin, Le Printemps arabe au Maroc, 08/07/2013.

OCP POLICY CENTER (ocppc.ma).

- Bassous Abdelhak, La prolifération du phénomène terroriste en Afrique, 16/03/2016.

OpenEdition (journals.openedition.org).

- Amin Samir, 2011 : le printemps arabe ? L'Égypte, 2011.

- Eba Nguema Nisrine, La Commission africaine des droits de l'homme et des peuples et sa mission de protection des droits de l'homme, 11/2017.

- Eba Nguema Nissirne : Recevabilité des communications à la Commission africaine des droits de l'Homme des peuples, La revue des Droits de l'Homme, 5/2014.

- Olinga Alain Didier, La première décision au fond de la Cour africaine des droits de l'homme et des peuples, La Revue des droits de l'Homme, 6/2014.

Persée (persee.fr).

- Tchikaya Blaise, La Charte africaine de la démocratie, des élections et de la gouvernance, Annuaire français de Droit international, 2008.

REGARDCRITIQUE (regardcritique.ca).

- Modou Kader Léonide, La Charte africaine de la démocratie, des élections et de la gouvernance, une grille en faveur de l'effectivité de la démocratie en Afrique, octobre 2012.

regardexentrique.files.wordpress.com

- Marzin Régis, Les processus électoraux dans la démocratisation de l'Afrique, Synthèse technique et politique, 04 février 2018.

Rendre la mer humaine (humansea.hypotheses.org).

- Tephany Yann, Sauvetage et migration maritime, 30/10/2015.

SCIENCES ET AVENIR (sciencesetavenir.fr).

- Foucher Michel, Chine: La Ceinture et la Route, un projet mondial qui a un train d'avance... 13/05/2017.

Scripts for Students of International Relations (hei.stoessel.ch).

- Grossrieder Erika, commentaire à la Convention de Vienne sur le droit des Traités de 1969.

WIKIPEDIA (wikipedia.org).

- Abdel Fattah al-Sissi.

- Accord général sur les tarifs douaniers et le commerce.

- Adhésion du Royaume-Uni à la Communauté économique européenne.

- Attaque du musée du Bardo.

- Attentats de Sousse.

- Attentats des Ambassades américaines en Afrique du 7 août 1998.

- Biographie Robert Schuman.

- Boko Haram.

- Conférence de Bandug.

- Emmanuel Kant : Vers la paix perpétuelle.

- Enlèvement de lycéennes de Chibok.

- François Boko.

- Front islamique du salut.

- L'élection présidentielle gabonaise de 2016.

- Le Traité de Friburg.

- Liste des chefs du gouvernement allemand.

- Mouvement contestataire en Algérie (2011-2014).

- Première Guerre civile libyenne.

- Printemps arabe.

- Référendum constitutionnel égyptien de 2011.

- Représentations diplomatiques de Taïwan.

- Union monétaire ouest-africaine.

Union européenne, Europe et Etats membres

A – Union européenne :

Commission européenne (ec.europa.eu).

- Document de stratégie pays et programme indicatif national, Période 2008-2013 », République togolaise/ Commission européenne, mai 2008.

- Fiscalité et Union douanière, Dispositions communes.

- Fiscalité et Union douanière, Règles de liste.

- La coopération avant Lomé, juin 2006.

- Qu'est –ce que la zone euro ?

Conseil de l'Union européenne (consilium.europa.eu).

- Le Conseil donne son feu vert à la création du Fonds européen de développement durable, 25/09/2017.

- Nouveau consensus européen pour le développement: l'UE et ses États membres signent une stratégie commune pour éliminer la pauvreté, 07/06/2017.

- Union européenne, « Déclaration de la présidence au nom de l'Union européenne sur la situation politique après le décès du Président Eyadema au Togo », 6172/1/05 REV 1 (Presse 22) p. 009/05, Bruxelles, le 9 février 2005.

- Sommet de La Valette sur la migration, 11-12/11/2015.

- Relations UE-Afrique, 14/03/2018.

- Conclusions Conseil européen CO EUR 9/2018 CO EUR 9 CONCL 3.

- 5e Sommet Union africaine-UE, 29-30/11/2017, 17/01/28.

Cour de justice de l'Union européenne (curia.europa.eu).

- La Cour rejette les recours de la Slovaquie et de la Hongrie contre le mécanisme provisoire de relocalisation obligatoire des demandeurs d'asile, 6/09/2017.

Election Observation Democracy Support (eods.eu).

- Visite de la chef de la mission d'observation électorale de l'Union européenne et déploiement des observateurs, 30/03/2012.

European Sécurity & Defense / Défense et Sécurité (european-security.com).

- LABEVIERE Richard, « Le baiser du crocodile », Éditorial international de Radio France Internationale, 8 février 2005.

EURACTIV (euractiv.fr).

- Les financements décollent pour le G5 Sahel, 23 février 2018.

L'accès au droit de l'Union européenne (eur-lex.europa.eu).

- Accord sur le commerce, le développement et la coopération (ACDC), 10/03/2009.

- Coreper.

- Fonds européen de développement (FED).

- Règlement (UE) 2017/1601 du Parlement européen et du Conseil du 26 septembre 2017.

- Règlement (UE) N°604/2013 du Parlement européen et du Conseil du 26 juin 2013, établissant les critères et mécanismes de détermination de l'État membre responsable de l'examen d'une demande de protection internationale introduite dans l'un des États membres par un ressortissant de pays tiers ou un apatride (refonte). JO UE L 180/31.

- Traité instituant la Communauté Économique Européenne et documents annexes.

- Traité sur l'Union européenne (version consolidée), JO.UE, C 326/13, 26/10/2012.

- Version consolidée du Traité sur le fonctionnement de l'Union de l'Union européenne.

Open Data Conseil européen (data.consilium.europa.eu).

- Protocole 3 UE-Afrique du Sud. 27/01/2016.

Parlement européen (europarl.europa.ue).

- Accord de Cotonou et le cadre financier pluriannuel 2014-2020.

- Aperçu général de la politique de développement, 01/2018.

- Aperçu général de la politique de développement, janvier 2016.

- Bouyala Imbert Florence, Les régimes commerciaux applicables aux pays en développement, 02/2018.

- La crise des migrants en chiffres, 13/07/2017.

- Lerch Marika, Promotion de la démocratie et observation des élections, juin 2017.

- Lerch Marika, Promotion de la démocratie et observation des élections, septembre 2017.

- Lerch Marika. Droits de l'Homme, juin 2017.

Service européen de l'action extérieure (eeas.europa.eu).

- Accord d'association UE-Algérie.

- Accord entre l'UE et la CENAP, Présidentielle 2016.

- Accord entre l'Union européenne et le Gouvernement de la République Gabonaise. Présidentielle 2016.

- Accord euro-méditerranéen, d'Association UE-Maroc.

- Communication conjointe : un nouvel élan pour le partenariat Afrique-UE, 04/05/2017.

- Dialogue politique Intensifié Gabon-Union européenne : Session sur la situation des droits de l'Homme, 17 octobre 2017.

- Le Cameroun et l'Union européenne, 11/05/2016.

- Le Gabon et l'UE, 11/5/2016.

- Madagascar et l'UE, 12/05/2016.

- Manuel d'observation électorale de l'Union européenne, 3e édition, juin 2016.

- Mission d'observation électorale de l'Union européenne – Algérie 2012, 30/03/2012.

- Mission de suivi électoral RDC 2014, sept 2014, 26/06/2014.

- Rapport final, République Gabonaise, Élection présidentielle (du) 27 août 2016.

Trade Websites (trade.ec.europa.eu).

- UE- Afrique centrale (Cameroun), 06/2017.

- Accord Euro-méditerranéen établissant une Association entre la Communauté européenne et ses États membres, d'une part, et la République tunisienne, d'autre part. JO CEE n° L 097 du 30 /03/1998 p. 0002- 0183.

Union européenne (europa.eu).

- Banque européenne d'investissement (BEI).

- État de l'Union 2016 : Renforcer les instruments européens pour créer de l'emploi et de la croissance, 14 septembre 2016.

- Institutions et autres organes de l'UE.

- L'Union européenne et l'Égypte renforcent leurs relations, 01/06/2004.

- L'Union européenne et le Maroc entament des négociations en vue de resserrer leurs liens économiques, 22/4/2013.

- La déclaration Schuman du 9 mai 1950.

- Le Plan d'investissement extérieur de l'UE : premiers projets en Afrique et dans le voisinage de l'Union, 11/07/2018.

- Le Président Junker lance le Fonds fiduciaire d'urgence de l'UE pour lutter contre les causes profondes de la migration irrégulière en Afrique, 12 novembre 2015.

- Rapport spécial n° 22/2017. Missions d'observation électorale - Recommandations mieux suivies, mais surveillance de leur mise en œuvre à améliorer.

- Une Europe en paix : les débuts de la coopération.

B –États membres de l'UE et leurs organismes

Agence française de développement (afd.fr).

- Les Accords de partenariat économique: des accompagnements nécessaires. Document de travail 36, janvier 2007.

CVCE (cvce.eu). Université du Luxembourg

- La Convention de Yaoundé, 20 juillet 1963.

- Traité instituant la Communauté économique européenne (Rome, 25 mars 1957).

- Traité sur l'Union européenne (Maastricht, 7 février 1992), JOCE 29.07.1992, n° C 191.

France Diplomatie (basedoc.diplomatie.gouv.fr).

- Déclarations du porte-parole du Ministère des Affaires étrangères, lors des points de presse du 15 et du 24 février 2005.

France Diplomatie (diplomatie.gouv.fr).

- Nations unies, Adoption de sanctions à l'encontre des personnes impliquées dans la traite des êtres humains et les trafics de migrants en Libye, 08/06/2018.

- Les relations avec l'Union européenne. 27/11/2017.

- Olla Brundu Paola, L'exclusion de Taïwan de l'Organisation des Nations unies : une défaite tactique des États-Unis ou une victoire stratégique de la Chine ?

- Ministère des Affaires étrangères, Déclaration du porte-parole, Point de presse du 15 février 2005.

- Ministère des Affaires étrangères, Déclaration du porte-parole, Point de presse du 24 février 2005 (7. Togo).

Légifrance (legifrance.gouv.fr).

- Annexe décret n° 2015-1393 du 30 octobre, portant publication de l'accord interne entre les représentants.

- JORF du 14 octobre 1981, Fac-similé JO du 14/10/1981, Décret n°81-917 du 9 octobre 1981 portant publication de la déclaration d'acceptation du droit de recours individuel en application de l'art. 25 de la Convention européenne des droits de l'homme en date du 04-11-1950 et de l'art. 6 du protocole 4 à ladite Convention, en date du 16-09-1963, p.2783.

Office français de protection des réfugiés et apatrides (ofpra.gouv.fr).

- Histoire de l'asile, 09/10/2017.

- Règlement de Dublin.

SÉNAT France (senat.fr).

- Cancùn : un nouveau départ pour l'OMC? Rapport d'information n° 2 (2003-2004) de Mrs. Bizet Jean, Bécot Michel et Soulage Daniel, fait au nom de la commission des affaires économiques du Sénat, déposé le 01/10/ 2003.

- Le volet méditerranéen de la politique de voisinage : le cas de l'Algérie. Rapport d'information n° 689 (2016-2017) de M. Simon Sutour, fait au nom de la commission des affaires européennes, déposé le 27 juillet 2017.

TRÉSOR, DIRECTION GÉNÉRALE (tresor.economie.gouv.fr).

- APE UE-Afrique de l'Ouest : état des lieux, 13/12/2016.

- L'accord de partenariat économique (APE) Afrique australe, 13/12/2016.

- L'Accord de partenariat économique (APE) avec l'Afrique de l'Est, 13/12/2016.

Union africaine, organismes, CER et États membres.

achpr.org

- Charte africaine des droits de l'homme et des peuples.

- 279/03-296/05 : Sudan Human Rights Organisation & Centre on Housing Rights and Evictions (COHRE) / Sudan, 45 ème Session ordinaire tenue du 13 au 27 mai 2009 à Banjul (Gambie).

- CADHP/rés.357(LIX) 2016.

- Tableau de ratification : Charte africaine de la Démocratie, des Élections et de la Gouvernance.

African union peace and security (peaceau.org).

- Protocole portant statut de la cour africaine de justice et des droits de l'homme et annexe à ce Protocole sur le Statut de ladite Cour.

- Charte africaine sur les valeurs et les principes de l'administration et du service public.

- Charte africaine de la démocratie, des élections et de la gouvernance, 5/03/2012.

AGA : African Governance Architecture (aga-platform.org)

- Numéro spécial Revue africaine de la démocratie et de la gouvernance (RADG) Commémorant le 10e anniversaire de la Charte africaine de la Démocratie, des Élections et de la Gouvernance (CADEG).

CEDEAO (ecowas.int).

- L'application du Tarif Extérieur Commun de la CEDEAO déjà effective dans neuf des quinze États membres, 15/08/2016.

Cour africaine des droits de l'homme et des peuples (fr.african-court.org).

- Bienvenue à la Cour africaine.

EISA : Electoral Institute for Sustainable Democracy in Africa (eisa.org.za).

- Déclaration de l'UA sur les Principes régissant les élections démocratiques en Afrique, du 8 juillet 2002.

- Protocole A/SP1/12/01 sur la démocratie et la bonne gouvernance additionnelle au Protocole relatif au mécanisme de prévention, de gestion, de règlement de conflits, de maintien de la paix et de la sécurité.

Nepad (au.nepad.org).

- Intiative présidentielle des Champions des Infrastructures (PICI).

Union africaine (au.int).

- Agenda 2063. L'Afrique Que Nous Voulons, avril 2015.

- Guide de l'Union africaine 2018, 5e édtion.2018.

- Foires aux questions sur le financement de l'Union.

- Charte africaine des valeurs et des principes de la décentralisation, de la gouvernance locale et du développement local.

- Programme de développement des infrastructures en Afrique (le PIDA), rapport d'étape du Plan d'action prioritaire, février 2017.

- LIST OF COUNTRIES WHICH HAVE SIGNED, RATIFIED/ACCEDED TO THE AFRICAN CHARTER ON DEMOCRACY, ELECTIONS AND GOVERNANCE, LISTE DES PAYS QUI ONT SIGNE, RATIFIE/ADHERE CHARTE AFRICAINE DE LA DEMOCRATIE, DES ELECTIONS ET DE LA GOUVERNANCE, 10/05/2018.

africaunion.org

- Union Africaine, Conseil de Paix et de Sécurité, 24e réunion, Addis-Abeba, Éthiopie, 7/02/2005.

États de l'Union africaine.

Cameroun

Douane camerounaise (douanes.com).

- Liste des produits concernés par le démantèlement tarifaire. Groupe 1.

- Deuxième phase de démantèlement tarifaire : 04/08/2017 au 03/08/2018.

INVESTIR AU CAMEROUN (investiraucameroun.com).

- L'APE avec l'UE entre en vigueur ce 4 août 2016, sans démantèlement tarifaire immédiat côté camerounais, 04/08/2016.

Côte d'Ivoire

Sommet Union africaine-Union européenne 2017 (sommetuaue2017.ci).

- Le partenariat Afrique-UE.

Gabon

- Code pénal du Gabon, loi n°21/63 du 31 mai 1963, Direction des publications officielles, ed.2007.
- Constitution de la République gabonaise. Textes, commentaires, doctrine, jurisprudence 2ème éd. Cour constitutionnelle, 12 janvier 2011, 329 p.

Togo

assemblee-nationale.tg

- Assemblée nationale du Togo : « La Constitution de la IVe République, adoptée par Référendum le 27 septembre 1992, promulguée le 14 octobre 1992, révisée par la loi n°2002-029 du 31 décembre 2002 ».

Union européenne-Union africaine (sites officiels)

africa-eu-partnership.org

- La Délégation de l'UE auprès de l'Union africaine célèbre ses 10 ans ! 19/03/2018.
- Le Groupe de travail conjoint UA-UE-ONU, vient en aide à 16.000 personnes en Libye, 12/03/2018.
- Le partenariat Afrique-UE.
- Programme panafricain.
- Programme panafricain, Le Plan d'action 2014.
- Programme panafricain, Le Plan d'action 2015.
- Programme panafricain, Le Plan d'action 2016.
- Programme panafricain, Le Plan d'action 2017.

Chine-Afrique

Forum sur la Cooperation Sino-africaine (focac.org).

- Allocution de Mme Polo Nakpa au nom des délégués africains au dîner de clôture du Colloque Chine-Afrique sur les Droits de l'Homme, 29 octobre 2004.
- Déclaration de Beijing 2000.
- Déclaration du Sommet de Beijing du Forum sur la Coopération sino-africaine, 16 novembre 2006.

- Déclaration de Charm El-Cheikh du Forum sur la Coopération Sino-africaine, 12/11/2009.

- Déclaration du 6e FCSA 2015, 15/12/2015.

- Déclaration du Sommet de Johannesburg du Forum sur la coopération Sino-africaine, 15/12/2015.

- DÉCLARATION DE BEIJING—CONSTRUIRE UNE COMMUNAUTÉ DE DESTIN CHINE-AFRIQUE ENCORE PLUS SOLIDE, 12 /09/2018.

- La Chine et l'Afrique planifient leur vision stratégique pour la coopération gagnant-gagnant, 07/12/2015.

- La Chine s'engage à renforcer la coopération avec l'Afrique en ce qui concerne l'initiative ‘' la Ceinture et la Route'', 24 mai 2018.

- La Politique de la Chine à l'égard de l'Afrique, 05/12/2015.

- Plan d'action 3e FCSA (2007-2009), 16/11/2006.

- Plan d'action du 5e FCSA, (2013-2015), 19 /07/2012

- Plan d'action du 6e FCSA de Johannesburg (2016-2018), 15/12/2015.

- Plan d'action du 7e FCSA (2019-2021), 05/09/2018.

- Programme de coopération sino-africaine sur le développement économique et social, 2001-2003.

- Remarques de Monsieur Wang Yi, Conseiller d'État et Ministre des Affaires étrangères sur les relations diplomatiques entre la Chine et le Burkina Faso, 28/05/2018.

fmprc.gov.cn/fra

- COMMUNIQUÉ CONJOINT SUR LE RÉTABLISSEMENT DES RELATIONS DIPLOMATIQUES ENTRE LA RÉPUBLIQUE POPULAIRE DE CHINE ET LE BURKINA FASO,

<u>ONU, ses organes et organismes spécialisés</u>

Cour internationale de justice (icj-cij.org).

- Délimitation maritime et questions territoriales entre Qatar et Bahreïn (Qatar c. Bahreïn), 1995, 15 février, Rôle général no 87.

Fonds monétaire international (imf.org).

- Le FMI inclut le renminbi dans le panier de devises des droits de tirage spéciaux, 30/09/2016.

Haut-Commissariat des Nations unies aux droits de l'homme (ohchr.org).

- Deuxième Protocole adopté par l'AGNU dans sa résolution 450/128 du 15 avril 1989.

- Deuxième Protocole facultatif se rapportant au Pacte international relatif aux droits civils et politiques, visant à abolir la peine de mort, adopté par la résolution 44/128, du 15 décembre 1989 de l'Assemblée générale des Nations unies.

- Procédures d'examen des requêtes soumises par des particuliers en vertu des instruments des Nations unies relatifs aux droits de l'homme, mars 2014.

- Rapport de l'enquête indépendante des N.U. sur le Burundi (EINUB) établie conformément à la résolution S-24/1 du Conseil des droits de l'Homme, présenté à la 33e session du Conseil des droits de l'Homme du 20 septembre 2016.

Nations Unies (un.org).

- Agenda 2063.

- Charte des Nations unies.

- Conférence de Monterrey : un nouveau partenariat pour résoudre les problèmes du financement du développement, 14/03/2002.

- Conférence de San Francisco,1945.

- Convention des Nations Unies sur le droit de la mer (avec annexes, acte final et procès-verbaux de rectification de l'acte final en date des 3 mars 1986 et 26 juillet 1993). Conclue à Montego Bay le 1er décembre 1982.

- Déclaration des Nations Unies de 1942.

- Déclaration universelle des droits de l'homme, Résolution 217 A (III) du 10/12/1948.

- L'Assemblée générale approuve le programme d'action d'Addis-Abeba sur le financement du développement, 27 juillet 2015.

- La Déclaration universelle des droits de l'homme.

- Le conseil de sécurité autorise la mission des nations unies au Soudan à prendre la relève de l'Union africaine au Darfour, 31 août 2006.

- Le Conseil de sécurité autorise le déploiement d'une opération hybride […] au Darfour, 31 juillet 2007.

- Libye : Deux ans après sa signature à Skhirat, l'Accord politique demeure le « seul cadre viable » pour mettre fin à la crise politique, affirme le Conseil de sécurité, 14/12/2017.

- Libye : le Conseil de sécurité décide d'instaurer un régime d'exclusion aérienne afin de protéger les civils contre les attaques systématiques et généralisées, 7 mars 2011.

- Soudan : le conseil de sécurité saisit la cour pénale internationale de la situation au Darfour, 1er avril 2005.

Nations Unies Collection des Traités (treatis.un.org).

- CHAPITRE IV, DROITS DE L'HOMME. Pacte international relatif aux droits civils et politiques, 16/12/1966.

- Chapitre IV. Droits de l'homme. Pacte international relatif aux droits économiques, sociaux et culturels, 16/12/1966.

- Convention de Vienne sur le droit des traités (avec annexe), Conclue à Vienne le 23 mai 1969, 27 janvier 1980.

Office des Nations Unies contre la drogue et le crime (unodc.org).

- Convention des Nations unies contre la corruption.

- Convention des Nations Unies contre la criminalité transnationale organisée et protocoles s'y rapportant.

UN News (news.un.org).

- Europe : Le HCR salue l'arrêt de la Cour de Justice de l'UE sur les quotas d'accueil de réfugiés ; Onu Info, 7septembre 2017.

Unicef France (unicef.fr).

- Les objectifs de développement durable (ODD).

United Nations Climate Change (unfccc.int).

- Initiative africaine pour les énergies renouvelables - Increasing Renewable Energy Capacity on the African Continent, 7 déc. 2015.

United Nations Development Programme, PNUD (undp.org).

- Quels sont les objectifs de développement durable ?

<u>Autres organisations internationales et États-Unis d'Amérique.</u>

OMC (wto.org).

- Accord sur l'application des mesures sanitaires et phytosanitaires.

- Les principes qui inspirent le système commercial.

Organisation internationale de la francophonie (francophonie.org).

- Déclaration de la Secrétaire générale sur la situation au Gabon, 31/08/2016.

Organisation de coopération et de développement économiques (oecd.org).

- OCDE (2017) : Interactions entre politiques publiques, migrations et développement, les voies de développement, éd. OCDE, Paris, dx.doi.org.

États-Unis d'Amérique (Commission parlementaire)

uscc.gov

- Hartnett Daniel M., « China's First Deployment of Combat Forces to a UN Peacekeeping Mission – South Sudan », U.S.-China Economic and Security Review Commission, 13 mars 2012.

state.gov

- Département d'État des États-Unis, « Togo's Presidential Élection », communiqué de presse, Washington, 2001-2009, 18 avril 2005.

Articles de presse

À Libreville.com (news.alibreville.com).

- Dialogue politique Gabon-Union européenne : La mise au point du gouvernement, 21/10/2017.

Afrique Sur 7 (afrique-sur7.fr).

- Chine : Le président XI Jinping pour une coopération profitable aux populations.

AGENCE ECOFIN (agenceecofin.com).

- Le nombre des attaques terroristes perpétrées en Afrique a augmenté de plus 1000% entre 2006 et 2015, 16/05/2017.
- Guinée : 20 milliards $ de la Chine pour financer les infrastructures en échange des concessions minières, 07/09/2017.
- Le Ghana signe avec la Chine un MoU de 10 milliards $ pour le développement de son industrie de la bauxite, 29/06/2017.
- Égypte : le Chinois CFLD va investir 20 milliards de dollars dans la construction de la nouvelle capitale administrative, 4/10/2016.
- Le fonds de coopération Chine-Afrique investira 45 milliards $ sur la capacité industrielle du continent, 9/01/2016.

Beijin Review (beijingreview.sinoperi.com).

- Pour une nouvelle œuvre monumentale dans les annales de l'amitié sino-africaine, (Discours Président Jiang Zemin) Addis-Abeba, Éthiopie, 27 mai 1996.

BBC (bbc.com).

- L'Éthiopie inaugure son tramway, 21/09/2015.

BFMTV (bfmtv.com).

- Élections en Italie : Macron insiste sur le contexte de '' forte pression migratoire '', 05/03/2018.

cameroonvoice.com

- Afrique : 89 coups d'État et 21 présidents assassinés depuis 1945, 28/07/2015.

CHINE magazine (chine-magazine.com).

- Maintenir coûte que coûte le Consensus de 1992, 01/12/2015.

CHINAFRIQUE (chinafrique.com).

- Une vision, Wenping He, 09/05/2017.

cio mag (cio-mag.com).

- - Interview de Mr Neven Mimica, Commissaire européen en charge de la coopération internationale et du développement, 26 novembre 2017.

CNEWS (cnewsmatin.fr).

- Législatives en Italie : l'Europe face à la tentation populiste, 05/03/2018.

euronews (fr.euronews.com).

- Gabon : Bongo accuse à son tour son rival de fraude électorale, 07/09/2016.

franceinfo (francetvinfo.fr).

- « Nous avons un nouveau problème » : Angela Merkel doit faire face à l'entrée de 94 députés AFD au Bundestag, 25/09/2017.
- Migrants. Parmi les 630 migrants arrivés à Valence, 26 nationalités représentées. Voici la liste, 18/06/2018.
- Égypte : le président Abdel Fattah al-Sissi réélu avec 97,08% de voix, 02/04/2018.

- Gabon : des écoutes révèlent les doutes des observateurs de l'Union européenne sur les résultats du scrutin, 02/10/2016.

French CHINA (french.china.org.cn).

-(Regards de Chine) Les trois tendances de la coopération sino-africaine depuis le Sommet de Johannesburg, 27/04/2017.

- 30 projets civils dévoilés pour le partenariat Chine-Afrique, 25/07/2018.

- La Chine est un des partenaires les plus importants du Niger … 04/06/2017.

- La Chine et des pays africains renforcent les échanges dans le domaine du droit international, 03/05/2017.

- La Libye cherche à obtenir l'aide de la Chine dans la relance de son économie et la résolution de sa crise politique, 20-02-2018.

- Le premier fonds chinois destiné aux investissements en Afrique fête ses dix ans, 20 juin 2017.

- Ouverture du 5e Forum populaire Chine-Afrique à Chengdu, 24/07/2018.

- Ouverture du séminaire « Afrique-Chine-France pour un trio gagnant-gagnant » à Beijing, 14/09/2017.

Intelligence Ivoire (intellivoire.net).

- Pourquoi le Ghana a refusé un décaissement de la Chine ? 31/07/2014.

L'express (lexpress.fr).

- « Ce n'est pas aux occidentaux de développer l'Afrique », 17/07/2018.

- La Chine inaugure à Djibouti sa première base militaire à l'étranger, 01/08/2017.

L'OBS (nouvelobs.com).

- Libye. Tortures, exactions… La face sombre du régime Kadhafi, 31/08/2011.

l'Opinion (lopinion.fr).

- « La démocratie en danger ». La tribune de Laurent Cohen-Tangui, 05/06/2018.
- Terrorisme : le Kenya connaît sa première attaque revendiquée par Daech, 13 septembre 2016,

La Libre AFRIQUE (afrique.lalibre.be).

- Burundi : La Chine à la rescousse du régime Nkurunziza, 12 mai 2017.

LA TRIBUNE AFRIQUE (afrique.latribune.fr).

- Chine-Afrique : un partenariat largement sous-estimé selon Mckinsey, 29/06/2017.
- Gabon : après la Chine, Ali Bongo à Cuba à la recherche d'alliés alternatifs à l'occident, 10 juillet 2017.

LE FIGARO

- Pékin fait monter la pression contre Taiwan, numéro 22881, 6 mars 2018.
- Aquarius: début de la mission française en Espagne, 26/06/2018.

LE FIGARO (lefigaro.fr).

- Libye : quatre décennies d'exactions et de répression, 28/08/2011.
- Égypte, la deuxième révolution, 26/11/2011.
- Des dizaines de milliers d'Égyptiens sur la place Tahrir, 25 novembre 2011.
- Après six mois, le Maroc a son gouvernement, 06/04/2017.
- Violences, arrestations : le Gabon toujours sous tension, 31/08/2016.
- Droits de vote : la Chine, grand vainqueur de la réforme du FMI, 20/12/2015.
- La BAII, la banque chinoise qui finance les nouvelles routes de la soie, 18/01/2017.
- Zimbabwe : le président Mugabe démissionne après 37 ans de pouvoir, 21/11/2017.
- Afrique du Sud : Zuma démissionne sous la pression de l'ANC, 14/02/2018.

Le Monde (lemonde.fr).

- « L'Europe doit refonder le cadre de sa coopération avec l'Afrique », 29/09/2017.

- Afrique : « Pékin n'est pas néocolonialiste, mais hégémonique », 03/09/2018.

- Au Forum Chine-Afrique, Pékin célèbre ses « nouvelles routes de la soie », Jean Pierre Cabestan, 03/09/2018.

- Au Gabon, la victoire d'Ali Bongo déclenche de violentes manifestations, 31/08/2016.

- Crash de l'Airbus russe en Égypte : ce que l'on sait, ce qu'on ignore, 05/11/2015.

- En Tunisie, au moins 48 migrants sont morts dans un naufrage au large de Sfax, 03/06/2018.

- Enfin arrivés à Valence, les migrants de l'« Aquarius » sont « fatigués, mais remplis d'espoir », 17/06/2018.

- La France gèle les avoirs de six trafiquants en Libye, 09/06/2018.

- Pourquoi le Burkina Faso tourne le dos à Taïwan, 28/05/2018.

Le Monde (lemondeafrique.com).

- En Gambie, défaite historique du président autocrate Yahya Jammeh, 12/02/2016.

- La présidentielle kenyane a révélé la mascarade qu'est devenue l'observation électorale en Afrique, 7/09/2017.

Le Monde (monde-diplomatique.fr).

- En Égypte, la révolution à l'ombre des militaires, août 2013.

- Beaulande Guillaume, L'Amérique centrale lâche Taipei, 22/08/2018.

Le Monde (mobile.lemonde.fr)

- Kenya : la Cour suprême annule l'élection présidentielle, le 01/09/2017.

- Taiwan n'a plus que deux alliés en Afrique, 2 janvier 2017.

- Éthiopie : le premier ministre a présenté sa démission, 15/02/2018.

Le Parisien (m.leparisien.fr).

- Attentat au Burkina : l'Afrique, cible du terrorisme depuis deux ans, 14 août 2017.

Le Point (lepoint.fr).

- Accord économique avec l'UE : l'Afrique centrale au pied du mur ? 02/08/2016.

- Panorama des mouvements d'extrême droite en Europe, 17/12/2017.

- Tunisie : les assassins du Printemps arabe, 18/03/2015.

- Infrastructures : la Chine lance son plus grand chantier africain au Maroc, 21 mars 2017.

- Chinois en Afrique : ce qu'ils représentent vraiment, 03/07/2017.

- Allemagne : le Bundestag confie à Angela Merkel un quatrième mandat de Chancelière, 14 mars 2018.

Le360afrique.com (afrique.le360.ma).

- Taïwan-Chine : Afrique champ de bataille diplomatique ; 12/08/2016.

Libération (liberation.fr).

- Hissène Habré condamné à la perpétuité : un procès pour l'histoire, mais des parts d'ombre, 30 mai 2016.

Malijet (malijet.com).

La Chine convoite le chemin de fer Dakar Bamako, 22 février 2018.

news.cn (french.xinhuanet.com).

- La Chine donne 100 millions de yuans au Niger pour son développement, 06/12/2017.
- REGARDS DE CHINE : Un nouveau modèle de coopération sino-africaine pour renforcer la capacité de production du continent, 04/05/2017.
- La Chine poursuit sa lutte contre la corruption, 10/10/2017.

Ouest france (ouest-France.fr).

- Attentat de Tunis, Chronologie : Du Printemps arabe au carnage du musée, 18/03/2015.

portail242.info

- Denis Sassou N'guesso à la conférence sur la crise libyenne à Paris, 29/05/2018.

Radio France Internationale (rfi.fr).

- 44 des 54 États africains ont signé le mercredi 21/03/2018 à Kigali au Rwanda un accord de lancement d'un important projet de l'Agenda 2063, pour un créer un marché commun de 1,2 milliard d'habitants, l'accord ZLEC, 21/03/2018.

- Immigration : l'ONU dénonce la coopération entre l'Union européenne et la Libye, 17/11/2017.

- Mozambique : qui sont les « shebabs » de Mocimba da Praia ? 01/06/2018.

- Le Premier Ministre Abdelilah Benkirane remercié par le Roi, 16/03/2017.

- Gambie: Yahya Jammeh rejette les résultats de l'élection présidentielle, 12 /10/2016.

- Présidentielle au Gabon : pouvoir et opposition s'accusent de tentative d'intimidation, 16/09/2016.

- Le Maroc accueille la deuxième édition du Forum d'investissement Chine-Afrique, 27/11/2017.

- Forum d'investissement Chine-Afrique : des nouveaux projets présentés, 29 novembre 2017.

- Gabon : Ali Bongo en Chine pour une visite d'Etat, 6/12/2016.

- RDC : la crédibilité des résultats des élections de 2011 mise en cause par l'UE, 30/03/2012.

RTBF (rtbf.be).

- Égypte : fin de parcours pour la transition démocratique, 29 octobre 2013.

Tribune de Genève (tdg.ch).

- Plus de 13400 attaques terroristes en 2016, 23 août 2017.
- Le groupe Etat islamique s'infiltre au Kenya, 30 juin 2016.

TV5MONDE (tv5monde.com).

- La Chine, premier investisseur étranger en Afrique en 2016, 01/09/2017.

L'Humanité (humanite.fr).

- « L'homme du jour, Charles Debbasch », 25 février 2005.

Infos-Togo (infostogo.de).

- « Compte-rendu des manifestations de Mainz (25.02.2005) et Frankfurt (26.02.2005) », 26 février 2005.

ONG, Société civile et Fondations

Association française pour la promotion de la compétence universelle, AFPCU (competence-universelle.org).

- Décision du 29 juillet 2016 sur la réparation des victimes civiles dans l'affaire Hissène Habré.

Collectif des Associations Contre l'Impunité au Togo (cacit.org).

- Haut-commissariat des Nations Unies aux Droits de l'Homme (HCDH), « La mission d'établissement des faits chargée de faire la lumière sur les violences et les allégations de violations des droits de l'homme survenues au Togo avant, pendant et après l'élection présidentielle du 24 avril 2005 », 29/08/2005.

Groupe d'information et de soutien des immigrés, GISTI (gisti.org).

- Accord Euro-méditerranéen établissant une association entre les Communautés européennes et leurs États membres, d'une part, et le Royaume du Maroc, d'autre part, JO CEE n° L 70/2, 18/03/2000.

- Accord euro-méditerranéen CE / Égypte du 25 juin 2001 établissant une association entre les Communautés européennes et leurs États membres, d'une part, et la République arabe d'Égypte, d'autre part, JO CEE n° L 304/39, 30/09/2004.

International CRISIS GROUP (crisisgroup.org).

- Boko Haram au Tchad : au-delà de la réponse sécuritaire. Rapport n° 246, mars 2017.

La Diaspora Togolaise pour la Démocratie, Diastode (diastode.org).

- « Le Nigeria menace d'intervenir militairement au Togo », Associated Press, Lagos, Nigéria, 14 février 2005.

- Organisation Internationale de la Francophonie (OIF), communiqué de presse, CP/SG/427/JT/05, Paris, le 9 février 2005.

- Pour une chronologie détaillée de la crise togolaise de février 2005 voir, DIASTODE – Diaspora Togolaise pour la Démocratie et le Développement, « Actualité – Archives février 2005 ».

- Washington coordonne sa réaction avec l'UE, l'UA et la CEDEAO », Agence France-Presse (AFP), Addis-Abeba, Éthiopie, 7 février 2005.

THE CARTER CENTER (cartercenter.org).

- Déclaration de principes pour l'observation internationale d'élections et Code de conduite.

MOUVEMENT MONDIAL DES DROITS HUMAINS (fidh.org).

- L'UA adopte le Protocole sur la Cour africaine de justice et des droits de l'homme. Communiqué FIDH du 28/07/2008.

Reliefweb (reliefweb.int).

- Le Conseil de sécurité examine le dispositif de consolidation de la paix de l'ONU et réfléchit avec le Secrétaire général à la pérennisation de la paix ; 28/04/2018.

UNITED STATES HOLOCAUST MEMORIAL MUSEUM (ushmm.org).

- Le voyage du Saint-Louis.

Index thématique

D

E

F

G

I

N

O

P

R

S

Table des matières

Structures éditoriales du groupe L'Harmattan

L'Harmattan Italie
Via degli Artisti, 15
10124 Torino
harmattan.italia@gmail.com

L'Harmattan Hongrie
Kossuth l. u. 14-16.
1053 Budapest
harmattan@harmattan.hu

L'Harmattan Sénégal
10 VDN en face Mermoz
BP 45034 Dakar-Fann
senharmattan@gmail.com

L'Harmattan Cameroun
TSINGA/FECAFOOT
BP 11486 Yaoundé
inkoukam@gmail.com

L'Harmattan Burkina Faso
Achille Somé – tengnule@hotmail.fr

L'Harmattan Guinée
Almamya, rue KA 028 OKB Agency
BP 3470 Conakry
harmattanguinee@yahoo.fr

L'Harmattan RDC
185, avenue Nyangwe
Commune de Lingwala – Kinshasa
matangilamusadila@yahoo.fr

L'Harmattan Congo
67, boulevard Denis-Sassou-N'Guesso
BP 2874 Brazzaville
harmattan.congo@yahoo.fr

L'Harmattan Mali
Sirakoro-Meguetana V31
Bamako
syllaka@yahoo.fr

L'Harmattan Togo
Djidjole – Lomé
Maison Amela
face EPP BATOME
ddamela@aol.com

L'Harmattan Côte d'Ivoire
Résidence Karl – Cité des Arts
Abidjan-Cocody
03 BP 1588 Abidjan
espace_harmattan.ci@hotmail.fr

L'Harmattan Algérie
22, rue Moulay-Mohamed
31000 Oran
info2@harmattan-algerie.com

L'Harmattan Maroc
5, rue Ferrane-Kouicha, Talaâ-Elkbira
Chrableyine, Fès-Médine
30000 Fès
harmattan.maroc@gmail.com

Nos librairies en France

Librairie internationale
16, rue des Écoles – 75005 Paris
librairie.internationale@harmattan.fr
01 40 46 79 11
www.librairieharmattan.com

Lib. sciences humaines & histoire
21, rue des Écoles – 75005 Paris
librairie.sh@harmattan.fr
01 46 34 13 71
www.librairieharmattansh.com

Librairie l'Espace Harmattan
21 bis, rue des Écoles – 75005 Paris
librairie.espace@harmattan.fr
01 43 29 49 42

Lib. Méditerranée & Moyen-Orient
7, rue des Carmes – 75005 Paris
librairie.mediterranee@harmattan.fr
01 43 29 71 15

Librairie Le Lucernaire
53, rue Notre-Dame-des-Champs – 75006 Paris
librairie@lucernaire.fr
01 42 22 67 13

www.ingramcontent.com/pod-product-compliance
Lightning Source LLC
LaVergne TN
LVHW021133061026
849535LV00002B/221
* 9 7 8 2 3 4 3 1 6 5 9 0 5 *